Binnengewässer in Not

von Erwin Welte und Rolf Zundel

Die Deutsche Bibliothek – CIP-Einheitsaufnahme

Welte, Erwin:
Binnengewässer in Not / Erwin Welte ; Rolf Zundel. –
Göttingen : Goltze, 2000
ISBN 3-88452-629-4

ISBN-Nr. 3-88452-629-4
Gesamtherstellung: Druckerei Goltze GmbH & Co. KG, Göttingen

Binnengewässer in Not

Zur fischereilichen Gewässerrenaturierung und landschaftsökologischen Gestaltung des Kiesabbaugebietes in der Okertalaue Goslar – Vienenburg unter dem Einfluß schwermetallhaltiger Abwässer

Eine 20-jährige Zeitstudie
zur gewässer- und landschaftsökologischen Forschung

von

Erwin Welte

o. Prof. em. Dr. rer. nat. für Agrikulturchemie

und

Rolf Zundel

o. Prof. em. Dr. rer. nat. für Forstpolitik, Forstgeschichte und Naturschutz

Göttingen 2000

von links nach rechts: Dezernent der Klosterkammer Hannover (KKH) K.H. Rohmann (bis 1994), Präsident der KKH Prof. Dr. A. Frhr. von Campenhausen (bis 1999), die Autoren des Buches Prof. em. Dr. E. Welte und Prof. em. Dr. R. Zundel*

* Die Klosterkammer Hannover (KKH) ist eine Niedersächsische Landesbehörde. Sie verwaltet den Allgemeinen Hannoverschen Klosterfonds, eine Stiftung des Öffentlichen Rechts, in der ehemaliges Klostervermögen zusammengefaßt ist.
Zur Stiftung gehören ca. 40.000 ha Grundbesitz. Unterhalten werden daraus auf Grund alter Verpflichtungen 40 Kirchenbauten, 11 Klöster und viele andere Baudenkmale. Erhebliche Beträge werden jährlich für soziale Zwecke zur Verfügung gestellt.

Inhaltsverzeichnis

Vorwort

Das Buch schildert den zeitlichen und technischen Ablauf eines Forschungsvorhabens, das im Zeitraum von 1979 – 1986 zunächst der Klärung der Frage dienen sollte, in welchem Ausmaß schwermetallhaltige Abwässer die fischereiliche Nutzung von Fließ- und Stillgewässern beeinträchtigen und wie eine umfassende Renaturierung möglich ist. Begleitend bis zum Jahr 1999 wurde die landschaftsökologische Gestaltung der Ufersäume und der angrenzenden Talauenlandschaft in diesem Okerabschnitt unter wissenschaftlichen Aspekten fortgesetzt. Es handelt sich um ein Modellprojekt, das im nördlichen Harzvorland die Talauenlandschaft der Oker zwischen Goslar/Oker und Vienenburg, insbesondere das Kiesabbaugebiet des der Klosterkammer Hannover (KKH) gehörenden Geländes betrifft.

Das umfangreiche Forschungsvorhaben wurde sowohl von der Deutschen Forschungsgemeinschaft als auch von der Klosterkammer Hannover großzügig unterstützt, wofür die Autoren ihren besonderen Dank an dieser Stelle aussprechen möchten.

Das Buch ist kein Forschungsbericht im streng wissenschaftlichen Sinn, sondern stellt eine populär-wissenschaftliche Abhandlung von Problemen der Gewässerverunreinigung dar, für die es relativ einfache und wirksame Lösungen gibt, wenn der politische Wille vorhanden ist und auch zum Zuge kommt.

Im Verlauf der wissenschaftlichen Untersuchungen wurden von Zeit zu Zeit wichtige Zwischenergebnisse vor eingeladenen Experten und maßgeblichen Behördenvertretern mitgeteilt. Es wurden bevorzugt Erkenntnisse vermittelt, die dem Informationsbedürfnis der Öffentlichkeit dienen sollten.

Dabei wurden auch Kritik und Mahnungen an die zuständigen Wasser- und Umweltbehörden nicht ausgespart, um an gesetzlich auferlegte Pflichten zu erinnern.

Die Autoren versprachen sich von diesem Vorgehen ein besseres Verständnis der Öffentlichkeit für die grundlegenden Bedingungen und Veränderungen in einer Landschaft, in der seit dem frühen Mittelalter Menschen nicht nur gesiedelt, sondern auch unter dem Gesichtspunkt einer möglichst dauerhaften Nutzung der Ressourcen gelebt haben. Natürlich sind trotz Wissen um den ökologischen und ökonomischen Wert der regenerierbaren Rohstoffvorräte (insbesondere Holz und Wasser in Verbindung mit dem Erzbergbau) Teile dieser Kulturlandschaft durch Raubbau vernichtet oder arg geschädigt worden. Aber es war auch der Mensch, der durch Schonungs- und Schutzmaßnahmen dafür gesorgt hat, daß in erfolgreichem Maße dieser Lebensraum über Jahrhunderte unter Einschluß des Erzbergbaus nachhaltig bewirtschaftet werden konnte.

Ernste Bedrohungen setzten erst im letzten Jahrhundert mit der rasanten Entwicklung von Gewerbe, Industrie und Verkehr insbesondere nach dem zweiten Weltkrieg ein, wobei sich die Verstädterung der Siedlungen zu einem bedeutenden Belastungsfaktor in der Landschaft entwickelt hat.

Ein Rückblick über 20 Jahre einer wissenschaftlichen Untersuchungstätigkeit und Forschung mit dem Auftrag und Ziel einer fischereilichen und landschaftsökologischen Aufwertung einer schwergeschädigten Kulturlandschaft (Auelandschaft) erschien uns geeignet, über die wesentlichen Ergebnisse und den Erfolg der ergriffenen Maßnahmen zusammenfassend zu berichten.

Durch die Kombination von Schilderung des Forschungsablaufs und Wertung wichtiger Zwischenergebnisse im Rahmen regelmäßiger Zusammenkünfte und Kontakte mit den örtlichen Angelvereinen einerseits und zum Zweck von Lehrveranstaltungen mit im Nutzungsschutz der Kulturlandschaft engagierten Studierenden der Universität Göttingen andererseits konnte ein besonderes Interesse der Beteiligten an diesem Forschungsprojekt geweckt und gefördert werden.

Für solche Begegnungen bot sich das von der Klosterkammer Hannover selbst bewirtschaftete Klostergut in Wöltingerode vor dem Hintergrund seiner regional und historisch bedeutsamen Vergangenheit in hervorragender Weise an.

Besonders war dies in der Auslaufphase wichtig, in der die praktische Lösung wissenschaftlicher Fragen den kontinuierlichen Übergang von der fischereilichen Nutzung der Oker und der sie in der Talaue begleitenden Kiesseen auf wirtschaftliche (Eigentümer) und sportliche Grundlagen (Angelvereine) ermöglicht und begleitende landschaftsgestaltende und gewässerökologisch ausgerichtete Bepflanzungsmaßnahmen diesen Abschnitt der Okertalaue in Richtung einer Erholungslandschaft entwickelt haben.

Die in diesen 20 Jahren gesammelten Erfahrungen dürften sich für die weiteren Planungsvorstellungen einer „Erholungslandschaft" in diesem Lebens- und Siedlungsraum, das heißt in einem typischen Erscheinungsbild einer Kulturlandschaft, als wertvoll und richtunggebend erweisen.

Das Forschungsprojekt kann darüber hinaus einen wichtigen Beitrag zur Frage leisten, wie teilgestörte Talauenlandschaften – vor allem im Blick auf die natürliche Funktion des sie gestaltenden Fließgewässers – in ihrer ökologischen Struktur und ihrem Chemismus wieder gesunden und vor weiteren Schädigungen bekannter Art zukünftig geschützt werden können.

Des weiteren konnte gezeigt werden, daß Fließgewässer ihre Funktion in der Landschaft als notwendige Regulatoren im Wasserhaushalt (Adern in der Landschaft!) nur erbringen können, wenn ihr Leistungspotenzial zur Selbstreinigung nicht durch Schadstoffeinbringung überfordert oder sogar vernichtet wird – wie es heute überwiegend der Fall ist. Eine Regenerierung von Gewässern erweist sich nur dann als erfolgreich und wirkungsvoll, wenn ihrem Leistungsvermögen und ihrer ökologischen Vielfalt entsprechend wieder genügend Fische in ihnen dauerhaft existieren können.

Als Bioindikatoren für die Reinheit, Gesundheit und Ergiebigkeit sind Fische im Vergleich zu den in den „Güteüberwachungsstationen" der staatlichen Gewässeraufsicht gebräuchlichen Parametern und Methoden zur Erstellung eines Gütekatasters wesentlich besser geeignet und auch weniger kosten- und zeitaufwendig.

Sie geben nicht nur eine verläßliche Vorwarnung über lebensbedrohende Schadstoffeinleitungen sondern auch wichtige Hinweise über Art, Intensität und mögliche Dauerwirkung des verursachenden Schadstoffs selbst.

Darüber hinaus ist der Gesichtspunkt nicht zu übersehen, daß Fische ein hochwertiges Nahrungsgut (Eiweiß) und eine wirtschaftlich wichtige Nahrungsquelle darstellen – eine Quelle, die in Jahrhunderten und Jahrtausenden unserer Vorgeschichte für viele Völker die Grundlage der tierischen Eiweißnahrung bildete. Es war erst dem Industriezeitalter vorbehalten (insbesondere in der zweiten Hälfte des vergangenen Jahrhunderts), in Europa die Flußfischerei praktisch durch Vernichtung der Fanggründe aus Mangel an ausreichenden Fangerträgen genießbarer Fische zum Erliegen zu bringen.

Dem Auftrag entsprechend stand daher die Frage einer fischereilichen Nutzung sowohl der Oker als auch der im Kiesabbaugebiet entstandenen und noch entstehenden Baggerseen im Vordergrund der wissenschaftlichen Untersuchungen.

Zur Gewährleistung einer nachhaltigen fischereilichen Nutzung kamen in erster Linie in Anpassung an die allgemein veränderten sozialen Bedingungen leistungsstarke, dem Naturschutz in einer Kulturlandschaft verbundene Anglerverbände infrage. Sie sind es, die über ein bedeutendes Potenzial freiwilliger Mitarbeiter (Mitglieder) verfügen, um sich in der von wasserbehördlicher Seite völlig unzureichend betriebenen Wasserreinhaltung und Gewässerpflege zu engagieren und gewässerökologisch wichtige Maßnahmen, die weit über die der Unterhaltungsverbände hinausgehen, weisungsgemäß im Sinn des Wasserhaushaltsgesetzes vorzunehmen.

Kein Naturschutzverband in Deutschland leistet Vergleichbares zur Aufbesserung der arg geschundenen Gewässer gegenüber dem, was die organisierten Angler entsprechend den Anweisungen ihrer Verbände tun.

Allein aus diesem Grund verdient die Bedeutung der anglerischen Nutzung der Binnengewässer durch Verantwortung tragende Vereine, in denen die Ausbildung bis zur Fischereiprüfung zur Erlangung des Erlaubnisscheines für jedes Mitglied Pflicht ist, wesentlich stärker als bisher in den Blickpunkt des öffentlichen Bewußtseins gerückt zu werden.

Diese Notwendigkeit – aufgezeigt an anglerischen Maßnahmen zur fischereilichen Renaturierung eines Fließgewässers – werten die Autoren u. a. als einen wesentlichen Beitrag zur Gesundung und Gesunderhaltung der Binnengewässer in der deutschen bzw. europäischen Kulturlandschaft.

Über diese Aufgabe hinaus sahen sich die Autoren verpflichtet, die Bedeutung einer landschaftsökologisch ausgerichteten Rekultivierung mit dem Ziel der Schaffung einer Erholungslandschaft exemplarisch darzustellen.

Ihre in dieser Hinsicht teilweise recht kritischen Äußerungen zu den behördlichen Verlautbarungen, den angeblich in den letzten Jahren erreichten Fortschritt im Gewässerschutz mit unzureichenden Methoden der Güteklassifizierung zu dokumentieren, erhalten dabei besonderes Gewicht.

Nach wie vor ist der Zustand unserer Binnengewässer, wie er sowohl im Wasserhaushaltsgesetz als auch im Bundesnaturschutzgesetz verlangt wird, unbefriedigend. Noch immer befinden sich zahlreiche Fließgewässer in einem „Gütezustand", in dem uneingeschränkt genießbare Fische als repräsentative Vertreter einer gesunden aquatischen Fauna nicht existieren können und als wichtige Komponenten in der tierischen Eiweißernährung ausscheiden.

Unsere Mahnung hinsichtlich des in dieser Beziehung bestehenden großen Vollzugsdefizits hat uns veranlaßt, dem Buch den Titel „Binnengewässer in Not" als herausforderndes Motto zu geben.

Die aus dieser bestehenden Notsituation im Blick auf die Erhaltung der Kulturlandschaft resultierende Gefahr ihrer Bedrohung ist von zwei einander entgegenstehenden Seiten zu sehen. Von beiden wird sie entweder durch Verletzung des Nachhaltigkeitsprinzips der Nutzung als Folge ungehemmten ökonomischen Gewinnstrebens oder aber durch Mißachtung des Nutzungsgebotes als Ergebnis einer bedingungslosen Forderung nach einer ausschließlich ökologischen Behandlung in die Zange genommen.

Gegen beide Bestrebungen hatte sich das der Sanierung der Kulturlandschaft im Bereich der Klosterkammer Hannover als Auftraggeber verpflichtete Forschungsprogramm bei der Durchführung durchzusetzen.

Die aufgezwungenen Auseinandersetzungen sowohl mit den Verursachern der die Oker belastenden Abwässer und den auf Schaffung nutzungsfreier Naturlandschaften erpichten Vertretern des organisierten Naturschutzes (hier insbesondere der Bund für Vogelschutz) zeigt die prekäre Lage und auch Bedrängnis auf, in der sich die Kulturlandschaft in diesem Gebiet befindet und die es zu restaurieren galt.

Die Autoren sehen sich auch veranlaßt hinsichtlich der eingehenden Schilderung des zeitlichen Ablaufs des Programms, dem möglichen Einwand entgegenzutreten, daß sich inzwischen vieles zum Guten gewendet habe und daher die in der Vergangenheit aufgetretenen Mißstände nicht mehr so intensiv behandelt werden sollten, um einer „Abstumpfungsmentalität" zu entgehen.

Ein solches Argument trifft jedoch nicht den Gegenstand unseres Anliegens. Durch unser Vorgehen wird verdeutlicht, daß selbst total verdreckte und vergiftete Fließgewässer in wertvolle aquatische Lebensräume zurück verwandelt werden können, wenn dem Wasserhaushaltsgesetz entsprochen und seinem gesetzlichen Auftrag Gehör verschafft wird.

Diese Feststellung trifft in hohem Maße für die kleinsten Fließgewässer zu, die wegen zu geringer Wasserführung äußerst empfindlich gegen Abwasser- und Abfallbelastungen sind. Hiervon werden sie in der Regel bereits in der offenen Landschaft beim Durchfließen besiedelter Räume (Dörfer, freistehende Fabrikanlagen, ausgelagerte Gewerbekomplexe u. a.) betroffen.

Die große Chance einer anthropogen gesteuerten Renaturierung solcher Wasserläufe würde davor bewahren, in einen totalen Abwasserkanal umfunktioniert und als „verödete Ader" abgeschrieben zu werden. Eine solche Einstellung ist im Blick auf die Erhaltung des Leistungsvermögens des Naturhaushalts in einer Kulturlandschaft unerträglich und nicht hinzunehmen.

Von den in den Statuten der Angelvereine verankerten Grundsätzen und den sich daraus ergebenden Leistungen in der Hege und Pflege der Fließgewässer muß die Ausübung der Fischerei durch nicht organisierte Angler deutlich abgegrenzt werden. Deren Ziel ist in der Regel die Aneignung von Fischen an Fangplätzen jeder Art – ganz gleich, ob es sich dabei um die Ausbeutung natürlicher Ressourcen oder um natürliche sowie künstliche Gewässer handelt, die zu diesem Zweck mit fangfähigen Fischen besetzt werden.

Diese Art von Angelfischerei hatte von vornherein in unserem Konzept der fischereilichen Renaturierung der Oker und einer darauf zugeschnittenen Erholungslandschaft keinen Platz. Umso mehr legten wir Wert darauf, auf die sich im Verlauf unserer wissenschaftlichen Untersuchungen erschließenden Chancen hinzuweisen, die der organisierten Angelei heute offen stehen. Dies war Grund genug, die für das Projekt errichteten technischen Anlagen den zukünftigen Nutzern zu überlassen und ihre die gewässerökologischen Belange verbessernden Maßnahmen zu fördern.

Zur Vervollständigung der hier aufgezeigten fischereilichen Belange in ihrer Wahrnehmung durch die dem Nutzungsschutz in der Pflege und Hege der „Binnengewässer" verpflichteten Fischereiverbände auf der einen und der lediglich am Fang von Fischen in ausbeuterischer Absicht der Ressourcen interessierten nichtorganisierten Angler zum andern müssen diejenigen Angler in positiver Weise Erwähnung finden, die als Einzelpächter die ihnen anvertrauten Gewässer mit Sorgfalt bewirtschaften und in dieser Hinsicht den bestandsregulierenden Maßnahmen der Angelvereine nicht nachstehen.

Eine langjährige Rückschau auf entscheidungsrelevante Erkenntnisse und darauf aufbauende Maßnahmen schließt gewöhnlich Wiederholungen nicht aus. Dies ist auch in diesem Buch der Fall und erscheint uns gerechtfertigt, weil sie jeweils unter verschiedenen Aspekten erfolgt sind und der Festigung neuer Gedankengänge dienen sollen, die es wert sind, nicht in Vergessenheit zu geraten, sondern beispielhaft Initiativen für Verbesserungen und zweckdienliche Fortschritte zu geben.

Um den Eindruck einer allzu trockenen Berichterstattung über Verlauf und Ergebnisse des Forschungsprojektes zu entgehen, legten die Autoren besonderen Wert darauf, die an den Gewässern und in der Auelandschaft durchgeführten Renaturierungsmaßnahmen auch bildhaft darzustellen. Dadurch sollte dem Leser ein zutreffender Eindruck vom Werden und Wachsen einer einstmals durch Abwässer eines dicht besiedelten Industriegebietes verödeten Talaue in einem Kiesabbaugebiet vermittelt werden, wie sich dieses als Ergebnis unseres Forschungsprojektes heute darstellt.

Die Autoren hielten es auch für angezeigt – ein jeder aus seiner auf unterschiedlichen Erfahrungen beruhenden Sicht – die Problematik zu beleuchten, die die Art und das Ausmaß des durch das industrielle Wachstum, durch den Prozeß der unaufhaltsamen urbanen Konzentration und nicht zuletzt durch den technischen Fortschritt herausgeforderten Naturschutzes betrifft. Deswegen muß noch zur Urheberschaft einzelner Buchabschnitte das Notwendige gesagt werden, damit im Fall kritischer Entgegnungen die zuständige Adresse angesprochen wird.

In dieser Hinsicht ist der gesamte fischereiliche Sektor einschließlich der chemischen Gewässeruntersuchung dem Erstautor, die landschaftsgestaltende Planung einschließlich der Rohstoffnutzung und des Naturschutzes der Urheberschaft des Zweitautors zuzurechnen. Beide Autoren hoffen, mit dieser Klarstellung den Bereich der jeweiligen Verantwortung als Wissenschaftler in zutreffender Weise abgesteckt zu haben.

Die Binnengewässer in einer Kulturlandschaft sind wie die in einer Naturlandschaft unentbehrliche Bestandteile des terrestrischen Lebensraumes. In ihrer Funktion sind sie zusätzlich dazu bestimmt, die durch industrielle Nutzung und kommunale Beanspruchung verursachte, inzwischen ins Gigantische reichende Abwasserlast und den verkehrsbedingten, gewöhnlich gewässerschädlichen Aus- und Umbau der Gewässer verkraften zu müssen.

Hinzu kommen die schädlichen Auswirkungen einer ökologisch nicht zu vertretenden Landwirtschaft.

Um deutlich zu machen, was die Autoren hierunter verstehen, sei – von einem unsachgemäßen und unangemessenen Einsatz von Pestiziden, insbesondere Herbiziden (Unkrautvernichtungsmitteln) einmal abgesehen – als besonders markantes Beispiel die industriell betriebene bodenunabhängige Massentierhaltung herangezogen. Diese hat mit einer landwirtschaftlichen Produktion tierischer Nahrungsmittel nicht das geringste zu tun.

Denn sie hat sich die nur auf Arbeit und Kapital basierenden Wirtschaftsprinzipien der industriellen Produktion zu eigen gemacht und durch die industrielle Massentierhaltung an den oben genannten „klassischen" Schadstoffeinwirkungen auf die Kulturlandschaft beteiligt (insbesondere durch Ammoniak-Emissionen aus konzentrierter Tierhaltung, durch nicht sachgerechte Gülleaufbereitung und durch Stickstoffausträge als Folge von Überdüngungen vornehmlich mit Gülle).

Durch die Vernachlässigung bzw. Abkoppelung des für Land- und Forstwirtschaft unabdingbaren Produktionsfaktors Boden (dem Kriterium des fundamentalen Unterschieds zu den Wirtschaftsgrundlagen der gewerblichen und industriellen Produktion) hat die deutsche Agrarpolitik die für die Nutzung des Leistungsvermögens des Naturhaushalts grundlegenden, differenzierten Eigenschaften der Böden mißachtet und die bodenökologisch gebundene Nutzung der die natürliche Vielfalt ihrer Ausübung vernichtenden Globalisierung geopfert.

Es ist weder Ziel noch Aufgabe des Buches, diese Problematik eingehender zu behandeln. Nur erschien es notwendig und gerecht, die moderne, bodenunabhängige Agrarproduktion mit ihren Auswirkungen auf den Gewässerschutz zu erwähnen.

Der Inhalt des Buches konzentriert sich auf die Fließgewässer, in welche die überschüssigen, dem Grundwasser nicht zuströmenden und im Boden nicht gespeicherten Niederschläge in einer dem Adersystem vergleichbaren Vernetzung letztlich den Meeren zugeführt werden. Diesen aquatisch orientierten ökologischen Verbund gilt es als ein Gebot der Vernunft zu erhalten, zu verbessern und seine Kreislaufdynamik zu pflegen.

Und diesem Gebot ist das Buch gewidmet.

Die Autoren danken dem vorherigen Präsidenten der Klosterkammer Hannover, Herrn Prof. Dr. Axel Frhr. von Campenhausen, für sein uneingeschränktes und stets von großem Interesse getragenes Vertrauen in den Erfolg des von ihm in Auftrag gegebenen Forschungsprojektes. Besonderer Dank gilt dem früheren Dezernenten der Klosterkammer, Herrn K. H. Rohmann, der mit seinen bautechnischen Erfahrungen und seinem unermüdlichen Einsatz zur Erstellung der benötigten technischen Anlagen wesentlich beigetragen hat.

Dank gebührt auch dem ehemaligen Administrator des Klostergutes Wöltingerode, Herrn K. E. Fließbach. Er zeigte stets großes Verständnis für die wissenschaftlichen Untersuchungen und sorgte für die notwendigen Überwachungsmaßnahmen zum Schutz der Meßstellen und der installierten Geräte und Instrumente.

In diesen Dank beziehen die Autoren die den Kiesabbau betreibenden Firmen Oppermann und Willikens mit ein. In Abstimmung mit der Klosterkammer haben sie als Unternehmen ihre Verantwortung für gewässerökologische Belange durch so manche technischen und finanziellen Hilfen zu erkennen gegeben und in der Sache ihr reges Interesse bekundet.

Ein besonderer Dank gilt Herrn Prof. Dr. F. Timmermann, Direktor der Staatlichen Landwirtschaftlichen Untersuchungs- und Forschungsanstalt des Landes Baden-Württemberg. Als besonderer Kenner des Projektgebietes hat er wertvolle Hinweise bei der Beurteilung der chemischen Untersuchungsbefunde gegeben und bei der Durchsicht des Manuskriptes zweckdienliche Ratschläge erteilt.

Zuguterletzt ist dem Nachfolger im Amt des Dezernenten der Klosterkammer, Herrn G. Schröder, für die Unterstützung beim Abschluß des Forschungsprojektes und bei der Ausfertigung von druckreifen Zeichnungen zu danken.

Göttingen, im September 2000

1. Einleitung

Allgemeines – Ausgangssituation der Okerbelastung in 1979

Das Untersuchungsgebiet liegt im nördlichen Harzvorland zwischen der Okertalsperre und der Straßenbrücke Vienenburg (Abb. 1). Außer der Fließstrecke von der Sperre bis in den Industrieballungsraum Oker umfaßt es die beginnende Talaue mit dem Steinfeld. Es wird begrenzt von der B 241 im Nordwesten, von der Eisenbahnstrecke Vienenburg – Goslar im Südosten, von der Stadt Vienenburg im Nordosten sowie der Stadt Oker und dem Sudmerberg im Südwesten.

Die sich in diesem Gebiet in nordöstlicher Richtung erstreckende und von der Oker durchflossene Talaue wird im wesentlichen von dem in den 60er Jahren beginnenden Kiesabbau geprägt. Auf dem Gebiet des Klostergutes Wöltingerode, das in diesem Abschnitt der Okertalaue der größte Grundeigentümer ist, sind seither in terrassenartiger Abfolge links der Oker 11 größere Teiche/Seen* unterschiedlicher Größe und Tiefe entstanden (Abb. 2). Die verschiedenen Tiefen erklären sich aus der unterschiedlichen Mächtigkeit des Kiesvorkommens und der Dicke der auflagernden Auelehmschichten. Um ein zu Beginn der Untersuchung gültiges Bild von den Tiefenverhältnissen der durch den Kiesabbau entstandenen Gewässer zu erhalten, wurden während des Winters 1979/80 von der vereisten Oberfläche aus die Tiefen durch einfache Fadenmessungen über Bohrlöcher ermittelt.

Als Folge zahlreicher Überschwemmungen, wie sie vor dem Bau der Okertalsperre im Jahr 1956 bei jedem Hochwasser auftraten, sind die Deckschichten der Talaue von den schwermetallhaltigen Schlämmen aus der Oker überlagert worden. Diese stammen aus der Erzaufbereitung der Industrieanlagen in Oker und aus den Auslaugungen sowie von natürlichen Abtragungen der Abraumhalden.

Eine zusätzliche Belastung der gesamten Talaue rührt von den Schadstoffen aus der Luft – im wesentlichen schwermetallhaltige Stäube und giftige Abgase (Schwefeldioxid) – die von den in Goslar und Oker ansässigen Industrie- und Gewerbebetrieben emittiert werden.

Diese Immissionen legen sich wie ein Schleier über den Boden und die Wasserflächen in der Talaue. Sie beeinträchtigen den Futter- und Nahrungswert der angebauten Kulturpflanzen. Bekannt geworden sind die bei Weidetieren durch Bleivergiftung verursachten lebensbedrohenden Erkrankungen der Atemwege, vornehmlich bei Pferden (Steinfeldkrankheit).

Neben Blei sind es die Schwermetalle Cadmium, Kupfer und Zink, die in dieser Region die aquatische und terrestrische Flora und Fauna sowie die ansässige Bevölkerung akut und chronisch schädigen.

Mit dem Aufbau der chemischen Industrie nach dem zweiten Weltkrieg traten weitere, die Talauenlandschaft durch Einleitung ihrer Abwässer in die Oker vergiftende Schadstoffe hinzu (Restlaugen aus der Zelluloseindustrie, Abwässer der metallverarbeitenden Gewerbebetriebe u. a.).

Die beiden Klärwerke für die Stadt Goslar und die Gemeinde Oberharz taten ein übriges, durch ihre ungenügend gereinigten Abwässer die Oker so stark zu belasten, daß diese bereits Anfang der siebziger Jahre als fischereilich totes Gewässer bezeichnet werden konnte.

Von der Schwermetallbelastung werden nicht nur der Boden und die Vegetation sondern auch die in dieser Umwelt lebenden Menschen und Tiere betroffen. Höchst gefährdet ist die Trinkwasserversorgung der Unterlieger.

Zum einen sind es die auf den Boden gelangenden Niederschläge, die als Sicker- oder Dränwasser dem oberflächennahen Grundwasser zuströmen. In ihnen befinden sich auch die

* Entsprechend der Definition werden in Kiesabbaugebieten entstandene Stillgewässer mit mehr als 2 m Tiefe als „See" bezeichnet (Buhse)

Abb. 1: Das Untersuchungsgebiet zwischen Okertalsperre und Straßenbrücke Vienenburg

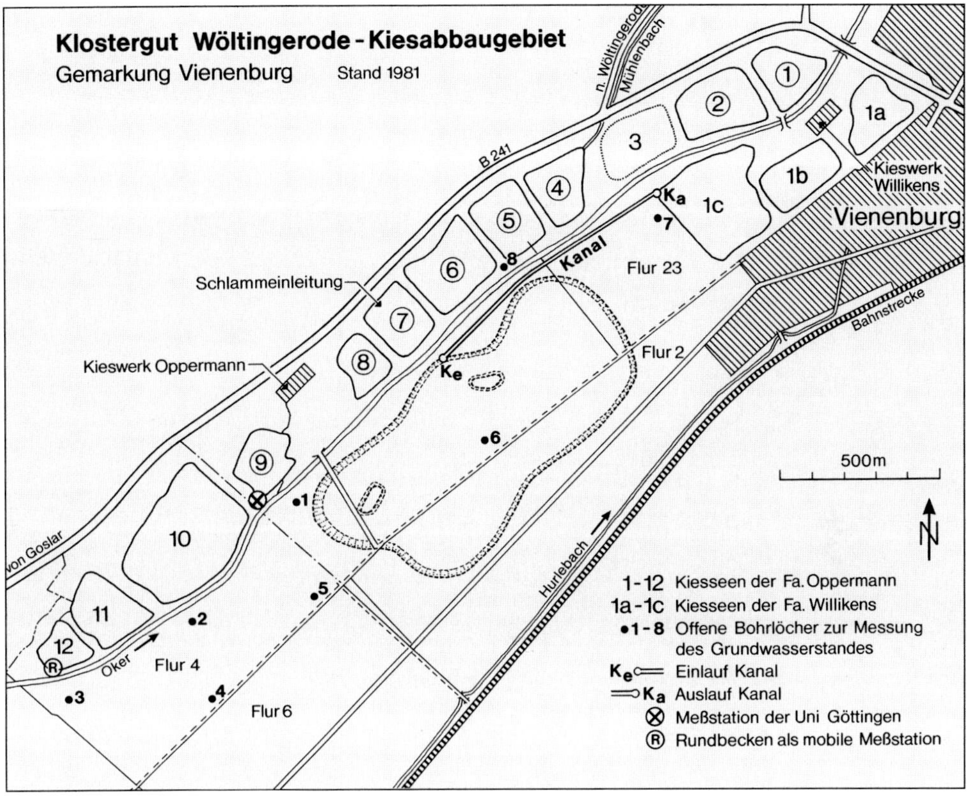

Abb. 2: Die terrassenartig angeordneten Kiesseen in der Okertalaue zwischen Probsteiburg und Vienenburg, Stand 1981. Geplanter See T 3 wird noch ausgekiest.

bei der Bodenperkolation zum Teil in Lösung gehenden Schwermetalle. Von dieser Infiltration werden vor allem die Flachbrunnen betroffen. Zum anderen sind es unterirdische Verbindungen des Fließwassersystems mit der Grundwasserströmung, die mehr oder weniger miteinander kommunizieren, so daß die löslichen Schwermetallfrachten der Oker die Grundwasser leitenden Schichten gefährden und ihre Nutzung durch die Trinkwassergewinnungsanlagen im Raum Vienenburg – Börßum infrage stellen können.

Der Grundwasserspiegel im Untersuchungsgebiet weist unterschiedliche Höhen auf (1 – 6 m und mehr). Dies deutet darauf hin, daß die Grundwasserverhältnisse im Steinfeld nicht homogen sind.

Da der Grundwasserspiegel im Bereich südlich Probsteiburg (Abb. 1) deutlich unterhalb des Wasserspiegels der Oker liegt, besteht die Vermutung, daß das Grundwasser in diesem Bereich unter der Oker hindurchfließt und im Bereich des Habichtsberges versickert.

Wie Untersuchungen seitens des Instituts für Geologie und Paläontologie der Universität Braunschweig durch Bohrungen (Abb. 2) gezeigt haben, sind gerade in dem unmittelbar von der Oker durchflossenen Kiesabbaugebiet auf dem Gelände des Klostergutes Wöltingerode die Grundwasserverhältnisse noch sehr unklar. Einige der entstandenen Kiesseen werden vom Grundwasser gespeist, andere Seen hingegen nicht. Es kommt daher verschiedentlich zu einer Durchmischung von Oker- und Grundwasser, was die gewässerchemischen Eigenschaften dieser Ressource ständig verändert.

Abb. 3 a: Die begradigte Oker in Wöltingerode mit Blick flußabwärts, 1979

Abb. 3 b: Die Oker in Wöltingerode mit Blick flußaufwärts, 20 Jahre später

Die Oker untersteht dem Unterhaltungsverband Oker. Sie ist zu Beginn des Kiesabbaus begradigt worden. Im Gebiet des klostereigenen Geländes verläuft sie ohne jegliche Windungen parallel zu den entstandenen Kiesseen (siehe Abb. 2). Das Gefälle beträgt etwa 0,7 % und wird mit 10 Sohlabstürzen überwunden (Abb. 3 a und b).

Lediglich südlich Probsteiburg bietet sich noch ein Bild der ursprünglich mäandrierenden Oker (Abb. 4 a und b), die vor dem Talsperrenbau ein relativ rasch fließender Gebirgsfluß war. Da ihre Sohle wenig tiefer lag als die angrenzenden Böden, uferte sie relativ leicht aus. Auf diese Weise entstand häufig ein neues Flußbett. Zeitweise war die Bundesstraße 241 gefährdet.

Im Mittel der Jahre 1966 – 1975 wiesen die Parameter zur Charakterisierung der Abflußmenge in der Oker beim Pegel Wöltingerode folgende Werte auf:

Niedrigwasserabfluß	(NQ)	=	0,70 m^3/s
Mittlerer Niedrigwasserabfluß	(MNQ)	=	1,20 m^3/s
Mittlerer Wasserabfluß	(MQ)	=	2,88 m^3/s
Mittlerer Hochwasserabfluß	(MHQ)	=	19,80 m^3/s
Hochwasserabfluß	(HQ)	=	31,70 m^3/s

Das maximale Abflußvermögen der regulierten Oker wird mit 32,6 m^3 angegeben. Bei sehr hohen Abflüssen wird ein Teil des Okerwassers durch die Teiche bzw. Seen geleitet, wodurch erhebliche Veränderungen im Abflußvolumen und Wasserchemismus zustande kommen.

Obwohl die Talaue der Oker seit jeher von Rückständen aus der Erzaufbereitung und von den schwermetallhaltigen Ab- und Waschwässern der Industriebetriebe durch immerwiederkehrende Überschwemmungen überdeckt wurde und dadurch giftige Schwermetallverbindungen über die landwirtschaftliche Nutzung in die Nahrungskette von Mensch und Nutztier gelangten, sahen früher die in dieser Talaue siedelnden Menschen die Schadstoffbelastung nicht als Bedrohung ihres Lebensraumes an. Man versuchte, dieser Vergiftungsgefahr – so gut es ging – durch Nutzungseinschränkungen zu begegnen oder durch Austausch von Futter und Nahrung die Belastung mittels unbelasteter Herkünfte zu senken.

Die in den Metallhütten im Raum Oker/Goslar aufbereiteten und verarbeiteten Schwermetalle entstammen den Erzen des Rammelsberges. Sie kommen dort als Bleiglanz (PbS), Cadmiumblende (CdS), Kupferkies ($CuFeS_2$) und Zinkblende (ZnS) vor. Bei ihrer Verhüttung, die im wesentlichen als Röstprozeß verläuft, entweicht der Schwefel größtenteils als Schwefeldioxid (SO_2) in die Luft. Die festen Rückstände (sog. Pochsande) kamen auf die Halde. Die mit dem Waschwasser ausgewaschenen löslichen Stoffe (Schwermetallreste, Schwefelsäure u. a.) wurden mit den übrigen Abwässern in die Oker und ihre Zuflüsse eingeleitet.

Somit ergaben sich zu Beginn der hier beschriebenen Untersuchungen 4 wichtige Schadstoffquellen als Ursache für die Schwermetallbelastung der Talaue und der Oker selbst, die diese Giftfrachten in die Aller bei Müden, mit zunehmender Verdünnung weiterleitet:

- der unmittelbare Eintrag von Schwermetallen in die Oker über Abwässer aus der Erzgewinnung und -aufbereitung des Industriegebietes Oker/Goslar,
- der unmittelbare Eintrag in die Oker und die Ablagerung auf dem Talaueboden über die Niederschläge, welche die in die Atmosphäre gelangenden Schadstoffe (schwermetallhaltige Stäube, Schwefeldioxid u. a.) aufnehmen,
- die Lösungsfrachten, die durch niederschlagsbedingte Auslaugungen der Abraumhalden entweder gesammelt in Ablaufgräben oder auf diffusen Wegen der Oker zugeführt werden

Abb. 4 a: Mäanderartiger Verlauf der Oker zwischen Probsteiburg und westlicher Grenze des Klostergutes Wöltingerode, 1979

Abb. 4 b: Ausbau der Oker in demselben Gewässerabschnitt, 1998

- als großflächige Vergiftung die Überschwemmung der ganzen Talaue mit Schwebstoffen und Schlämmen, die durch Erosion der Halden und durch Umlagerungen sowie Aufwirbelungen der Sedimente im Flußbett transportiert werden und in der Hauptsache als Hochflutlehme die Oberfläche der Böden mit Schwermetallen und anderen Schadstoffen bedecken.

Der am Ende der 70er Jahre erreichte Grad und Zustand der Belastung durch die vorgenannten Schwermetalle in der gesamten Talaue einschließlich des Ballungszentrums um die Stadt Oker herum wurde trotz zunehmender Beschwerden seitens der Bevölkerung hingenommen, obwohl der in den siebziger Jahren erreichte schlechte Gütezustand der Oker, in der kaum noch ein Fisch lebte, immer wieder Gegenstand der öffentlichen Kritik war, ohne daß behördlicherseits Ernsthaftes zur Besserung dieser beklagenswerten Umweltverhältnisse getan worden wäre.

Erst als die Klosterkammer Hannover (KKH) die durch den Kiesabbau der Fa. Oppermann und der Fa. Willikens entstandenen Baggerseen Anfang 1973 fischereiwirtschaftlich nutzen wollte und hierfür eine amtliche Genehmigung benötigte, wurde der durch die Zunahme der Schwermetallvergiftung inzwischen bedrohlich gewordene Zustand des oberflächennahen Grundwassers in der für den Kiesabbau freigegebenen Region bekannt und besorgniserregend.

Die KKH hatte zu zwei verschiedenen Zeitpunkten Anfang 1973 aus der Oker und aus drei Kiesseen stammende Wasserproben zwecks chemischer Untersuchung auf konventionelle Güteparameter und Schwermetalle an das Dezernat für Binnenfischerei des Niedersächsischen Landesverwaltungsamtes Hannover geschickt. Das Ergebnis wird am deutlichsten durch nachstehenden Bescheid illustriert (siehe Anlage).

Brief an die Klosterkammer Hannover v. 14.04.1973 (siehe Seite 14)

Für die KKH bedeutete dieser Bescheid einen durch den Kiesabbau bedingten Verlust an landwirtschaftlicher Nutzfläche, da die neu entstandenen Kiesseen wegen des hohen Zinkgehaltes nach Auffassung der Behörde fischereilich nicht zu nutzen waren.

Ein solcher Dauerverlust ohne jedweden Ausgleich konnte nicht hingenommen werden – zumal vieles für die Vermutung sprach, daß diese Verseuchung des Okerwassers mit Zink rezenten Ursprungs und ihre Ursache in einer ungenügenden Kontrolle der Abwassereinleitung aus den Zinkhütten zu suchen war.

Die Beurteilung der Sachlage durch die Fachbehörde gab Anlaß, im Juli desselben Jahres erneut Wasserproben einiger Kiesseen vom Niedersächsischen Landesverwaltungsamt untersuchen zu lassen (siehe Anlage).

Brief an die Klosterkammer Hannover v. 20.07.1973 (siehe Seite 15)

Dieser abermalige negative Befund, der hinsichtlich der toxischen Belastung durch Zink die einzelnen Seen in gleichem Ausmaß als betroffen ansah, bedeutete praktisch das „Aus" für eine fischereiliche Bewirtschaftung der Baggerseen, die naturgemäß aus wirtschaftlichen Gründen als Folgenutzung des Kiesabbaus von der KKH in Betracht gezogen werden mußte.

Die Klosterkammer als legitimierter Interessenvertreter des Klostergutes Wöltingerode konnte sich daher nicht ohne weiteres mit diesem Bescheid abfinden und setzte alles daran, gegen die durch das Ergebnis der Wasseruntersuchung festgestellte, in der Okertalaue verbreitete Zinkvergiftung der Gewässer vorzugehen und die erforderlichen Sanierungsmaßnahmen von der Bezirksregierung Braunschweig zu verlangen.

Dabei kam es ihr auch darauf an, das Ausmaß der Schwermetallvergiftung in der gesamten Okertalaue kennen zu lernen, um sich über die gesundheitlichen Risiken zu informieren, die mit der landwirtschaftlichen und fischereilichen Nutzung in diesem Auengebiet verbunden waren.

Niedersächsisches Landesverwaltungsamt

– Binnenfischerei –

Landesfischmeister

Nieders. Landesverwaltungsamt · 3 Hannover 1 · Postfach 107

An den
Herrn Präsidenten
der Klosterkammer

3 Hannover 1
Postfach 3325

1 APR. 1973

KD

Ihr Zeichen und Tag: 304/K Kbau H 51, 17.1.1973
Hausruf: 005
Mein Zeichen: A 15/1- 47.27 /1c - H/Sch
Bitte in der Antwort angeben
Hannover, den 13.4.1973

Betr.: Bewirtschaftung von Fischteichen
Anlg.: 1 Analysenblatt

Wie die Untersuchung der am 27.1.1973 entnommenen Wasserproben ergab, enthalten die an der Oker bei Wöltingerode gelegenen Kiesteiche des Klostergutes in unterschiedlichen Mengen Zink. Im zweiten Teich wurden 0,6 mg/l, im vorletzten sogar 5,0 mg/l Zn festgestellt.

Nach LIEBMANN (Handbuch der Frischwasser- und Abwasserbiologie, Bd. II, München 1960, Tabelle 85) liegt die Schädlichkeitsgrenze von Zink für Fische zwischen 0,1 und 2 mg/l Zn. Auch wenn weniger empfindliche Fischarten in einzelnen Teichen mit geringerem Zinkgehalt möglicherweise überleben würden, kann ich zu einer fischereilichen Nutzung der Kiesteiche nicht raten, da m.E. das Risiko zu groß ist.

Ob sich der störende Gehalt an Zink im Laufe der Zeit verringern wird, läßt sich im voraus nicht beurteilen.

Im Auftrage

(Haß)

Niedersächsisches Landesverwaltungsamt

– Binnenfischerei –

Landesfischmeister

Nieders. Landesverwaltungsamt · 3 Hannover 1 · Postfach 107

An den
Herrn Präsidenten
der Klosterkammer

3 Hannover
Postfach 3325

Der Präsident der Klosterkammer
Eing. 31. JULI 1973
3 Anl.

–/KD

Ihr Zeichen und Tag	Hausruf	Mein Zeichen	Hannover, den 20.7.1973
305/K Kbau H 51 30.6.73	005	A15/1-47.27/1d	H/Ma.

Bitte in der Antwort angeben

Betr.: Bewirtschaftung von Fischteichen

Anlg.: 3 Analysenblätter

Die Untersuchung der mir überbrachten Wasserproben ergab, daß die Mehrzahl der Kiesteiche in erheblicher Menge Zink enthielt. Lediglich die beiden aus dem Kiesgelände Willikens stammenden Proben wiesen einen Zinkgehalt auf, der deutlich unter den von LIEBMANN (Handbuch der Frischwasser- und Abwasserbiologie, Bd. II, München 1960, Tabelle 85) als für Fische tödlich bezeichneten Werten liegt (mittlerer Teich 0,04 mg/l, oberer Teich 0,07 mg/l).

Die übrigen festgestellten Zinkwerte liegen so hoch, daß ich die in meinem Schreiben vom 13.4.1973 geäußerten Bedenken hinsichtlich einer fischereilichen Nutzung der Kiesteiche aufrecht erhalten muß. Beim 1. Teich ist der Unterschied im Zinkgehalt zwischen Zulauf- und Ablaufseite erstaunlich gering. Auch die Proben aus dem 3. Teich (unmittelbar am Ufer und Ablaufseite) unterscheiden sich nur geringfügig voneinander. Es scheint also eine ziemlich gleichmäßige Verteilung des Zinks in den einzelnen Teichen vorzuliegen.

Im Auftrage

Haß

Beglaubigt
Maack
Angestellte

Niedersächsisches Landesverwaltungsamt – Kanzlei

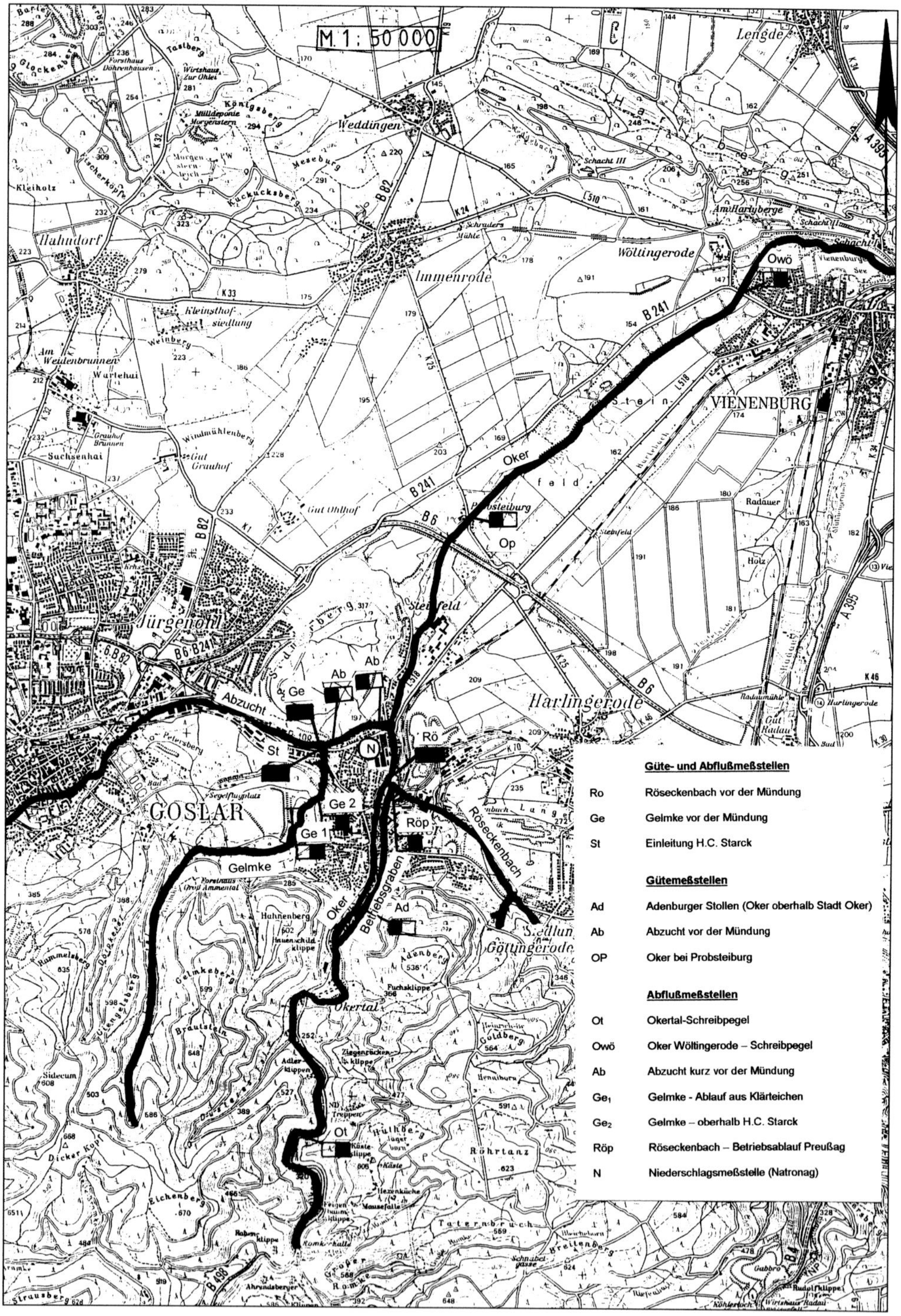

Abb. 5: Meßeinrichtungen der Bez. Reg. Braunschweig im Abflußgebiet der oberen Oker, 1977/78

Eine solche „Schadstoffinventur“ lag ebenfalls im Interesse der Stadt Vienenburg und der weiteren Unterlieger, vor allem der Wasserwerke Börßum, da beide als Trinkwasserlieferanten um die Verseuchung des Grundwassers bangen müssen, weil sie eine einwandfreie Trinkwasserversorgung zu garantieren haben. Und die hängt von einem schadstofffreien Grundwasser im Untersuchungsgebiet ab.

Es dauerte einige Jahre, bis behördlicherseits endlich der Plan konkrete Gestalt annahm, das gesamte Okertal von der Talsperre bis zur Einmündung der Oker in die Aller (bei Müden) in einer „Sonderuntersuchung Schwermetalle“ zu erfassen [2].

Die Untersuchungen erstreckten sich zunächst auf die chemische Analyse des Wassers in der oberen Strecke der Oker unterhalb der Sperre bis Vienenburg (Abb. 5). Dann wurde eine fischereiliche Bestandsaufnahme der gesamten Oker bis zu Einmündung in die Aller vorgenommen und schließlich in Fischen, die in verschiedenen Strecken gefangen worden waren, der Gehalt an den Schwermetallen Blei, Cadmium, Kupfer, und Zink bestimmt.

Diese Untersuchungen stellen einen behördlich ermittelten Zustand der Oker dar. Sie sind daher in besonderer Weise geeignet, den „Gütezustand“ der Oker Ende der siebziger Jahre zu beurteilen. Wenn die Ergebnisse auch wegen ihrer Lückenhaftigkeit nicht als ausreichend angesehen werden können, so geben sie doch eine zuverlässige Orientierung, so daß es gerechtfertigt erscheint, die wichtigsten Ergebnisse dieser Sonderuntersuchungen in einem eigenen Abschnitt zu behandeln.

2. Sonderuntersuchung „Schwermetalle" der Bez. Reg. Braunschweig in 1978/1979

Kurze Beschreibung des Vorhabens

Die von der Bez. Reg. Braunschweig durchgeführten Untersuchungen zur Erfassung der Schwermetallbelastung der Oker sind in drei Bereiche gegliedert:

a) Wasseruntersuchungen

b) Fischereiliche Bestandsaufnahme

c) Untersuchung der Fische auf Schwermetalle

Insgesamt wurden rd. 190 Wasserproben aus der Oker, der Abzucht (Nebenfluß) und aus zwei Industrieeinleitungsstellen im Raum Oker periodisch – verteilt auf einen Zeitraum von November 1975 bis November 1978 – entnommen und auf die Schwermetalle Arsen, Blei, Cadmium, Quecksilber und Zink untersucht.

Ergänzt wurden die Wasserproben durch Schlammproben aus denselben Fließgewässern.

Im Rahmen der fischereilichen Bestandsaufnahme wurden der Oker an 20 Fangstellen durch Elektrobefischung 1446 Fische von 16 verschiedenen Arten entnommen, gewogen und gemessen.

Der Umfang der veterinärmedizinischen Untersuchungen der Fische konzentrierte sich auf den Schwermetallgehalt in Leber und Muskelfleisch. Zu diesem Zweck wurden aus der Oker 186, aus dem Vienenburger See 25 und aus dem Kiesteich Raulfs bei Schladen drei Fische untersucht.

Wasseruntersuchungen

Die Untersuchungen der Behörde konzentrierten sich zunächst auf die Gütemeßstelle des Reg. Bez. Braunschweig, die bei Probsteiburg ca. 3 km unterhalb der Stadt Oker eingerichtet worden war (siehe Abb. 5).

Hier wurden über einen Zeitraum von ca. 40 Monaten regelmäßig Wasserproben der Oker entnommen (Tab. 1 a).

Tab. 1 a: Schwermetallgehalt in der Oker bei der Gütemeßstelle Probsteiburg in der Zeit Januar 1977 – Dezember 1979 bei monatlicher Probenahme. (Nach Sonderbericht der Bez. Reg. Braunschweig)

Jahr	Mittelwert / min. – max.	Cd µg/l	Pb µg/l	Zn µg/l
1977	$\bar{x}$	57	24	2.300
	min. – max.	16 – 136	5 – 50	830 – 8.290
1978	$\bar{x}$	78	93	1.690
	min. – max.	4 – 204	< 1 – 24	800 – 4.110
1979	$\bar{x}$	94	152	1.060
	min. – max.	6 – 232	3 – 800	40 – 1.770

Das Ergebnis ist alarmierend und zwar hauptsächlich wegen der außergewöhnlich großen Schwankungen dieser Werte. Um die Bedeutung der gemessenen Konzentrationen und ihrer Schwankungen beurteilen zu können, seien die Grenzwerte für Schwermetalle in Fließgewässern der Nutzungsklassen A und B1 vergleichsweise herangezogen (Tab. 1 b).

Tab. 1 b: Grenzwerte für Schwermetalle bei Fließgewässern der Nutzungsklassen A und B1. (Nach Gewässergütebericht 1998 Bez. Reg. Braunschweig [43])

	Cadmium (Cd) µg/l	**Kupfer (Cu) µg/l**	**Blei (Pb) µg/l**	**Zink (Zn) µg/l**
Nutzungsklasse A Direkte Trinkwasserentnahme Salmonidengewässer Baden	< 5	< 30	< 30	< 1000
Nutzungsklasse B1 Cyprinidengewässer Wasserschutzgebiet Ökologische Mindestqualität	< 5	< 40	< 50	< 2000

In den zusätzlich im „Sonderprogramm“ in 6 verschiedenen Meßperioden in der Oker analysierten weiteren 80 Wasserproben war die Schwankungsbreite noch größer und zwar bei:

Cadmium	65 / 0,1 – 292	µg/l
Blei	123 / 1 – 1.410	µg/l
Zink	2.350 / 40 – 27.000	µg/l

Ein zweites Wasseruntersuchungsprogramm der „Sonderuntersuchung“ umfaßte den oberen Gewässerabschnitt der Oker von der Sperrmauer bis zur Gütemeßstelle Probsteiburg einschließlich der Zuflüsse Röseckenbach und Abzucht (siehe Abb. 5).

Das Ergebnis, zu Vergleichszwecken wiederum ausgedrückt als Mittelwert mit der zugehörigen Schwankungsbreite der Extremwerte, ist in Tabelle 2 aufgeführt.

Tab. 2: Schwermetallgehalte in der Oker im Bereich unterhalb Talsperre bis Probsteiburg in µg/l (Meßperiode November 1977 – November 1978)

Schwermetall	Oker oberhalb Adenberger Stollen	Röseckenbach vor der Mündung	Abzucht vor der Mündung	Oker bei Probsteiburg
Cadmium (Cd)	1,2 / 0,1 – 4,2	240 / 50 – 600	6,2 / < 0,1 – 36,0	65 / < 1 – 292
Blei (Pb)	6,2 / 1,0 – 28,0	221 / 60 – 760	106,0 / < 0,5 – 2.130	123 / < 1– 1.410
Zink (Zn)	210 / 80 – 1.200	3.120 / 870 – 8.500	2.100 / 1.100 – 18.000	2.350 / 40 – 27.000

Die Tabelle gibt zunächst eine Vorstellung über die Grundbelastung der Oker unmittelbar unterhalb der Sperre. Eine gewisse Schwermetallbelastung ist vorhanden. Die bei Probsteiburg festgestellte Belastung betrug auf der Basis der Mittelwerte für Cadmium das 13-fache des zulässigen Grenzwertes und für Blei das 4 bzw. 2,5-fache. (vergl. Tab. 1 b). Lediglich für Zink, dessen Konzentration den Grenzwert der Nutzungsklasse B1 leicht überschreitet, spielt sie keine große Rolle.

Die hohen Schwermetallfrachten in der Abzucht und vor allem im Röseckenbach weisen darauf hin, daß es diese beiden Zuflüsse sind, die die Schwermetallkonzentration in der Oker bestimmen.

Während der Sonderuntersuchung wurden aus dem Röseckenbach bis zu 81 kg Cadmium (im Mittel 32 kg), bis zu 105 kg Blei (im Mittel 30 kg) und bis zu 1100 kg Zink (im Mittel 420 kg) je Tag in die Oker eingeleitet.

Die täglichen Schwermetallfrachten aus der Abzucht betrugen demgegenüber 1,8 kg Cadmium (im Mittel 0,2 kg), 35 kg Blei (im Mittel 2 kg) und 203 kg Zink (im Mittel 80 kg).

Vergleicht man die Probsteiburg-Werte in Tabelle 2 mit denen der Jahre 1977 – 1979 in Tabelle 1 a, so liegen sie bei Cd und Pb etwa im gleichen Schwankungsbereich, bei Zn noch erheblich höher. Diese außergewöhnlichen Bereiche, sowie die auffallend hohen Maximalwerte weisen darauf hin, daß die Einleitungen der verschiedenen Industrieanlagen mit an Sicherheit grenzender Wahrscheinlichkeit weitgehend unkontrolliert und sporadisch hinsichtlich der Konzentration der verschiedenen Schwermetalle vorgenommen wurden. Die unterschiedlichen Herkünfte zeigen sich u. a. im Vergleich der beiden Zuflüsse Röseckenbach und Abzucht untereinander, was natürlich mit der Art des Abwassers und der Lage der Einleitungen seitens der Fabriken zu tun hat.

Die riesige abwasserbürtige Befrachtung der Oker wird besonders deutlich, wenn der Schwermetallgehalt im nahezu noch unbelasteten Wasser oberhalb des Adenberger Stollens mit dem der Oker auf der Höhe Probsteiburg, d. h. nach Durchlauf der mit Schwermetallen aus der laufenden Produktion angereicherten Abwasserzone im Bereich Oker/Goslar verglichen wird.

Daß unter solchen Abwassereinleitungsbedingungen die Oker gewässerökologisch total zerstört worden ist und keine Lebensbedingungen für eine gesunde aquatische Fauna und Flora mehr bestehen konnten, bedarf keiner Erörterung.

Aufschlußreich ist ein zur Charakterisierung des Abflußgeschehens im Abschlußbericht [2] aufgeführtes Zitat aus einer Dissertation, die an der Technischen Universität Braunschweig von dem Diplom-Geologen G. Stier [1] angefertigt worden ist:

„Die Schwermetallbelastung der Okersedimente liegt von allen bisher untersuchten deutschen Flüssen am höchsten."

Diese Qualifizierung des Okerwassers, bei der das durchflossene Gebiet zwischen Oker und Vienenburg die schlechteste Gütebenotung aufwies, muß auch in Bezug auf die Trinkwasserversorgung der Bevölkerung im gesamten, dem Nord-Ostharz vorgelagerten Siedlungsraum gesehen werden. Insbesondere sind es die Trinkwassergewinnungsanlagen in Vienenburg und Börßum (gemäß Abschlußbericht [2] eine Jahresförderung von ca. 260.000 cbm. bzw. 24 Mio. cbm.), die wegen der bestehenden hydrologischen Zusammenhänge zwischen der Oker und dem Grundwasserstrom gefährdet sind. Dieser Strom bewegt sich zu einem großen Teil in reinen Kiesschichten hoher Durchlässigkeit. Er kann daher leicht von Oberflächenwasser d. h. vorwiegend vom Fließwasser im Okerbett kontaktiert werden.

Ein Vergleich mit den Qualitätsanforderungen an Oberflächenwasser für die Trinkwassergewinnung gemäß den EG-Richtlinien [3] erscheint somit durchaus sinnvoll.

Danach werden die Grenzwerte dieser Richtlinien beim Cadmium um das 14-fache und beim Blei um das 2,5-fache überschritten.

Im Hinblick auf die Gefahren, die auch der terrestrischen Flora und Fauna in der Talaue von den schwermetallhaltigen Abwässern drohen und zwar durch Überschwemmungen, als deren Folge der gesamte überflutete Talboden mit diesen giftigen Stoffen durchtränkt wird und die mitgeführten Schwebstoffe und Sedimente auf der Bodenoberfläche einschl. der Vegetation abgelagert werden, wurden in der „Sonderuntersuchung" der Bez. Reg. Braunschweig ebenfalls Messungen über die abwasserbedingten Feststoff-Frachten der Oker, die über die Abwassereinleitungen in das Fließgewässer gelangen, ausgeführt (Tab. 3).

Wenn auch die von der Oker mitgeführten Schwebstoffe teilweise im Flußbett und im Uferbereich sedimentieren, wie der deutlich hervortretende Konzentrationsgradient an der Abnahme der Schwermetallgehalte flußabwärts erkennen läßt, so stellen diese Schlämme doch ein enormes Schad- bzw. Giftstoffpotenzial dar, weil sie mit jeder Überschwemmung erneut aufgewirbelt und in der Talaue verlagert werden.

Tab. 3: Schwermetallgehalt in Schlämmen der Oker und der Kläranlage Goslar-Ost in mg/kg T.M. Meßperiode 1979/80. (Nach [2])

	Oker oberhalb Röseckenbach	**Oker bei Natronag**	**Oker bei Probsteiburg**	**Kläranlage Goslar-Ost**
Cd	5.500	1.100	490 130 – 177	158
Pb	130.000	27.000	21.000 843 – 6.027	2.297
Zn	56.000	38.000	20.000 11.607 – 17.861	13.906

Insofern gebührt dem Hochwasserschutz in der Okertalaue wesentlich größere Beachtung und Bedeutung als in anderen Talauen des Harzes, weil seine Schutzwirkung vor Hochwasserfluten gleichzeitig auch ein wirksamer Schutz gegen die Überlagerung der landwirtschaftlichen Nutzflächen mit hochgiftigen Schwermetallsedimenten ist.

Beachtenswert in der Tabelle sind die relativ hohen Schwermetallkonzentrationen und ihre erheblichen Schwankungsbreiten in den Schlämmen des Klärwerkes Goslar-Ost.

Die Werte insbesondere für Blei und Zink zeigen an, daß die Abwassereinleitungsverhältnisse der beiden Kläranlagen Goslar–Ost und Oberharz, deren Leistung ebenso wie die erstere unzureichend ist, als potenzielle Schadstoffproduzenten in der Frage der Okerbelastung beobachtet werden müssen, zumal beide Anlagen über keine chemische Aufbereitungsstufe verfügen und durch andere Schadstoffe, insbesondere Stickstoff- und synthetische organische Verbindungen (Tenside, Detergentien, Pestizide u. a. m.) die Oker zusätzlich belasten.

Fischereiliche Bestandsaufnahme und Schwermetallgehalte in Fischen

Der Abschlußbericht [2] gibt ebenfalls Aufschluß über den Fischbestand in der Oker. Dieser wurde mittels Elektrobefischung im Juli 1978 und im Oktober 1979 an 20 Fangstellen – verteilt auf der gesamten Fließstrecke von der Talsperre bis zur Einmündung in die Aller bei Müden – ermittelt.

Im oberen Flußabschnitt war eine Fangstelle unterhalb der Talsperre und eine zweite bei Vienenburg markiert worden. Beim ersten in 1978 vorgenommenen Test wurden unterhalb der Sperre 35 kleine Bachforellen, bei Vienenburg hingegen überhaupt keine Fische festgestellt.

Deshalb erscheint es wenig sinnvoll, auf das Ergebnis der Bestandsaufnahme in der Mittel- und Unterstrecke des ca. 100 km langen Fließgewässers einzugehen, da durch die Nebenflüsse und durch sonstige Einleitungen die Wasserqualität ständig verändert wird und daher Schlüsse für die Teststrecke in der oberen Oker nicht gezogen werden können.

Festzuhalten ist lediglich, daß sich die bereits eingangs erwartete Vermutung über die Fischleere in der oberen Oker eindrucksvoll bestätigt hat.

Auch verdient das Ergebnis über den biologischen Zustandswert, der im Zuge der fischereilichen Bestandsaufnahme auf der gesamten Fließstrecke von der Talsperre bis zur Einmündung in die Aller ermittelt worden ist, besondere Beachtung. Dieser Wert, der eine Wertskala von 1 – 4 umfaßt, läßt Rückschlüsse auf die Wassergüte im Zusammenhang mit der fischereilichen Nutzung zu, wobei ein Wert über 2,5 eine solche ausschließt. An sieben von insgesamt zwölf ausgesuchten Probeentnahmestellen war dieser kritische Wert deutlich überschritten.

Man erkennt daraus den fatalen Einfluß der durch die Schwermetallbelastung in der Oker oberhalb Vienenburg verursachten „Totstrecke“ auf die mehr als 12mal längere Gewässerstrecke des Unterlaufs. Trotz nicht unerheblicher Verdünnung durch zahlreiche Zuflüsse ist ein zu tolerierender biologischer Wert von 2,5 nur an wenigen Stellen zu verzeichnen.

Zur Schwermetallanreicherung in Fischen wurden Untersuchungen vom Staatlichen Veterinäruntersuchungsamt in Braunschweig an 186 Proben verschiedener Fischarten aus der Oker vorgenommen. Da sämtliche Fische der Fließstrecke unterhalb Vienenburg bis zur Einmündung der Oker in die Aller entnommen wurden, können sie über die Verhältnisse im Untersuchungsgebiet okeraufwärts zwischen Vienenburg und Oker kaum etwas aussagen. Erwähnt sei jedoch, daß der Cadmium-Richtwert der ZEBS [4] von 0,05 mg Cd je kg Frischgewicht auf der gesamten Prüfstrecke sehr häufig überschritten wurde, der Richtwert für Blei hingegen nur in einigen Proben unterhalb Vienenburgs. Von den im Okertal gelegenen Baggerseen wurde lediglich der Vienenburger See in die Prüfung einbezogen. Von 25 Fischen aus 4 Fischarten wurde bei 17 Proben der Richtwert für Cadmium überschritten.

Wenn auch die Ergebnisse nicht ausreichend sind, um gesicherte Erkenntnisse zu gewinnen, so machen sie doch deutlich, welches Gefährdungspotenzial von der Erzverhüttung und den schwermetallverarbeitenden Industrieanlagen ausgeht und wo der Hebel anzusetzen ist, wenn die dringend erforderliche Sanierung Erfolg haben soll.

Aus den im Abschlußbericht zu den Sonderuntersuchungen von der Bezirksregierung gezogenen Schlußfolgerungen seien die das Forschungsprojekt der KKH direkt berührenden Ergebnisse zwecks Beachtung und Auswertung nachstehend herausgestellt:

1. Der weitaus größte Teil der Schwermetallfrachten ist rezenter Natur und produktionsbedingt. Die Hauptmenge wird aus dem Röseckenbach in die Oker eingeleitet. Die Schwermetallfrachten der Abzucht sind ebenfalls bedeutend, spielen aber eine geringere Rolle.
2. Darüber hinaus besteht in diesem Industrie- und Ballungsraum eine zusätzliche, von Schwermetalleintragungen in die Oker und ihre „Nebenflüsse" herrührende Grundlast, die überwiegend auf niederschlagsbedingte Abspülungen von Dächern sowie von Hof- und Werksflächen beruht. Diese werden zusammen mit abgelagerten schwermetallhaltigen Stäuben über die Regenwasserkanalisation abgeführt.
3. Eine weitere niederschlagsabhängige Gewässerbelastung mit Schwermetallen stellen die Auslaugungen der Halden dar.

Außer der generellen Forderung nach Minderung der Belastungen wird als wichtigste Aufgabe die Reduzierung der Schwermetallfrachten im Röseckenbach hervorgehoben und zu diesem Zweck die Änderung der Auflagen der wasserrechtlichen Bewilligung der Fa. Preussag verlangt.

Der Sonderbericht schließt u.a. mit nachstehendem Hinweis:

„Die Angel- und Sportfischervereine, die die Oker zumindest bis in den Bereich Wolfenbüttel nutzen, müssen über die gemessenen Schwermetallgehalte der Fische unterrichtet werden. Fische, die in der Nähe der Schwermetalleinleitung, d. h. etwa im Okerabschnitt vom Harzrand bis Schladen gefangen werden, sind aufgrund der hohen Schwermetallgehalte nicht für den menschlichen Verzehr geeignet."

Aus diesen als Mindestforderung anzusehenden Empfehlungen der „Sonderuntersuchung Schwermetalle" der Bez. Reg. Braunschweig vom Mai 1980 konnte die Klosterkammer Hannover somit klar erkennen, daß die fischereiliche Nutzung sowohl der Oker als auch der inzwischen durch den Kiesabbau entstandenen Teiche und Seen wegen der nachgewiesenen außerordentlich hohen Schwermetallbelastung und der trotz Talsperre immer noch bestehenden Überschwemmungsgefahr nur in stark eingeschränkten Maße ausgeübt werden kann, solange die in diesem Sonderbericht verlangten Besserungsmaßnahmen nicht durchgeführt worden sind.

Es war daher geradezu selbstverständlich, daß sich daraufhin die KKH veranlaßt sah, auf die Realisierung dieser behördlichen Empfehlung hinzuwirken und ihrerseits die erforderlich erscheinenden Schritte einzuleiten. Diese betrafen die Veranlassung wissenschaftlicher Untersuchungen mit dem Auftrag, Chancen und Intensität einer fischereilichen Nutzung sämtlicher auf ihrem Gelände befindlichen Teiche und Seen sowie der darauf entfallenden Fließstrecken der Oker eingehend zu prüfen und in diese Untersuchungen die landschaftsökologische Gestaltung der Flußaue in diesem Gebiet einzubeziehen.

3. Forschungsprojekt Wöltingerode 1979 – 1982

Planung der Klosterkammer Hannover (KKH) betr. die fischereiliche Nutzung der „Wöltingeroder Seenplatte"

Die KKH sah in den „Sonderuntersuchungen Schwermetalle" einen wertvollen Beitrag der Bez. Reg. Braunschweig zu der wichtigen Frage des Ausmaßes der Schwermetallbelastung im gesamten Okertal von der Talsperre bis zur Mündung und zu den Gefahren der Trinkwasserversorgung im Zusammenhang mit Überschwemmungen, durch welche die Kontaktierung des Okerwassers mit dem Grundwasser begünstigt wird.

Auf Grund dieser Untersuchungen lassen sich durch eine strengere Kontrolle der Talsperrenbewirtschaftung und der gesetzlichen Auflagen über die Einleitungsbedingungen sowie durch verbesserte Aufbereitungstechniken die Gefahren der Schwermetallbelastung erheblich mindern. Dies gilt im besonderen Maße für die Verfrachtung und das Absetzen schwermetallhaltiger Schlämme durch Überschwemmungen. Auf Grund des großen Stauraums der Okertalsperre, die zur Aufnahme eines Jahrhunderthochwassers in einer Größe von 47 Mio. cbm ausgelegt ist, dürften Überschwemmungen nicht auftreten, wenn ausreichend Speicherraum für die Aufnahme des Hochwassers vorgehalten und rechtzeitiges Öffnen der Ablässe vorgenommen wird.

Das Ergebnis der beiden Wasseranalysen aus dem Jahr 1973 und das der „Sonderuntersuchung", das ein eindeutiges Bild über die katastrophale Abwassersituation und die hohe Okerbelastung durch Schwermetalle vermittelt hat (siehe [2]), veranlaßte die KKH, ein Forschungsprojekt in Angriff zu nehmen, in dem nicht nur eine umfassende chemische Bestandsaufnahme über die Schwermetallbelastung und andere Schadstoffeinwirkungen auf die Oker durchgeführt werden sollte, sondern auch der Frage nachzugehen war, welche Besatzmaßnahmen mit welchen Fischarten eine optimale fischereiliche Bewirtschaftung der Gewässer erwarten ließ.

In dieser Absicht hatte der Präsident der KKH Fachleute im landwirtschaftlichen Umwelt- und Gewässerschutz sowie im Naturschutz an der Universität Göttingen eingehend konsultiert und ihre Mitarbeit an einer Planung auf dem Gelände des Klosterguts in der Okertalaue im Wege eines Forschungsprojektes gewinnen können.

Dies waren Prof. Dr. Erwin Welte, Direktor des Agrikulturchemischen Instituts der Landwirtschaftlichen Fakultät, und Prof. Dr. Rolf Zundel, Direktor des Instituts für Forstpolitik, Forstgeschichte und Naturschutz der Forstwissenschaftlichen Fakultät.

Prof. Zundel hatte sich schon recht früh mit wissenschaftlichen Untersuchungen in der Landschaftsgestaltung von Problemgebieten befaßt, die durch Übernutzungen oder Ausbeutung bzw. Erschöpfung der natürlichen Ressourcen oder durch Abraumhalden und Abfalldeponien entstanden waren. Er konnte somit seine vielseitig erprobten Erfahrungen in dieses Gemeinschaftsprojekt einbringen [5].

Prof. Welte war durch umfangreiche Untersuchungen über den Einfluß landwirtschaftlicher Abfälle und Abwässer auf die Fließgewässer in Südniedersachsen bekannt geworden [6]. In seinen Forschungsarbeiten waren auch die Belastungen der Landschaft und des Wasserhaushaltes durch gewerbliche, industrielle und kommunale Betriebe einbezogen. Sein methodisch bemerkenswertes Vorgehen bei Gewässeruntersuchungen, zu denen er nicht nur Diplomanden und Doktoranden, sondern auch interessierte Angler der örtlichen Anglervereine heranzog, hatte zur Folge, daß in relativ kurzer Zeit eine deutliche Verbesserung des Gewässergütezustandes der untersuchten Gewässer eintrat.

Durch die Gründung der Interessengemeinschaft „Südharzgewässer“ (FIHG, [7]), der außer Wissenschaftlern ebenfalls die Vorstände fast sämtlicher Anglervereine Südniedersachsens als ordentliche Mitglieder angehörten, wurde eine auf wissenschaftlicher Grundlage operierende Arbeitsgemeinschaft gebildet. Deren Tätigkeit und Wirken hat wesentlich dazu beigetragen, der süd-niedersächsischen Bevölkerung den Wert der fischereilichen Aktivitäten der Anglervereine in sozialer und wirtschaftlicher Hinsicht aufzuzeigen, wie sie u.a. demonstrativ und überzeugend in der regelmäßigen Reinigung der Gewässerläufe und der Hege ihrer Fischbestände zum Ausdruck kamen.

Ergänzend hierzu fanden auch die wissenschaftlichen Untersuchungen und Bepflanzungsmaßnahmen, die von der forstlich-ökologischen Seite (Prof. Zundel) schwerpunktmäßig in Südniedersachsen zunächst auf die Leine bezogen waren [8], in der Öffentlichkeit ein beachtliches Echo. Diese Arbeiten galten bevorzugt der Ausgestaltung der Uferbereiche, die nicht nur die technischen und baulichen Kriterien zur Sicherung eines ausreichenden Hochwasserschutzes, sondern – in einer ökologisch notwendigen Ergänzung hierzu – eine sinnvoll in die Auelandschaft einzugliedernde Bepflanzung der Ufersäume und darüber hinaus eine biotopverbessernde Ausgestaltung des Gewässerbettes zum Ziel hatten.

Die aus den verschiedenen Blickpunkten und wissenschaftlichen Ansätzen beider Institute resultierenden Forschungsaktivitäten ergänzten sich so in besonderer Weise, so daß dem Präsidenten der KKH sehr daran gelegen war, beide Forscher für die in der Okertalaue vorliegenden speziellen Probleme zu interessieren.

Nach eingehender Besichtigung der örtlichen Verhältnisse waren sie bereit, im Blick auf die zukünftig geplante fischereiliche Nutzung der neu entstandenen und noch entstehenden Baggerseen und in Verbindung mit der im Eigentum der Klosterkammer stehenden Teilstrecke der Oker sowie der landschaftsökologischen Gestaltung dieses Gebietes geeignete wissenschaftliche Untersuchungen durchzuführen und dabei Maßnahmen einzubeziehen, welche für die Übernahme des Forschungsprojektes nach seiner Beendigung durch eine Fischereiorganisation (bevorzugt Anglervereine) zu berücksichtigen waren.

Das zu diesem Zweck erstellte Rahmenprogramm war in 4 Abschnitte gegliedert, die in zeitlich abgestimmter Abfolge bearbeitet werden sollten:

- Optische Analyse und Beschreibung besonders belasteter Teilstrecken im Gewässerabschnitt des Untersuchungsgebietes von der Okertalsperre bis zur Straßenbrücke Vienenburg (siehe Abb. 1) zwecks Kennzeichnung der schadstoffrelevanten Zonen,
- chemische „Generalinventur“ der Still- und Fließgewässer über einen dreijährigen Zeitraum (1979 – 1982) durch periodische Analysen der wichtigsten Güteparameter des Wassers (bis zu 26) an 20 fest markierten Probeentnahmestellen (siehe Abb. 28),
- darauf aufbauend dem Chemismus der Gewässer angepaßte ökologische und fischereiliche Maßnahmen,
- begleitende Aktivitäten bezüglich der Ufergestaltung der Gewässer und des gesamten Landschaftsgebietes innerhalb der zur Kiesgewinnung und Ausbaggerung des dem Klostergut eigenen Geländes in der Talaue in Anpassung an das Fernziel einer landschafts-ökologisch und fischereilich orientierten Nutzung einer Erholungslandschaft.

Die chemische Generalinventur über die im Untersuchungsgebiet vorkommenden Gewässer sollte ein Schadstoffspektrum abbilden, in welchem die wesentlichen Schadstoffkomponenten und ihre meist unstetigen Schwankungen ausgewiesen waren.

Außerdem kam es darauf an, durch eine möglichst kontinuierliche Registrierung der Schadeinwirkungen Hinweise auf die Einleitungsgewohnheiten der abwassereinleitenden Industrie- und Gewerbebetriebe sowie der kommunalen Kläranlagen im Ballungszentrum Oker/Goslar zu erhalten, um die eigentlichen Ursachen für den biologisch nahezu toten Zustand der Oker und die davon ausgehenden Gefahren für die Kiesteiche bzw. -seen hinsichtlich ihres Schadpotenzials abschätzen zu können.

Die landschaftsplanerischen Maßnahmen unter der Leitung von Prof. Zundel wurden auch nach Beendigung der gewässerchemischen und fischereibiologischen Untersuchungen fortgesetzt, weil sie sich nach dem Fortschreiten des Kiesabbaus und des nach dem Abbau verfügbaren Geländes richten mußten. Dies lag im Wesen der Aufgabe, nämlich geeignete Gestaltungs- und Bepflanzungsmaßnahmen im Blick auf das angestrebte Ziel der Erholungslandschaft immer dann in Angriff zu nehmen, wenn die abgebaute Fläche dies zuließ.

Um ein umfassendes Bild über das Ausmaß der Schwermetallbelastung der Oker in dem zu untersuchenden Gebiet hinsichtlich einer möglichen Beeinflussung des Grundwassers zu gewinnen, wurde ein ergänzendes Forschungsprogramm durchgeführt. Dieses galt der Klärung der vorherrschenden Grundwasserverhältnisse, soweit sie das Risiko einer Kontaminierung durch die Oker betrafen.

Zu diesem Zweck wurde Dr. Wolff vom Institut für Geologie und Paläontologie der Universität Braunschweig als Fachmann für Grundwasserfragen zur wissenschaftlichen Bearbeitung der Frage herangezogen, ob und inwieweit eine dauerhafte Trinkwasserversorgung der Region aus dem im Bereich Vienenburg befindlichen Brunnen und durch das Wasserwerk Börßum bei anhaltend hoher Schadstoffbelastung der Oker ohne Einschränkung gewährleistet werden kann.

Das Gesamtprogramm setzte Mitte des Jahres 1979 ein. Die unterschiedlichen Forschungsansätze wurden von den drei Forschungsgruppen unabhängig voneinander – jedoch in jeweils ausreichender fachlicher Abstimmung – unter der Federführung von Prof. Welte durchgeführt und gewässerökologisch Ende 1985 bis auf die landschaftsplanerischen Begleitmaßnahmen im großen und ganzen beendet.

Ab 1986 ging die fischereiliche Bewirtschaftung in die Zuständigkeit des Pächters (ASV Braunschweig) über, wobei die wissenschaftliche Konzeption über die Nutzungsstrategien bei den Besatzmaßnahmen und in der Verbesserung der Haltungs- und Aufzuchtbedingungen weitgehend beibehalten wurde, so daß eine bis heute außerordentlich erfolgreiche Vereinsführung Zeugnis von einer beispielhaften fischwaidgerechten Angelei ablegen kann. Während der gesamten Dauer des Forschungsprojektes erwies sich Herr Rohmann – Dezernent für Wasserwirtschaft der Klosterkammer – als ein hervorragender Organisator und Fachmann hinsichtlich der erforderlichen baulichen Einrichtungen und der Materialbeschaffung. Bei der Überwindung zahlreicher, hauptsächlich technischer Schwierigkeiten war er ein ständiger und stetiger Helfer und Förderer.

Löblich hervorzuheben ist auch die bei den Arbeiten im Gelände erforderliche Zusammenarbeit und Abstimmung mit den beiden auf dem Gelände des Klostergutes den Kiesabbau betreibenden Firmen Oppermann und Willikens.

Bei beiden Betrieben fanden die im Forschungsprojekt engagierten Wissenschaftler und mittätigen Angler offenes Gehör und Verständnis für die Untersuchungs- und Versuchsprogramme. Sie halfen durch Einsatz ihrer technischen Geräte (insbesondere Bagger und Förderbänder) mit, Geländeveränderungen, soweit dies machbar war, durchzuführen, ohne die anfallenden Energie-, Material- und Arbeitskosten in Rechnung zu stellen. Durch ihre tatkräftige Unterstützung haben beide Kiesabbauunternehmen nicht unerheblich zur Vermeidung unnötiger Erschwerungen beigetragen und die landschaftsplanerischen Arbeiten gefördert.

Schließlich gebührt besonderer Dank dem Verwalter des Klostergutes, Herrn Fließbach, und dem bei der Klosterkammer in Wasser- und Meliorationsfragen tätigen Herrn Niebuhr. Ohne deren Mitwirkung wäre manches nicht so gelaufen, wie es das Forschungsprojekt verlangte.

3.1 Programm 1979

Begehung der oberen Oker September 1979

Die erste Begehung, (optische Analyse) erfolgte im Rahmen einer Dipl. Arbeit vom 25. – 27. September 1979. [9]

Sie betraf den Geländeabschnitt von der Sperrmauer der Talsperre bis zur Eisenbahnbrücke bei Oker in einer Länge von rd. 10 Fluglinien-km (Abb. 6).

Vorrangiges Ziel der Begehung war die Suche und örtliche Feststellung von Rohr- und sonstigen Einleitungen, über welche Abwässer der Oker zugeführt wurden.

Das Ergebnis war bemerkenswert, aber zum damaligen Zeitpunkt angesichts des geringen öffentlichen Interesses an der Wahrnehmung von Gewässerverschmutzungen nicht überraschend.

Auf der eingehend besichtigten Gewässerstrecke, an der nur Einzelsiedlungen und kleine Gewerbebetriebe (Kraftwerk, Mineralwasserfabrik u.a.) lagen, waren im Abgleich mit anderen intakten Harzgewässern aus gewässerökologischer und ökologisch-chemischer Sicht über 40 Einleitungsstellen zu beanstanden.

Bereits 200 m unterhalb der Sperrmauer war das Okerbett nahezu trocken gefallen, die Oker ein Rinnsal, weil die unterhalb der Sperre regulierte Hauptwassermenge über einen Stollen zu dem etwa 800 m weiter flußabwärts gelegenen Kraftwerk bei Romkerhalle abgeleitet wurde (Abb. 7). Die zusätzlich festgestellten Einleitungsrohre dienten dem Abfluß von Drainage- und Regenwasser aus dem ufernahen Straßenverkehrsbereich.

Diese „Wasserzubringer“, deren Wasser klar und ohne Geruch war, sicherten jedoch in keiner Weise einen für die Oker typischen Biotop, wozu als Indikator einer gesunden aquatischen Nahrungskette u.a. die Bachforelle gehört.

Das für das Kraftwerk abgezogene Okerwasser floß erst wieder unterhalb des Kraftwerkes in das eigentliche Flußbett zurück. Bis unterhalb des Kraftwerks war daher die Oker von der Sperrmauer flußabwärts ein fast verödetes Fließgewässer.

Durch Wiederholung dieses Prozesses – nämlich des Abzugs der Hauptwassermenge zum Betrieb industrieller Anlagen (Fa. Preussag) am Adenberger Stollen – sind in Verbindung mit dem Bau von Wehren weitere Ödstrecken entstanden, so daß der obere Abschnitt der Oker von der Sperre flußabwärts als natürliches Fließgewässer weitgehend zerstört war und bestenfalls Teilstrecken eine einigermaßen intakte Gewässerstruktur behalten haben.

Erst unterhalb der Eisenbahnbrücke wurde dieses „abgezweigte“, nun in „Industrieabwasser“ umgewandelte Okerwasser dem eigentlichen Fließbett wieder zugeführt. In dem nur wenig „Restwasser“ führenden Teil der Oker wurden allein auf der Strecke vom Hotel „Waldhaus“ bis zur Wiedereinleitung des Betriebswassers der Preussag in die Oker (eine Strecke von etwa 5 km) über 18 relativ großdimensionierte Abwasserrohre (darunter exemplarisch Abb. 8 – 10) festgestellt, durch welche gewässerbiologisch schädliche, in der Regel giftige Abwässer bei zeitweise hoher Konzentration eingeleitet wurden.

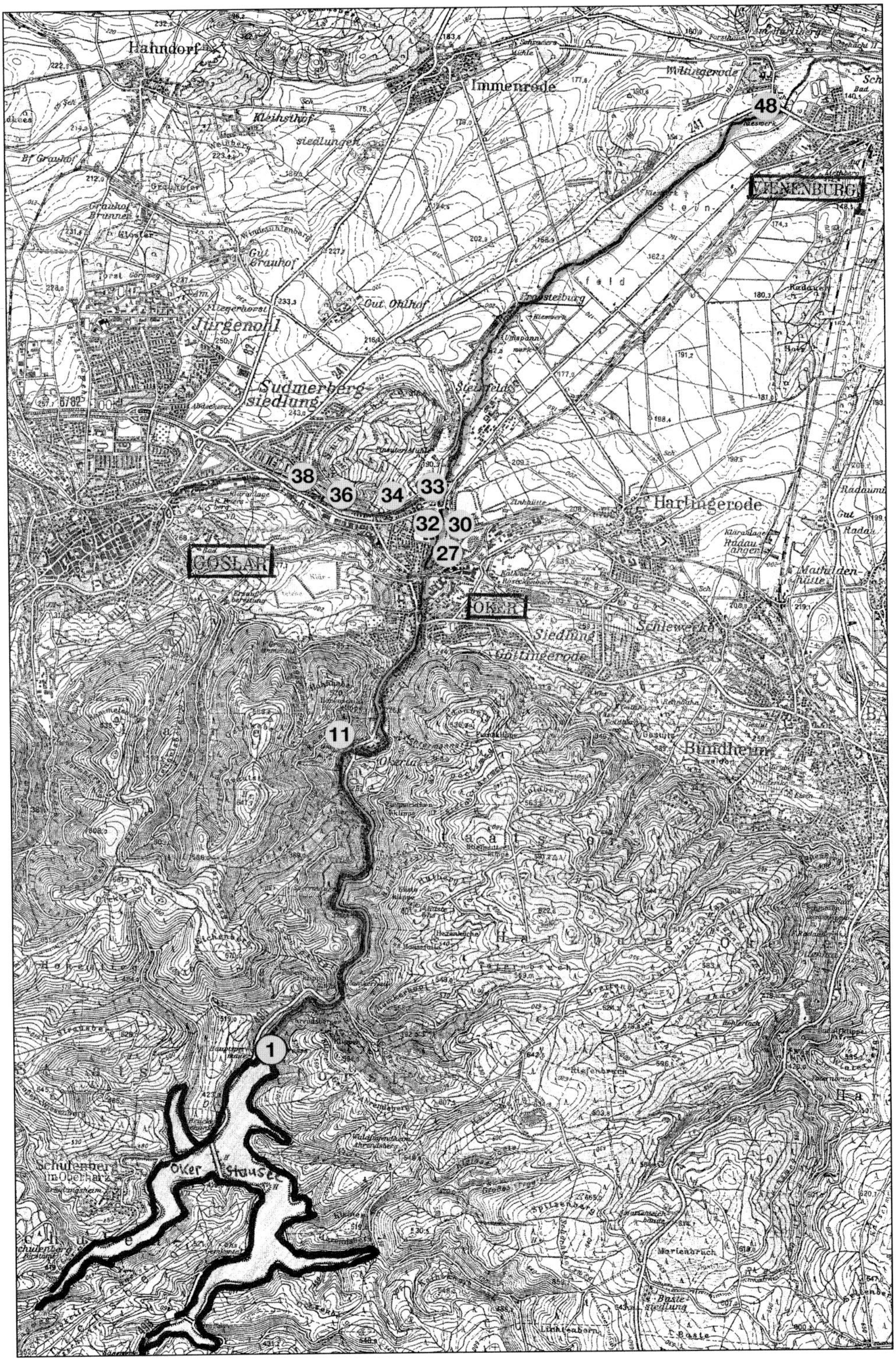

Abb. 6: Probeentnahmeplan für die Okerbegehung des IfA [9] im September 1979

Abb. 7: Flußbett der Oker ca. 200 m unterhalb der Sperrmauer

Abb. 8: Abwasserrohr ca. 800 m unterhalb Hotel „Waldhaus“

Abb. 9: Bach von rechts 10 m hinter der ersten Oker-Brücke

Abb. 10: Abwasserrohr linksseitig der Oker oberhalb der zweiten Brücke

Im weiteren Verlauf der Oker kamen schadstoffhaltige, meist ebenfalls giftige Abwässer hinzu. Diese gelangten in der Hauptmenge über die Nebenflüsse Röseckenbach, Gelmke und Abzucht in die Oker. Die Abwassereinleitungen über den Röseckenbach stammten im wesentlichen von der Preussag. Dabei handelte es sich einmal um Fabrikabwässer – also um solche, die unmittelbar mit der Aufarbeitung der Erze und der Metallverarbeitung zusammenhängen – dann um die Betriebsabwässer, die der Oker, wie bereits beschrieben, entnommen und nach „Gebrauch" zurückgegeben wurden. Schließlich war als dritte Schadstoffquelle der Haldenabfluß zu nennen, der von den Niederschlägen herrührt, welche die Halden auslaugen und dann – reichlich mit Schwebstoffen und Lösungsfrachten beladen – ebenfalls in die Oker gelangen.

Die Frage, in welchem Umfang niederschlagsbedingte Abflüsse von den Halden die Oker belasten, konnte während der Begehung nicht geklärt werden, da betriebsseitig kennzeichnende Daten nicht vorgelegt werden konnten.

Verschiedene Stellen in diesem Abschnitt der Oker wiesen allerdings deutlich auf diffuse Abflüsse von den Halden hin. U.a. konnte in einem Sammler gefaßtes „Haldenabwasser" am Fuße der „Preussag-Halde" geortet werden (Abb. 11, 12, 13, 14).

Diejenigen Abwässer, die über die Abzucht in die Oker eingeleitet wurden, entstammten in der Hauptsache der Papierfabrik „Natronag" und der „Chemischen Fabrik Oker". Zur Zeit der Begehung war das Abwasser der Natronag trübe und außerordentlich stark gelb gefärbt. Außerdem schäumte es und roch sehr stark (Abb. 15, 16).

Die Papierfabrik besitzt eine betriebseigene Kläranlage. Ihre Leistungsfähigkeit dürfte entweder nicht ausgereicht haben oder die Anlage funktionierte nicht ordentlich. Denn ein derart gefärbtes und trübes Abwasser konnte in diesem Zustand wohl kaum den Einleitungsbedingungen genügen.

Die Chemische Fabrik Oker unterhält ebenfalls eine betriebseigene Kläranlage. Auch diese dürfte dem Augenschein nach aufgrund des starken Schäumens, der Trübe und der auffälligen Besiedlung des Gewässerbodens mit dem Abwasserbakterium „Sphaerotilus natans" den gesetzlichen Auflagen kaum entsprechen (Abb. 17).

Wieweit und in welcher Hinsicht die Bleiwerke Goslar insbesondere mit Blei und begleitenden Schwermetallen an dem desolaten Zustand der Abzucht und in Folge auch der Oker beteiligt sind, konnte bei dieser Begehung nicht festgestellt werden. Entsprechendes gilt für die Abwasserlast der Gelmke. Daß dieser Bach erheblich belastet und verunreinigt war, zeigte das starke Pilz- und Abwasserbakterienwachstum auf dem Gewässergrund.

Hinter der Einmündung der Abzucht in die Oker ist der Gebirgsrand erreicht, von dem aus die eigentliche Talaue – sich nach Nordosten ausweitend – beginnt und sich zu einer typischen Bachauelandschaft entwickelt hat. Sie öffnet sich mit einer mäandrierenden Ausgestaltung des Okerfließbettes bei starker Vernässung des angrenzenden natürlichen Grünlandes bis hin zur Sumpfbildung. Einige hundert Meter oberhalb Probsteiburg wurde die Einleitung von Abwässern aus einer Kläranlage rechtsseitig der Oker festgestellt. Das Abwasser war sehr schmutzig, roch und schäumte stark – ein untrügliches Zeichen dafür, daß es nur unzureichend geklärt war (Abb. 18).

Zwischen Probsteiburg, wo der Reg. Bez. Braunschweig eine Gütemeßstelle installiert hat, und der Straßenbrücke eingangs Vienenburg ist die Oker auf etwa 3,2 km Länge ausgebaut. Mittels Einbau von 10 Wehren wird hierbei ein Gefälle von 0,7 % überbrückt (siehe Abb. 2).

Der Ausbau kann nicht als ökologisch sinnvoll angesehen werden, sondern stellt lediglich ein technisches Regelwerk dar, das hydraulisch-hydrologische Probleme eines reibungslosen Abflusses insbesondere bei Hochwasser gewährleisten und die Oker aus den neu geschaffenen

Abb. 11: Flußbett der Oker in Höhe der „Preussag"

Abb. 12: Zulauf von rechts aus der „Preussag"-Halde

Abb. 13: Abwasserrohr von links gegenüber der Halde

Abb. 14: ca. 100 m unterhalb Eisenbahnbrücke Abwasserkanal aus dem „Preussag"-Gelände

Abb. 15: Auslauf aus der Kläranlage der „Natronag"

Abb. 16: Mündung der Abzucht in die Oker

Abb.: 17: Auslauf der Kläranlage der Chemischen Fabrik Oker

Abb. 18: Einmündung des Auslaufs der kommunalen Kläranlagen in die Oker oberhalb Probsteiburg; braungraues, schlammig-trübes Abwasser

Teichen heraushalten sollte. Leider sind keine Aufstiegsmöglichkeiten (Fischtreppen) geschaffen worden, weil die Oker zur Zeit des Ausbaus als biologisch tot angesehen wurde.

Die Begehung schloß mit dem Gesamtergebnis ab, daß die Oker als ein von Natur aus gewässerökologisch hochwertiges Fließgewässer des Nordharzes anzusehen ist. Als Folge rücksichtsloser Nutzung und Benutzung im oberen Teil der untersuchten Fließstrecke wurde es jedoch durch wiederholte Unterbrechung des Gewässerlaufs teilweise in Ödstrecken umgewandelt und im unteren Bereich durch eine unzuträgliche Abwasserbelastung seitens der im Raum Oker/Goslar angesiedelten Industrien zu einer Kloake degradiert.

Es erstaunt sehr, daß eine das Thema „Gewässerökologische Beobachtungen im Oberlauf der Oker und ihre kritische Bewertung" behandelnde Diplomarbeit an einem Universitätsinstitut während einer 3-tägigen Gewässerbegehung von der Okertalsperre bis zur Straßenbrücke Eingang Vienenburg (etwa 25 km Luftlinie) auf gewässerschädliche Zustände in der oberen Oker gestoßen ist, die bei der behördlich jährlich vorzunehmenden Gewässerinspektion offensichtlich nicht moniert und abgestellt worden sind. Durch Duldung hoher Schadwirkungen wurde behördlicherseits deutlich gegen das Wasserhaushaltsgesetz verstoßen.

Wie auch immer, aus der Sicht der Öffentlichkeit handelt es sich im Fall der Oker um einen verwahrlosten, anthropogen geschaffenen Gewässerzustand, der unter gar keinen Umständen von umweltbewußten Bürgern hingenommen werden kann.

Es war selbstverständlich nicht Aufgabe der Diplomandin, behördlich vorgeschriebene Gewässerschauen ersatzweise zu übernehmen – dazu fehlte ihr die Legitimation. Aber die Mißstände im Rahmen ihres wissenschaftlichen Auftrages aufzudecken, war die Konsequenz ihrer gewissenhaft durchgeführten optischen Analyse. Damit hat sie den Grundstein für das planerische Vorgehen im Untersuchungsprogramm des Forschungsprojektes gelegt.

Provisorische Meßstation (Rundbecken) oberhalb des Seengebietes

Durch die optische Analyse (Gewässerbegehung) wurde in der Hauptsache der Gütezustand im oberen Flußtal von der Talsperre bis in den Siedlungsraum Oker/Goslar erfaßt. Untersuchungen des Folgeabschnitts bis zur Eisenbahnbrücke Vienenburg mit Schwerpunktbildung „Chemische Wasseranalysen" schlossen sich an. Auf dieser Fließstrecke waren entlang der begradigten Oker als Folge des Kiesabbaus inzwischen 11 parallel zur Bundesstraße 241 in katarakt-artiger Ausgestaltung verlaufende Kiesseen entstanden (siehe Abb. 2).

Zum Zweck der Vororientierung über die bestehende „Gewässerqualität" des Okerwassers und ihre Veränderung durch unkontrollierte Einleitungen industrieller und kommunaler Abwässer aus dem dicht besiedelten Raum Oker/Goslar wurde als erste Maßnahme zur Erfassung eines Gesamtschadbildes über den „Gütezustand" der Oker eine mobile Meßstation (Rundbecken mit angeschlossenen Meßeinrichtungen) unmittelbar an der Westgrenze des Klostergutes am ersten Sohlabsturz in der Oker installiert (Abb. 19 a und b).

Das Rundbecken (Ø 2 m, Höhe 0,80 m) war auf einer vorhandenen Plattform aus Beton im Uferbereich unterhalb des ersten Wehres (Sohlabsturzes) aufgestellt und wurde durch einen Einlauf unmittelbar von Okerwasser gespeist.

Als Testfische wurden Regenbogenforellen (Fingerlinge) unterschiedlicher Provenienz, aber auch Elritzen aus Kiessee T 7 und Barsche kleinerer bis mittlerer Größe aus Kiessee T 4 in das Rundbecken eingesetzt.

In mehr oder weniger kurzer Zeit – in direkter Abhängigkeit von der „Qualität" des durchströmenden Wassers – gingen sämtliche Testfische zugrunde. Zu beobachten war eine gewisse Fluktuation im zeitlichen Ablauf des Fischsterbens. Diese war offensichtlich durch die Art und die Konzentration des Wassers bestimmt, das in unregelmäßigen Zeitabständen mit Giftstoffen beladen das Testbecken durchfloß.

Außer dem Studium und den Beobachtungen der Verhaltensweise der eingesetzten Testfische wurden Meßgeräte zur Registrierung des pH-Wertes, der Leitfähigkeit und des Sauerstoffgehaltes in einem Schutzkasten an der Spundwand des Wehres untergebracht. Das Programm war für die Zeit vom 3.10. bis 28.11.1979 ausgelegt. Die Messungen wurden gewöhnlich täglich zu verschiedenen Zeitpunkten vorgenommen, an einigen Tagen auch stündlich. Sie unterlagen großen Schwankungen, was auf unregelmäßige Abwasserleitungen mit stark variierender Schadstoffkonzentration hinwies, wie das bereits aus den Verhaltensweisen der Fische zu schließen war.

Im Testzeitraum wurden bei den gemessenen Güteparametern nachfolgende Minimal- und Maximalwerte festgestellt:

pH-Wert	7,0 – 9,5
Leitfähigkeit	200 – 980 mS
Sauerstoff	4 – 13 mg/l

Allein diese ungewöhnlich großen Schwankungsbreiten der Standardparameter zeigen an, daß die Abwassereinleitungen aus dem Industriegebiet Oker/Goslar in gänzlich unkontrollierter Weise erfolgten.

Zum damaligen Zeitpunkt konnten wir aus Kapazitätsgründen die Untersuchung auf Schwermetalle noch nicht in vollem Umfang in das laufende Programm übernehmen. Aus den vorliegenden Ergebnissen zogen wir jedoch bereits den Schluß, daß ein wichtiger Grund für die

Abb. 19 a: Einbau der mobilen Meßstation am obersten Sohlabsturz der Oker in Wöltingerode, 1979. (Foto W. Reichel)

Abb. 19 b: Standort der inzwischen abgebauten mobilen Meßstation, 20 Jahre später

damals totale Fischleere der Oker auf rezente Ursachen zurückgeführt werden mußte, die nicht allein in Schwermetallbelastungen zu suchen waren. Vielmehr wurde vermutet, daß insbesondere bei einigen Betrieben die Nichteinhaltung gesetzlicher Auflagen für nicht schwermetallhaltige Schadstoffe (mineralische N-Verbindungen, Sulfate, Chloride u.a.) hinsichtlich Einleitungsmenge und Schadstoffkonzentration sowie eine unregelmäßige Zeitfolge der Einleitung eine entscheidende Rolle spielen mußten. Dieser Verdacht wurde auf eine ganz andere Weise erhärtet.

Als Folge des am oberen Wehr für Fischtests aufgestellten Rundbeckens schaltete sich völlig unerwartet die örtliche Presse ein. Am 5. Oktober 1979 veröffentlichte die Goslarer Zeitung aus eigenem Antrieb, nachdem sie sich an Ort und Stelle bei Mitarbeitern des Projektes informiert hatte, den nachstehend wiedergegebenen Zeitungsausschnitt (Abb. 20).

Daß sich daraufhin die Bezirksregierung Braunschweig, die für wasserwirtschaftliche Angelegenheiten in diesem Gebiet zuständig war, nach den Einzelheiten erkundigte, war Recht und Pflicht und führte in beiderseitigem Einvernehmen zu einer Abstimmung hinsichtlich des Austausches der Daten. Dies war ohnehin vorgesehen. So kam uns die Presse zuvor und erbrachte damit einen überraschenden Nebeneffekt, den wir nicht erwartet hatten. Denn unmittelbar danach verschwanden die großen Schwankungen in den Meßergebnissen, und die Werte glätteten sich deutlich. Damit wurde der Verdacht bestätigt, daß ein erheblicher Gewässerschaden von sogenannten „wilden", das heißt unkontrollierten Abwassereinleitungen ausging. Zum damaligen Zeitpunkt war unser chemisches Kontrollsystem noch nicht soweit ausgebaut, daß wir ausreichendes Beweismaterial hätten sichern und der zuständigen Behörde zur weiteren Veranlassung zur Verfügung stellen können.

Die Bedeutung einer solchen Meßstation mit häufiger Registrierung der wichtigsten Güteparameter mag an einem Betriebsunfall eines industriellen Unternehmens im Raum Oker/Goslar, der sich Ende Oktober 1979 ereignete, anschaulich demonstriert werden (Abb. 21).

Abb. 20: Im Blickfeld der örtlichen Tagespresse. (Zeitungsausschnitt aus der Goslarer Zeitung)

Zeitungsausschnitt aus der Goslarschen Zeitung vom 05.10.1979

Göttinger Universitätsinstitut untersucht Wasser der Oker

Verschmutzungsgrad des Wassers wird ermittelt – Überlebenschancen der Fische ist zu klären – Üppiges Grün an den Uferrändern täuscht

GOSLAR-OKER. Seit einigen Tagen werden exakte Wasseruntersuchungen und Messungen an der Oker durchgeführt. Schon längere Zeit waren Mitarbeiter vom Institut für Agrikulturchemie der Universität Göttingen damit beschäftigt, eine größere Meßstation in der Nähe Probsteiburg einzurichten, die nun seit kurzem verschiedene Daten über Art und Dauer der Wasserverunreinigung liefert. Gemessen werden unter anderem der Anteil an Fremdstoffen, Wassertemperatur und Sauerstoffgehalt. Außerdem soll anhand von Fischversuchen geklärt werden, welchen Verschmutzungsgrad die Oker mittlerweile erreicht hat, und welche Überlebenschancen Fische in dem sicher nicht reinen Wasser überhaupt noch haben.

Soweit man das heute schon beurteilen kann, wird es kaum eine Chance für Leben in der Oker geben, denn die jungen Fische, die man gerade in das Versuchsbecken gesetzt hatte, überlebten nicht einmal einen Tag. Ein trauriges Beispiel, doch kein Wunder, denn was hier nur wenige Kilometer von Oker entfernt zu Tal fließt, ist alles andere als das muntere, klare Gebirgsbächlein im Okertal.

Nicht nur der Müll Okers und Umgebung, der an etlichen Stellen in die Oker gekippt wird und als Relikt konsumtüchtiger Anwohner als Treibgut irgendwo strandet, ist umweltbelastend und für eine Verunreinigung verantwortlich, sondern vielmehr und in zunehmendem Maße die unbekannten Quellen, die, das zeigt sich hier anhand vieler Beispiele sehr deutlich, Chemikalien und andere gefährliche Stoffe unbegrenzt in die Oker fließen lassen.

Schon mancher, der an der Oker frische Luft und Erholung suchte, mußte mit rümpfender Nase von dannen ziehen. Was einem dort oft muffig stinkend ins Riechorgan geht, hat mit sauberem Wasser nichts mehr zu tun. Auch vom üppigen Grün an den Rändern des Flüßleins sollte man sich nicht täuschen lassen, weist es doch höchstens auf eine Überanreicherung organischer Stoffe hin, die sicher auch nicht natürlicher Art ist.

Die Wasseruntersuchungen sollen Aufschluß über Ursache, Herkunft und Grad der Verschmutzung in den nächsten Wochen und Monaten geben. Sie werden in den Wintermonaten vorübergehend unterbrochen und im Frühjahr erneut aufgenommen. W.R.

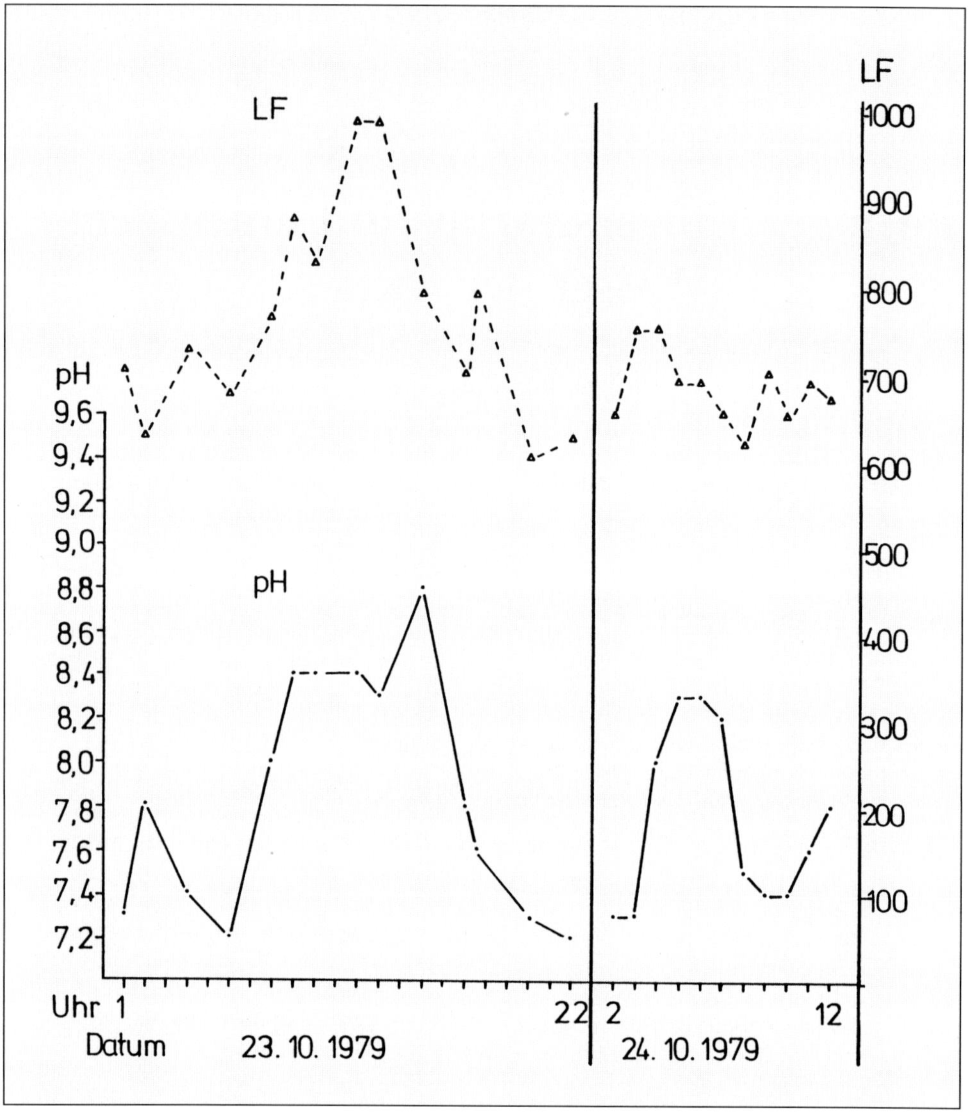

Abb. 21: Laugenstöße in der Oker aus unkontrollierten Abwassereinleitungen mit der Folge eines totalen Fischsterbens

Hier sind über den Zeitraum vom 23.10.1979 ein Uhr bis 24.10.1979 zwölf Uhr mehrere Laugenstöße unterschiedlich starker Konzentration aufgetreten, die ein totales Fischsterben im Rundbecken zur Folge hatten. Durch Rückrechnungen auf der Grundlage der Fließgeschwindigkeit der Oker konnte in kürzester Zeit der Verursacher ermittelt werden.

Die Überzeugung, daß die Hauptursache der Schadstoffbelastung rezenten Ursprungs war und zwar das Ergebnis einer unzureichenden Abwasserreinigung, sowie nicht genügend überwachter Einleitungen, und daß neben den Schwermetallen auch noch andere Schadstoffe der chemischen Industrie (Laugen, Säuren, Derivate) sowie kommunale Abwässer (organische Schwebstoffe, Ammonium- und Nitritstickstoff sowie Phosphate und Detergentien) an der Verschmutzung und Vergiftung der Oker beteiligt sein mußten, machte eine stationäre Errichtung einer Meßstation mit automatischer Registrierung auf dem Gelände des Klostergutes an zentraler Stelle dringend erforderlich.

Zur Deckung des Wasserbedarfs für die Kieswäsche der Firma Oppermann und wegen des Schutzes zahlreicher Seen/Teiche vor weiteren direkten Kontakten mit der Oker war auf der Höhe von Kiessee T 9 zu diesem Zweck ein ausreichend dimensionierter By-Pass gelegt worden. Er bot die Möglichkeit, Messungen und Fischtests im fließenden Okerwasser störungsfrei auszuführen. Solche Störungen waren von dem in der Oker stets reichlich angesammelten Treibgut ständig zu erwarten. Dieser Auslauf schien daher als Standort einer stationären Meßstation besonders geeignet (Abb. 22).

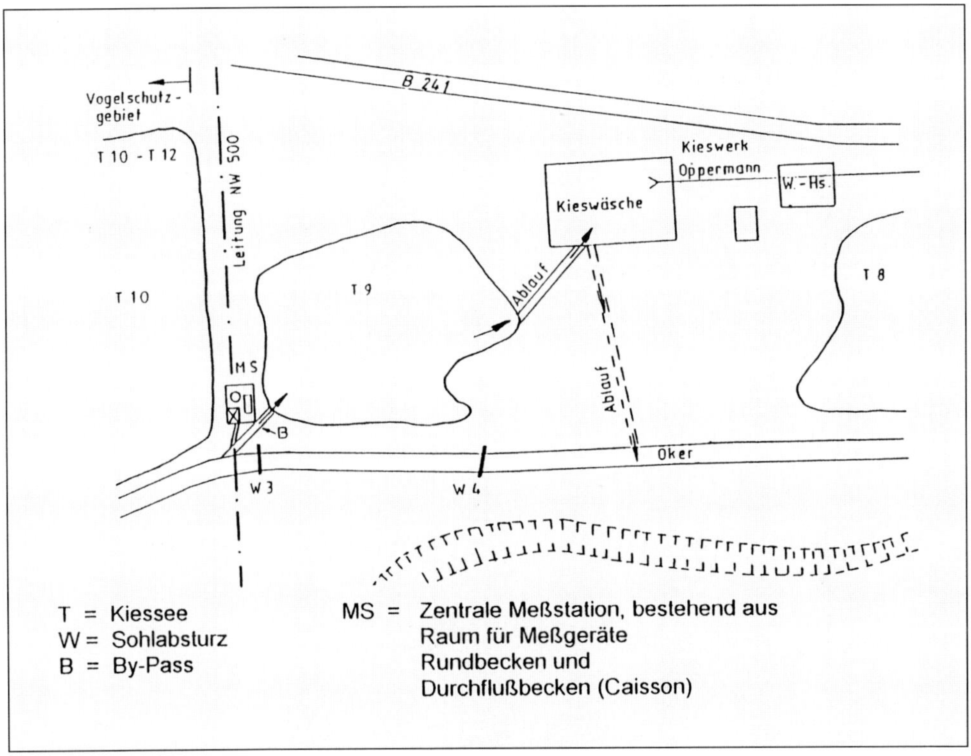

Abb. 22: Leitungsführung für die Wasserversorgung der Meßstation und für die Kieswaschanlage der Fa. Oppermann

Bau der zentralen Meßstation bei Kiessee T 9

Mit den Arbeiten für den Bau der zentralen Meßstation wurde noch im Spätherbst 1979 begonnen. Dabei handelte es sich vorwiegend um Erd- und Maurerarbeiten zur Erstellung eines Rohbaus mit den Ausmaßen 2 x 2 m sowie um Einrichtungen und Anlagen für Registriergeräte und kontinuierliche Steuerungstechniken.

Die Ausrüstung der zentralen Meßstation entsprach der, die als erste Station dieser Art in Niedersachsen Ende der 60er Jahre vom Institut für Agrikulturchemie an der Zonengrenze bei Besenhausen in der Leine installiert und mit großem Erfolg zur Abwehr von Schadstoffeinleitungen aus der DDR betrieben worden war. Ein Vertrag zwischen der DDR und der BRD über grenzüberschreitende Schadstoffeinwirkungen auf Gewässer im Jahr 1974 ermöglichte dadurch eine juristisch abgesicherte Schadenersatzforderung im Schadensfall.

Die mit dieser ersten Station gesammelten Erfahrungen standen uns zur Verfügung und darüber hinaus auch kostenlos die Arbeitskräfte, die für die Bauarbeiten der Station benötigt wurden.

Über einen Sammler, der von dem erwähnten By-Pass mit Okerwasser für die Kieswaschanlage der Fa. Oppermann gespeist wurde, erfolgte auch die Versorgung der stationären Meßstation (Abb. 23).

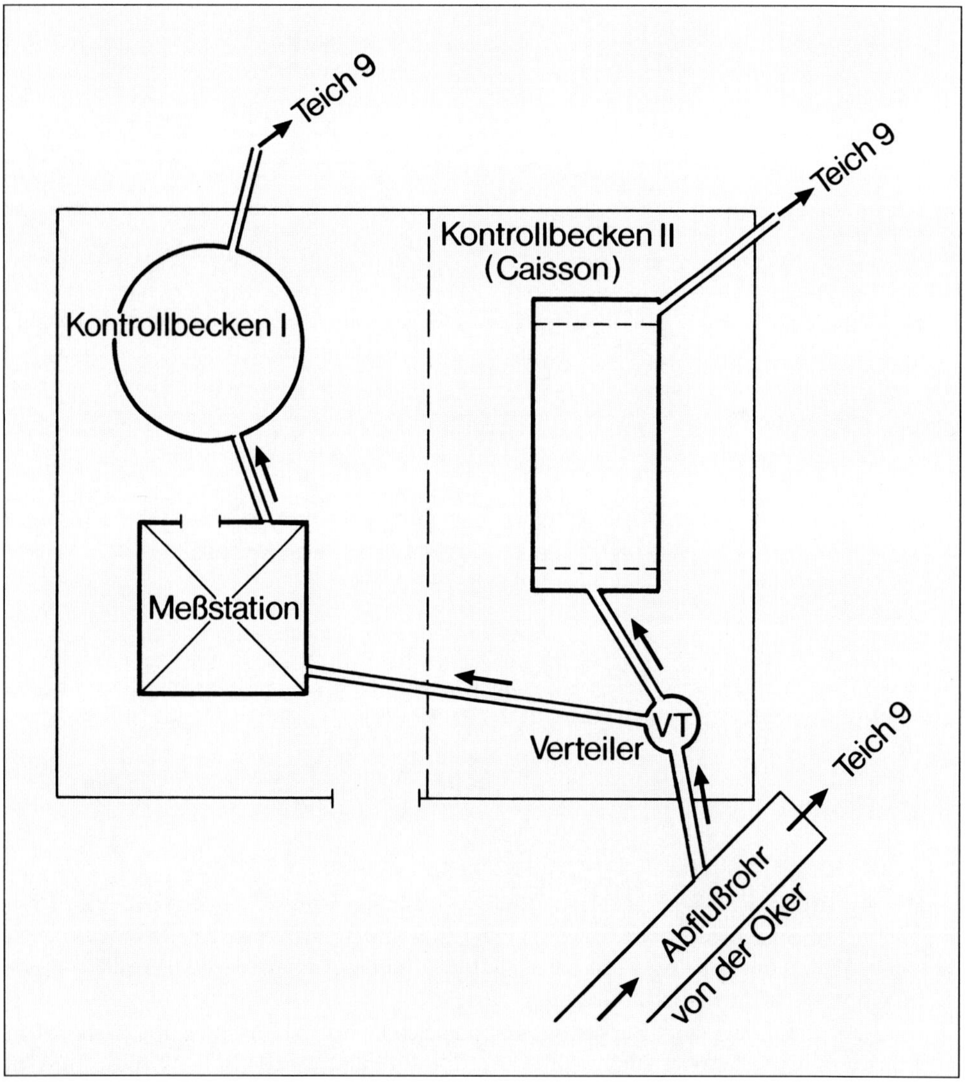

Abb. 23: Zentrale Meßstation (Planungsskizze)

In ihn tauchte eine Glocke, in der die Meßelektroden für Leitfähigkeit, pH-Wert, Sauerstoff und Temperatur untergebracht waren. Die Meßsignale wurden im Gebäude auf einem Sechs-Punkteschreiber fortlaufend registriert und von den zugehörigen Meßinstrumenten zusätzlich angezeigt.

Bei Ausfall eines Meßparameters konnte die Glocke mit allen vier Sonden in kürzester Zeit gegen eine neue ebenso bestückte Ersatzglocke ausgewechselt werden, so daß kein wesentlicher zeitlicher Ausfall der Messungen entstand. Später wurde auch noch ein Trübungsmesser eingebaut.

Außer den Meßvorrichtungen waren zwei Kontrollbecken für Fischtests aufgestellt: das Rundbecken von der ersten Aufstellung am oberen Wehr und zusätzlich ein größeres rechteckiges Becken (Caisson 6 x 2 x 2 m). Das Rundbecken diente außerdem der Sedimentation von Schwebstoffen aus der Oker, welche auf Schwermetallgehalte untersucht wurden (Abb. 24).

Zur besseren Sicherung der Beweislage bei Fischsterben wurde erstmalig eine Filmkamera über dem Caisson so installiert, daß diese die Wasseroberfläche im Bild hatte und in kurzzeitigen Abständen (gewöhnlich 10 Minuten) eine Blitzaufnahme von der Oberfläche machte. Durch eine ebenfalls fotografisch erfolgte Zeitfixierung konnte die an der Wasseroberfläche zu beobachtende Verhaltensweise von Fischen praktisch kontinuierlich verfolgt werden, wobei zugleich die sich ändernden Güteparameter im Okerwasser durch die Meßinstrumente festgehalten wurden.

Mit der Fertigstellung dieser Meßstation als Herzstück des gesamten gewässerchemischen Untersuchungsprogrammes erzielten wir einen durchschlagenden Erfolg.

Die in der Vergangenheit häufig in der Oker erfolgten Fischsterben konnten in der Regel nicht erfolgreich eingeklagt werden, weil sie meist von Giftwellen, d.h. durch stoßartige Einleitungen verursacht waren. Diese waren nicht mehr nachzuweisen, wenn das Fischsterben eingetreten war und Proben genommen wurden. Die automatische Bilddokumentation in Verbindung mit der automatischen Registrierung der Güteparameter ermöglichte nunmehr eine bessere Aufklärung der Schadensursachen. Jedenfalls konnten mit dem Bekanntwerden dieser Kombination von optischer und chemischer Überwachung die den Wiederaufbau des Fischbestandes dienenden Besatzmaßnahmen erfolgreicher verlaufen, weil fortan die Häufigkeit von Fischsterben deutlich abnahm.

Die automatisch registrierende und mit einer selbsttätig arbeitenden Fotoeinrichtung ausgestattete zentrale Meßanlage fand nach ihrer Fertigstellung im Jahr 1980 im In- und Ausland steigendes Interesse (Abb. 25).

Wie gut sich die Meßstation in das nach landschaftsökologischen Gesichtspunkten gestaltete Umfeld des Kiessees 9 einfügt, wird durch Abb. 26 veranschaulicht.

Abb. 24: Bau der zentralen Meßstation am Kiessee T 9 in Wöltingerode, Juni 1980

Abb. 25: Die zentrale Meßstation September 1985. Besichtigung durch Dr. Csaba Csaky im Auftrag des Ungarischen Landwirtschaftsministeriums Budapest

Abb. 26: Die zentrale Meßstation 8 Jahre nach Erbauung

Naturschutzgebiet „Vienenburger Kiesteiche"

Während der Bauphase der zentralen Meßstation gab es verschiedentlich Beschwerden seitens des Bundes für Vogelschutz, da sich örtliche Mitglieder in ihren Interessen durch unsere Untersuchungen und baulichen Maßnahmen gestört sahen. Für Zwecke des Vogelschutzes hatte die Klosterkammer Hannover die Teiche 10 bis 12 freigegeben, die daraufhin durch Verordnung vom 10.10.1979 von der Bezirksregierung Braunschweig unter Schutz gestellt wurden (Abb. 27).

Von der KKH war erwartet worden, daß sich die örtlichen Mitglieder des organisierten Vogelschutzes für die Gewässerprobleme bezüglich der Schwermetallbelastung der Oker im allgemeinen als auch in besonderer Weise im aquatischen Bereich der Talaue interessieren würden. Das war jedoch nicht der Fall. Sie waren nahezu ausschließlich auf ornithologische Beobachtungen fixiert und kümmerten sich nicht um das, was im aquatischen Milieu vorging. Besonders seltsam war ihr Verhalten den Fischen gegenüber, wenn in Trockenzeiten ein Teil der Teiche austrocknete. In solchen Situationen überließen sie die sich in Resttümpeln ansammelnden, nach Luft schnappenden Fische ihrem Schicksal, ohne nur die geringsten Rettungsmaßnahmen für die Fische zu ergreifen. Es wurde auch nichts unternommen, um der Gefahr der Austrocknung zu begegnen, was durch Wasserausgleich aus den benachbarten Teichen leicht hätte geschehen können. Gerade Teich 10 hätte als dauerhaftes Feuchtgebiet mit Wasserflächen, Röhrichtzonen und Schlammbänken in besonderem Maße gefährdeten Vogelarten wie Tauchern, Reihern, Enten, Rallen und Waldvögeln einen optimalen Lebensraum bieten können (entsprechend § 2 der Verordnung 224 Amtsblatt Reg. Bez. Braunschweig vom 1. November 1979). Entgegen dieser Verordnung wurde jedoch zusehends dieser für die vorgenannten Vogelarten besonders geeignete Biotop durch Verlandung vernichtet. Diese Entwicklung zeigt mit

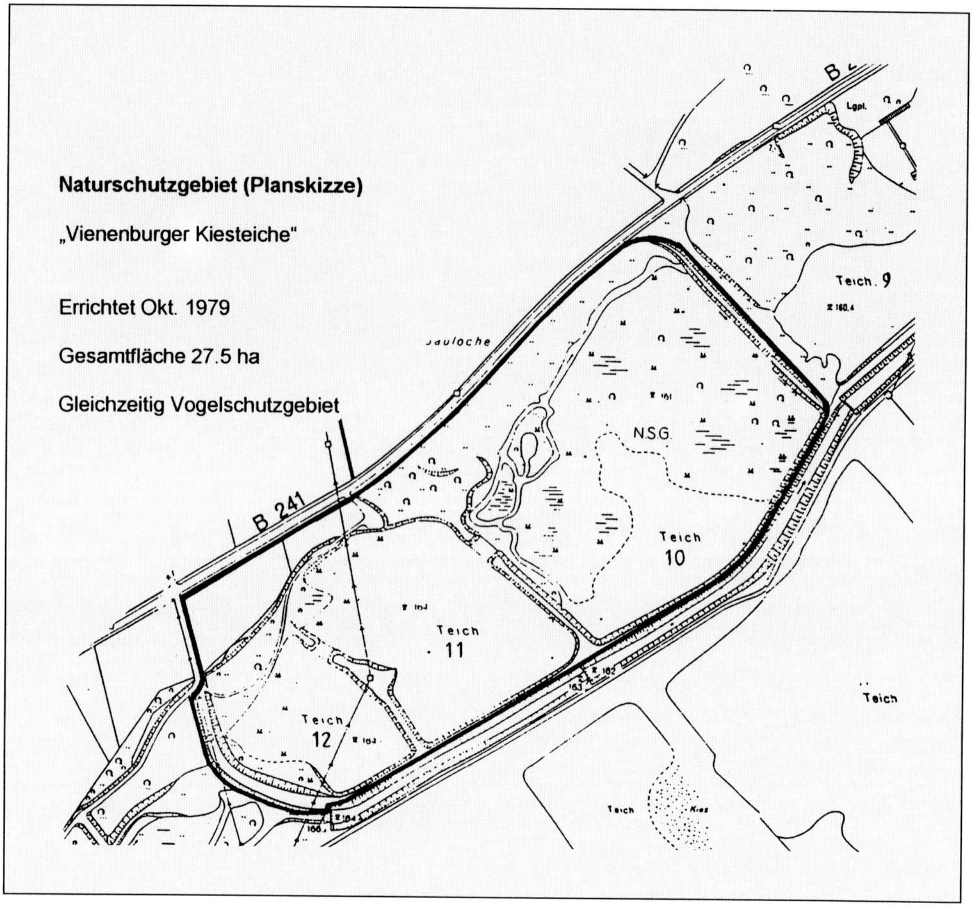

Abb. 27: Naturschutzgebiet „Vienenburger Kiesteiche", Planskizze des LK Goslar

aller Deutlichkeit die Problematik auf, die entsteht, wenn man eine in Jahrhunderten durch land- und forstwirtschaftliche Nutzung geschaffene Kulturlandschaft sich selbst überläßt und nicht einsehen will, daß nur dann der gewünschte „Naturzustand" erreicht wird, wenn entsprechende Steuerungs- und Pflegemaßnahmen getroffen werden. Dies gilt für alle einer Renaturierung zugewiesenen Gebiete, wenn sie ihre Schutzaufgaben für bestimmte Pflanzen und Tierarten dauerhaft erfüllen sollen. Im übrigen sollten in einer Auelandschaft die durch Schadstoffbelastung des Fließgewässers entstandenen Umweltprobleme in gemeinsamen Aktionen zugunsten einer fischereilicher Nutzung und des Vogelschutzes gemeistert werden, da der erforderliche Schutz sowohl des aquatischen als auch terrestrischen Raumes nicht getrennt gesehen werden kann. Gewässerschutz umfaßt beide Biotope und sollte daher als übergeordnete Wertkategorie im ökologischen Sinn eingestuft werden. Insoweit war in unserem Projekt kein Platz für trennende Denk- und Handlungsweisen, wenn es um die Wiederbelebung abwassergeschädigter Gewässer geht. Denn diese verlangen in einer Auelandschaft einen ausreichenden Fischbestand, der zu seiner nachhaltigen Nutzung einer entsprechenden Hege bedarf, in die der Anspruch der Vogelwelt entsprechend einzubeziehen, aber auch zu begrenzen ist.

Restaktivitäten in 1979 – Wasser-, Schlamm- und Sedimentanalysen auf Schwermetalle

Die Erfahrung, die wir im Herbst 1979 zu Beginn des Projektes beim Studium der Verhaltensweise der Testfische im ersten Rundbecken am oberen Wehr der Oker gemacht hatten, veranlassten uns, die Adaptionsfähigkeit und Widerstandskraft der Fische bei unterschiedlicher Schadstoffbelastung eingehender zu untersuchen. Zu diesem Zweck installierten wir ein Quarantänebecken von etwa 5 Meter Durchmesser unmittelbar am Kiessee T 7, wo es über eine Pumpe mit dem Wasser dieses Teiches versorgt wurde.

Wir benutzten dieses Hälterungsbecken auch für Besatzfische aus Herkünften, deren Gewässer grundsätzlich intakt, jedoch geochemisch verschiedenen Ursprungs waren.

Das Wasser in Kiessee T 7 konnte aufgrund der chemischen Voruntersuchungen als von durchschnittlicher Qualität aller in diesem Gebiet neu entstandenen Stillgewässer angesehen werden, obgleich erhebliche Abweichungen und Schwankungen bei dem einen oder anderen Güteparameter vorlagen. Insgesamt war das Wasser in diesem See jedoch als Vergleichsbasis in der Bewertung der Qualität geeignet.

Im Quarantänebecken wurden auch gekaufte Futterfische (Elritzen, Plötzen und andere Weißfische) auf ihr Adaptionsverhalten und ihre Vitalität geprüft.

Durch die Einschaltung des Quarantänebeckens konnten nicht nur wertvolle Hinweise auf die Eignung der Herkünfte gegeben, sondern auch erhebliche Kosten für den Besatz eingespart werden.

Im Spätsommer 1979 wurden auch einige Wasseranalysen auf Schwermetalle (Blei, Cadmium, Kupfer und Zink) an ausgesuchten Gewässern ausgeführt und mit den Werten von Waschwässern der beiden Kieswerke Oppermann und Willikens verglichen.

Dabei zeigte sich, daß die Konzentration von Schwermetallen im Vogelteich T 12 und im Kiessee T 8 sowie in den Waschwässern der beiden Kieswerke allgemein gering waren. Dies galt ebenfalls für die der Oker am 21.08.1979 entnommene Wasserprobe. Jedoch wies die Oker eine Woche zuvor in dem durch den By-Pass unmittelbar verbundenen See T 9 eine erhebliche Belastung durch die beiden Schwermetalle Cadmium und Zink auf (Tab. 4).

Tab. 4: Schwermetalluntersuchungen in ausgewählten Gewässern im Kiesabbaugebiet Wöltingerode in mg/l

Datum	Cd	Cu	Pb	Zn	Anmerkungen
14.08.79	0.006	Sp.	Sp.	0.160	Vogelschutzteich T 12 (klar)
14.08.79	0.05	0.04	Sp.	1.440	Vogelschutzteich T 12 (trüb)
14.08.79	0.44	0.03	0.30	7.400	Oker Entnahme bei T 9 (trüb)
14.08.79	Sp.	0.02	Sp.	0.220	Wasser aus Kieswäsche Oppermann
14.08.79	0.11	2.11	Sp.	0.800	Wasser mit Schwebstoffen (Trübung) aus Kieswäsche Willikens
21.08.79	Sp.	0.03	Sp.	0.220	Vogelschutzteich T 12
21.08.79	0.03	0.02	Sp.	1.360	Kiessee T 8
21.08.79	0.04	0.03	Sp.	1.100	Oker Entnahme bei T 9

Auch zeigte sich, daß sich mit dem Auftreten einer Trübe im Okerwasser sofort ein höherer Zinkgehalt einstellte.

Damit wurde klar, daß die wesentliche Belastung der Oker und der mit ihr kontaktierenden Gewässer nicht so sehr durch in Lösung befindliche Schwermetalle bedingt ist als vielmehr durch die das Wasser trübenden Fein- und Feinstpartikel (Kolloide*), die hohe Schwermetallkonzentrationen aufweisen.

Welche Ursache es im Einzelnen auch sein mag, die große Schwankungsbreite der Werte zeigt die labilen Verhältnisse an, denen die Oker als Folge unkontrollierter Schadstoffeinleitungen im industriellen Ballungsgebiet Oker/Goslar ausgesetzt ist.

Die Einbeziehung von Flußsedimenten und Schlämmen aus der Kieswäsche in das chemisch-analytische Programm ist nicht ohne Bedeutung für die Beurteilung ihrer Giftigkeit in bezug auf die Schwermetalle. Bei diesen handelt es sich gewöhnlich um feste chemische Bindungen an Kolloide (insbesondere Tonminerale) oder um metallorganische Komplexverbindungen höhermolekularer Struktur (z. B. mit Huminsäuren).

Daraus erklärt sich die besonders hohe Schwermetallkonzentration in Feinsedimenten und Schlämmen (Tab. 5 a und b).

Tab. 5 a: Schwermetallgehalte in Schwebstoffen der Oker in mg/kg T.M.

Datum der Probeentnahme	Cd Cadmium	Cu Kupfer	Pb Blei	Zn Zink
19.11.1979	964	2.079	12.748	20.383
20.11.1979	419	173	887	1.333
23.11.1979	550	1.660	8.368	12.325
26.11.1979	541	1.533	7.401	11.395
12.12.1979	728	2.238	16.800	20.698
Im Mittel	640	1.537	9.241	13.227

Vor allem die aus der Oker stammenden Schwebstoffe weisen durchweg solche hohen Werte auf. Der Hauptgrund dafür liegt darin, daß die im Abwasser reichlich vorhandenen kolloidalen Partikel eine starke Anreicherung in den Feinsedimenten bewirken.

Die in der Tabelle genannten Sedimente wurden in dem an der zentralen Meßstation aufgestellten Rundbecken gewonnen, in dem sie sich als Folge der reduzierten Strömungsgeschwindigkeit des durchlaufenden Wassers absetzen konnten.

* Teilchen < 2 mμ

Tab. 5 b: Schwermetallgehalte in Schlämmen aus der Kieswäsche und von der Halde im Raum Oker-Vienenburg in mg/kg T.M.

Datum	Herkunft	Cd Cadmium	Cu Kupfer	Pb Blei	Zn Zink
12.07.1979	Kieswerk Oppermann	7,1	92,8	205	1.272
14.08.1979	Kieswerk Oppermann	8,5	68,5	185	1.160
28.12.1979	Kieswerk Oppermann (T 7)*	5,8	50,5	132	946
28.12.1979	Von der Halde Nr. 1	21,6	185	860	2.372
28.12.1979	Von der Halde Nr. 2	10,9	131	704	2.016
28.12.1979	Von der Halde Nr. 3	23,8	243	1.072	2.357

* Mittel aus 2 Proben

Bei den untersuchten Schlämmen in Tabelle 5 b handelt es sich hingegen um die fein- und feinstkörnigen Komponenten des zur Kieswäsche gelangenden Baggergutes, aus dem sie dann zwecks Gewinnung des „Reinkieses“ ausgewaschen werden. Diese entstammen also natürlichen, in prähistorischen Zeiten im Zuge der Talauenbildung abgelagerten Schichten, deren Schwermetallgehalt jeweils der zeitlichen Periode der Ablagerung entspricht. Die Konzentration ist wesentlich niedriger als in den kolloiden Abfallstoffen der Oker, die mit teilweise hochkonzentrierten Restlaugen aus der chemischen Aufbereitung der Erze und ihrer Weiterverarbeitung in Berührung gekommen sind und die erwähnten anorganischen oder organo-mineralischen Komplexe bilden können.

Im Vergleich zum Flußsediment und den aus der Kieswäsche stammenden Schlämmen weisen die durch Oberflächenabtrag bzw. Erosion aus der Abraumhalde bei Oker stammenden sog. „Haldenschlämme“ einen Schwermetallgehalt auf, der gewöhnlich zwischen den beiden vorerwähnten Herkünften liegt. Daß sie reichhaltiger an Schwermetallen sind als die aus der Kieswäsche stammenden Schlämme erklärt sich einerseits aus der Zusammensetzung des Haldenmaterials (Schlacken aus der Erzaufbereitung einschl. Pochsande), das noch einige Metallreste aufweist, andererseits daraus, daß sie nicht die hohen Werte erreichen wie dies in den fluviatilen Sedimenten der Fall ist.

Mit diesen Untersuchungen an schwermetallhaltigen Feststoffen gewannen wir zusätzliche und geeignete Indikatoren zur Beurteilung der in der Oker für Fische und deren Nährtiere tödlich ablaufenden Prozesse.

Ganz ohne Zweifel sind es die in der Oker transportierten Schwebstoffe, die wegen ihres außerordentlich hohen Schwermetallgehaltes ein hohes Giftstoffpotenzial darstellen, das vor allem die Atmungsorgane direkt schädigt oder über die Nahrungsaufnahme der Fische im Verdauungstrakt wirksam wird. Beide Vorgänge sind nicht zu trennen; ihre Wirkung verstärkt sich gewöhnlich überproportional und ist meist tödlich.

Schlußfolgerungen

Die mit Beginn des Forschungsprojektes im Jahr 1979 durchgeführten Forschungsaktivitäten führten zu Erkenntnissen, die nachstehende Schlußfolgerungen erlaubten:

- Die Oker von Beginn unterhalb der Sperre bis unterhalb der Eisenbahnbrücke in Oker ist so weitgehend denaturiert, daß ein durchgängiger Fischbestand nicht nachzuweisen war und auch keine Aufstiegsmöglichkeiten für Wanderfische gegeben sind. Die Ursachen liegen im oberen Bereich in einer streckenweise völlig ungenügenden Wasserführung, weil zu hohe Wassermengen über den Betriebsgraben für die ansässige Industrie ohne Berücksichtigung der im Bett der Oker zur Biotoperhaltung benötigten Mindestmenge abgeleitet werden, und zum anderen in den zahlreichen, meist durch Rohre gekennzeichneten Einleitungen von Abwässern diffuser Herkunft und hoher Schadstoffkonzentrationen. Im Bereich des Siedlungs- und Industriegebietes Oker/Goslar sind es die schwermetallverarbeitenden und chemischen Betriebe, die – oft in massiver Weise – die Oker direkt oder über die beiden Zuflüsse Röseckenbach und Abzucht belasten.
- Die Abwasserlast verdichtet sich unterhalb dieses Siedlungs- und Industriegebietes dermaßen, daß die Oker bis Vienenburg – ausschließlich abwasserbedingt – kein Fischleben z. Zt. der Untersuchung mehr aufwies. Der Fluß war zu einer vollständigen Kloake degradiert.
- Die Schadstoffe sind von unterschiedlichster Art und Herkunft. Sie finden sich nicht nur in den industriellen und kommunalen Abwässern, sondern auch im Regenwasser, wobei die Niederschläge einen großen Teil der von der Industrie in die Atmosphäre emittierten Gase und Stäube aufnehmen.
- Die Gewässerverschmutzung und teilweise -vergiftung betrifft nicht nur die Oker, sondern auch ihre Nebenflüsse Röseckenbach und Abzucht sowie als Folge des Kiesabbaus die in der Okertalaue entstandenen Teiche und Seen. Sämtliche Gewässer befinden sich „in Not" und bedürfen wegen des großen Gefährdungspotenzials für die Trinkwassergewinnung bei Vienenburg und Börßum dringend der Sanierung.

Die sich aus diesen Schlußfolgerungen ergebenden dringlichen Forderungen auf Beseitigung der aufgezeigten gewässerökologischen Mißstände decken sich vollständig mit den gesetzlichen Grundlagen und Forderungen des Gewässerschutzes.

Nach dem Wasserhaushaltsgesetz (WHG) sind die Gewässer so zu bewirtschaften, daß jede vermeidbare Beeinträchtigung unterbleibt. Maßnahmen, die Einwirkungen auf Gewässer haben, sind so zu gestalten, daß eine Verunreinigung des Wassers oder eine sonstige nachteilige Veränderung seiner Eigenschaften verhütet wird.

Ähnlich lautet die Vorschrift des Bundesnaturschutzgesetzes (BNatSchG); gemäß § 2 Abs. 6 sind „Wasserflächen auch durch Maßnahmen des Naturschutzes und der Landschaftspflege zu erhalten und zu vermehren; Gewässer sind vor Verunreinigungen zu schützen, ihre natürliche Selbstreinigungskraft ist zu erhalten oder wiederherzustellen; nach Möglichkeit ist ein rein technischer Ausbau von Gewässern zu vermeiden und durch biologische Wasserbaumaßnahmen zu ersetzen."

Da es in beiden Gesetzen um die Wahrung des Vorsorgeprinzips geht, also jegliche Verunreinigung des Wassers bereits als „schädliche" Beeinträchtigung anzusehen ist, wird als Ergebnis unserer bereits im Jahr 1979 durchgeführten Voruntersuchungen unmißverständlich und unabweisbar deutlich, welches riesige „Wiedergutmachungspotenzial" im Einzugsgebiet der oberen Oker entstanden ist und welche gesetzlichen Maßnahmen von den zuständigen Behörden unterlassen wurden und vielfach noch werden.

3.2 Programm 1980

Generalplan „Gewässerchemische Inventur“ 1980 – 1982

Zu Beginn des Jahres 1980 war zunächst der chemisch-analytische Teil des Arbeitsprogramms zu beenden, der mit der optischen Analyse der Okerbegehung vom September 1979 verbunden war, jedoch aus technischen Gründen nicht vorher durchgeführt werden konnte. Es handelte sich um die chemische Wasseranalyse der Oker von der Talsperre bis nach Vienenburg. Zu diesem Zweck wurden an 11 Probeentnahmestellen – verteilt über den Zeitraum vom 29.01. bis 04.02.1980 – je 7 Proben genommen und auf die gängigen Güteparameter sowie Schwermetalle untersucht.

Die Auswertung im Detail erfolgte im Rahmen der Diplomarbeit Südowe (siehe [9]). Hier gilt es festzuhalten, daß diese Daten das bestätigen, was bereits in der Sonderuntersuchung „Schwermetalle“ der Bez. Reg. Braunschweig [2] erkannt worden war.

Der Schwerpunkt dieser chemischen Untersuchungen lag auf der Herausbildung eines umfassenden chemischen Zustandsbildes über sämtliche für die fischereiliche Nutzung infrage kommenden Gewässer im Wirtschaftsbereich der KKH. Die Untersuchungen galten gleichzeitig der Erforschung der Belastungsgrenzen im Blick auf die Qualität des Wassers und deren Abhängigkeit von den Schadstoffen, welche in diesem Bereich der Oker als die wichtigsten Störfaktoren anzusehen waren. Da dies auf Grund der bisherigen Erfahrungen und Erkenntnisse nicht nur die Schwermetalle sind, sondern auch eine Reihe konventioneller Güteparameter beträchtliche Schadwirkungen gezeigt haben, war eine umfassende „Chemische Inventur“ erwünscht. Damit sollte eine verläßliche Grundlage geschaffen werden, um schon vor Beginn der vorgesehenen Besatzmaßnahmen die maßgeblichen Auswahlkriterien zu ermitteln.

Außerdem sind derartige Übersichtsdaten für Vergleichszwecke von hohem Wert, insbesondere, wenn außergewöhnliche Schäden als Folge von Betriebsunfällen, Überschwemmungen u. a. katastrophenähnlichen Ereignissen auftreten.

Das Programm war auf 3 Jahre ausgelegt und hatte nachstehendes Untersuchungsschema zur Grundlage (Abb. 28).

Mit jeder Probenahme wurden 20 an verschiedenen Gewässern lokalisierte Standorte erfaßt und bis auf 26 Güteparameter untersucht, so daß in der Regel mit jeder Probenahme 520 analytische Bestimmungen verbunden waren.

Die einzelnen Zeitpunkte der Probeentnahme richteten sich nach den Witterungsbedingungen und waren so gelegt, daß sie keine erkennbaren Ausnahmebedingungen darstellten, die den Durchschnitt der Werte merklich hätten verfälschen können.

Die Proben wurden sofort nach der Entnahme in gekühlten Standardbehältern in das Labor des IfA nach Göttingen zur weiteren chemisch-analytischen Untersuchung transportiert.

Fertigstellung der zentralen Meßstation und Ergänzung des Programms

An technischen Einrichtungen war zunächst die Fertigstellung der am Kiessee T 9 im Bau befindlichen Meßstation vorgesehen. Der Zeitpunkt ihres Einsatzes war von besonderer Dringlichkeit, um möglichst bald eine kontinuierliche Kontrolle zumindest über solche Güteparameter zur Verfügung zu haben, die plötzlich auftretende Veränderungen im fließenden Wasser der Oker anzeigen und in einer Kopplung mit einer fotografisch registrierten Verhaltensweise von Testfischen die umgehende Aufklärung der Ursachen festzustellen ermöglichten.

Für die Beurteilung der fischereilichen Qualität der Oker war dies wichtig, weil in Schadenersatzprozessen auf diese Weise eine verläßliche Grundlage auch für die Ermittlung der Schadenshöhe geschaffen werden konnte.

Herkunft der Wasser- Probe-Nr. Datum, Uhrzeit
Parameter (Gütewert - Kenngrößen)
Temp. (°c)
LF (µs cm^{-1}, 20° c)
pH
O_2 (mg/l)
KMn O_4 (mg/l)
KMn O4 (mg0_2/l)
CSB (mg0_2/l)
BSB_5 (mg0_2/l)
GH (°dH)
KH (°dH)
$HC0_3^-$ (mg/l)
CO_2(mg/l)
Cl^-(mg/l)
NO_3^- (mg/l)
NO_2^- (mg/l)
o.$P0_4^3$ (mg/l)
Ges.$P0_4^3$ (mg/l)
NH_4^+ (mg/l)
Ges.N (mg/l)
Na^+(mg/l)
Ca^{++} (mg/l)
K^+ (mg/l)
Cd (mg/l)
Cu (mg/l)
Pb (mg/l)
Zn (mg/l)

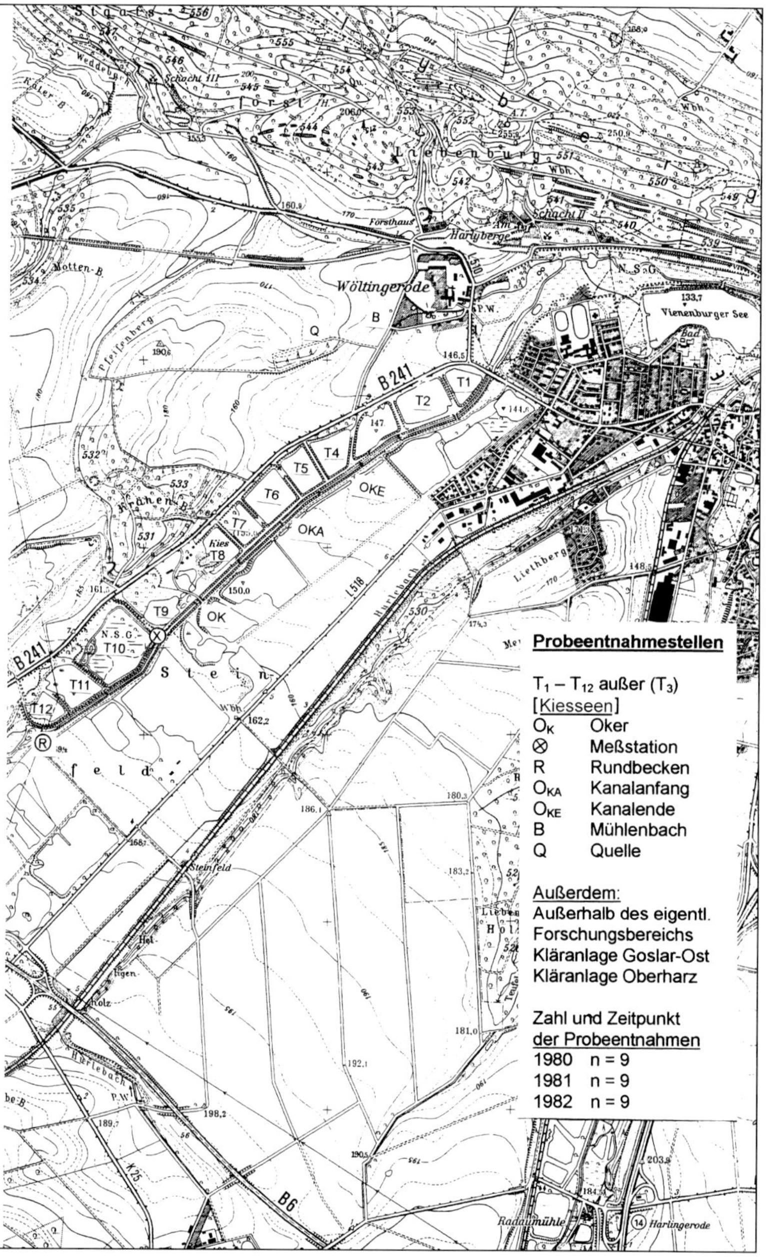

Abb. 28: Probeentnahmeplan für das „Chemische Untersuchungsprogramm". (Periode 1980 bis 1982)

In der Planung 1980 war auch eine **Informationstagung** vorgesehen, die zu einem geeigneten Zeitpunkt im 2. Halbjahr stattfinden sollte, um den mit den Problemen der Okertalaue behördlicherseits befaßten Gremien das Forschungskonzept vorzustellen und die ersten Ergebnisse bekannt zu geben sowie Koordinationsfragen zu erörtern.

Das für 1980 konzipierte Planungsprogramm sollte dann im Winter zwecks Ausfällung der gelösten oder suspendierten Schwermetalle mit einer Düngung der meisten Kiesseen in Form von kohlensaurem Kalk beendet werden. Das Ausstreuen sollte mit einem von Hand betätigten Schleuderstreuer erfolgen, sobald die Gewässer zugefroren und begehbar waren.

Darüber hinaus bot das Programm zusätzliche Möglichkeiten, Sonderuntersuchungen, die sich aus dem Stand der Forschung evtl. ergeben sollten, einzuschalten.

Informationstagung vom 15.09.1980 in Wöltingerode für die die Wasserwirtschaft der Oker vertretenden Behörden mit zwei Grundsatzreferaten „Übersicht und Erörterung des Forschungsprojektes" und „Maßnahmen zur Rekultivierung des Kiesabbaugebietes"

Nachdem das chemische Untersuchungsprogramm im ersten Halbjahr 1980 ohne größere Schwierigkeiten erfolgreich verlaufen war, sah der Präsident der KKH den Zeitpunkt für gekommen, das gesamte Forschungsprogramm an Hand der bereits erzielten Resultate und Einsichten einer Gruppe von Persönlichkeiten aus dem behördlichen Bereich der Wasserwirtschaft und des Gewässerschutzes im Rahmen einer Informationstagung vorzustellen. Zu diesem Zweck lud er mit einem Rundschreiben vom 20.08.1980 einen ausgewählten Kreis aus der politischen, wirtschaftlichen und wissenschaftlichen Fachwelt im Regierungsbezirk Braunschweig zu einer solchen Tagung für den 15. September 1980 nach Wöltingerode ein (s. S. 56).

An die
Bezirksregierung Braunschweig
Postfach 32 47
3300 Braunschweig

Betreff: Okertal Wöltingerode

Im Bereich des Klostergutes Wöltingerode hat die Klosterkammer auf einer Gesamtfläche von mehr als 100 ha einen Kiesabbau durchgeführt. Die Bewirtschaftung der entstandenen Teiche wird durch eine außerordentliche Belastung des Grundwassers und vor allem des Okerwassers mit verschiedenen Schadstoffen erschwert.

Mit einfachen Mitteln lassen diese Schwierigkeiten sich nicht ausräumen. Nach gründlichen Voruntersuchungen werden daher jetzt in diesem Gebiet umfangreiche gewässerchemische, ökologische, fischereibiologische und landespflegerische Forschungen durchgeführt, die von der Klosterkammer und der Universität Göttingen getragen werden und eine spätere problemlose Nutzung der Flächen zum Ziel haben.

Die mit den Forschungen befaßten Institutsleiter der Universität Göttingen sind mit mir der Ansicht, daß die zuständigen Behörden über das beabsichtigte Vorgehen und über die bereits gewonnenen Erkenntnisse unterrichtet werden sollten. Das würde auch einer von Ihrem Herrn Seiler im Dezember 1979 gegebenen Anregung entsprechen.

Ich erlaube mir daher, Sie zum
15.09.1980 (Montag), 9.30 Uhr, nach Wöltingerode in den Klosterkrug einzuladen.
Die Herren Prof. Dr. Welte und Prof. Dr. Zundel werden Sie zunächst im Klosterkrug und anschließend in der Örtlichkeit über bereits durchgeführte und über beabsichtigte Maßnahmen unterrichten. Anschließend sind eine allgemeine Erörterung und ein gemeinsames Frühstück im Klosterkrug vorgesehen.

Außer Ihnen habe ich

- das Wasserwirtschaftsamt Braunschweig
- den Landkreis Goslar
- die Stadt Vienenburg
- den Unterhaltsverband Oker
- Herrn Rottsahl als Kreisbeauftragten für Naturschutz
- und die Firmen Oppermann und Willikens

eingeladen.

Mit freundlichen Grüßen
Gez. Frhr. von Campenhausen

Weitere Einladungen ergingen an

Dr. F. Timmermann, Institut für Pflanzenernährung und Bodenkunde der FAL Braunschweig-Völkenrode und

Prof. Dr. K.-D. Günther, Direktor des Instituts für Tierphysiologie und Tierernährung der Universität Göttingen

Teilnehmerliste:

Dienststellen

- Bez. Reg. Braunschweig
- Wasserwirtschaftsamt Braunschweig
- Landkreis Goslar
- Kreisbeauftragter für den Naturschutz
- Unterhaltungsverband Oker
- Stadt Vienenburg
- Fa. Oppermann
- Fa. Willikens
- Universität Göttingen vertreten durch:

Institut für Tierphysiologie und Tierernährung *(Prof. Dr. Günther)*

Institut für Agrikulturchemie *(Prof. Dr. Welte, Dr. Cervenka, Dr. Eissa, Dipl.-Ing. agr. Sherif)*

Institut für Forstpolitik, Forstgeschichte und Naturschutz *(Prof. Dr. Zundel)*

FAL-Braunschweig, Institut für Pflanzenernährung und Bodenkunde *(Dr. Timmermann)*

Klosterkammer Hannover (als Veranstalter) *(Präsident Prof. Dr. Frhr. v. Campenhausen, Kammerdirektor Becker, Herr Rohmann)*

Der Tagung lag nachstehendes Sachprogramm zugrunde:

1. Referat von Prof. Welte: Planungen der KKH im Bereich des Klostergutes Wöltingerode betr. der zukünftigen Nutzungen der durch den Kiesabbau entstandenen und noch entstehenden Baggerseen auf der Grundlage gewässerchemischer und fischereiökologischer Forschung.
2. Referat von Prof. Zundel: Maßnahmen zur Rekultivierung des Kiesabbaugebietes in der Okertalaue im Gebiet des Klostergutes Wöltingerode aus der Sicht des Naturschutzes und der Landschaftsgestaltung mit der Zielrichtung „Erholungslandschaft" zwischen Oker/Goslar und Vienenburg.
3. Besichtigung des Geländes und der technischen Anlagen (Quarantänebecken und Meßstation), anschließend Imbiß im Klosterkrug.
4. Stellungnahme von Prof. Welte zu den tabellarisch dargestellten und ausgehändigten Daten.

Referat von Prof. Dr. E. Welte:

„Übersicht und Erörterung des Forschungsprojektes"

Sehr geehrte Gäste,

Nachdem Sie vom Präsidenten der Klosterkammer Hannover bereits herzlichst begrüßt worden sind, stellt sich mir die Aufgabe, Ihnen nunmehr ein zwischen der Klosterkammer und der Universität Göttingen konzipiertes Forschungsprogramm vorzustellen, welches sich mit der Folgenutzung der gegenwärtig vom Kiesabbau beanspruchten Teilflächen des Klostergutes Wöltingerode befaßt.

Durch den Kiesabbau wird fortgesetzt landwirtschaftliche Nutzfläche in Kiesteiche bzw. kleinere Kiesseen umgewandelt. Im Zuge der Ausbaggerung füllen sich diese mit Grundwasser, das mehr oder weniger durch Oberflächenwasser aus der Oker über natürliche Dränage bzw. Rohrverbindungen gespeist wird. Die bisherige Abbauplanung links der Oker hat mittlerweile 11 hintereinander geschaltete größere Kiesteiche entstehen lassen, die man schon als Seen bezeichnen und in ihrer landschaftlichen Geschlossenheit als eine Seenlandschaft ansprechen kann, zumal durch den fortschreitenden Kiesabbau weitere Seen hinzukommen werden. Der bereits entstandene Seenkomplex verläuft nahezu parallel zur Oker, die ab Eigentumsgrenze des Klostergutes im Westen bis zur Straßenbrücke Vienenburg auf der gesamten Strecke in den 60er Jahren ausgebaut worden ist und einen kanalförmigen Verlauf ausweist. Das Gefälle in diesem Abschnitt der Oker von der Grenze des Klostergutes im Westen bis zur Straßenbrücke Vienenburg wird durch 10 Wehre überwunden (siehe Abb. 2).

Wenn auch aus fischereiökologischer Sicht dieser Ausbau keine gute Benotung erhalten kann, bietet er durch die Einteilung in gewässerbiologische Kompartimente, die von Fischen ohne Fischtreppe nicht zu überwinden sind, eine Art Aneinanderreihung von Hälterungsbecken, die allesamt von Okerwasser durchflossen werden. Diese Kopplung bietet gute Chancen, das Verhalten und die Entwicklung verschiedener Fischarten und Fischpopulationen in unterschiedlichen, jedoch vergleichbaren Biotopen gegenüber Schadstoffeinträgen zu prüfen.

Als eine sinnvolle und wirtschaftlich zu begründende Folgenutzung der Kiesseen kommt vorrangig die fischereiliche Nutzung in Frage. Dies setzt natürlich eine gute Wasserqualität voraus, und zwar sowohl in den neu entstandenen Stillgewässern als auch in der Oker selbst, die als prägender Faktor der Auelandschaft mit einigen dieser Kiesseen im unmittelbaren hydrologischen Kontakt steht, so daß ihre Wasserqualität zum Teil von dem Gütezustand der Oker beeinflußt wird. Das mehr oder weniger miteinander kommunizierende System entscheidet somit darüber, ob und in welchem Ausmaß eine solche fischereiliche Nutzung wirtschaftlich erfolgreich betrieben werden kann.

Diese Frage ausreichend zu beantworten bedeutet, sich mit den Problemen auseinander zu setzen, die vor allem die Wasserqualität der Oker in ihrer bestehenden Abhängigkeit von den Schadstoffeinleitungen aus dem Industrie- und Siedlungsgebiet Oker/Goslar betreffen.

Sie wissen, daß dieses Fließgewässer seit dem frühen Mittelalter als Vorfluter für die Beseitigung von schwermetallhaltigen Abwässern und Sickerwässern aus den Halden der Erzgewinnungs- und Verarbeitungsanlagen im Raum Oker/Goslar benutzt wurde und dadurch fortgesetzt einer Dauerbelastung mit giftigen Schadstoffen ausgesetzt war. Durch Überschwemmungen gelangten schwermetallhaltige Schwebstoffe und Sedimente (insbesondere Hochflutlehme) auf die Felder, Wiesen und Weiden. Durch die landwirtschaftliche Nutzung kamen sie so in die Nahrungskette des Menschen mit unterschiedlichen gesundheitsschädigenden Auswirkungen. Ihnen ist die sogenannte Steinfeldkrankheit, die eine Bleivergiftung darstellt, wohl bekannt. Die Problematik der permanenten Schwermetallbelastung der Oker hat verständlicher Weise mit der Weiter- und Aufwärtsentwicklung dieses von der Erzgewinnung und -aufbereitung sowie von der Metall- und chemischen Industrie geprägten Wirtschaftsraumes gewaltig zugenommen, so daß die Oker unter der Last der Schadstoffe schließlich den Fischen keine Überlebenschance mehr bot und gewässerbiologisch für tot erklärt werden mußte. Orientierungsversuche der Niedersächsischen Landesverwaltung, Abteilung „Binnenfischerei", Anfang der 70er Jahre über den Fischbestand in der Oker führten zu dem Ergebnis, daß der Oberlauf der Fließstrecke von Oker bis Vienenburg sehr stark mit Schwermetallen angereichert war, weshalb eine fischereiliche Nutzung für die Zukunft ausgeschlossen wurde.

Die Entstehung der Kiesseen und die Feststellung, daß ein Teil von ihnen hauptsächlich von Grundwasser gespeist wird, ließ jedoch bei der Klosterkammer den Gedanken aufkommen, die hydrologischen Verhältnisse und die gewässerökochemische Situation in diesem Gebiet genauer zu untersuchen und der Frage nachzugehen, ob und wie die Schwermetallbelastung vermindert werden kann.

Diese Überlegung wurde dann Ausgangspunkt von Kontakten und Verhandlungen mit der Universität Göttingen und zwar zunächst mit dem Institut für Agrikulturchemie (IfA), das 1966 unter meiner Leitung neu gegründet worden war und unter anderem als agrikulturchemischen und ökochemischen Schwerpunkt im aquatischen Bereich der Forschung die Eutrophierung der Gewässer im südniedersächsischem Raum in ihrer Auswirkung auf die aquatische Nahrungskette gewählt hatte. Dabei standen neben den landwirtschaftlichen Einflüssen, die vor allem von den organischen Abwässern (Jauche, Gülle und Silagesäfte) ausgingen, auch die Siedlungsabwässer im Mittelpunkt der Studien, weil sich diese als wesentliche Quellen hinsichtlich der Einleitung organischer Schadstoffe in die Gewässer erwiesen. Aus dieser sich anfänglich auf organische Stofffrachten landwirtschaftlicher und kommunaler Herkunft konzentrierenden Forschung ergab sich im Verlauf der Untersuchungen zahlreicher Fließgewässer in Südniedersachsen und dem Harzvorland die Notwendigkeit, auch andere, die Fließgewässer belastende Schadstoffe in die Untersuchungen einzubeziehen. Dabei fanden die Schwermetalle besondere Beachtung, weil sie als sogenannte Spurenelemente in der Pflanzenernährung und Düngung eine wichtige Rolle spielen. Ich erwähne dies, um darzulegen, daß ich mit meinen Mitarbeitern durch die Übernahme der neuen Aufgabe hier in Wöltingerode wissenschaftlich kein Neuland betrete und mich kompetent fühle, der Frage nach den Aussichten einer vornehmlich fischereilichen Nutzung der neuen Kiesseen und auch der Oker im Bereich des Klostergutes Wöltingerode gründlich nachzugehen. Die beigefügte Liste einer Auswahl von Veröffentlichungen des Institutes zum Problem der Gewässereutrophierung möge dies belegen [11, 12, 16, 17]. Hinzufügen möchte ich noch, daß seit Wiederbegründung des Instituts im Jahre 1966 auf diesem Forschungssektor verschiedene in sich abgegrenzte Projekte bearbeitet worden sind. Aus ihnen sind weitere 10 Publikationen, 12 Diplomarbeiten und 11 Dissertationen bis zum Jahr 1979 hervorgegangen [14]. Sie wurden weitgehend von der deutschen Forschungsgemeinschaft finanziert. Dieser bin ich sehr zu Dank verpflichtet für das große Interesse, das sie stets diesen Untersuchungen entgegengebracht hat.

Die meisten dieser Projekte beziehen sich jeweils auf ein bestimmtes Gewässer, das in ökochemischer und ökologischer Hinsicht eingehend im Blick auf die Wertung des Potenzials seiner fischereilichen Nutzung untersucht wurde.

Zu Beginn wurde zunächst eine gründliche Begehung des zu untersuchenden Gewässers vorgenommen. Dabei wurden für die Fragestellung wichtige Beobachtungen bzw. Beschreibungen notiert (Optische Analyse). Danach erfolgte gemäß einem Zeitplan an ausgesuchten Probeentnahmestellen gezielt die Probenahme. Neben reinen Wasserproben wurden auch Sedimente und die schadstoffhaltigen Abwässer selbst analysiert. Wo erforderlich, ergänzten Pflanzenanalysen die Untersuchungen.

Diese Arbeiten wurden unter dem Begriff der ökochemischen Zustandsanalyse erfaßt.

Von der Auswertung dieser Untersuchungen hing es ab, in welcher Weise Besatzmaßnahmen zum Studium der Reaktion und Verhaltensweise der Fische sowie Untersuchungen am Fisch selbst vorgenommen wurden. Die daraus folgenden Resultate führten dann zur Entscheidung (Schlußphase). In entsprechender Weise – angepaßt an die örtlichen und gewässertypischen Gegebenheiten – unterliegt auch die Verfahrensweise des hier vorzustellenden Forschungsprojektes in der Oker diesem Vorgehen. Es erstreckt sich vom Zentrum der Schadstoffeinleitungen im Raum Oker/Goslar bis zur Straßenbrücke eingangs Vienenburg. Das zur Analyse kommende Material wird an 20 ausgesuchten Probeentnahmestellen gewonnen.

Für die Beurteilung des Ausmaßes der Schadstoffbelastung werden bis zu 26 Parameter herangezogen (siehe Probeentnahmeplan Abb. 28).

Die Untersuchung der Proben erfolgt im Zentrallabor des Instituts in Göttingen, wohin die Proben in einer Kühlbox gebracht werden. Außer diesen chemischen Analysen werden im Fließgewässer selbst die Parameter Temperatur, pH-Wert, Sauerstoffgehalt und elektrische Leitfähigkeit kontinuierlich gemessen.

Zu diesem Zweck wurde eine zentrale Meßstation auf der Höhe von Kiessee T 9 errichtet und über einen By-Pass mit Okerwasser versorgt.

An den By-Pass ist noch ein Rundbecken (Durchmesser 2 m) und ein rechteckiger Caisson (6 x 2 x 2 m) angeschlossen. Beide Einrichtungen ermöglichen das Studium der Verhaltensweisen der Fische direkt im Okerwasser und dienen als Indikator beim Eintritt bedrohlicher Schadwirkungen, welche fotografisch und durch eine automatisch arbeitende Meßwertkontrolle registriert werden können.

Außerdem wurde auf der Höhe von Kiessee T 7 ein großes Quarantänebecken errichtet, welches mit Wasser aus diesem See gefüllt werden kann und das Studium der Adaption von Besatzfischen unter diesen Wasserverhältnissen gestattet. Beide Anlagen möchten wir Ihnen heute zeigen, nachdem diese vor kurzem in Betrieb gegangen sind.

Der bisher erreichte Fortschritt des Projektes läßt es tunlichst erscheinen, die zuständigen Wasserbehörden und die für die Gebiets- und Landschaftsplanung verantwortlichen Stellen über die bisherigen Erfahrungen aus den von der Klosterkammer getroffenen Maßnahmen zu informieren.

Die Klosterkammer und natürlich auch wir als verantwortliche Wissenschaftler für die Programmgestaltung, begrüßen einen solchen Kontakt und freuen uns, daß Sie der Einladung des Präsidenten gefolgt sind. Es kann unseres Erachtens darüber kein Zweifel bestehen, daß die für die Durchführung gesetzlicher Bestimmungen und für die Verwaltung des Gemeinwesens zuständigen Instanzen bzw. Behörden an Informationen über das Ergebnis der wissenschaftlichen Untersuchungen, die in ihrem Planungsgebiet durchgeführt werden, besonders interessiert sein dürften und auch darüber, daß ein Erfahrungsaustausch der Lösung der anstehenden Probleme nur dienlich sein kann.

Wir erhoffen uns daher für das weitere Vorgehen in dem mit der Klosterkammer Hannover vereinbarten Forschungsprogramm eine gute Zusammenarbeit mit Ihnen, von der auch ganz besonders die Wasserwirtschaftsbehörden einen Vorteil haben dürften.

Das erste Ergebnis, das wir zunächst durch eine optische Analyse der Oker von der Talsperre bis in das Industriegebiet Oker/Goslar hinein erhielten, war alles andere als ermutigend. Auf Farbphotos festgehalten, konnte in überzeugender Weise gezeigt werden, daß bereits von der Talsperre beginnend eine Reihe teils im Ufer verborgener Rohrausläufe sichtbar wurden, aus denen Abwasser austrat, was wohl kaum genehmigt worden sein konnte. Da bereits kurz hinter der Sperre von einem für die Industriebetriebe bestimmten Betriebsgraben eine große Menge

Okerwasser abgeführt wird, war ein Fischleben im restlichen Fließwasser kaum möglich und auch nicht festzustellen. Bis zur Einmündung des Röseckenbachs, der seinerseits eine Menge industrieller Schadstoffe mit sich führt, konnten 14 solcher Abwassereinleitungen beobachtet werden.

Sie können sich somit vorstellen, was im Gebiet der Einmündung von Röseckenbach und Abzucht in die Oker – also im Gebiet der geballten Abwasserentstehung – zu erwarten war. Ohne auch nur im geringsten übertrieben zu haben, konnte man zum Zeitpunkt der Begehung die obere Teilstrecke der Oker bis kurz vor der Meßstation Probsteiburg als biologisch tot bezeichnen.

Um die Auswirkungen der Abwasserbelastung auf den weiteren Verlauf der Oker festzustellen, wurde an der oberen Grenze des Klostergutes im Uferbereich ein Rundbecken aufgestellt, das im By-Pass von Okerwasser durchströmt wurde (siehe Abb. 19 a). Die sich dort sammelnden Schadstoffe wurden analysiert. Der Gehalt an den Schwermetallen Cadmium, Kupfer, Blei und Zink war außerordentlich hoch und wies Werte auf, wie sie auch schon früher bei Probsteiburg vom Wasserwirtschaftsamt Braunschweig festgestellt worden waren.

Die Aufstellung eines mobilen Prüfbeckens im Uferbereich der Oker hatte eine unerwartete positive Auswirkung. In der örtlichen Presse wurden nämlich ohne unsere Kenntnis und ohne unsere Mitwirkung die Ergebnisse hochgespielt mit dem Erfolg, daß in der Folgezeit die Schwermetallbelastung zurückging, obwohl von unserer Seite keinerlei Maßnahmen ergriffen worden waren. Sie mögen bereits hieraus erkennen, daß sich die Schadstoffeintragungen in die Oker merklich verbessern lassen, wenn wirksame Kontrollen erfolgen. Und dies läßt sich am ehesten durch kontinuierliche Registrierung charakteristischer Güteparameter erreichen, die auf ein spezifisches Merkmal der einzelnen Abwasserarten eingestellt sind.

Aufgrund dieser Erfahrung haben wir sofort mit dem Bau einer Dauermeßeinrichtung für die Oker in Höhe von Kiessee T 9 begonnen und diese mit den benötigten Einrichtungen versehen (siehe Abb. 23).

Diese Ihnen hier aus der Sicht der bisherigen Erfahrungen dargelegten Probleme als Folge der hohen Schadstoffbelastung der Oker lassen sich zu einem wesentlichen Teil entschärfen, wenn zukünftig und bevorzugt fischereibiologische Tests zusammen mit ökochemischen Begleituntersuchungen in der Oker und im Seengebiet vorgenommen werden. Das ist unsere Absicht und das nächste vor uns liegende Ziel.

Bevor ich meine Ausführungen schließe und Herrn Kollegen Zundel das Wort gebe, damit er seine wissenschaftlichen Untersuchungen zur Bepflanzung und Aufforstung des Abbaugebietes und über die bereits umgesetzten landschaftsökologischen Maßnahmen berichten kann, möchte ich auf die beträchtliche Ausweitung der Aufgaben hinweisen, die der Klosterkammer bzw. dem Klostergut durch die aktive Wahrnehmung der sie betreffenden Umweltinteressen erwachsen sind. Dies soll durch die Gegenüberstellung des alten und des zukünftigen Aufgabenmodells zum Ausdruck kommen und in Verbindung mit dem Wirkungs- und Aktionsprogramm die Anstrengungen erkennen lassen, das zu verwaltende Erbe verantwortungsbewußt zu pflegen und wirtschaftlich zu sichern (Abb. 29 und 30).

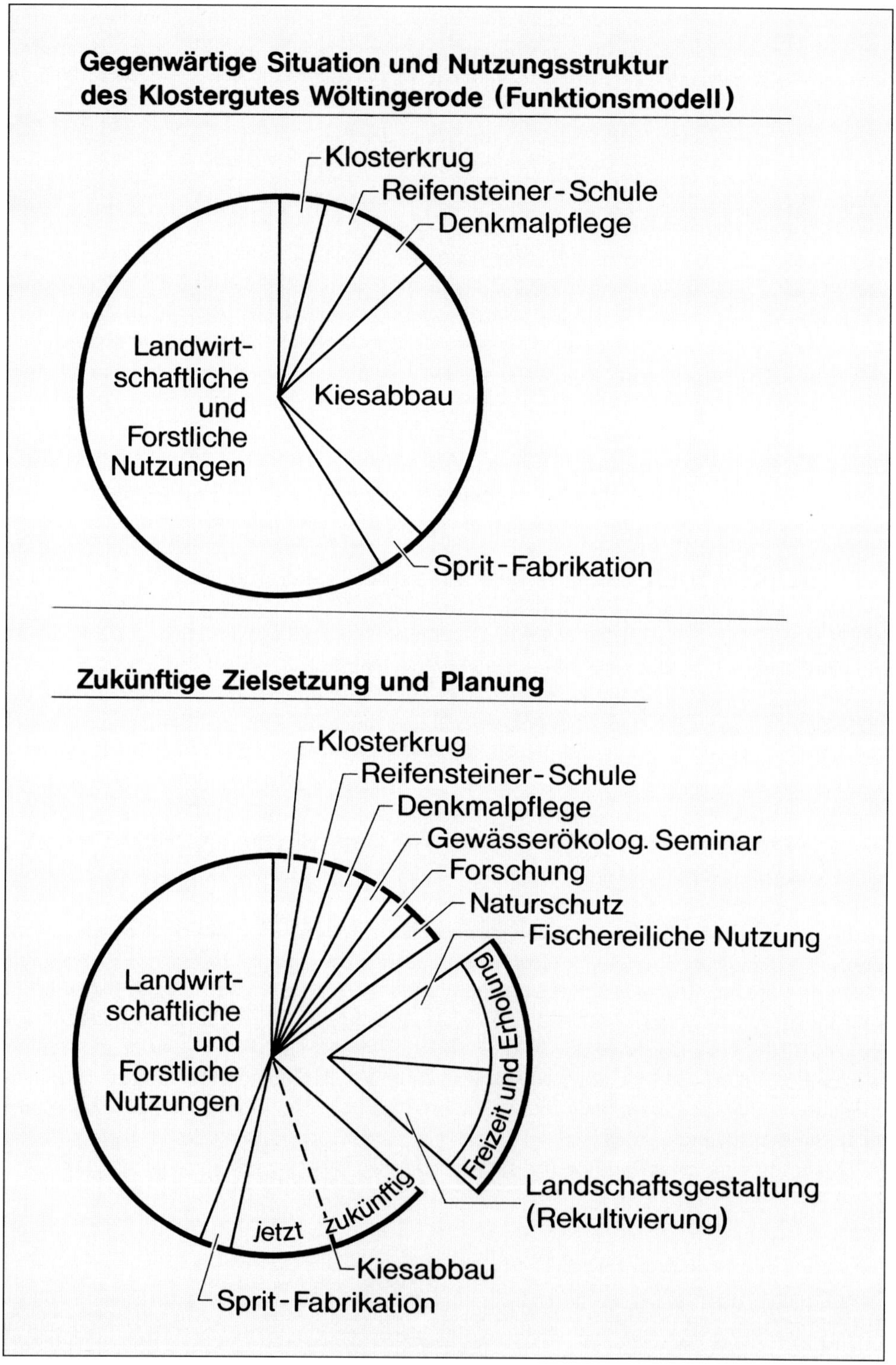

Abb. 29: Wandel der Nutzungsstruktur des Klostergutes Wöltingerode als Folge des Kiesabbaus

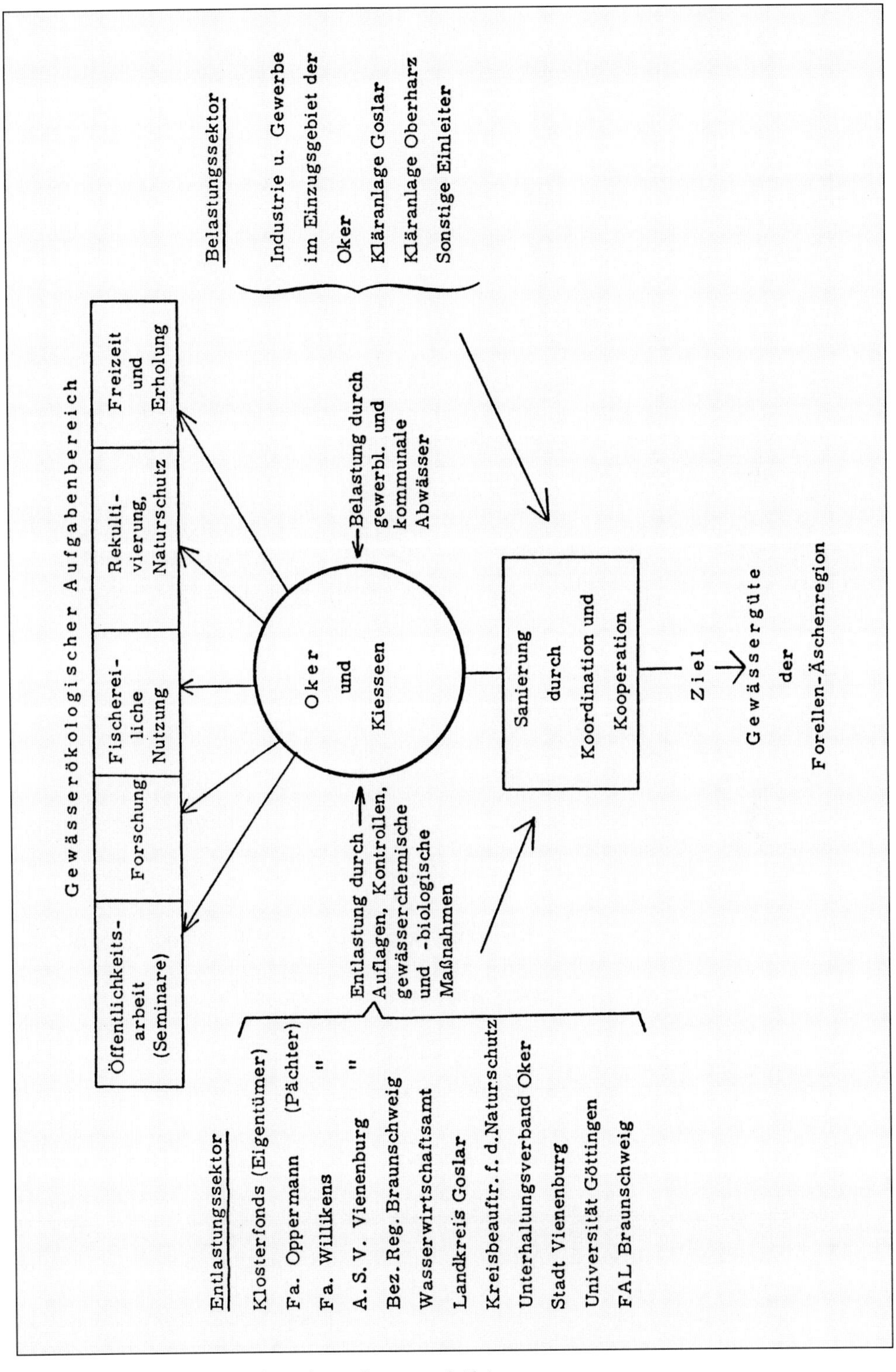

Abb. 30: Schematische Darstellung des Wirkungs- und Aktionsprogramms

Referat von Prof. Dr. R. Zundel:

„Maßnahmen zur Rekultivierung des Kiesabbaugebietes"

Sehr geehrte Anwesende,

Ziel der Begrünungsmaßnahmen im Kiesabbaugebiet der Klosterkammer ist die Eingliederung der ausgebeuteten Flächen im Bereich des Klostergutes Wöltingerode in eine Erholungslandschaft in der Talaue zwischen Oker/Goslar und Vienenburg. Unter Rekultivierung wird dabei im Sinne von Wohlrab (1972) die morphologische und ökologische Integration von Abgrabungsgelände in die umgebende Kulturlandschaft während und nach dem Abbau, einschließlich der Begründung planmäßiger Folgenutzungen von angemessener Leistungsfähigkeit verstanden. Im Gegensatz dazu nennt der früher übliche Begriff „Regeneration" (ähnlich wie die heute oft verwendete Bezeichnung „Renaturierung") keinen definierten Nutzungszweck, sondern legt den Schwerpunkt von Maßnahmen, falls solche überhaupt erfolgen sollen, auf Anstöße zur natürlichen Gesundung des Ökosystems. Es liegt auf der Hand, daß die Klosterkammer zur Erfüllung ihrer öffentlichen Aufgaben langfristig auf Einnahmen aus Folgenutzungen aus ihrem Landbesitz angewiesen ist. Sie kann deshalb nur in Ausnahmefällen reine Renaturierungsziele verfolgen, die zum Beispiel dem Naturschutz eine absolute Priorität einräumen.

Da Wasserflächen – von den Küstengewässern abgesehen – in Niedersachsen (wie in den meisten deutschen Ländern) eine Seltenheit darstellen, besitzen sie für Mensch und Tier eine besondere Anziehungskraft. Deshalb soll der Kiesabbau im Klostergut, der situationsbedingt Grundwasserseen hinterläßt, zur Neugestaltung einer harmonischen Erholungslandschaft in der Okeraue genutzt werden. Ausblicke zum Harz mit dem Brocken und vielfältige Möglichkeiten zur Naturbeobachtung machen die Gegend für Wanderer und Radfahrer attraktiv. Eine Sanierung und Gesunderhaltung der Gewässer verspricht Einnahmen durch die Verpachtung an Angelsportvereine. Ob weitere Einrichtungen für eine intensive Freizeitgestaltung vorzusehen sind, soll später erörtert werden.

Ziel unserer Maßnahmen ist die Gestaltung einer „Mehrzwecklandschaft" mit Schwerpunkt Erholung. Will man damit nachhaltigen Erfolg haben, so spielen ökologische Überlegungen eine zentrale Rolle. Auch Belange des „engeren" Naturschutzes (gemeint ist hier der Arten- und Biotopschutz) werden somit weitgehend berücksichtigt.

Um Vorschläge zur Erlangung des gesteckten Zieles auszuarbeiten, hat H. J. Hesse unter meiner Anleitung einen „Landschaftsplan für das Kiesabbaugebiet Wöltingerode" gefertigt und im August 1980 als Diplomarbeit vorgelegt [10]. In dieser Arbeit wurden zunächst die Vegetation einschließlich der bisherigen Bepflanzungen aufgenommen, die Böschungswinkel an den fertigen Kiesseen und Teichen vermessen und die Bodenverhältnisse links der Oker kartiert. Es folgten Vorschläge zu Ergänzungspflanzungen und Formverbesserungen an den vorhandenen Stillgewässern sowie zur Ausformung und Begrünung der im Steinfeld geplanten neuen Wasserflächen. Am Schluß wurden geeignete Erholungseinrichtungen diskutiert. In die Vorschläge zur Neugestaltung des Abbaugebiets sind schließlich langjährige Erfahrungen des Referenten mit Rekultivierungen im Oberrheingebiet eingeflossen, die er als Leiter der Abt. Landespflege der Baden-Württembergischen Forstlichen Versuchs- und Forschungsanstalt in Freiburg sammeln konnte. (Siehe [5])

Zur gegenwärtigen Situation des Abbaus und der Rekultivierung ist Folgendes zu berichten: Seit Beginn der Auskiesung im Jahre 1962 wurden zuerst rechts der Oker 3 Baggerseen fertiggestellt und rekultiviert. Links der Oker sind die Seen T 1 und T 2 (ab Okerbrücke gerechnet) weitgehend ausgeformt, aber noch nicht rekultiviert. Der 3. See wird zur Zeit ausgekiest, während die südwestlich angrenzenden Kiesseen 4–8 im Uferbereich rekultiviert sind. Der südlich an das Kieswerk Oppermann angrenzende See T9 ist noch nicht endgültig ausgeformt. Die drei obersten Teiche T 10 – T 12 wurden von der Klosterkammer ganz dem Naturschutz überlassen und mit Verordnung vom 10.10.79 unter Schutz gestellt. Im Jahre 1976 wurde rechts der Oker (jenseits der Brücke beim Kieswerk Oppermann) eine neue Auskiesung im Steinfeld begonnen.

Zu den Standortverhältnissen

Bei der Bodenkartierung von Hesse zeigten sich – typisch für eine Talaue – stark wechselnde Mächtigkeiten der Auelehme. Wegen des großen Gefälles der Oker von rund 0,7 % wurden zwischen 10 und (seltener) 30 cm Schluff oder schluffiger Ton abgelagert, der zudem mit Kies durchsetzt ist; darunter folgt ein schwer durchwurzelbares, durch Maschinen zusätzlich verdichtetes Sand-Kies-Gemisch, das bis in etwa 6 – 9 m Tiefe abgebaut werden konnte. Das in gut 2 m Tiefe anstehende Grundwasser wird von den Gehölzwurzeln kaum erreicht. Im östlich der begradigten Oker liegenden Steinfeld, bei dem es sich um eine – schon vor dem Bau der Talsperre selten überschwemmte – Niederterrasse handelt, sind die Bodenverhältnisse nicht viel pflanzenfreundlicher. Der Grundwasserspiegel liegt dort etwa 4,5 m unter Flur, die abbauwürdige Kiesmächtigkeit bei ca. 12 m. Die pH-Werte liegen von Natur bei etwa 5,5. Humus ist kaum vorhanden. Ein besonderes Problem stellt in der Talaue der von Prof. Welte beschriebene hohe Schwermetallgehalt in Wasser und Boden dar. Die in der Literatur nur spärlich angegebenen Grenzwerte (z. B. des Umweltbundesamtes) für gedeihliches Gehölzwachstum werden dort teils deutlich überschritten. Ein weiteres Risiko entsteht schließlich durch die geringen Jahresniederschläge von rund 600 – 630 mm (mit allerdings überdurchschnittlichen Werten in den Monaten Juni – August).

Unsere Planungen zur landschaftlichen Neugestaltung des Abbaugebietes befassen sich hauptsächlich mit Fragen der Formgebung und Bepflanzung der neuen Seen einschließlich möglicher Bodenverbesserungen.

Die **Form** der Seen ist im Hinblick auf Uferlinien und Böschungswinkel, wie schon erwähnt, nicht immer befriedigend: Gerade Uferränder, rechtwinklige Ecken und einförmige Böschungswinkel konservieren die künstliche Entstehung und stören daher die Erholungssuchenden. Sie sind aber auch aus faunistischer Sicht unerwünscht; denn wichtig ist der „Randeffekt" aus geschwungenen und vielseitig gestalteten Ufersäumen. Bei den noch nicht ganz fertiggestellten Seen (z. Zt. T 3 und T 9) sind – unseren Vorschlägen entsprechend – solche Formgebungen noch ebenso möglich wie bei den im Steinfeld begonnenen Auskiesungen. Begrenzt sind aber die Möglichkeiten bei den teilweise schon bepflanzten Seen T 4 – T 8. Eine Chance ergibt sich dort allerdings durch die Einleitung des sedimentreichen Wassers aus der Kieswäsche, wie dies zur Zeit bei See T 7 geschieht. Dadurch entstehen flache Unterwasserböschungen mit röhrichtbestockten Landzungen (Abb. 31). Fischereilich gesehen sind diese Teiche vor allem als Karpfen – oder Hecht – bzw. Zanderbiotope geeignet.

Diese Sedimentation muß freilich so begrenzt werden, daß eine ausreichend große offene Wasserfläche und die Durchströmung mit Grundwasser gesichert sind (Abb. 32 a, b und c).

Wenn in den Seen Salmonidenbesatz Vorrang haben soll, sind solche landschaftsgestalterische Verbesserungen weniger zu empfehlen, weil dort eine damit verbundene Eutrophierung unerwünscht ist und kiesige Flächen günstiger sind.

Im Zusammenhang mit der optimalen landschaftlichen Eingliederung wurde auch die Frage geprüft, ob eine **Vergrößerung** der links der Oker liegenden Seen, die Größen zwischen 1,7 und 3,9 ha aufweisen, durch die Entnahme einzelner Zwischendämme zu einem besseren Landschaftsbild führen könnte. Diese Idee wurde schon aus Gründen des Hochwasserschutzes wieder verworfen. Abgesehen davon hat die jetzt mögliche, getrennte fischereiwirtschaftliche Be-

Abb. 31: Durch Einleitung sedimentreichen Waschwassers aus der Kieswäsche erfolgte Auflockerung der ursprünglichen Auskiesungsform, Kiessee T 7 in 1980

Abb. 32 a: Schaffung von Röhrichtzonen durch Auflandungen mittels sedimentreicher Waschwässer, hier Blick vom Kieswerk der Fa. Oppermann über die Seen T 8 – T 6 links der Oker (Im Hintergrund das neue Schürfgebiet)

Abb. 32 b: Blick vom Kieswerk Oppermann auf die Seen T8 – T6 im Winter, 18 Jahre Später

wirtschaftung gewisse Vorteile. Im Landschaftsplan von Hesse haben wir überlegt, ob der größere Flächenspielraum nicht wenigstens im Steinfeld zur Anlage eines einzigen großen Sees (oder von zwei mittelgroßen) genutzt werden sollte, damit später auch Wassersport (z.B. Surfen) ausgeübt werden kann. Wie Abb. 33 zeigt, stößt man bei dem großen dortigen Gefälle der Oker (und damit auch des korrespondierenden Grundwasserstromes) selbst bei einer Zweiteilung der Wasserfläche auf landschaftsästhetische Grenzen: Durch die horizontale Einpendelung des neuen Seewasserspiegels würde der See im oberen Zustrombereich nämlich 8 m tief im Gelände liegen! Davon abgesehen würde im oberen Seenbereich die Gefahr bestehen, daß der tiefe Seespiegel zuviel Okerwasser an sich zieht und sogar zu einem Trockenfallen der jenseits liegenden Naturschutzseen führen könnte. Man muss deshalb im Steinfeld mindestens 3 bis 4 Seen anlegen.

Für die Bepflanzung der Seen soll ein Leitbild zugrunde gelegt werden, wonach der Talcharakter erhalten bzw. sogar betont werden soll. Das bedeutet, daß die Zwischendämme nicht mit hochwachsenden Bäumen bepflanzt werden und auch mit Sträuchern nur sehr zurückhaltend, sofern nicht der Schutz gegen Wellenschlag etwas gebietet. Die von Südwest nach Nordost verlaufenden Talflanken sollen entlang der Bundesstraße 241 und der Landstraße 518 möglichst dicht und breit bepflanzt werden; auch der Oker entlang sind größere Pflanzungen denkbar. Durch dieses Vorgehen bleibt einerseits der Blick durch das Okertal erhalten. Außerdem haben die vorherrschenden Südwestwinde leichten Zutritt zur Wasseroberfläche und führen zu einem limnologisch günstigen Eintrag von Sauerstoff. Die geschlossene Abpflanzung zu den Straßen bringt andererseits Immissionsschutz durch Lärmdämpfung und Ausfilterung von verkehrsbedingten Luftschadstoffen.

Darüber hinaus verbindet diese „Rahmenpflanzung" den ganzen Seenkomplex zu einer landschaftlichen Einheit und schafft bei den Anglern und sonstigen Erholungssuchenden ein psycho-

Abb. 32 c: Röhrichtzone mit Weidensaum im Hintergrund auf verlassenem Abbaugelände, 1992. Seit Jahren brütet hier die Rohrweihe

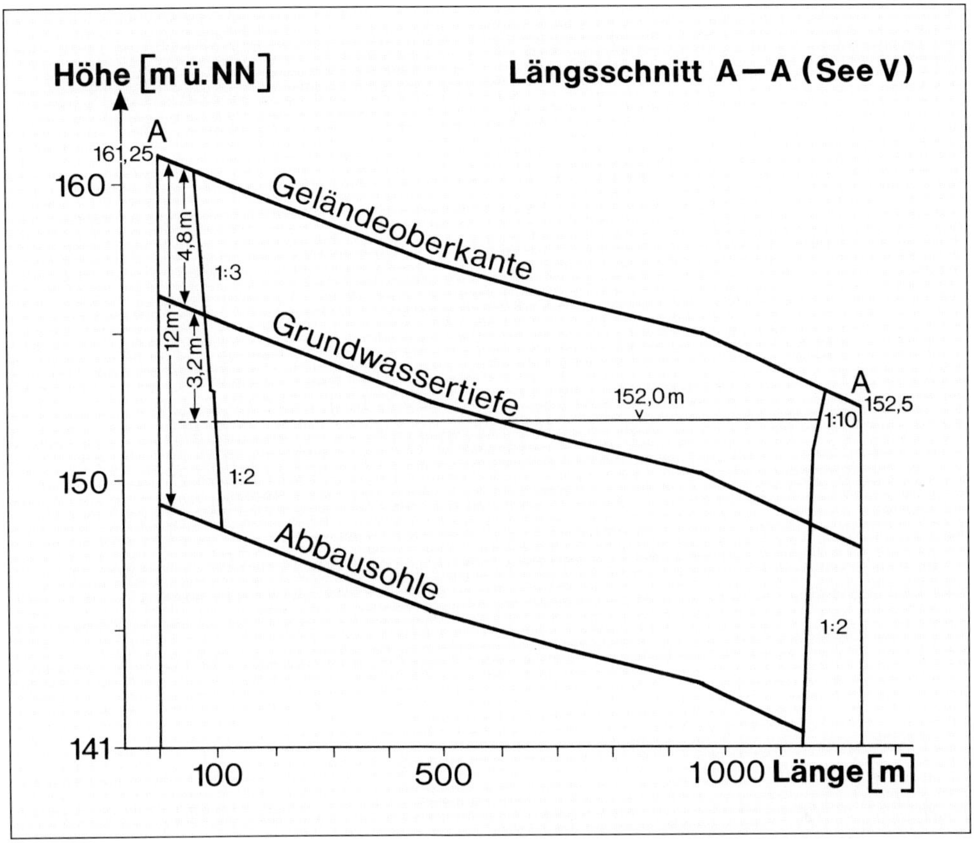

Abb. 33: Die Anlage eines etwa 1000 m langen Sees von 40 ha Größe hätte zur Folge, daß sich der Seewasserspiegel in einer Höhenlage von ca. 152 m über NN einstellen würde. Gegenüber dem jetzt vorhandenen Grundwasserspiegel bedeutet das im oberen Zustrombereich eine Absenkung um 3,2 m, so daß der See dort 8 m unter Gelände zu liegen käme

logisch willkommenes „Behaglichkeitsempfinden". Die bisherigen, von einem Landschaftsplanungsbüro im Auftrag des Landkreises veranlassten Rekultivierungsmaßnahmen lassen vor allem bei den Seen T 4 – T 8 eine solche Zielsetzung, wie vorgetragen, vermissen: Die viel befahrene Bundesstraße ist praktisch nicht abgeschirmt und die eigentlichen Uferböschungen wurden ziemlich gleichmäßig mit einzelnen Gehölztrupps „geschmückt" (meist aus Birke, Aspe, Eiche, Weiden und Schwarzkiefer). Größere Schutzeffekte oder biologische Wirkungen können damit kaum erzielt werden. Es gilt deshalb, auch diese Böschungspflanzen außerhalb der Zwischendämme zu ergänzen. Faustregel ist dabei, an der straßenseitigen Flanke (in Ergänzung zur geschlossenen Immissionsschutzpflanzung und bei Freihaltung eines Fahrweges) etwa 70 % der Böschungsfläche zu bepflanzen und bei der gegenüberliegenden Flanke entlang der Oker etwa 30 %. Damit bleibt Platz frei zum Angeln und für sonnenliebende Pflanzen- und Tierarten. Die Freiflächen können teilweise mit Klee- und Wildblumenmischungen eingesät werden, teilweise werden sie der natürlichen Entwicklung überlassen. Bei nicht mehr veränderbaren geradlinigen Ufern kann im übrigen durch eine gezielte Plazierung von unterschiedlich hoch werdenden Gehölztrupps nachträglich ein Bild mit geschwungenen Ufersäumen erreicht werden.

Bei der Gehölzartenwahl sind zur Erlangung einer möglichst großen optischen und biologischen Vielfalt, aber auch zur Risikoabsicherung in Anbetracht der extrem schwierigen Standorte, alle tauglich erscheinenden Gehölzarten zu beachten. Auf den Böschungen sind unten die Arten der sog. Weichholzaue, weiter oben diejenigen der Hartholzaue (in Angelbereichen aber keine Dornsträucher!) zu berücksichtigen, wenngleich künftig Überschwemmungen bzw. stärkere Wasserspiegelschwankungen selten sein werden. Auf den hochgelegenen Streifen entlang der Straßen spielt letzteres ohnehin keine Rolle. Dafür ist es dort wichtig, zur Optimierung des Immissionsschutzes „winterlaubtragende" Arten wie Eiche und vor allem Weissbuche, aber auch immergrüne anspruchslose Nadelhölzer (z. B. Schwarz- und Weymouthskiefer) beizumischen. Am Rande sind diese Schutzstreifen mit Sträuchern einzusäumen.

Ein Auftrag von kulturfähigem Boden ist bei den fertiggestellten Kiesseen vor allem bei den für Schutzpflanzungen vorgesehenen Streifen dringend erforderlich, während die Böschungsflächen meistens mit genügend durchwurzelbarem Boden versehen wurden. Da guter Boden für eine stärkere flächenhafte Übererdung zur Zeit nicht vorhanden ist, haben wir damit begonnen, im Abstand von 1,5 m etwa 30 cm tiefe und 40 cm breite Pflugfurchen zu ziehen, die mit angefahrener Erde aufgefüllt wurden (Abb. 34). Damit wurde gleichzeitig der oft vorhandene dichte Grasfilz entfernt und ein zu starkes Austrocknen der Erdstreifen verhindert. Einige etwa 100-jährige Eichen und Eschen – Überstände aus dem früheren Auewald – sind übrigens nur 10 – 12 m hoch und zeigen, daß die Bäume hier nicht „in den Himmel wachsen". Man mag deshalb gespannt sein, ob unsere bescheidenen Meliorationsmaßnahmen einen erfolgreichen Start der jungen Kulturen ermöglichen und ob die Gehölze langfristig (bei größerem Wasserverbrauch mit dem Alter) überleben.

Abb. 34: Für die Neupflanzung geschaffene Pflugfurchen zwischen Restbeständen des ursprünglichen Auewaldes, April 1982

Bei den neuen Auskiesungsflächen im Steinfeld muß bei der geringen Mächtigkeit des dort abzuschiebenden Bodens sorgfältig überlegt werden, wie dieser für die spätere Rekultivierung zu verwenden ist. Anstelle des früher oft üblichen gleichmäßigen Überziehens von neuen Böschungsflächen sollte der geeignete Kulturboden (darunter ist nicht nur Mutterboden i. e. S. zu verstehen) nur an die Stellen (und dafür entsprechend mächtiger) aufgetragen werden, die tatsächlich für eine Bepflanzung vorgesehen sind. Zur Vermeidung unnötiger Bodenverdichtungen ist auf die übliche Feinplanierung zu verzichten. Notfalls ist verdichteter Boden durch Geräte mit großen Aufreisszähnen im Herbst vor der Pflanzung zu lockern und eine Frühjahrspflanzung vorzusehen.

Die bis heute durchgeführten Maßnahmen können im Anschluß besichtigt und danach – zusammen mit obigen Ausführungen – diskutiert werden. Bei den bisherigen Pflanzungen handelt es sich vor allem um Ergänzungen der teilrekultivierten Seen (Abb. 35 a und b).

Insgesamt wurden rund 25 verschiedene Baum- und Straucharten ausgebracht. Der Anwuchs ist befriedigend. Es gab aber einige Fegeschäden durch aus dem benachbarten Wald anwechselnde Rehböcke und Nageschäden durch Kaninchen.

Soweit das Referat von Prof. Zundel.

In der anschließenden Diskussion wurde gefragt, warum die potenzielle natürliche Vegetation nicht strenger beachtet würde und nicht größere Flächen der natürlichen Entwicklung überlassen blieben.

Hierauf wurde entgegnet, daß eine Orientierung an dem Konzept der potenziellen natürlichen Vegetation, d. h. an der Pflanzengesellschaft, die sich ohne menschliches Zutun auf einem bestimmten Standort heute einstellen würde, wegen der schon lange anhaltenden gravierenden Standortveränderungen nur sehr grob möglich wäre. Der Eintrag von Schadstoffen aus der Luft

Abb. 35 a: Bepflanzung einer Böschungsfläche von Kiessee T1 zur Abschirmung gegen die Bundesstraße 241, April 1982

Abb. 35 b: Die bepflanzte Böschungsfläche 10 Jahre später (deutlich zu erkennen: Pfaffenhütchen, Wasserschneeball, Hartriegel und Weiden)

und bei Überflutungen, das durch Talsperrenbau und Flußbegradigung veränderte Wasserregime, die intensive landwirtschaftliche Nutzung, der neuerliche Kiesabbau und nicht zuletzt die sich abzeichnende Klimaveränderung liessen Aussagen über die natürliche Vegetation der Zukunft aus historischen Befunden nur schwer herleiten; in gewisser Weise wären sie eher spekulativ. Außerdem würde der beabsichtigte Zweck der Pflanzungen, z. B. eine rasche Filterwirksamkeit bei den Immissionsschutzpflanzungen, die Mitverwendung spezifisch wirkender Arten, z. B. der Schwarzkiefer, sinnvoll machen. Aus ähnlichen Gründen könnte auch nur ein Teil der Flächen der natürlichen Entwicklung überlassen bleiben; denn in Abhängigkeit von den örtlichen Gegebenheiten „ließe sich die Natur viel Zeit", bis ein Gehölzbestand entwickelt wäre. Dabei würden unterschiedliche Sukzessionsstadien entstehen, deren Artenspektrum die mit der Rekultivierung beabsichtigten Schutz- und Vielfältigkeitswirkungen oft nicht entfalten würden.

Besichtigung der technischen Anlagen im Gelände mit anschließender Stellungnahme zu den bisherigen Ergebnissen

Im Anschluß an das Referat von Prof. Zundel fand ein Rundgang auf dem Kiesabbaugelände der Firma Oppermann statt. Hierbei wurden die bereits für das Forschungsprojekt benötigten Anlagen (Meßstation und Quarantänebecken Abb. 36). besichtigt.

Dabei entwickelten sich lebhafte Diskussionen über Leistungsfähigkeit und Zuverlässigkeit der meßtechnischen Instrumente und Anlagen. Besonderes Interesse und Anerkennung fand die Bündelung der Sonden in einer Tauchglocke und ihre schnelle Austauschbarkeit im Fall des Ausfalls auch nur einer dieser 4 Sonden (Temperatur, Leitfähigkeit, pH-Wert, Sauerstoff).

Abb. 36: Diskussion am Quarantänebecken, Informationstagung vom 15.09.1980

Abb. 37: Imbiß im Klosterkrug, Informationstagung vom 15.09.1980
Der Präsident der KKH begrüßt die Gäste

Nach der Geländebegehung wurde bei einem Imbiß im Klosterkrug (Abb. 37) die Diskussion fortgesetzt. Dabei nahm Prof. WELTE die Gelegenheit wahr, die den Teilnehmern mit der Einladung bereits ausgehändigten Tabellen über wichtige bisher erreichte Ergebnisse im einzelnen zu erläutern und auf die weitere Planung einzugehen.

Stellungnahme von Prof. Welte zu einigen tabellarisch erfaßten Daten

Als Grundlage der nachfolgenden Stellungnahmen dienten die mit Beginn des „Chemischen Generalplans 1980" einsetzenden chemischen Wasseruntersuchungen gemäß Abb. 28. Sie wurden durch geeignete Daten aus der „Sonderuntersuchung Schwermetalle" der Bez. Reg. Braunschweig aus den Jahren 1977 und 1978 ergänzt, wo die eigenen Ergebnisse noch unvollständig waren und nicht ausreichten, das Ausmaß der Schadstoffbelastung der Oker offenkundig zu machen.

Die in Tabelle 6 aufgeführten Güteparameter dürften bereits ein Bild darüber vermitteln, daß in der Seenkette zwischen den einzelnen Gewässern große Schwankungen innerhalb der pH-Werte und der gemessenen chemischen Stoffe vorliegen und der direkte Einfluß der parallel fließenden Oker zu erkennen ist.

Tab. 6: Kennwerte zur Belastung der Kiesseen bei Wöltingerode (Mittelwerte der monatlichen Untersuchungen 1980)

Entnahmestelle	**LF** µS	**pH**	**CSB** mg O_2/l	**NO_3** mg/l	**NH_4** mg/l	**Ges. PO_4** mg/l
n = 5						
Kiessee 1	530	7,89	40	23	0,1	0,15
Kiessee 2	523	7,71	32	25	0,4	0,15
Kiessee 4	508	6,73	19	30	9,1	1,65
Kiessee 5	492	7,70	34	21	0,8	0,17
Kiessee 6	510	7,63	14	33	3,5	0,42
Kiessee 7	507	7,92	20	31	6,1	0,88
Kiessee 8	517	8,66	33	32	5,8	1,26
Kiessee 9	517	7,91	29	27	9,3	2,67
Teich 10	431	7,25	32	3	1,4	0,30
Teich 11	550	8,28	48	1	0,8	1,17
Teich 12	529	7,91	36	6	1,1	0,38
Ø	510	7,78	31	21	3,5	0,84
Kläranlagen						
Abwasser Goslar	688	7,21	192	3	45,7	23,91
n = 3						
Abwasser Oberharz	299	5,20	61	86	3,8	17,14
n = 3						
Für Umrechnung:	1 mg NH_4 = 3,44 mg NO_3					
	1 mg NO_3 = 0,29 mg NH_4					
	1 mg PO_4 = 0,33 mg P					

Hinsichtlich der pH-Werte fallen die saure Reaktion von See T 4 und die alkalische Reaktion von See T 8 und Teich T 11 aus dem Rahmen. Die Klärung der Ursachen steht noch aus. Die nach der alkalischen Seite von der Norm abweichenden pH-Werte dürften beim See 8 mit dem Kalkgehalt des zur Kieswäsche gelangenden Baggergutes und der dadurch bedingten erdalkalischen Reaktion des in diesen See geleiteten Waschwassers zusammenhängen, während der hohe pH-Wert in Teich T 11 vermutlich an die Bikarbonat/Karbonat – Dynamik bei starkem Algenwachstum gekoppelt ist. Dieser Prozeß bedingt die Aufnahme von CO_2 durch die am Tag vorherrschende Assimilation und eine CO_2-Abgabe während der Nacht als Folge der alleinigen Atmung.

Die Sonderstellung von See T 4 tritt ebenfalls beim Ammonium und Gesamtphosphat deutlich in Erscheinung. Durch die Rohrverbindung mit der Oker wird dieser Kiessee in erheblichem Umfang ständig mit Okerwasser vermischt. Dies dürfte auch für See T 9 zutreffen, der ebenfalls wie See T 4 direkte Verbindung über einen zur zentralen Meßstation führenden By-Pass hat.

Die Teiche T 10, T 11, T 12, die seitens der Bez. Regierung dem Bund für Vogelschutz unterstellt wurden, haben hingegen keinen erkennbaren Kontakt mehr mit der Oker. Sie unterliegen allerdings einer stark schwankenden Grundwasserbeeinflussung, als deren Folge sie zeitweilig trockenfallen. Warum der Stickstoffmetabolismus in den aquatischen Ökosystemen dieser drei Teiche so schwach ausgebildet ist, wie an den niedrigen Gehalten von Nitrat und Ammonium erkannt werden kann, bedarf noch der Klärung.

Zur Beurteilung der beiden Abwasserherkünfte der Klärwerke Goslar und Oberharz ist folgendes zu sagen:

Es handelt sich um die Abwässer der Klärwerke Goslar-Ost und der Samtgemeinde Oberharz. Die beiden Anlagen werden hinsichtlich der biologischen Aufbereitung und Klärung unterschiedlich geführt und zwar die Anlage Goslar auf anaerober Basis, woraus der hohe NH_4 -Gehalt im geklärten Abwasser resultiert, dagegen die Anlage Oberharz auf Grundlage aerober Reinigungsprozesse, welche sich in den hohen NO_3-Werten zu erkennen geben.

Dementsprechend weisen sie charakteristische Unterschiede im pH-Wert auf. Die Differenzen in den CSB-Werten sind ebenfalls für die Art der Aufbereitungsprozesse typisch. Sie geben nicht nur Hinweise auf nicht ausreichend abgebaute organische Stoffe durch jede der beiden Anlagen, sondern zeigen auch an, daß der Abbau der organischen Stoffe vor allem in der Anlage Goslar zu wünschen übrig läßt. Die biologische Aufbereitung ist als völlig unbefriedigend zu bezeichnen. Wieweit hierbei technische Mängel der Anlagen oder unzureichende Wartungsdienste oder beide Faktoren die Verantwortung für das diesen Abwässern innewohnende Potenzial an typischen Schadstoffen tragen, war wegen der Begrenzung unserer Recherchen nicht zu klären.

Die in der Tabelle 6 aufgeführten Daten können in etwa einem chemischen Spektrum wichtiger Güteeigenschaften gleich gesetzt werden. Sie repräsentieren in den verschiedenen Kiesseen bzw. Teichen eine jeweils spezifische Ausgangsbasis, von der her die zukünftigen Qualitätsveränderungen verfolgt und bewertet werden können. Dies ist von besonderer Bedeutung im Blick auf den folgenden Winter, wo Maßnahmen geplant sind, die Seen mit fein gemahlenem, kohlensaurem Kalk zu behandeln.

Zweck dieser Maßnahme soll die Fällung löslicher und suspendierter Schadstoffe sein, die auf diese Weise als Sediment auf dem Gewässergrund abgelagert und durch nachfolgende, möglichst unbelastete Sedimente mit der Zeit überdeckt werden. Wieweit diese „Strategie“ zum Erfolg führt, wird sich durch anschließende Untersuchungen erweisen müssen und hängt entscheidend auch davon ab, ob die Folgesedimente frei von Schadstoffen gehalten werden können.

Zur Frage der Schwermetallgehalte in der oberen Oker

Hinsichtlich der Bedeutung, die der Schwermetallbelastung der Oker zuzumessen ist, wurden 1980 die chemisch-analytischen Untersuchungen von Okerwasser auf die maßgeblichen Schwermetalle Blei, Cadmium, Kupfer und Zink ausgedehnt und in der gesamten Okerstrecke des Untersuchungsgebietes von der Sperre bis Vienenburg vorgenommen. Die aus einer unterschiedlichen Zahl von Proben ermittelten Werte sind in einer in Fließrichtung verlaufenden Skalierung der Probenahmestellen aufgeführt (Tab. 7). Die Meßwerte lassen den Anstieg des Konzentrationsgradienten deutlich erkennen.

Die vergleichsweise ebenfalls angegebenen Schwermetallgehalte in den Okerzuflüssen (Röseckenbach und Abzucht) deuten auf die Herkunft der Schwermetalle. Die Kläranlage Goslar-Ost wurde einbezogen, da auch sie – zumindest hinsichtlich Zink – nicht unerheblich an der Schwermetallbelastung der Oker beteiligt ist.

Tab. 7: Schwermetallgehalte der oberen Oker. Mittelwerte in mg/l (Untersuchungen des Institutes für Agrikulturchemie von 1980 und der Bez. Reg. Braunschweig von 1977/78)

Nr.	Entnahmestelle		Cd	Cu	Pb	Zn
1	Unterhalb Okertalsperre	(n = 3)	0,003	0,050	0,28	0,510
*1a	Oberhalb Adenberger Stollen	(n = 13)	0,001	n.b.	0,006	0,210
2	Auslauf Preussag	(n = 6)	1,998	14,080	58,400	309,000
3	Einlaufkanal Preussag	(n = 7)	0,181	0,242	0,583	3,400
4	Abzucht vor Mündung	(n = 7)	0,040	0,627	0,615	5,028
5	Oker unterhalb Abzucht Mündung	(n = 7)	0,072	0,650	0,677	5,357
6	Auslauf Natronag	(n = 7)	0,015	0,104	0,029	2,245
*	Oker bei Probsteiburg	(n = 116)	0,065	n.b.	0,123	2,350
10	Oker Ortseingang Vienenburg	(n = 7)	0,211	0,267	0,680	5,585
	Auslauf Kläranlage Goslar-Ost	(n = 7)	0,012	0,125	0,073	3,400

** Analysenwerte aus: „Sonderuntersuchungen Schwermetalle". Abschlußbericht Bez.-Reg. Braunschweig, Mai 1980*

Die Gehalte aller 4 untersuchten Schwermetalle der Wasserproben (Nr. 1 und 1a) aus dem Oberlauf der Oker unterhalb der Talsperre erreichen nicht den Grenzwert, der für unbelastete Fließgewässer zugrunde zu legen ist, sind also ohne Belang. Erst durch den Auslauf der Preussag tritt eine massive chemische Belastung ein. Die außergewöhnlich hohen Schwermetallkonzentrationen reichen aus, die Oker im Oberlauf bereits in den biologisch toten Zustand zu versetzen, wie er zur Zeit der Probenahme in der Oker am Ortseingang Vienenburg vorgelegen hat. Bemerkenswert ist auch der beträchtliche Zinkeintrag durch das „gereinigte" Abwasser der Kläranlage Goslar-Ost.

Zur Frage der Schwermetallgehalte in Schlämmen und Sedimenten der oberen Oker

Die in die Oker eingeleiteten Schadstoffe werden nicht nur in Lösung (Lösungsfrachten), sondern auch in Suspensionen bzw. als Schlämme (Feststoff-Frachten) transportiert und bei Überschwemmungen in der Talaue abgesetzt.

Auf Fische wirken sie in dieser Form in erster Linie über die Nahrungsaufnahme und durch unmittelbare Kontakte über die Haut und die Atmungsorgane (Kiemen). Darüber hinaus können sie Verklebungen der Kiemen insbesondere durch Ablagerungen hervorrufen.

Es schien daher angezeigt, auch die in solchen Schlämmen liegenden Gefahren mittels chemischer Analysen aufzuzeigen, zumal die in irgendeiner Form festgelegten Schwermetalle im Kontakt mit Wasser zum Teil wieder in Lösung gehen.

Da eigene Meßergebnisse noch nicht in dem erwünschten Ausmaß vorliegen, wurden vergleichsweise Ergebnisse von anderen Untersuchungen herangezogen [2].

Die daraus entnommenen und in der Tabelle 3 aufgelisteten Schwermetallgehalte von kolloidal-dispersen Feststoffen geben einen markanten Hinweis auf die Schadstoffdimensionen, mit denen die Oker im Untersuchungsgebiet belastet ist.

Selbstverständlich ist es nicht möglich, auf Grund der in zufälligen Stichproben festgestellten Befunde ein genaues Bild über die jährlichen, abwasserbedingten Schwermetallfrachten und ihre jahreszeitliche Verteilung zu vermitteln. Das wäre auch im Blick auf den unregelmäßigen Anfall dieser Abwässer ohnehin kaum möglich. Vielmehr kommt es auf die Feststellung an, daß die hier aufgezeigten Schwermetallbelastungen eine der Ursachen für die biologisch tote Fließstrecke der Oker zwischen der Talsperre und der Straßenbrücke Vienenburg sind.

Hierzu ergänzend möge noch bemerkt werden:

1. Der allgemein enorm hohe Schwermetallgehalt der Sedimente und Schlämme als Zeichen einer starken Anreicherung der Schwermetalle auf der überwiegend negativ aufgeladenen Oberfläche der Kolloide oder als Schwermetallverbindungen in kolloidaler Dispersion (z. B. als Schwermetallhydroxide oder Oxidhydrate),
2. die chemischen Verhältnisse zwischen den Schwermetallen Cd, Pb und Zn, wobei Zink und Blei die dominierenden Schadstoffe sind und Zink wegen seiner relativ großen Löslichkeit am weitesten transportiert wird.

Die starke Anreicherung der Schlämme mit Schwermetallen sagt aber noch nichts über den Grad der Gefährlichkeit dieser Stoffe als Fischgift aus. Hierfür maßgeblich ist die spezifische Toxizität eines jeden Schwermetalls in bezug auf die jeweilige Fischart.

Diese gilt es bei den eingeplanten chemisch-analytischen Untersuchungen der Fische noch herauszufinden.

Stellungnahme zum Thema „Schwermetalle in Fischen aus der Oker und aus von Okerwasser beeinflußten Kiesseen"

Wie bereits im Vorhergehenden kurz erwähnt, ist die Frage der Toxizität von Schwermetallen gegenüber Fischen eine äußerst komplizierte. Denn hierbei handelt es sich um einen vielschichtigen Problemkreis. Dieser wird durch ein System konkretisiert, in welchem die verschiedenen Schwermetalle in ihren physikalischen Zustandsphasen (gelöst oder feste Partikel) und chemischen Bindungen bei variierender Konzentration im Wasser unterschiedlichen Reinheitsgrades auf das biologische Subjekt „Fisch" in zeitlich schwankenden Intervallen einwirken. Diese Wechselbeziehungen werden noch durch fischspezifische Parameter (u. a. Fischart, Alter, Geschlecht, Größe) komplexiert, weil diese in der Frage der Sensibilität und Widerstandskraft des Fisches entscheidende Einflußgrößen bedeuten.

Wegen der Kürze der Zeit, die seit Inangriffnahme des Forschungsprojektes vergangen ist, können wir zu diesem außerordentlich wichtigem Thema zur Zeit ebenfalls mit eigenen Ergebnissen wenig beitragen. Wir sahen uns daher veranlaßt zunächst auf andere, sich auf die Oker in diesem Gewässerabschnitt beziehende Daten zurückzugreifen (Tab. 8).

Tab. 8: Schwermetallgehalt von Fischen in der Oker und in den vom Okerwasser beeinflussten Kiesseen (in mg/kg Frischgewicht)

Fangort	Fischart	Cd		Cu		Pb		Zn	
		M	L	M	L	M	L	M	L
* Oker bei Vienenburg	Hecht	0,040	2,580	n.b.		0,143	1,120	2,600	54,600
	Barsch	1,020	75,300	n.b.		1,680	5,410	18,100	121,000
Vienenburger See	Rotfeder (n = 5)	0,085	7,461	n.b.		0,110	0,225	2,600	123,300
	Barsch (n = 2)	0,090	51,520	n.b.		0,079	0,703	n.n	106,700
	Ukelei (n = 17)	0,049	5,220	n.b.		0,029	0,125	6,650	63,770
Kiessee T 7	Karpfen	0,210	n.b.	0,910	n.b.	n.n.	n.n.	17,200	n.b.
Kiessee T 8	Saibling (Kanad.)	0,140	n.b.	0,550	n.b.	n.n.	n.n.	15,100	n.b.

n.b. = nicht bestimmt; n.n. = nicht nachweisbar; M = Muskulatur; L = Leber
Richtwerte lt. ZEBS in mg/kg bei Süßwasserfischen: Cd = 0,05; Pb = 0,5
** Untersuchungen der Bez. Reg. Braunschweig Mai 1980*

Eine umfassende Beurteilung der Schwermetallgehalte in den verschiedenen Fischarten, wie sie in der o.a. Tabelle zusammengestellt wurden, ist nicht möglich, da die Zahl der Fische zu gering ist und deren Herkünfte so ohne weiteres nicht zu vergleichen sind. Auch verschiedene Analysenergebnisse, die aus früheren Untersuchungen von Fischen in der Oker vorliegen, besagen nicht viel, da keine ausreichenden Vergleichsmöglichkeiten gegeben sind. Das einzige, was sich übereinstimmend aus diesen Zahlen ergibt, ist der zum Teil recht hohe Gehalt an Schwermetallen. Dies gilt vor allem für Zink. Aber auch die Werte für Cadmium und Blei überschreiten bereits ein Vielfaches der ZEBS-Werte (siehe Fußnote in Tab. 8 und Tab. 9).

Die gesundheitlichen Risiken für den Menschen, die durch zu hohe Schwermetallgehalte im Fisch verursacht werden können, lassen sich in den Fällen Cadmium und Blei auch an Erhebungsuntersuchungen im Lebensmittelbereich, die in großem Umfang im Jahr 1979 in der Bundesrepublik amtlicherseits vorgenommen worden waren (Tab. 9), im Vergleich mit Fleisch durchaus zuverlässig abschätzen. Aus einem solchen Vergleich ergibt sich z.B., daß der bei der Untersuchung von 349 Fischproben für Cadmium gemessene Höchstwert von 0,8035 mg/kg Süßwasserfisch von dem in der Oker bei Vienenburg gefangenen Barsch mit einem Wert von 1,020 mg/kg (Muskulatur) erheblich übertroffen wird. Bezüglich Blei fiel der bei den 409 untersuchten Fischproben aufgetretene Höchstwert von 1,08 mg/kg beim Barsch aus der Oker mit 1,680 mg/kg noch erheblich höher aus.

Man erkennt, daß in der Oker ein außergewöhnliches Gefährdungspotenzial an diesen beiden Schwermetallen vorliegt, und daß alles Erdenkliche getan werden muß, die schwermetallhaltigen Abwassereinleitungen bereits am Ort ihrer Entstehung ausreichend zu kontrollieren und die Einleitungsbedingungen einem gewässerökologisch tolerierbaren Maß anzugleichen.

*Tab. 9: Richtwerte für Cadmium und Blei in einigen Lebensmitteln * (Nach ZEBS)***

	Lebensmittel	Anzahl der Proben	min-max mg/kg	x̄ mg/kg	Richtwert mg/kg
Pb	Rind-/Kalbfleisch	1266	0,001 – 0,967	0,070	0,3
	Schweinefleisch	814	0,01 – 0,600	0,061	0,3
	Süßwasserfisch	409	0,005 – 1,08	0,124	0,5
Cd	Rind-/Kalbfleisch	1242	0,001 – 0,32	0,016	0,1
	Schweinefleisch	812	0,001 – 0,099	0,009	0,1
	Süßwasserfisch	349	0,0005 – 0,8035	0,020	0,05

* *berechnet als Gesamtelement bezogen auf die zum Verzehr bestimmten Teile der Lebensmittel in der Angebotsform*

** *Zentrale Erfassungs- und Bewertungsstelle für Umweltchemikalien des Bundesgesundheitsamtes 1/1979 [4]*

Stellungnahme zum Thema „Schwermetallvergiftung von Fischen"

Die Frage, in welcher Konzentration die einzelnen Schwermetalle im Gewässer das Leben der Fische bedrohen, ist die wichtigste und entscheidende, die uns in diesem Forschungsprojekt beschäftigt. Denn von ihrer Beantwortung hängt ab, ob die Wirtschaftlichkeit der fischereilichen Nutzung der durch die Kiesgewinnung entstandenen und noch entstehenden Gewässer überhaupt gegeben ist.

Es ist zwar wünschenswert, eine verläßliche Information über den allgemeinen Gewässerzustand bezüglich der Schadstoffbelastung zur Verfügung zu haben und den Gütezustand nach der amtlichen Bewertungsskala bzw. nach den offiziellen Wertungsstufen (I – IV und Zwischenstufen) zu kennen. Dies reicht jedoch bei weitem nicht aus, um den an eine fischereiliche Nutzung zu stellenden Qualitätsforderungen an das Gewässer zu genügen.

Hierfür sind zusätzliche Kriterien erforderlich u. a. eine ausreichende Kenntnis über das Gefährdungspotenzial von abwasserableitenden Betrieben hinsichtlich der maximalen Schadstoffkonzentration und der gesamten Abwassermenge je Tag, sowie von der Periodizität ihrer Einleitung. Der Erfolg der Fischerei hängt davon ab, mit welchem Risiko diese Nutzung hinsichtlich auftretender Fischsterben verbunden ist, damit entsprechende Vorsorge- bzw. Sicherungsmaßnahmen getroffen werden können, soweit dies überhaupt möglich ist.

Ein kurzer Ausstoß giftiger Abwässer in überhöhter Konzentration oder Menge genügt, Fließgewässer unterhalb der Einleitungsstelle auf viele Kilometer nahezu vollständig an Fischen auszuräumen, wobei der Nachweis der Ursachen schwierig oder gar nicht zu erbringen ist, weil bereits kurz danach der ursprüngliche Gewässerzustand wieder hergestellt ist.

Ich möchte einen solchen Fall hier kurz erwähnen, mit dem unsere Forschungsarbeiten über die Beeinflussung der Leine durch grenzüberschreitende Schadstofflasten aus der früheren DDR an der Zonengrenze im Jahr 1974 konfrontiert worden sind. Hier trat in den Morgenstunden des 8. Februar an der Zonengrenze in der Leine ein totales Fischsterben auf. Die Ursache war zunächst unklar, konnte aber dann auf Grund der von der Meßstation des Instituts für Agrikulturchemie der Universität Göttingen (IfA) gespeicherten Daten hinsichtlich der Herkunft eindeutig lokalisiert werden.

Es waren die in Heiligenstadt/DDR ansässigen galvanischen Betriebe, die durch einen Betriebsunfall ihre cyanhaltigen Abwässer unaufbereitet in die Leine eingeleitet hatten. Auf Grund eines einige Monate zuvor abgeschlossenen Vertrags zwischen der Bundesregierung und der DDR über Schadenersatzleistungen bei grenzüberschreitenden Schadwirkungen war die DDR gezwungen, den Schaden zu regulieren. Da durch die Meßstation der einwandfreie Nachweis über Herkunft, Ursache und Schadenhöhe geführt werden konnte, war die Zahlungsverpflichtung der DDR gegeben

Der zweite Erfolgseffekt in diesem Schadenfall betraf die Sicherung der Trinkwasserversorgung der Stadt Göttingen. Diese Versorgung erfolgte zur damaligen Zeit mit einem wesentlichen Anteil von Leinewasser, das über Bodenfiltration gereinigt wurde (Uferfiltrat). Auf Grund des totalen Fischsterbens an der Grenze war das Wasserwerk rechtzeitig gewarnt worden. Es konnte daher die Filteranlagen auch rechtzeitig abschalten.

Für das Wasserwerk, das etwa 20 km von der Grenze entfernt liegt, wurde der Fisch so zum Alarmgeber, weshalb die Stadt daran interessiert war, so schnell wie möglich wieder Fische in der Leine zu haben. Sie stellte sofort 20.000 DM zur Verfügung und förderte die anglerischen Aktivitäten der Vereine, weil sie in diesen den Garant für eine zuverlässige und kostenlose Alarmanlage sah.

Vor diesem Hintergrund wird deutlich, daß die übliche Güteklassenbewertung – wie sie behördlicherseits zum Zweck des Nachweises eigener Aktivitäten oder für politisch verwertbare Zwecke gegenüber der Öffentlichkeit zum Nachweis allgemeiner Verbesserungen oder Verschlechterungen von Gütezuständen verwendet wird – für die Beurteilung des fischereilichen Risikos bei weitem nicht ausreicht.

Die in den amtlichen jährlichen Zustandsberichten der Wasserbehörden ausgewiesenen Güteklassen geben lediglich ein Bild darüber ab, ob sich die Grundbelastung in Beziehung zu den sie bestimmenden Güteparametern verändert hat und ob etwaige Maßnahmen zur Zustandsverbesserung beigetragen haben oder noch verstärkt werden müssen. (Siehe hierzu Abschnitt 9).

Das aus fischereilicher Sicht maßgebliche Gefährdungspotenzial erfordert hingegen zum einen die Erfassung sämtlicher Abwassereinleiter in dem zur Beurteilung anstehenden Untersuchungsgebiet und zum anderen die Kenntnis der Einleitungsbedingungen, welche die Abwassermenge, die Konzentration der eingeleiteten Schadstoffe, den zeitlichen Ablauf der Einleitung und seine Relativierung zur jeweiligen Wasserführung des Vorfluters in mengenproportionaler Beziehung betreffen.

Aus heutiger Sicht ist es technisch ohne Schwierigkeiten möglich, die vorgenannten Werte zu ermitteln, zu koordinieren und im Zusammenwirken so zu steuern, daß „gewässerkonforme" Einleitungsbedingungen vorgeschrieben werden könnten, die jegliche Überlastung des ökologisch verträglichen Potenzials in den Gewässern (ausgerichtet an fischereilichen Notwendigkeiten) ausschließen. Dieser Forderung dient unsererseits die Errichtung einer kontinuierlich registrierenden Meßstation, durch welche spezifische Eigenschaften der einzelnen infrage kommenden Abwassertypen erkannt werden, so daß bei plötzlich auftretendem Fischsterben die maßgeblichen Kontrollwerte kurzfristig zur Klärung der Ursachen beitragen können.

Eine kontinuierlich arbeitende Meßstation, die vom Fließwasser unmittelbar und ständig durchströmt wird, gibt auch wichtige Hinweise zur Stabilität bzw. zu periodischen oder aperiodischen Schwankungen der zu messenden Güteparameter, wirkt also gleichzeitig als zuverlässiger Zeuge bei auftretenden Störungen, die besonders unauffällig (d. h. schleichend) auftreten und allmählich zum Tode der Fische führen, also ein grundsätzlich verschiedenes Schadbild abgeben.

Ein latentes Fischsterben, das auf einer permanenten Einwirkung giftiger Schadstoffe geringer Konzentrationen oder kleiner Mengen beruht, bezeugt die schlimmste Schadstufe eines Gewässers. Eine Regeneration ist nur über greifende Kontrollmaßnahmen und durch drastische

Änderungen der Einleitungsbedingungen möglich. Hierbei kann eine Meßstation, wie sie in Wöltingerode eingerichtet worden ist, wertvolle Anregungen und Hinweise geben.

Wie hoch die Schädlichkeitsgrenze liegt, bei der innerhalb einer bestimmten Zeit der Tod der Fische eintritt (letale Dosis) hängt natürlich von einer Reihe von Einwirkungsfaktoren ab, die im Lebensraum der Fische, d. h. im Wasser Einfluß nehmen, dann aber auch in fischeigenen Resistenzfaktoren und Verhaltensweisen neben Art, Größe, Geschlecht und Alter zu suchen sind. Dabei kann sich das Zusammenwirken mehrerer Schadfaktoren auf die Letalitätsgrenze nicht nur summierend, sondern in der Regel potenzierend äußern.

Für die fischereiliche Bewertung ist daher die „Letalität" d. h. die Ermittlung der Dosis, bei der in einer bestimmten Zeit 50 % der Testfische zugrunde gegangen sind, eine wichtige Kenngröße bei der Auswahl der Fischarten, die für die vorgesehene fischereiliche Nutzung der Baggerseen und der Oker vorgesehen sind, wobei es im Rahmen der Besatzwirtschaft selbst auf Unterschiede von Provenienzen ankommt.

Im Vorfeld der Letalitätsstudien, die nach Abschluß der chemischen Inventur vorgesehen sind, sollen daher Untersuchungen der Fische hinsichtlich ihrer Verhaltensweise unter kontrollierten und in der Gewässerqualität variierenden Bedingungen in Hälterungsbecken durchgeführt werden (siehe Abschnitt 3.4). Dabei spielt natürlich für den definitiven Besatz der dem Klostergut eigenen Gewässer die Frage der Resistenz eine entscheidende Rolle.

Leider sind wir mit unseren chemischen Untersuchungen noch nicht soweit, um ausreichend aussagefähige Ergebnisse vorlegen zu können. Aus diesem Grunde möchte ich es bei einem orientierenden Ergebnis über Schädlichkeitsgrenzen für Fische in der schwermetallhaltigen Oker im Vergleich mit Standardwerten bewenden lassen (Tab. 10).

Schon diese in der Tabelle aufgeführten Ergebnisse zeigen, daß die Oker im Untersuchungsgebiet – fischereilich gesehen – ein in einem desolaten Zustand befindliches Gewässer ist.

Tab. 10: Schwermetallbelastungen von Wasser. Grenzwerte und Schädlichkeitsgrenzen für Fische (in mg/l).

Herkunft	Jahr	Cd	Cu	Pb	Zn
Okertalsperre unterhalb n = 3	1980	0,003	0,050	0,027	0,510
Oker bei Probsteiburg* n = 116	1977/78	0,065	n.b.	0,123	2350
Oker Ortseingang Vienenburg n = 7	1980	0,211	0,267	0,680	5585
Trinkwasser Norm nach AWWA Grenzwert	1958	0,010	0,200	0,050	1,000
Schädlichkeitsgrenze für Fische nach Liebmann	1958	3 – 20	0,08 – 0,8	0,2 – 10	0,1 – 2

** Sonderuntersuchung Reg. Bez. Braunschweig 1980*
Schadfaktor Nr. 1 in der Oker ist Zn mit einer das tausendfache überschreitenden Schadkonzentration für Fische. Danach folgen mit Abstand Cu und Pb.

Fazit und Ausblick der Tagung

Die Informationstagung machte allen Teilnehmern klar, welches enorme Belastungspotenzial von der Oker im Raum Oker/Goslar zu verkraften ist, und daß alle Anstrengungen der zuständigen Behörden getroffen werden müssen, um zu der erforderlichen Reduzierung dieser Belastungen zu gelangen.

Rege Diskussionen entwickelten sich erwartungsgemäß bei der Besichtigung der Meßstation, wobei trotz erheblicher Meinungsverschiedenheiten alle an dieser Diskussion Beteiligten in der im Forschungsprogramm vorgesehenen Datenermittlung eine ganzheitlich problemerfassende und hilfreiche Maßnahme erblickten. Besondere Anerkennung fand die unmittelbare biologische Kontrolle durch den Einsatz verschiedener Fischarten (Fischtest).

Heftige Diskussionen und Unterschiede in den Auffassungen gab es jedoch in der Frage, in welchem Ausmaß die einzelnen Schadstoffquellen an der gesamten Schadstoffbelastung beteiligt sind. Dies betrifft in erster Linie die Schadstoffherkünfte im Schwermetallbereich.

So wurde hinsichtlich des Zinks seitens der Behördenvertreter den ober- und unterirdischen Abläufen aus der nordwestlich von der Zinkhütte gelegenen Abraumhalde eine hohe Beteiligung beigemessen.

Diese Auffassung konnte jedoch an Hand der Untersuchungen des IfA nicht untermauert werden, da die ermittelten Konzentrationswerte in den direkt eingeleiteten Abwässern aus den Erzaufbereitungsanlagen der Preussag bereits ungewöhnlich hohe Werte aufwiesen. Die Mittelwerte der in 1980 in den Abwässern durchgeführten Messungen ergaben für Zn = 309.000 mg/l, für Cu = 14.800 mg/l, für Pb = 58.400 mg/l und für Cd = 1.998 mg/l.

Die vom IfA erhobene Forderung nach starker Reduzierung dieser, die Biozönose in der Oker zerstörenden Schwermetalleinleitungen, wurden ohne weiteren Kommentar entgegengenommen.

Zum Abschluß brachte Prof. Welte nochmals zum Ausdruck, daß den eingeladenen Vertretern der Behörden – gleichermaßen wie der Klosterkammer selbst – an einer durchgreifenden Schadstoffentlastung gelegen sein dürfte, um in der Oker wie auch in der Okertalaue wieder gewässerökologisch tolerierbare Verhältnisse zu schaffen, bei denen sowohl die industrielle und kommunale als auch die landwirtschaftliche und fischereiliche Nutzung einverträglich existieren können. Wörtlich führte er hierzu aus:

„Nach unseren Erfahrungen besteht nicht der geringste Zweifel, daß sich dieses Ziel schon heute entsprechend dem technischen Fortschritt in der Abwasserbehandlung und der Abfallaufbereitung auch unter wirtschaftlichen Aspekten erreichen ließe, wenn sich alle Beteiligten den Einsichten in ökologische Unabdingbarkeiten nicht verschließen würden.

Unsere Hoffnung auf alsbaldige Realisierung dieser Möglichkeiten gründet darauf, daß Sie als Vertreter der zuständigen Behörden und maßgeblichen Instanzen dieses Bemühen tatkräftig – auch gegen die abwehrenden Kräfte in den Abwasser produzierenden Betrieben und Einrichtungen – gemäß den im Wasserhaushaltsgesetz gesetzlich vorgeschriebenen Forderungen unterstützen und der Überzeugung zum Durchbruch verhelfen, daß mit diesem Schadproblem das Gemeinwohl für alle in dieser Region siedelnden und arbeitenden Menschen angesprochen wird und daß es dieses baldigst zu lösen gilt.

Der heutige Zustand der Oker muß nicht sein. Er sollte auch nicht – wie einige Planungsinstitutionen im Sinn haben – durch Schaffung landschaftsunverträglicher Entlastungseinrichtungen wie z. B. durch Anlage von Sedimentationsteichen zur Ablagerung giftiger Abwasserschwebstoffe und Haldenschlämme verdeckt und zu diesem Zweck auch noch unter Naturschutz gestellt werden. Vielmehr gilt es, die einmalig gebotene Chance einer vorbildlichen Rekultivierung zu ergreifen, die ausschließlich der Forderung zu entsprechen hat, eine gesunde Oker in der von ihr geprägten und

beeinflußten Talaue wieder herzustellen, d. h. einen dauerhaften Gewässerzustand, der eine uneingeschränkte fischereiliche Nutzung zuläßt und damit gleichzeitig dem Risiko der Grundwasserkontaktierung durch schadstoffüberlastetes Okerwasser sowie dem Gefährdungsotenzial für die Trinkwassergewinnung wirksam begegnet – ein Effekt, der in seiner volkswirtschaftlichen und landschaftsökologischen Bedeutung nicht hoch genug eingeschätzt werden kann.
Ich danke Ihnen für Ihr Zuhören und das in der Diskussion gezeigte Interesse."

Seitens der eingeladenen Behörden faßte der Vertreter der Bez. Reg. Braunschweig in dem nachstehend abgedruckten Schreiben seine Eindrücke als „Dienstbericht" zusammen:
(s. S. 84)

Weitere Aktivitäten in 1980

Kalkdüngung

Für die Winterperiode 1980/81 war eine generelle Kalkdüngung der Kiesteiche vorgesehen. Sie erfolgte mit einem Handschleuderraddüngerstreuer auf den zugefrorenen Seenflächen. Während der Auftauperiode löste sich der Kalk auf und bildete dabei einen gleichmäßigen, langsam zu Boden sinkenden Schleier. Dabei wurden die gelösten Schwermetallionen gefällt und als Niederschlag zusammen mit den schwermetallhaltigen Suspensionen auf dem Grunde der Stillgewässer abgelagert.

Der chemische Fällungsprozeß verlief wie erwartet und zur vollen Zufriedenheit. Er sollte im Frühjahr 1981 durch Einschwemmen schwermetallfreien Tons wiederholt werden, um die schwermetallhaltigen Ablagerungen zu überlagern, d. h. zu „begraben".

Quarantänebecken

Das im Herbst 1979 westlich des Kiessees T 7 aufgestellte Quarantänebecken von etwa 5 m Durchmesser wurde über eine Pumpe in bestimmten Zeitabständen mit Frischwasser aus diesem See versorgt.

Zunächst wurde das Becken zum Studium von Verhaltensweisen von Elritzen benutzt. Diese entstammten einem bisher nicht beachteten kleinen Naturteich auf dem Kiesabbaugelände.

Nach Hälterung und Beobachtung über einige Wochen wurde der verbleibende Bestand auf mehrere Gewässer aufgeteilt. Auch der Mühlengraben (Klosterbach) wurde einbezogen, nachdem durch Einbau von Sohlschwellen die Sauerstoffversorgung in diesem fließenden Kleinstgewässer verbessert werden konnte (Abb. 38 a, b, c).

Die in den Klosterbach eingebrachten Elritzen waren jedoch in kurzer Zeit bis auf einige Exemplare verschwunden d. h. abgewandert.

Das Quarantänebecken wurde danach hauptsächlich für die Zwischenhälterung von zugekauften Weißfischen (im wesentlichen Rotaugen und Rotfedern) aus „Wild"-Vorkommen zur sanitären Kontrolle benutzt, um dem Einschleppen von Fischkrankheiten möglichst vorzubeugen. Diese Fische dienten als Futterfische für Hechte, Zander und Barsche, da die Kiesteiche hieran Mangel litten. (Starke Verbuttung der Barsche!). Die Hauptnahrung der Salmoniden bestand hingegen aus Flohkrebsen, Muscheln, Kriebel- und Zuckmückenlarven sowie Schnecken und Flugnahrung.

BEZIRKSREGIERUNG BRAUNSCHWEIG

Postanschrift:

Bezirksregierung Braunschweig · Postfach 32 47 · 3300 Braunschweig

Nieders. Minister für
Ernährung, Landwirtschaft
und Forsten
Calenberger Str. 2

3000 Hannover 1

Ihr Zeichen, Ihre Nachricht vom	Mein Zeichen (Bitte bei Antwort angeben)	☎ (05 31)	Braunschweig
- -	502.62421-1	4 84- 251 oder 4 84-1	17.09.80

Wassergüte der Oker:
Untersuchungen durch das Institut für Agrikulturchemie der Universität Göttingen

Bezug: Mein Bericht vom 12.10.1979 - 502.62421-1

Anlagen

In Ergänzung zum o.g. Bericht übersende ich Informationsmaterial, welches mir anläßlich einer Besprechung am 15.09.1980 übergeben wurde. Dazu darf ich auf das ebenfalls beigefügte Schreiben der Klosterkammer vom 20.08.1980 verweisen. Der Teilnehmerkreis dieser Besprechung ist der Anlage 1 der anliegenden Information zu entnehmen. Seitens der Bezirksregierung haben die Dezernate Wasserwirtschaft und Landespflege teilgenommen. Der Anlaß der Forschungsvorhaben ergibt sich aus dem schon oben genannten Schreiben der Klosterkammer.
In der Besprechung kam zum Ausdruck, daß zwar der Anlaß der Untersuchungen im Auftrag der Klosterkammer - zukünftige Nutzung der durch Kiesabbau entstandenen Teiche - begründet ist, daß die Forschungsvorhaben insgesamt aber von grundsätzlicher Bedeutung für die zukünftige Nutzung der Oker in Bezug auf deren heutige Belastung und für die landschaftspflegerischen Maßnahmen in einem durch Kiesabbau und Industrie gestörten Flußgebiet sein sollen.

Als vorerst wichtigstes praktisches Ergebnis dieser Forschungsvorhaben kann die Errichtung einer kontinuierlich arbeitenden Wassergütemeßstation bezeichnet werden, die pH-Wert, Temperatur, Leitfähigkeit und Trübung aufzeichnet und anläßlich dieser Besprechung in Betrieb genommen wurde. Diese Anlage ist auch mit einem Fischbecken zur Feststellung der Fischgiftigkeit des Okerwassers ausgestattet.
Wie aus Anlage 4 Blatt 2 der Informationsunterlagen zu entnehmen ist, soll die Nutzung des Klostergutes in Zukunft erweitert werden durch Einrichtung eines gewässerökologischen Seminars und einer Außenstelle der Universität Göttingen für praktische Aufgaben der Forschung. Außerdem sollen die Bereiche Naturschutz und Landschaftsgestaltung ihren Platz erhalten. Für das durch Bergbau, Industrie und Kiesabbau stark belastete andererseits für die Trinkwassergewinnung genutzte Einzugsgebiet der Oker sowie für die Erhaltung der noch vorhandenen natürlichen Flußlandschaft bzw. für die Gestaltung der durch Kiesabbau beeinträchtigten Landschaft, können hieraus sicher wichtige und grundlegende Erkenntnisse erwartet werden. Voraussetzung ist allerdings, daß die Interessen der Wasserwirtschaft und der Landschaftspflege neben den ebenfalls berechtigten wirtschaftlichen Interessen der Klosterkammer ausreichende Berücksichtigung finden. Die Verringerung der durch Einleitungen bedingten hohen Belastung der Oker wird dabei die vorrangige Aufgabe der Wasserwirtschaft sein.
Es wurde vereinbart, daß je nach Fortschrift Zwischenergebnisse weitergegeben werden und daß die Forschungsvorhaben insgesamt durch weitere ähnliche Besprechungen begleitet werden sollen.

Im Auftrage

Seiler

Abb. 38 a: Ausbau des Klosterbachs, Abfluß aus T 4

Abb. 38 b: Einbau eines Sohlabsturzes

Abb. 38 c: Wirkung des Sohlabsturzes (Sauerstoffversorgung)

Salvelinus Namaycush

Eine Besatzmaßnahme besonderer Art betraf den Einsatz von Kanada-Saiblingen (Salvelinus Namaycush) in Kiessee T8 im Herbst 1980.

Prof. Welte unterhielt auf seinen zahlreichen wissenschaftlichen Exkursionen in die kanadische Wildnis einen engen wissenschaftlichen Kontakt zum „Freshwater Institute of the Provincial Government of Manitoba." Sein besonderes Interesse galt einer Neuzüchtung von Salvelinus Namaycush (einer Kreuzung zwischen Seeforelle und Seesaibling), weil diese Fischart speziell im Hinblick auf die Nutzung von tieferen Naßbaggerseen an diesem Institut gezüchtet worden war.

Die gute wissenschaftliche Zusammenarbeit mit dem Institut machte es möglich, einen Stamm als Brut im Augenpunktstadium per Flugzeug 1977 anzufordern und in der Aufzuchtanlage im Göttinger Institut aufzuziehen. Von diesem Stamm wurden 350 Stück in der Größenklasse 25 – 30 cm im Herbst 1980 in den See T 8 eingesetzt, weil sich nach Voruntersuchungen hinsichtlich des Tiefenreliefs dieser See als besonders geeignet erwies. Diese Maßnahme war mit dem Niedersächsischen LA für Binnenfischerei abgestimmt.

Die Fische gediehen ausgezeichnet und zeigten einen überraschend schnellen Wuchs. Offensichtlich kamen sie mit diesem Wasserregime sehr gut zurecht. Im Vergleich dazu erwiesen sich Forellen aus einheimischen Zuchtbeständen weniger robust und wachstumsfreudig.

Diese von uns auch bei den späteren Besatzmaßnahmen wiederholt gemachten Erfahrungen bezüglich der großen Unterschiede in der Resistenz nicht nur der verschiedenen Fischarten, sondern auch der Stämme und Herkünfte innerhalb einer Art zeigten uns, wie wenig sinnvoll es ist, ohne Rücksicht auf die Qualität eines Gewässers bei Besatzmaßnahmen ausschließlich heimische Fischarten zu berücksichtigen.

Eine solche Forderung ist nur dann berechtigt und erfolgreich zu realisieren, wenn die zu besetzenden Gewässer eine vergleichbare Wasserqualität aufweisen, in denen die heimischen Fische einst gelebt haben. Das ist jedoch in den seltensten Fällen gegeben. Vielmehr ist davon auszugehen, daß durch die Schadstoffbelastung der heutigen Gewässer vor allem mit Abwässern unterschiedlichster Herkunft und Zusammensetzung die ursprüngliche Qualität des Fischwassers und auch der Lebensraum der Fische so stark verändert worden ist, daß gerade deshalb die Fische eingingen, weil sie diesen Fremdstoffen gegenüber nicht genügend resistent waren.

Die ausschließliche Einbringung heimischer Fischarten bei Renaturierungsmaßnahmen von Gewässern erfordert somit, daß auch die Qualität der zu besetzenden Gewässer der ursprünglichen in etwa entspricht.

Für die Wiederherstellung fischereilich leistungsfähiger Biotope, in denen sich die ursprünglichen Verhältnisse nicht wieder herstellen lassen, ist nach unserer Auffassung somit die Einbeziehung anderer, robusterer Fischarten bzw. Stämme oder Provenienzen eine zwingende und logisch begründete Notwendigkeit.

Vom wissenschaftlichen Standpunkt ist daher die in der Regel beim organisierten Naturschutz vorherrschende Auffassung, in heimische Gewässer gehörten nur heimische Fischarten, dann abzulehnen, wenn nicht auch die Forderung auf Wiederherstellung der ursprünglichen Wasserqualitäten erfüllt wird.

Erweiterung des Versuchsprogramms

In Beachtung dieser wissenschaftlich fundierten Erkenntnis, Besatzmaßnahmen an den gewässerökochemischen und -ökologischen Bedingungen auszurichten und nicht Vorstellungen in der Auswahl der Besatzfische zu treffen, die sich nicht erfolgreich realisieren lassen, ergab sich als vorsorgliche Maßnahme in bezug auf eine baldige fischereiliche Wiederbelebung der Oker die Notwendigkeit, außer der im Generalplan vorgesehenen chemischen Beprobungen noch zusätzliche chemische Analysen ergänzend durchzuführen. Diese betrafen bevorzugt die Schwermetallfrachten in der Oker. Daraufhin wurden diese im Zeitraum vom 23.09 bis 04.12.1980 auf die Schwebstoff-Frachten untersucht, welche im Rundbecken der Meßstation auf der Höhe des Kiessees T 9 zur Sedimentation gelangt waren (Tab. 11).

Tab. 11: Schwermetallgehalte und Löslichkeit von Schwermetallen in sedimentierten Schwebstoffen der Oker an der Meßstation T 9 in mg/kg T.M. bzw. mg/l (Zeitraum 23.09. – 04.12.1980; n = 23) Mittelwerte und Standardabweichungen x ± δ

Probe	Cd	Cu	Pb	Zn
Oker, Schwebstoffe T.M. (Rundbecken Meßstation) mg/kg	670 ± 148	1.910 ± 219	16.863 ± 2.585	17.119 ± 1.300
Oker, Löslichkeit lufttrockener Schwebstoffe mg/l	0,06 ± 0,03	0,06 ± 0,03	0,21 ± 0,18	1,48 ± 0,60

Neben Zink, das auch in den von anderer Seite schon früher durchgeführten Analysen als dominierendes Schwermetall in den von der Oker mitgeführten Schwebstoffen erkannt worden war, überrascht der hohe Gehalt an Blei, wodurch das Schadpotenzial der Oker erheblich gesteigert wird. Die Löslichkeit dieser Schwebstoffe ist relativ gering. Die Giftwirkung erfolgt daher in der Hauptsache durch die Berührung (z. B. Verkleben der Kiemen) und durch Nahrungsaufnahme (physiologische Wirkung in den verschiedenen Organen).

Weitere für das Forschungsprogramm förderliche Vorarbeiten im Untersuchungsjahr 1980 betrafen spezielle Wasser- und Sedimentuntersuchungen in dem für Besatzmaßnahmen vorgesehenen Entwässerungskanal auf der rechten Okerseite (siehe Abb. 2, sowie Abb. 39). Dieser entwässert das dort unter Abbau stehende Kiesgebiet und leitet das Wasser einem auf dem Gelände des Kieswerks Willikens flußabwärts gelegenen Kiessee zu. Bei dem in diesem Kanal abgeführten Wasser handelt es sich überwiegend um entspanntes Grundwasser, das von der Oker kaum kontaktiert wird und sich daher bezüglich der Schadstoffbelastung zu Vergleichszwecken besonders eignet.

Schließlich wurden auch die oberhalb Probsteiburg in die Oker eingeleiteten Abwässer der beiden kommunalen Kläranlagen Goslar-Ost und Oberharz einer gesonderten Untersuchung unterzogen, nachdem sich eine bedeutende Schadwirkung bezüglich der organischen Stoffe (CSB-Wert) und der Stickstoffverbindungen (Nitrat, Nitrit und Ammonium) in Voruntersuchungen ergeben hatte (siehe Tab. 6). Soweit es sich hierbei um nicht im Grundprogramm eingeschlossene Untersuchungen handelt, sollen diese im nachfolgenden Abschnitt über die Bedeutung dieser beiden Kläranlagen für die Schadstoffbelastung der Oker gewertet werden.

Klärwerke Goslar-Ost und Oberharz

Es sind nicht nur die Schwermetalle, die die Oker belasten; auch chemische und sonstige Schadstoffe in den Abwässern der im Raum Oker/Goslar angesiedelten chemischen Industrie und der beiden kommunalen Kläranlagen Goslar-Ost und Samtgemeinde Oberharz tragen in erheblichem Umfang zur Verunreinigung und teilweise zur Vergiftung der Oker in diesem Talauengebiet bei.

Abb. 39: Abfischung des parallel zur Oker laufenden Entwässerungskanals im Kiesabbaugebiet rechts der Oker, 1980

In beiden Klärwerken sind es vorwiegend die organischen Reststoffe, die durch den CSB-Wert ausgewiesen werden, sowie die eutrophierenden Parameter Nitrat bzw. Ammonium und Phosphat. Als Folge unvollständigen Abbaus organischer Stickstoffverbindungen (zumeist Eiweiß oder eiweißartige Stoffe) können auch Nitrite ihre vergiftende Wirkung entfalten und die Folgen nitrithaltiger Abwassereinleitungen der Chemischen Fabrik Starck in Oker noch verstärken.

Mit den chemischen Untersuchungen der Abläufe aus den beiden kommunalen Klärwerken sollte das Belastungspotenzial aufgezeigt werden, das durch nichtschwermetallhaltige Stoff-Frachten in den Abwässern auf die Oker ausgeübt wird. Zu diesem Zweck wurden in der Zeit vom 27.06. bis 02.12.1980 insgesamt 7 Probeentnahmen aus beiden Abläufen der chemischen Analyse unterworfen (Tab.12).

Tab. 12: Chemische Analyse von Abwasser der kommunalen Kläranlagen Goslar-Ost und Oberharz im Zeitraum 27.06. bis 02.12.1980 (Ausgewählte Güteparameter, n = 7)

Güteparameter	**Klärwerk Goslar-Ost**	**Klärwerk Oberharz**
LF (µS cm^{-1}, 20 °C)	717 558 – 810	313 193 – 426
pH-Wert	7,39 7,07 – 7,75	5,44 4,45 – 7,18
CSB (mg O_2/l)	123 51 – 216	57 23 – 112
NO_3^- (mg/l)	2 < 1 – 6	78 30 – 105
Ges. PO_4^{3-} (mg/l)	26 15 – 45	17 4 – 25
NH_4 + (mg/l)	49 41 – 60	3,9 0,7 – 11,8
Ablaufmenge Q (l/s)	185 152 – 236	36 23 – 58

Wie bereits erwähnt arbeiten die beiden Klärwerke hinsichtlich der biologischen Reinigung nach zwei völlig unterschiedlichen Behandlungsverfahren. Während das Klärwerk Oberharz auf aerober Basis betrieben wird und der Stickstoff in den abzubauenden organischen Stoffen des Rohabwassers nicht nur bis auf die Amoniumstickstoff-Stufe mineralisiert, sondern bis auf die Nitratstickstoff-Stufe aufoxidiert wird, gelangt bei dem anaerob arbeitenden Klärwerk Goslar-Ost der Ammoniumstickstoff ohne eine anschließende vollständige biologische Oxidation ins Gewässer, wo er dann durch den im Wasser gelösten Sauerstoff über die Nitritstufe in die Nitrat-Form übergeführt wird. Man erkennt deutlich an den NH_4 -bzw. NO_3-Werten, welche Art der biologischen „Reinigung" vorliegt und kann daran die Herkunft des geklärten Abwassers feststellen. Das anaerob arbeitende Klärwerk Goslar-Ost weist wesentlich höhere Leitfähigkeitswerte auf und hat auch einen deutlich höheren pH-Wert. Durch den reduktiven Prozeßverlauf im biologischen Abbau ist der CSB-Wert wesentlich höher und auch an den hohen Ammonium- und niedrigen Nitratwerten zu erkennen.

In dem aerob aufbereiteten Abwasser des Klärwerks Oberharz erfolgt der Abbau der organischen Reststoffe sowie des Ammonium-Stickstoffs zum Nitrat-Stickstoff noch während des biologischen Klärprogramms, so daß neben einem relativ hohen Nitratwert (im Vergleich zum Ammoniumwert) der pH-Wert nach dem Schema

$$2\ NH_4^+ + 4O_2 \rightarrow 2NO_3^- + 2H_2O + 4H^+$$

absinkt.

Auf Grund der hohen Ammoniumstickstofffracht im Abwasser des Klärwerks Goslar-Ost steigt das Risiko der Ammoniakvergiftung im Fließgewässer selbst, wenn der pH-Wert den Neutralwert von 7 wesentlich übersteigt. Unter solchen Bedingungen verschiebt sich das Gleichgewicht wie folgt:

$$NH_4^+ + OH^- \rightarrow NH_3 + H_2O,$$

wobei das freie Ammoniak das Kiemenepithel stark angreift und insgesamt toxisch auf Fische einwirkt.

Entsprechendes gilt für Nitrite, die im Gewässer durch Teiloxidation des Ammonium-N entstehen. Hinsichtlich ihrer Toxizität gelten als Grenzwert 0,03 mg/l NO_2 für Cypriniden und 0,1 mg/l NO_2 für Salmoniden [13].

Von Interesse dürfte auch der starke Eutrophierungseffekt der unzureichend geklärten Abwässer sein, der durch die vom CSB-Wert angezeigten hohen Gehalte an organischer Substanz und den beiden mengenmäßig bedeutendsten Pflanzennährstoffen (Düngernährstoffen) N (Stickstoff) und P (Phosphat) bedingt ist (Tab. 13).

Tab. 13: Der Einfluß eutrophierender Faktoren auf die Wassergüte der Oker

Güteparameter			Oker	Kläranlagenauslauf Oberharz	Kläranlagenauslauf Goslar	Zum Vergleich Kanal
CSB	1980	mg/l	41	57	123	9
	1981	mg/l	15	51	44	3
	1982	mg/l	10	36	74	7
NO_3^-	1980	mg/l	22,3	78,4	1,9	27,2
(Nitrat)	1981	mg/l	18,0	139,0	8,0	32,4
	1982	mg/l	20,8	109,4	4,3	29,7
NH_4^+	1980	mg/l	10,4	3,9	49,0	1,4
(Ammonium)	1981	mg/l	6,1	5,7	31,6	1,1
	1982	mg/l	8,7	2,6	51,0	0,4
PO_4^{3-}	1980	mg/l	2,00	17,0	26,3	0,10
Gesamt-	1981	mg/l	1,44	21,9	14,7	0,16
Phosphat	1982	mg/l	n.b.	n.b.	n.b.	n.b.

1980 n = 9; 1981 n = 5; 1982 n = 9

Zum Vergleich wurde der das Kiesabbaugebiet rechts der Oker entwässernde Kanal herangezogen. Das von diesem abgeführte Wasser ist im wesentlichen Grundwasser. Die überhöhten Nitrat- und auch Ammoniumwerte im Kanal deuten allerdings daraufhin, daß das oberflächennahe Grundwasser durch Düngerstickstoff geringfügig belastet ist. Dieser dürfte von den noch in ackerbaulicher Nutzung stehenden Bodenflächen im Abbaugebiet herrühren.

Das hohe Belastungspotenzial, das die eutrophierenden Faktoren im kommunalen Abwasser darstellen, ist im wesentlichen für diese Art der Belastung der Oker verantwortlich.

Die Untersuchungen geben somit ein charakteristisches Bild über die Abwässer der beiden Klärwerke und deren fischereibiologische Gefährdung. Die großen Schwankungen einzelner Werte lassen erkennen, daß von einer geregelten Arbeitsweise der Klärwerke nicht gesprochen werden kann. Sie sind Hinweise entweder auf eine unzureichende Wartung oder auf zahlreiche Ausfälle im Betrieb der Anlagen und legen nahe, diese Abwässer als bedenkliche Schadstoffträger einzustufen, sowie hinsichtlich ihres Schwermetallgehaltes insbesondere von Zink kontinuierlich zu überprüfen.

Die dringend erforderliche Erneuerung beider, in ihrer Arbeitsweise gänzlich untauglich gewordenen Kläranlagen dürfte in den Hintergrund der kommunalen Wirtschafts- und Finanzpolitik deshalb geraten sein, weil die Oker ohnehin durch die industriellen Abwässer beider Kommunen Oker und Goslar zu einem Schmutzwasserkanal degradiert worden war und eine weitere Verschlechterung durch die Klärwerke somit der Öffentlichkeit verborgen blieb. Die Dringlichkeit eines Neubaus konnte dadurch kaschiert werden.

Gemessen an dem heutigen Stand der Technik und der ökonomisch ausgereiften Bewirtschaftung von Standard-Klärwerken müßte eine 3-stufig arbeitende Reinigungsanlage verlangt werden. Bei einer solchen werden in der Regel auf der mechanischen Stufe 10 % des Phosphats (P) und 10 % des Stickstoffs (N) zurückgehalten. In der zweiten, biologischen Stufe erfolgt eine weitere Reduzierung um 30 % beim P und 40 % beim N. Durch eine zusätzliche dritte, chemische Reinigungsstufe lassen sich mittels Phosphatfällung insgesamt mehr als 95 % des P und durch Denitrifikation bis zu 90 % des N entfernen [14, 15, 18].

Legt man als Durchschnitt für den in einer städt. Kläranlage täglichen Rohabwasseranfall einen Wasserverbrauch von 200 l pro Einwohner und Tag zugrunde und als Nährstoffaustrag je Einwohner/Tag rd. 3 g P und 12 g N [16], so würde sich der Gehalt eines „vorschriftsmäßig" die drei Stufen durchlaufenden Siedlungsabwassers nach dem Klärprozeß auf 2,3 mg/l PO_4 (entspricht 0,75 mg/l P) sowie auf rd. 27 mg/l NO_3^- oder rd. 8 mg/l NH_4^+ (entspricht in beiden Fällen 6 mg/l N) einstellen.

Die inzwischen von zahlreichen 3-stufig arbeitenden kommunalen Kläranlagen gesammelten Erfahrungen haben zu der Erkenntnis geführt, daß sich diese „normative" Reinigungsleistung der kommunalen Abwässer hinsichtlich des Phosphors durch geeignete Nachfällungseinrichtungen zur weiteren Absenkung des Phosphorgehaltes unter 0,5 mg/l P im ablaufenden Restwasser verbessern läßt.

Als vorbildlich für eine einwandfreie Aufbereitung großer Mengen von Siedlungsabwasser kann das in der Welt bekannt gewordene „South Lake Tahoe Project" im Westen der USA gelten (siehe [15.]).

Dies bereits in den 60er Jahren durchgeführte Großprojekt hat zu einer Reihe wichtiger Ergebnisse geführt, die im Blick auf das technische „Know-how", die Betriebssicherheit und die Kosten von Kläranlagen von beispielhaftem Interesse sind.

Der Anlage liegen die Sollwerte der geforderten Reinigungsleistung einer 3-stufigen Anlage zugrunde (Abb. 40).

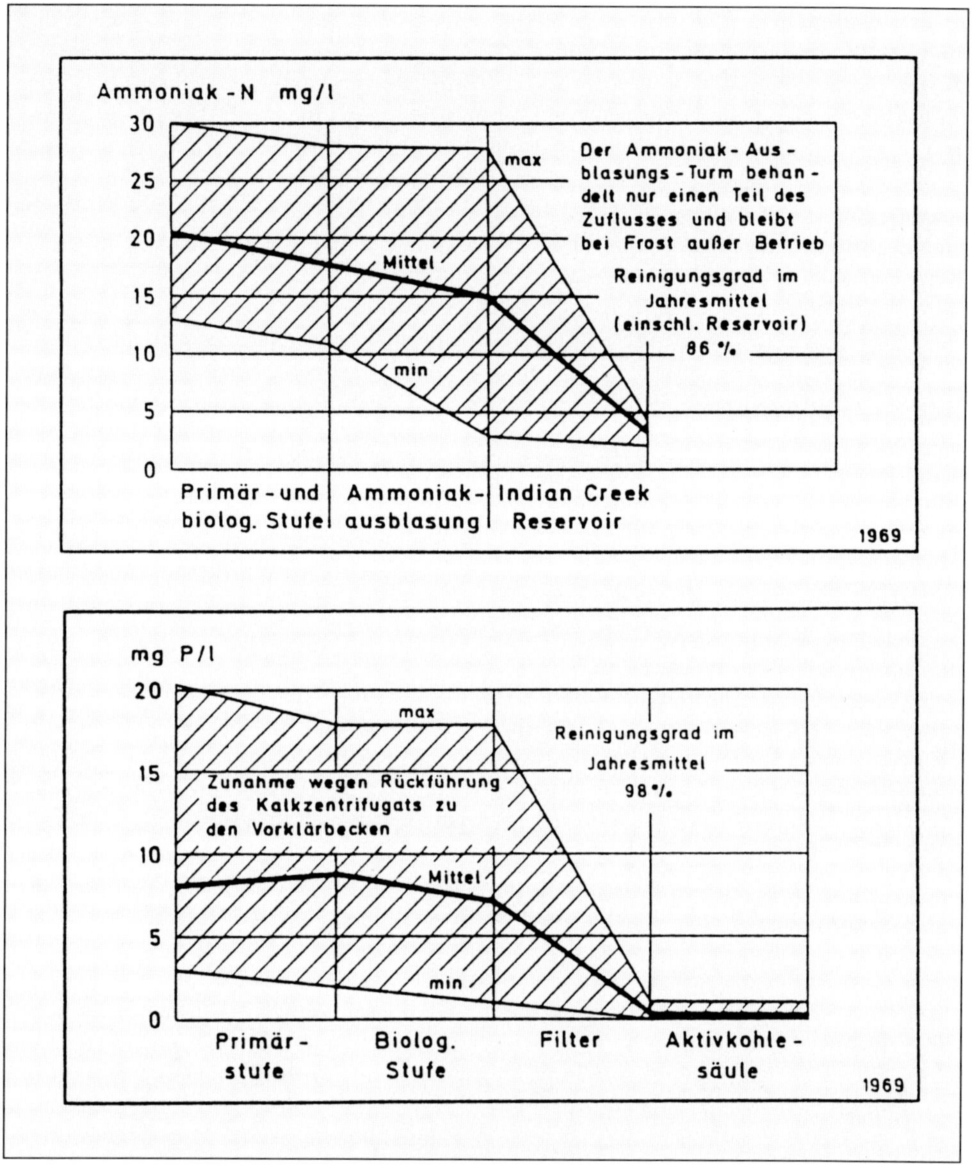

Abb. 40: Eliminierung von Ammoniak–N und Phosphat–P aus Siedlungsabwässern des „South Lake Tahoe Projects" (USA) in mg/l. (Nach Russel L. Culp)

Das so aufbereitete Abwasser speist einen See, der Erholungszwecken dient und ohne Risiko für alle Wassersportarten genutzt werden kann. Wegen der Entfernung der Nährstoffe aus dem Rohwasser können sich Algenteppiche (Algenblüte) nicht mehr entwickeln.

Die Heranziehung eines aus USA stammenden Beispiels einer 3-stufig arbeitenden Großkläranlage auf kommunaler Ebene bereits in den 60er Jahren soll belegen, daß

- die Forderung der Errichtung von 3-stufigen Abwasseraufbereitungsanlagen kommunalen Zuschnitts keinerlei Hinweise rechtfertigt, solche Anlagen seien noch nicht ausgereift. Genau das Gegenteil trifft zu. Die Anlagen sind heute als Standardmodelle zu fertigen und von großer Anpassungsfähigkeit an die örtlichen Bedingungen. Sie bieten keinerlei Schwierigkeiten im Management und können von ausgebildeten Klärwärtern mühelos bei einwandfreier Betriebsweise geführt werden;
- was in Großanlagen funktioniert, sich in Kläranlagen mittlerer Größe noch effektiver und sicherer betreiben läßt, wie Erfahrungen im internationalen Vergleich ergeben haben;
- die für den Siedlungsraum Oker/Goslar bestimmten Kläranlagen in ihrem desolaten Zustand eine Kommunalpolitik widerspiegeln, die dem Auftrag, für das Wohl des Bürgers da zu sein und demgemäß den Naturhaushalt (hier vorrangig Gewässer- und Atmosphärenschutz) in seiner Leistungsfähigkeit zu erhalten und zu verbessern, in keiner Weise gerecht wird.

3.3 Programm 1981

Fortsetzung Generalplan „Gewässerchemische Inventur"

Nach dem Plan sollte das für 1981 vorgesehene chemische Analysenprogramm mit der Probenahme an sämtlichen hierfür ausgesuchten Entnahmestellen Ende Februar wieder einsetzen. Der Zeitpunkt war dem Stand der technischen Meßeinrichtungen an der zentralen Meßstation angepaßt. Die Vorbereitungen für die chemischen Untersuchungen wurden jedoch durch eine Anfang März 1981 eingetretene Hochwasserkatastrophe jäh unterbrochen.

Das völlig unerwartete, durch Überlaufen der Okertalsperre verursachte Hochwasser überflutete am 12.03.1981 das gesamte Okertal zwischen Oker und Vienenburg und richtete erheblichen Schaden an.

Die Hochwasserkatastrophe vom März 1981

Das teilweise in einer Durchflussmenge von über 50 m^3/s das Okerbett und das Gelände des Klostergutes auf der Höhe des Teiches T 12 überflutende Hochwasser riß innerhalb kürzester Zeit den dort besonders stark bewehrten Damm zwischen der Oker und der Bundesstraße 241 ein. Als Folge wurden auch die Zwischendämme, die die kaskadenförmig hintereinander angelegten 11 Kiesseen bzw. Teiche voneinander getrennt hielten, schwer beschädigt und die Zusammensetzung des Wassers in den einzelnen Stillgewässern erheblich verändert.

Dadurch waren sämtliche chemischen Wasseruntersuchungen des Forschungsprojektes, die zur Kennzeichnung des unterschiedlichen Chemismus in den verschiedenen Gewässern bisher durchgeführt worden waren, weitgehend wertlos geworden.

Sie mußten daher zum Teil von Neuem vorgenommen werden. Das war jedoch erst einige Zeit später (ab 24. März) möglich, da zunächst die erforderlichen Dammreparaturen durchgeführt werden mußten und eine „Beruhigung" der Kiesseen abzuwarten war.

Eine Vorstellung über das Ausmaß dieser Hochwasserkatastrophe vermittelt die nachstehende Tabelle über die Durchflußwerte während der stärksten Überflutung (Tab. 14).

Tab. 14: Verlauf der zeitlichen Überflutung während des Hochwassers vom März 1981 im Bereich Wöltingerode

(Angaben über Wasserstand W und Abflußmenge Q am Pegel Wöltingerode [Oker] – Pegel Null auf 143,39 m üNN)

Datum	Uhrzeit	W (cm)	Q (m^3/s)
07.03.1981	12.00	28	2,5
08.03.1981	12.00	29	2,6
09.03.1981	12.00	34	3,9
10.03.1981	12.00	60	17,2
11.03.1981	12.00	66	20,6
	20.30	113	47,2
12.03.1981	6.00	111	46,3
	11.30	136	57,9
	15.00	123	51,9
	18.00	132	56,0
	23.00	122	51,4
	24.00	126	53,3
13.03.1981	6.00	115	48,2
	12.00	105	43,3
	20.00	103	42,0
14.03.1981	8.00	82	29,9
	18.00	84	31,7
15.03.1981	9.30	80	28,7
16.03.1981	12.00	69	22,4

Bedenkt man, daß der kanalisierte Ausbau der Oker in diesem Gewässerabschnitt auf eine maximale Abflußmenge von $36m^3/s$ ausgelegt ist, so kann man sich vorstellen, welche Zerstörungsgewalt ein Hochwasser anrichtet, das eine bis zu ca. 60 % höhere Abflußmenge je Sekunde aufweist.

Die entstandenen großen Schäden an den Bauwerken und Meßeinrichtungen in und an der Oker sowie auf den landwirtschaftlich genutzten Böden durch Abschwemmung der Feinerde, Ablagerung von Schwemmgut (Abb. 41), Überlagerung giftiger, insbesondere schwermetallhaltiger Schlämme, Vernichtung der Herbstsaaten u. a. m. mußten von den Eigentümern hingenommen werden, da die für die Talsperrenbewirtschaftung zuständigen Harzwasserwerke (HWW) behaupteten, nach einem ihr behördlich auferlegten Betriebsplan verfahren zu sein.

Schadenersatzansprüche gegen den Betreiber der Talsperre wurden ausdrücklich abgelehnt.

Der Hochwasserkatastrophe fiel auch ein wertvoller Salmonidenstamm zum Opfer. Es handelte sich dabei um die Salmoniden kanadischer Herkunft (Salvelinus Namaycush, eine Züchtung von Seeforellen mit Saiblingen), die den ökologischen Bedingungen von Baggerseen besonders angepaßt waren.

Durch das Hochwasser ging der gesamte Bestand durch Abwanderung verloren – bedingt in erster Linie durch einen ausgeprägten Wandertrieb, der bei diesen Fischen genetisch stark verankert ist.

Abb. 41: Zerstörung der Okertalaue durch Hochwasser (März 1981)

Zur Frage der Talsperrenbewirtschaftung – eine kritische Stellungnahme

Nach Auffassung mit den Ortskenntnissen vertrauter Sachkundiger ist der Talsperrenbewirtschaftungsplan, der von der Oberen Wasserbehörde aufgestellt wird und nach dem sich die Bewirtschaftung der einzelnen Sperren im Harz durch die Harzwasserwerke richtet, die Hauptursache für schädigende Hochwasserereignisse.

Dieser Bewirtschaftungsplan räumt – entgegen den ursprünglichen Zielen und Aufgaben von Talsperren im Harz – der Trinkwasserversorgung das Primat vor dem Hochwasserschutz und der Niedrigwasseraufhöhung ein.

Das Speichervolumen der Sperrenanlagen wurde in den einzelnen Abflußgebieten des Harzes bei der Planung jeweils so bemessen, daß selbst ein „Jahrhunderthochwasser" noch hätte aufgenommen werden können.

Die für das Abflußgebiet der Oker (85,0 km^2) errichtete Talsperre war in Berücksichtigung dieser „Maximal"-Forderung mit einem Stauvolumen von 47,0 Mio. m^3 ausgelegt worden [26].

Da dieses Stauvolumen vorrangig dem Hochwasserschutz d. h. der „Zurückhaltung der übergroßen Wasserführungen in Zeiten der Schneeschmelze, nach heftigen Gewitterregen und nach längeren Landregen" zu dienen hat, muß den am Ende des Winters besonders starken Hochwässern durch Bereitstellung eines angemessenen Hochwasserschutzraumes entsprochen werden.

Der Betriebsplan für das Jahr 1981 sah diese Schutzmaßnahme nicht vor. Er räumte der Trinkwasserversorgung aus der Talsperre zu Lasten des Hochwasserschutzraumes deutlich eine Vorrangstellung ein mit der Folge, daß zur Zeit der Erwartung größerer Hochwassermengen zum Ende des Winters bereits 80 % des Stauvolumens für die Trinkwasserbereitstellung in Anspruch genommen worden waren.

Für die nachwinterliche Hochwasserperiode verblieb somit nur noch ein Schutzraum von 20 % des Sperrenvolumens.

Unter solchen vorwiegend betriebsökonomisch ausgerichteten Bedingungen können außergewöhnliche Schmelzwässer und Niederschläge, wie sie im Nordharz im Winter und Frühjahr zu erwarten sind, nicht mehr vollständig aufgenommen werden. Trotz Öffnen der Wehre war das Überlaufen der Sperre unvermeidbar. In der ersten Hälfte des März 1981 fielen in diesem Gebiet innerhalb von 7 Tagen fast doppelt soviel Niederschläge wie durchschnittlich im ganzen Monat.

Ab 08.03.1981 ständig steigend erreichte die Wasserführung in den Harzflüssen am 12.03. ihren Höhepunkt. Zu diesem Zeitpunkt floß der Okertalsperre eine Hochwasserspitze von 78 m^3/s zu – im Vergleich zu einer Abgabe aus der Sperre etwa zur gleichen Zeit von nur 26 m^3/s. Da bereits vor Einsetzen der Hochwasserperiode die Talsperre zu rd. 80 % ihres Stauvolumens für Trinkwasserlieferungen gefüllt war, standen zur Aufnahme des Hochwassers nur noch 9,4 Mio. m^3 zur Verfügung, was etwa 1/3 der gesamten im Okertal abgeflossenen Hochwassermenge entsprach.

Allein am 12.03.1981 flossen aus der vollgefüllten Talsperre über die Hochwasserentlastungsanlage bis zu 49 m^3/s wirksam für das Harzvorland ab. Angesichts der Tatsache, daß die im Tal hinter Probsteiburg auf etwa 3,7 km begradigte Oker eine Durchflußmenge von 36 m^3/s ohne Überschwemmungen verkraften kann, war das Ausmaß der verursachten Schäden erheblich. Von den die Sperre überfluteten, von den HWW offiziell bekannt gegebenen Abflußmengen (siehe Tab. 14) waren es rd. 2,0 – 2,5 Mio. m^3, die in der Zeit vom 11. bis 13.03.1981 über die Ufer traten und im Untersuchungsgebiet verheerende Schäden anrichteten (Abb. 42).

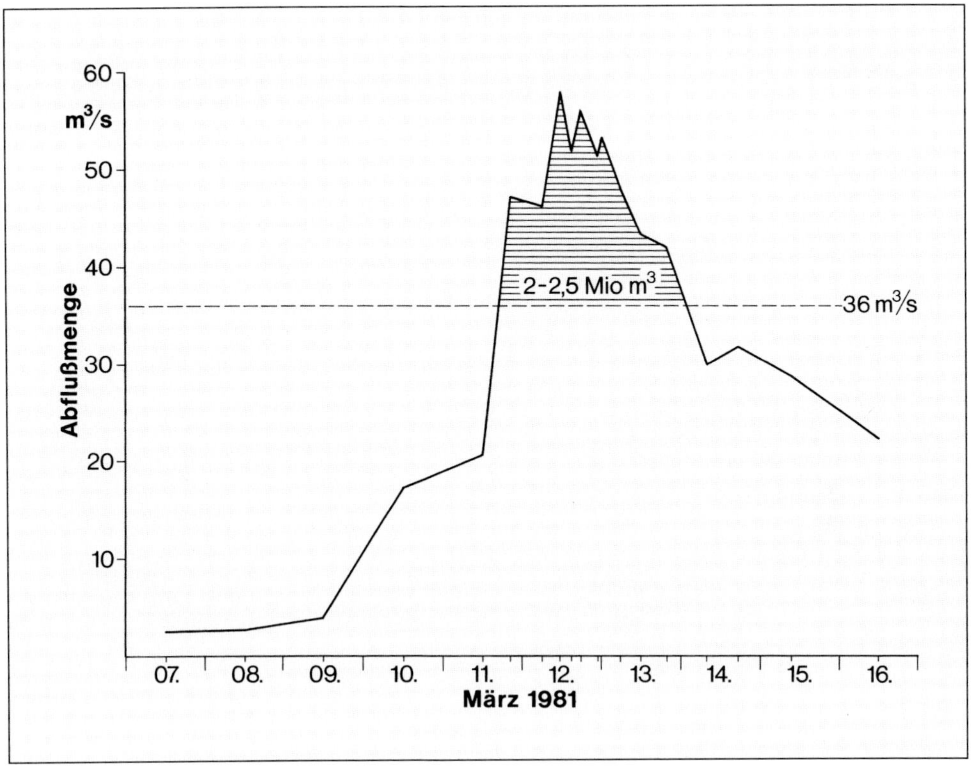

Abb. 42: Der schadenswirksame Anteil des Hochwassers der Oker vom März 1981 im Bereich Wöltingerode

Ein auf 75 % begrenztes Füllvolumen (statt wie bisher mehr als 80 %) für die Lieferung von Sperrenwasser für Trinkwasserzwecke hätte also ausgereicht, die Hochwasserkatastrophe zu verhindern.

Bedenkt man, daß die für Trinkwasserzwecke von den HWW in das Fernleitungsnetz eingespeisten Wassermengen bestenfalls zu rd. 3 % als Trinkwasser, hingegen zu rd. 97 % für Brauchwasserzwecke Verwendung finden, wird die Schieflage der vorwiegend unter ökonomischen Aspekten betriebenen Talsperrenbewirtschaftung offensichtlich.

Die über viele Jahrzehnte registrierten und somit bekannten Abflußverhältnisse sowie die Einschätzungen ihrer Gefahren und Risiken – vorgegeben durch die steilen Abhänge des Harzes und der dadurch bedingten energie- und schubreichen Abflüsse nach heftigen Niederschlägen bzw. Schneeschmelzen – lassen von einem öffentlichen Unternehmen erwarten, daß es sich seiner primären Aufgabe bewußt ist und in Berücksichtigung der mit der Oker verbundenen besonderen Probleme der Schwermetallbelastung, die durch Überschwemmungen der Talaue und einer dadurch verursachten Ablagerung schwermetallhaltiger Sedimente auf den landwirtschaftlich genutzten Böden potenziert zum Tragen kommen, der Öffentlichkeit gegenüber Verantwortung zeigt.

Bei statutengemäßer Bewirtschaftung der Okertalsperre ist bei einem auf der Basis eines Jahrhunderthochwassers bemessenen Speichervermögen ein Überlaufen der Sperre, das zu Überschwemmungen führt, vollständig vermeidbar.

In dieser Beziehung besonders aufschlußreich ist der Inhalt eines Antwortschreibens der HWW vom 27.04.1981, das sie an die Klosterkammer Hannover geschickt hat [27]:

„Die Okertalsperre ist von uns während der zurückliegenden Zeit so bewirtschaftet worden, wie es uns der auferlegte Betriebsplan vorschreibt. Bei Abflußmengen der im Harz jetzt aufgetretenen Größenordnung ist ein Überlaufen der Talsperre unvermeidbar und von vornherein eingeplant.

Eine zusätzliche Belastung der Oker ist durch die Okertalsperre nicht eingetreten. Die Okertalsperre hat vielmehr auch als überlaufende Talsperre eine nicht unerhebliche Hochwasserdämpfung bewirkt. Nach dem Betriebsplan ist es nicht möglich, vorzeitig Wasser allein deswegen aus einer Talsperre abzugeben, weil größere Schneemengen im Harz vorliegen. Aus diesen Gründen können wir Schadenersatzansprüche irgend welcher Art nicht anerkennen.“

Soweit das Eingeständnis der HWW in bezug auf die absolute Vorrangstellung der Trinkwasserlieferung aus der Talsperre zu Lasten des Hochwasserschutzes, dem in der Satzung im Gegensatz hierzu Priorität eingeräumt worden ist (Siehe hierzu [26]).

Die ursprüngliche und vorrangige Aufgabe, den Hochwasserschutz durch Vorhalten eines ausreichenden Hochwasserschutzraumes in der Sperre zu gewährleisten, wird also ohne erkennbare Legitimation zugunsten der Steigerung einer einnahmeträchtigen Lieferung von Rohwasser für Trinkwasserzwecke dahingehend umfunktioniert, daß der „überlaufenden Talsperre“ nur noch eine Hochwasserdämpfungsfunktion zugewiesen und das Überlaufen der Talsperre als „unvermeidbar“ angesehen und „von vornherein“ eingeplant wird.

Daß diese Politik der Talsperrenbewirtschaftung zu Lasten der ursprünglichen Funktion des Hochwasserschutzes und der Niedrigwasseraufhöhung in den letzten Jahren von den HWW noch weiter vorangetrieben worden ist, zeigt ein im Göttinger Tageblatt am 23.11.1998 erschienener Artikel (Anlage).

Zum Zeitpunkt der in diesem Bericht geschilderten Situation waren von dem gesamten Stauraum sämtlicher 6 Talsperren im Harz von rd. 181 Millionen lediglich 12,7 % (23 Millionen m^3) für den Hochwasserschutz vorgesehen d. h., daß das Hochwasserrisiko weiterhin – entgegen der Satzung – noch erhöht worden ist und zwar mit der seinerzeitlichen Begründung (siehe [27]): „Ein Überlaufen der Talsperre sei unvermeidbar und von vornherein eingeplant.“

Artikel aus dem Göttinger Tageblatt vom 23.11.1998 (M. Heinzel)

TALSPERREN / Trinkwasserreservoirs als Hochwasserschutz

Dem Jahrhunderthochwasser standgehalten

Hildesheim / Göttingen (hein). Angesichts von Schnee und Eisglätte ist die bedrohliche Situation nach den schwere Regenfällen im vergangenen Monat schon fast vergessen. Die Harzwasserwerke haben jetzt Bilanz gezogen: Der Oktober mit seinen außergewöhnlichen Regenfällen stellte das Versorgungsunternehmen vor außergewöhnliche Probleme.

Am 28. Oktober waren gleich mehrere Talsperren im Harz übergelaufen. DenGrund erläutert Dr. Axel Stödter, Sprecher der Harzwasserwerke: „Im – sonst eher trockenen – Oktober wurden für den Brockenbereich Monatsniederschläge von 470 Prozent gegenüber dem mittleren Wert gemessen.“ Am Ende des Monats fiel in etwas mehr als 24 Stunden ein massiver Niederschlag von 132 Litern Regen pro Quadratmeter.

Ohne die Rückhaltewirkung der Talsperren, zeigen die Zahlen, hätte es harzabwärts verheerende Überschwemmungen gegeben. Während am 28. Oktober pro Sekunde etwa 60 Kubikmeter Wasser in die Odertalsperre flossen, gab die Sperre nur ein Achtel davon, also 7,4 Kubikmeter, ab.

Hohe Dämpfung

Noch stärker ist der Dämpfungsfaktor der Okertalsperre: 3,3 Kubikmeter sekündlich wurden abgelassen, während 94 Kubikmeter zuflossen – ein Dämpfungsfaktor von 31. Insgesamt wurden bei den beiden Hochwassern am 28 Oktober und 1. November von allen sechs Talsperren des Harzes mehr als 23 Millionen Kubikmeter Wasser zurückgehalten. Laut Statistik, so Stödter, war das Hochwasser vom 28. Oktober für den Westharz eines der schwersten Hochwasser des Jahrhunderts. Erst am 2. November konnte die Abgabe ohne Hochwasserrisiko heraufgefahren werden.

3.4 Programm 1982

Beendigung des Generalplans „Gewässerchemische Inventur" und Erörterung der darauf aufbauenden Besatzmaßnahmen

Die Zielvorstellung, unter der die KKH angetreten ist und ein zu diesem Zweck geeignetes Forschungsprogramm ins Leben gerufen hat, galt der Aufgabe, das Talauengebiet der Oker nach beendetem Kiesabbau einer dauerhaften und ökonomisch sinnvollen Folgenutzung zuzuführen.

Diese mußte sich an der Oker und an den entstandenen Baggerseen orientieren und in die landwirtschaftliche Struktur des Klosterbetriebes integriert werden können.

Das konnte nur eine fischereiliche Nutzung der Gewässer sein. Eine solche hat jedoch eine gesunde Gewässerqualität sowohl der Oker als auch der durch Kiesabbau geschaffenen Stillgewässer zur Voraussetzung und ebenso eine den landschaftsökologischen Eigenarten der Talaue angepaßte Ufergestaltung.

Der Gesundungsprozeß der belasteten Gewässer bedeutete ein gründliches mehrjähriges Studium ihrer Chemismen, um durch geeignete Maßnahmen eine Verbesserung der chemischen Wassergüte zu erreichen. Dies erforderte neben der Erfassung der dauerhaft wirkenden Schadkomponenten zusätzlich die Abschätzung und Beurteilung der Risiken, die durch „katastrophale" Ereignisse ausgelöst werden können.

Mit derartigen Risiken ist in Gebieten mit hohem Schadstoffpotenzial – wie es die schwermetallverarbeitenden und chemischen Betriebe sowie die kommunalen Kläranlagen mit unzureichender Reinigung im Raum Oker/Goslar darstellten – stets zu rechnen.

Außerdem war gemäß den Auftragsbedingungen das Problem befriedigend zu lösen, Herkunft und Aufzuchtbedingungen der für den Besatz bestimmten Fische so zu wählen, daß sie mit den im untersuchten Okerabschnitt vorherrschenden, stark fluktuierenden Schadstoffbelastungen fertig werden konnten.

Dabei waren zusätzlich relevante Schadkomponenten wie Nitrit, Ammonium, Sulfat u. a. nichtmetallische Verbindungen zu berücksichtigen.

Die den geeigneten Besatz betreffenden Untersuchungen galten nicht so sehr der Frage der Fischartenauswahl, sondern vorrangig dem Adaptionsvermögen innerhalb der Arten gegenüber permanenten als auch wechselnden Schadstoffbelastungen der Gewässer. Das genetische Potenzial bezüglich der natürlichen Variabilität der Anpassung ist dabei von großer Bedeutung.

Die zu fordernde Gesundung der Gewässer schließt notwendigerweise geeignete Besatzmaßnahmen ein – und zwar nicht als eine ständig erforderliche fischereiliche Aktion, sondern als unersetzbares „Heilmittel" zum möglichst raschen Aufbau eines lebensfähigen Bestandes in den durch Abwasserbelastungen und durch sonstige Schadstoffeintragungen geschädigten Gewässern.

Erst in Verbindung mit der Wiederherstellung von Laichgründen und einem dadurch ermöglichten natürlichem Aufkommen aus der Brut sind Besatzmaßnahmen in Anpassung an das fischereilich optimale Ertragspotenzial zurückzufahren.

Daran haben die Anglerverbände besonderes Interesse, weil durch Besatzmaßnahmen erhebliche finanzielle Mittel gebunden werden, die für ökologisch orientierte Hege- und Pflegemaßnahmen oder für Bildungsaufgaben und für die Jugendarbeit im Bereich des Gewässerschutzes von den Verbänden eingesetzt werden könnten.

Besatzmaßnahmen haben aber nur dann den gewünschten Erfolg, wenn sie sich an den fischereibiologischen Gegebenheiten der zu besetzenden Gewässer orientieren.

Die Betonung ihrer Unerläßlichkeit ist wichtig, um der irrigen Auffassung vorzubeugen, wonach das Eigenaufkommen von Fischen ohne menschliches Zutun von Natur aus möglich werde, sobald der Mensch die fischereiliche Nutzung der Gewässer unterlasse.

Diese im organisierten Naturschutz weit verbreitete Ansicht hat mit dazu beigetragen, daß der Gewässerschutz trotz erheblicher Aufklärungsarbeit seitens der Anglerverbände immer noch nicht die volkswirtschaftliche und soziale Bedeutung erlangt hat, die ihm gebührt.

Wie zwingend dargelegt, setzen geeignete fischbiologische Auswahlkriterien zunächst eine ausreichende Kenntnis des Gewässerchemismus voraus. Eine solche gewässerchemische Inventur war daher programmgemäß Gegenstand des ersten Abschnitts des Forschungsprogramms. Das Problem des Besatzes wissenschaftlich zu bearbeiten, um Erkenntnisse zu gewinnen, die einer wirtschaftlich orientierten fischereilichen Nutzung der vom Projekt erfaßten Gewässer zugute kommen sollten, war hingegen Aufgabe des zweiten Teils des Forschungsvorhabens. Dafür war eine Bearbeitungsdauer von fünf Jahren vorgesehen (1981 – 1985). Eine eingehende Darstellung des diesem Vorhaben zugrundeliegenden Programms ist in Kapitel 7 erfolgt.

Vorbereitung der fischereilichen Versuchsphase, technische Anlagen und Einrichtungen

Beginnend bereits im Jahr 1981 wurde alles daran gesetzt, die Voraussetzungen für den Aufbau und den Betrieb einer dem Klostergut eigenen Fischzuchtanlage auf ausschließlich wissenschaftlicher Basis zu schaffen. Nur eine umfassende und vollständige Kontrolle vom Ei bis zur „besatzreifen" Hälterung der Fische unter den jeweiligen Versuchsbedingungen schien den Anforderungen an eine wirtschaftliche fischereiliche Nutzung der in der Talaue befindlichen Gewässer gerecht zu werden.

Zunächst wurde das für die Versorgung der Aufzucht- und Hälterungsbecken erforderliche Wasserleitungssystem ausgebaut und auf dem zur Verfügung gestellten ehemaligen Gartengelände des Klosters zusammengeführt. Von diesem sollten sämtliche fischereilichen Einrichtungen je nach Bedarf versorgt werden. Zur Verfügung stand der Klosterbach (Mühlengraben), der aus Kiessee T 4 ausfließt, die B 241 quert und anschließend seinen Lauf zu dem etwa 1 km entfernten Gutsgarten fortsetzt. Nach Durchströmen des Gutsterrains mündet er jenseits der Landstraße wieder in die Oker.

Ein zweites verwertbares Wasservorkommen bot eine Hangquelle am Habichtsberg. Diese war schon einmal vor über 100 Jahren als Quelle genutzt worden.

Nach eingehender Voruntersuchung hinsichtlich Ergiebigkeit und Eignung (Qualität) entschieden wir uns, diese rund 520 m vom Gärtnerhaus entfernte Quelle auszubauen und das Quellwasser über eine im Durchmesser ausreichend bemessene Kunststoffleitung bis zu dem für das Forschungsprojekt frei verfügbaren Gebäude zu legen.

Eine dritte Lieferquelle war ein Brunnen im Gutsbereich, der über eine Pumpenleitung angeschlossen wurde, so daß auch diese Versorgungsquelle genutzt werden konnte.

Mit diesem Versorgungsnetz und seiner technischen Ausstattung konnten wir den Lebensraum der Fische in der Aufzucht- und Hälterungsphase hinsichtlich des Wassers qualitativ so gestalten, daß eine ausreichende Antwort zur Bewertung der Bedingungen für eine fischereiliche Nutzung der teilweise sehr verschiedenen Gewässer einschließlich Oker in diesem Gebiet zu erwarten war.

Der Auf- und Ausbau der für die Aufzucht und den Hälterungsbetrieb erforderlichen zusätzlichen technischen und baulichen Anlagen erfolgte im ehemaligen Klostergarten (Abb. 43).

Auf dem Gartengelände stand noch das Gärtnerhaus zur Verfügung, in dem ein für den örtlichen Untersuchungsbedarf ausreichendes Labor und der Brutraum untergebracht waren (Abb. 44).

Die Brutanlage selbst wurde mit belüftetem Brunnenwasser versorgt, um eine ausreichende Sauerstoffsättigung für die Bebrütung zu sichern.

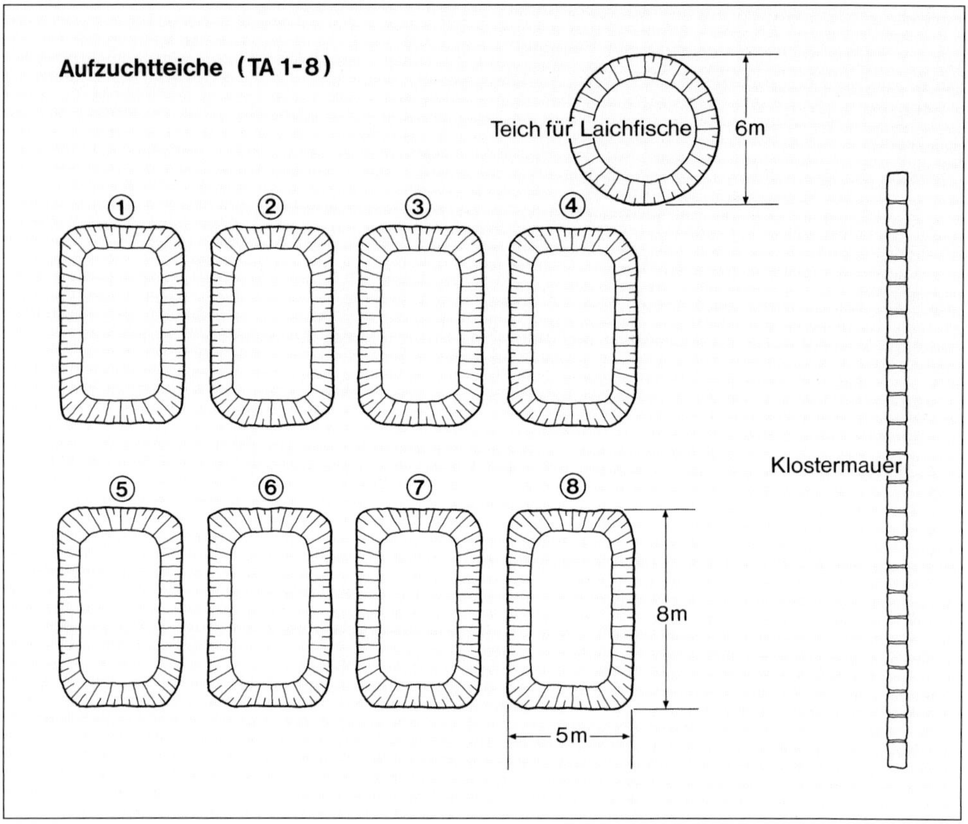

Abb. 43: Technische Anlagen für die Fischaufzucht und Hälterung im Klostergarten

Im Dachgeschoß des Gärtnerhauses war ein Mitarbeiter des Projektes untergebracht, dem auch die Aufsichtspflicht oblag.

In unmittelbarer Nähe – zwischen dem Gärtnerhaus und dem dicht vorbeifließenden Klosterbach (Mühlengraben) – wurde die aus vier Rund- bzw. abgerundeten Rechteckbecken (2 zu 3,1 m^2 und 2 zu 4,0 m^2) bestehende Aufzuchtstation gebaut. Sie bestand aus einem etwa drei m hohen Stahlgerüst auf einer Fläche von rd. 36 m^2, war mit Kunststoffplatten verkleidet und durch ein leicht geneigtes Flachdach gegen direkte Witterungseinflüsse geschützt (Abb. 45).

Die Rundbecken waren aus Kunststoff und zeigten eine hervorragende Widerstandskraft gegen jeglichen Verschleiß. Jedes Becken war getrennt an die dreiteilige Wasserversorgung (Bach, Quelle, Brunnen) angeschlossen. Sie konnte jeweils auf die für den Versuch gewählte Wasser-„Mischung" während der gewählten Hälterungszeit eingestellt werden (Abb. 46).

Außer den 4 Aufzuchtbecken waren in diesem Garten entlang der inneren Klostermauer noch acht rechteckige Teiche von je 40 m^2 (8 x 5) angelegt worden, um länger andauernde Hälterungsversuche durchführen zu können (Abb. 47).

Soweit sie unbesetzt waren, wurden sie auch für Quarantänezwecke in Anspruch genommen.

Zusätzlich zu dieser Aufzuchtanlage wurde ein großes Quarantänebecken, das ursprünglich bei Kiessee T 7 in Gebrauch war, als Hälterungsbecken für Zuchtfische an der inneren Klostermauer aufgestellt (siehe Abb. 43).

Abb. 44: Ehemaliges Gärtnerhaus im Klostergarten, von 1979 – 1985 Gewässeruntersuchungsstelle und Labor der Universität Göttingen, ab 1986 Vereinsheim des Angelsportvereins Braunschweig (Foto H.-J. Sauer)

Abb. 45: Die Aufzuchtstation im Klostergarten

Abb. 46: Blick in das Innere der Station

Darüber hinaus standen uns für die Verhaltensforschung der herangezogenen und auch zugekauften Fische die verschiedensten für den Besatz vorgesehenen Gewässer im Planungsgebiet zur Verfügung. Auf diese Weise konnten wir den wissenschaftsorientierten fischereilichen Belangen in jeder Hinsicht entsprechen.

Der im Klostergarten errichtete Gesamtkomplex ermöglichte im Rahmen des Forschungsprojektes die Durchführung und Erfüllung nachstehender Aufgaben:

- Hälterung von Zuchtfischen und Eiproduktion
- Erbrütung der Eier in einem zu temperierenden Brutraum
- Aufzuchtphase in 4 Rundbecken mit der Möglichkeit der Wasserversorgung aus 3 Herkünften unterschiedlicher Wasserqualität (Brunnen, Quelle und Okerwasser) – voneinander getrennt oder gemischt
- Vorstreckphase bis zu Fingerlinggröße in acht rechteckigen Teichen mit getrennter Wasserversorgung aus den 3 Herkünften (jederzeit mischbar)
- sonstige Verwendungszwecke im Rahmen des fischereibiologischen Forschungsprogramms

Mit diesen Anlagen und ihrer technischen Ausstattung waren die Voraussetzungen geschaffen, die in Kapitel 6 „Programm 1983 – 1985“ zu behandelnden Fragen hinsichtlich Besatz und Bewirtschaftung eingehend zu bearbeiten.

Abb. 47: Einer der ehemaligen Zuchtteiche, jetzt wertvoller Feuchtbiotop

3.5 Entwicklung der Erholungslandschaft „Wöltingeroder Seenplatte" ab 1980

Rekultivierung der Kiesseen links der Oker

Das bei der Informationstagung der Klosterkammer am 15. September 1980 vorgestellte Rekultivierungskonzept für die Kiesseen T 1 – 9 wurde in den Folgejahren bei Übungen von Forststudierenden im Fachgebiet Landespflege in die Praxis umgesetzt. Über die hierbei gemachten Erfahrungen wird nachfolgend berichtet.

Die **Ausformung** der im Jahre 1980 noch nicht fertiggestellten Seen T 3 und T 9 ist mit geschwungenen buchtenreichen Uferlinien sehr gut gelungen. Aber auch in den Seen T 7 und T 8 ist durch die Sedimente von eingeleitetem Waschwasser die ursprünglich geometrische Auskiesungsform weitgehend verschwunden (siehe Abb. 31). Allerdings nehmen die mit Röhricht bewachsenen und teilweise schon mit Weiden bestockten Flächen auf Kosten des Wassers jetzt fast einen zu grossen Anteil der ehemaligen Seefläche ein. Die Seen T 1 und 2 sowie T 4 – T 6 sind durch ihre unterschiedliche Bepflanzung im Vergleich zur auskiesungsbedingten früheren Rechteckform zwar „ansehnlicher" geworden, die biologisch wichtigen Flachwasserzonen fehlen indessen.

Eine **Bodenverbesserung** wurde entlang der Seen T 4 – T 8, wie bei der Informationsveranstaltung 1980 beschrieben, durch die Anlage schmaler Pflugfurchen und das Auffüllen mit fruchtbarem Krumenboden durchgeführt (siehe Abb. 34). Noch besser war die Melioration entlang der Seen T 1 – T 3: Von einer Baustelle bei Goslar wurde Lehmboden angefahren und entlang der B 241 zu einem 1,2 bis 1,5 m hohen Erdwall angeschüttet, der neben der Strasse steil ansteigt, um nach einer ca. 3 m breiten Krone zum See hin allmählich abzufallen. Dadurch wurde nicht nur ein hervorragendes Gehölzwachstum gewährleistet, sondern auch ein zusätzlicher Lärmschutz (siehe Abb. 35 a u. b). Probleme gab es bei der Pflanzfläche zwischen See T 9 und der Strasse, die aus Sedimenten der Kieswäsche bestand. Wegen der Dichtlagerung des sehr feinkörnigen Bodens wurde ein Torf-Erde-Gemisch in die Pflanzlöcher eingebracht (leider, wie es sich später zeigte, ohne Erfolg).

Die **Bepflanzung** geschah jeweils im Frühjahr, zumal zur Verbesserung des Sicht- und Lärmschutzes auch immergrüne Nadelhölzer angepflanzt wurden; denn diese sind bei Herbstpflanzungen oft durch die sog. Frosttrocknis gefährdet, wenn bei schönem Winterwetter die Nadeln Wasser verdunsten, der gefrorene Boden aber nichts nachliefern kann. Ausserdem hatte die Frühjahrspflanzung den Vorteil, daß im Startjahr unnötiger Verbiss durch Rehe und Nager vermieden wurde. Dem häufiger auftretenden Nachteil von Frühjahrspflanzungen, daß die frisch ausgetriebenen Pflanzen unter einer Trockenperiode leiden, konnte wegen der Wassernähe notfalls durch Bewässerung begegnet werden. Im übrigen war es ratsam, auch die angelieferten, im Einschlag befindlichen Pflanzen zu wässern oder ihre Wurzeln im Flachwasser zu versenken und mit Steinen zu beschweren.

Als **Pflanzensortimente** haben sich 2- oder 3-jährige „Forstpflanzen" bewährt, die in der Pflanzschule in engem Verband erzogen wurden. Die teuere „Landschaftsware" hat zwar ein kräftigeres Wurzelwerk, sie ist aber aufwendiger zu pflanzen und leidet unter weniger günstigen Verhältnissen, wie sie bei Rekultivierungen fast die Regel sind, leichter unter dem sog. Pflanzschock. Allerdings sollte man auch bei der Massenware solche Pflanzen beziehen, die 1,4 – 1,8 m hoch und damit dem Äser des Rehwildes und der Unkrautkonkurrenz weitgehend entwachsen sind (Sträucher sind meist kleiner). Aus diesem Grunde sollte auf das oft zu beobachtende Zurückschneiden der Gehölze vor der Pflanzung verzichtet werden. Wenn große Pflanzen bei ungünstiger Witterung oben vertrocknen, so treiben sie oft von unten nochmals aus und können sich bei ausreichender Unkrautbeseitigung erholen.

Bei der **Gehölzartenwahl** kam es darauf an, daß ein möglichst breites Spektrum der für die Zielerfüllung geeigneten standorttauglichen Arten an der jeweils richtigen Stelle gepflanzt wurden. So kam die bei der Info-Tagung 1980 bereits genannte Gesamtzahl von rund 25 Arten zur Anpflanzung, nämlich 10 – 12 Baumarten und 12 – 14 Straucharten (die verschiedenen Weiden wurden dabei nur als eine Art gerechnet). Dadurch wurde zum Einen das Ausfallrisiko durch unvorhersehbare abiotische und biotische Schäden sowie ungünstige Standortsbedingungen verringert. Zum Andern wurde durch Vielgestaltigkeit und Kontrastreichtum das Landschaftsbild bereichert (jahreszeitlich wechselnde Blühzeitpunkte, Frucht- und Blattfärbungsaspekte usw.) (Abb. 48). Zum Dritten schliesslich entstand dadurch eine optimale Biodiversität, die seit der Umweltkonferenz von Rio auf breites Interesse stösst; denn viele Tiere sind auf das Vorhandensein „ihrer" Futterpflanze angewiesen, und höheren Gliedern in der Nahrungskette, z. B. Vögeln, wird neben guten Verstecken eine breite „Fresspalette" angeboten.

Aus fischereilicher Sicht sind die Gehölze am Ufersaum besonders wichtig (Abb. 49), weil von Insekten herrührende „Flugnahrung" ins Wasser fällt und sowohl im Wurzelwerk als auch unter herabhängenden Ästen gute Fischunterstände gegeben sind; ebenfalls wird durch Beschattung in Teilbereichen die Wassertemperatur erniedrigt und der Sauerstoffgehalt erhöht. Schließlich benutzen manche Fischarten, vor allem beim Fehlen von Wasserpflanzen, Wurzeln und Zweige zum Abstreifen des Laiches.

Zur **Mischung** der Arten und Zusammensetzung der Gehölze wurden grundsätzlich 5 – 10 Stück (bei Bäumen auch 10 – 20) derselben Art zu Gruppen zusammengefasst, weil dann die langsamwüchsigeren nicht so sehr von den anderen Arten bedrängt werden; zudem ist die optische Wahrnehmbarkeit von artspezifischen Besonderheiten besser gewährleistet. Eine Ausnahme bilden die Erlen, wenn sie abseits der Uferbereiche im 3 – 5 m Abstand anderen Gehölzen als „Amme" zugestellt werden, damit sie diesen mit ihrer Vorwüchsigkeit Wind-, Frost- und

Abb. 48: Herbstliche Stimmung auf einem Dammweg entlang der Kiesseen T1 – T3 8 Jahre nach der Pflanzung

Abb. 49: Flugnahrung für Fische vom Ufersaum, 1992

Hitzeschutz gewähren und den Boden mit Stickstoff versorgen. Andernorts gemachte Erfahrungen, wonach sich später niemand um die rechtzeitige Entnahme dieser Erlen kümmerte, so daß sie sich vom „Segen zum Fluch" entwickelten, brauchen dann vom Erleneinsatz nicht abzuschrecken, wenn die Pflanzungen z. B. von einem Förster oder einem Fischereiverein betreut werden. Eine weitere Ausnahme von der gruppenweisen Artenzusammenfassung ist dann sinnvoll, wenn blühende und fruchtende Baumarten, z. B. Eberesche und Wildobst, wegen ihrer geringen Grösse durch andere Arten bedrängt werden. Damit sie eine grosse Krone entfalten können, empfiehlt es sich, sie in relativ weiten Abständen von 4 – 6 m einzeln über reine Strauchpartien zu stellen. Schließlich muss man Bäume auch dort in weiten Abständen pflanzen (einzeln oder 2 – 3 Stück), wo auf freigelassenen Flächen ein parkartiger Charakter (mit tief beasteten Solitären) erzeugt werden soll. Die Gehölzflächen wurden in der Regel so bepflanzt, daß in den Kern hochwachsende Bäume plaziert wurden. Diese wurden von 1 – 3 Strauchreihen eingesäumt, die nach innen von Gruppen sog. Bäume 2. Ordnung ergänzt wurden (z. B. Weißbuche, Feldahorn, frühblühende Traubenkirsche). Als Reihenabstand wurde in der Regel 1,5 m gewählt, innerhalb von Sträuchern auch 1,0 m. Der Abstand der Pflanzen in den Reihen ist mit generell 1,0 m im Vergleich zu Forstkulturen etwas eng. Man muss aber bedenken, daß bei Rekultivierungen die Ausfälle wegen der Ungunst der Standorte sowie der oft unzureichenden Schutz- und Pflegemassnahmen im allgemeinen höher sind als im Wald, und daß man andererseits möglichst schnell die gewünschten Wirkungen erzielen will. Eine Besonderheit stellen insofern die Uferbereiche dar, als dort – neben der Pflanzung von Erle, Traubenkirsche, Schneeball usw. – kostengünstig Weidenstecklinge ausgebracht werden können. Bewährt hat sich vor allem die elastische und anspruchslose Purpurweide, aber auch die Korb- und Küblerweide, während sich Salweide schlecht bewurzelt. Wenn man für den Ankauf von Pflanzen Geld sparen will, aber einen reinen Weidengürtel „langweilig" findet, kann man einen schnellen Böschungsschutz auch mit einem „Spartyp“ zustande bringen, wie wir ihn entlang des Wanderweges zwischen See T 9 und Oker begründet haben: Die Böschung wurde in mehreren Reihen im Abstand von 50 x 50 cm mit verschiedenen Weidenarten besteckt und dazwischen in weiten Abständen von 3 – 5 m mit einzelnen Exemplaren der o. g. Gehölzarten ergänzt. Letztere mußten dann in den ersten Jahren von den raschwüchsigen Weiden freigehalten werden, indem dort gezielt Stecklinge für andere Begrünungsorte geschnitten wurden. In den meisten Fällen ist allerdings ein geschlossenes Ufersaumgehölz nicht erwünscht. Wie schon bei der Info-Tagung 1980 erwähnt, blieben normalerweise zwischen 30 und 70 % der Uferlänge gehölzfrei, um für sonnenhungrige Tier- und Pflanzenarten ausreichend belichtete Habitate zur Verfügung zu halten und den Wanderern und Radfahrern vielseitige Ausblicke zu bieten (Abb. 50). Und natürlich wünschen auch die Angler hindernisfreie Strecken!

Zur natürlichen Begrünung im Untersuchungsgebiet ist zu sagen:

Erfahrungsgemäß werden Flachwasserzonen rasch von den Röhrichten des amphibischen Bereichs besiedelt, so besonders von Schilf und Rohrkolben. Die erstgenannte Art ist zum Schutz gegen Wellenschlag und als Unterschlupf für Tiere günstiger als der Rohrkolben, der im Winter oft früh zusammenbricht. Am Anfang hatten wir beide Arten hie und da eingebracht; die in 30 – 50 cm Wassertiefe versenkten Rhizome haben sich rasch vegetativ vermehrt. In den meisten Abbaugebieten, in denen diese Pflanzen schon da sind, ist eine solche Massnahme unnötig. Weniger erfolgreich war die Versenkung von Seerosenrhizomen in mit Steinen beschwerten Obstkisten: Die Pflanzen haben zwar ausgetrieben, wurden aber von den Schwänen abgefressen. Will man den Versuch wiederholen, so ist ein Schutz mit Drahthauben erforderlich. Außerdem ist darauf zu achten, daß keine bunt blühenden Zuchtformen verwendet werden.

Durch natürliche Sukzession ist an Gehölzen im langjährigen Beobachtungszeitraum, wahrscheinlich aus Wassermangel, recht wenig angekommen. Eine Ausnahme bilden die Weiden, die an solchen Uferpartien gut aufgewachsen sind, wo sie keinem starken Wellenschlag ausgesetzt

Abb. 50: Panoramaweg (ehemalige Zufahrt zum Kiesabbaugebiet)

Abb. 51: Dammweg im Winter (1998). Eingesprengte Kiefern bereichern das Landschaftsbild

waren. Dies ist bei künftigen Massnahmen zu berücksichtigen. Eine zweite Ausnahme ist der Schwarze Holunder, der besonders auf längere Zeit brach liegenden Rohböschungen und Abraumbergen teils Bestände mit einem Deckungsgrad von 30 – 50 % entwickelt hat. Nur selten findet man dazwischen einzelne Wildrosen, Aspen, Kirschen oder Eschen.

Im Gegensatz zu den Gehölzen haben von selbst angekommene **Bodenpflanzen** recht schnell zu einer Begrünung der Flächen geführt. Nach Versuchen mit verschiedenen Saatmischungen aus Klee, Wildblumen, Gräsern, Lupinen und Ginster wurden deshalb später die Flächen meist sich selbst überlassen und nur noch in wenigen Fällen Wildblumen-Klee-Mischungen mit etwas Lupine ausgebracht. Bei Lupine ist ohnehin Zurückhaltung geboten: Sie breitet sich gern auf Kosten anderer Arten allzu sehr aus und wirkt (nach dem kurzen „Aha-Effekt" bei der Blüte) sonst recht monoton. Bei Klee ist – vor allem, wenn man ihn innerhalb von Gehölzflächen aussät – auf die Verwendung von kleinbleibenden Arten (z. B. Weissklee) zu achten, weil sonst kleinere Gehölze zu sehr beschattet und bei Schneelagen u. U. umgedrückt werden. Geeignete Saatmischungen können, vor allem bei guten Böden, allerdings den Vorteil bringen, daß sie die dort sehr wüchsigen Ruderalpflanzen etwas zurückhalten. Freilich wird die Verdämmungsgefahr durch „Unkräuter" heute nicht mehr für so gross gehalten wie zu Beginn der Maßnahme; man sieht in den „Wildkräutern" vielmehr eine hilfreiche Schutzpflanzendecke (auch für die Gehölze) und eine Bereicherung für die Natur. In Einzelfällen kann dann immer noch ein gezieltes Freischneiden (Auskesseln) von gefährdeten Gehölzen erfolgen. Bei Flächen für die Intensiverholung, z. B. auf Liegewiesen, oder auf erosionsgefährdeten Steilhängen, wie sie auf Halden häufig sind, sind nach alledem Einsaaten mit hohen Kleinkleeanteilen am ehesten angebracht.

4. Landschaftsrahmenplan „Steinfeld“ des Landkreises Goslar

Der Abbauleitplan vom Juni 1982 in seinen Grundzügen

Durch Vertrag vom 16.06.1981 wurde das Planungsbüro Dipl. Ing. Heinrich Lamprecht, BDLA, Hannover mit der Planung der Okertalaue zwischen Oker/Goslar und Vienenburg vom Landkreis Goslar beauftragt.

Für den 09.03.1982 war vom Landkreis zu einem Erörterungsgespräch nach Goslar eingeladen worden, auf dem die bisherigen Planungsergebnisse dieses Büros vorgestellt und erörtert werden sollten. Zu diesem Gespräch waren die beiden Leiter des Forschungsprojektes „Wöltingerode“ der KKH, die Proff. WELTE und ZUNDEL, sowie Prof. Günther vom Institut für Tierphysiologie und Tierernährung der Universität Göttingen eingeladen worden. Von ihnen hat Prof. Zundel teilgenommen und dabei die Interessen der KKH vertreten.

Bei dieser Anhörung wurde der Vorschlag des Planungsbüros, die Oker durch noch zu schaffende größere Seen in der Talaue zu leiten und diese sowohl als Hochwasserrückhaltebecken als auch zur Schwermetallsedimentation zu verwenden, lebhaft diskutiert.

Prof. Zundel sprach sich entschieden gegen eine solche Lösung des Okerproblems aus und zwar mit der Begründung, daß die Wasserrückhaltung zur Vermeidung von Überschwemmungen eine Aufgabe der Harzwasserwerke (HHW) sei. Die Verhütung der Schwermetallbelastung sei hingegen primäre Aufgabe der Verursacher, die dieses Ziel durch Einhaltung der Einleitungsbedingungen und möglichst durch Wiederaufbereitung der im Abwasser befindlichen Restmetallmengen anzustreben hätten.

Die im Erörterungstermin diskutierten Vorschläge wurden vom Planungsbüro entgegengenommen. Das endgültige Planungskonzept konnte am 12.08.1982 vorgelegt werden und wurde u. a. auch den Leitern des Forschungsprojekts „Wöltingerode“ der KKH, den Herren WELTE und ZUNDEL zur Stellungnahme überreicht [28].

Zum Verständnis dieser Stellungnahme dürfte es zweckdienlich sein, die wesentlichen, dem Abbauleitplan zugrunde liegenden Vorschläge und Begründungen, weitgehend in teilweise wörtlicher Fassung des Planerstellers, gekürzt wiederzugeben, um die gegensätzlichen Auffassungen stärker hervortreten zu lassen.

In dem schon ausführlich ausgearbeiteten Abbauleitplan gab der Planverfasser nach Vorwegbeschreibung der das Planungsgebiet beherrschenden Schwermetallproblematik eine Übersicht über die gegenwärtigen Nutzungen unter dem subjektiven Blickpunkt seiner eigenen Wertbeurteilung.

Der Stellungnahme zur Schwermetallbelastung der Oker legte er im großen und ganzen die Ergebnisse der chemischen Sonderuntersuchung der Bez. Reg. Braunschweig aus dem Jahr 1979 zugrunde (siehe [2]). Die darin geäußerte Vermutung, daß die bei den chemischen Analysen ermittelte Belastung durch Einleitung verschiedener Schadstoffe das Ergebnis produktionsbedingter Maßnahmen der Einleiter seien, bezweifelte er. Stattdessen interpretierte er die annähernd „gleichbleibende“ Belastung der Oker als ein „möglicherweise bisher unterbewertetes Vorhandensein diffuser Quellen.“ Als Beispiel für eine solche weitgehend „gleichbleibende“ Grundbelastung der Oker führte er das Ergebnis der chemischen Untersuchung im Sondergutachten bei den Meßtudien Probsteiburg in den Jahren 1977 – 1980 an (siehe Tab. 1).

Grundwasser/Kiesteiche

Hinsichtlich der Schwermetallbelastung der entstandenen Kiesseen und des Grundwassers beurteilte er die Situation wie folgt:

„Auch das Grundwasser ist mit Schwermetallen belastet, wobei der Grad der Verunreinigung mit dem Belastungsgrad der Oker korreliert, allerdings ohne die großen Konzentrationsschwankungen, die kurzzeitig in der Oker auftreten. Die Schwermetalle gelangen über die Versickerung von Okerwasser im kiesigen Untergrund in das Grundwasser. Dieser Prozeß verstärkt sich in Hochwasserzeiten; bei einem Überborden der Oker werden die Teiche auch direkt kontaminiert.

Über die Wasserqualität der Kiesteiche und des Grundwassers liegen für das Planungsgebiet keine Untersuchungsergebnisse vor."

Und weiter (S. 23 ff des Planungskonzeptes [28]):

„Die Oker ist im Planungsgebiet aufgrund ihrer Verschmutzung als Lebensraum für Fische nicht mehr geeignet. Dies bezeugt auch eine erfolglose Elektrobefischung, die 1979 vom Staatl. Veterinäruntersuchungsamt Braunschweig durchgeführt wurde. Danach muß die Oker in diesem Bereich als biologisch tot angesehen werden.

Die Fischfauna der stehenden Gewässer im Planungsgebiet, ausschließlich Kunstanlagen, ist durch das von Sportfischern bewirkte Einsetzen von Fischen wieder bereichert, dabei allerdings durch Verwendung von Fischen aus anderen Gegenden völlig umgestaltet worden."

Vorhandene und geplante Nutzungen und die von ihnen ausgehenden Beeinträchtigungen

„In der näheren Umgebung des Planungsgebietes ist Industrie unterschiedlicher Art vertreten. Das Erzbergwerk Rammelsberg der zum Preussag-Konzern gehörenden Unterharzer Berg- und Hüttenwerke GmbH Goslar ist das älteste betriebene Bergwerk auf deutschem Boden, das nach 1000-jährigem Bestehen auch heute noch arbeitet. In jüngster Zeit werden fast alle im Erz enthaltenen Metalle gefördert, wobei das mengenmäßig bedeutendste Erzeugnis seit rund 30 Jahren Zink ist.

Zu der Unterharzer Berg- und Hüttenwerke GmbH gehören neben dem Bergwerk die Zinkhütte Harlingerode, die Zinkoxydhütte Oker sowie die Bleihütte Oker und westlich von Goslar die Herzog-Julius-Hütte nebst der Selten Metallanlage. Im Abschluß an das südliche Planungsgebiet im Ortsteil Oker befinden sich großräumige Schlackenhalden der Blei- und Zinkhütten. Ferner sind die Natron-Zellstoff- und Papierfabriken AG und Chemischen Fabriken AG vertreten.

Die Landwirtschaft wurde im Okertal lange Zeit in Form von Grünland betrieben, da auf Grund der Überschwemmungsgefahr Ackerbau nicht möglich war. Seit dem Bau der Okertalsperre 1956 und der Okerregulierung haben sich die Bedingungen für die Landwirtschaft entscheidend verbessert, so daß heute das gesamte Tal rechts der Oker aus Ackerflächen besteht. Mit seinen wenigen noch vorhandenen Flurgehölzen ist es ein Beispiel für die oftmals zitierte „ausgeräumte Landschaft". Zur Zeit der Kartierung (1981) stand auf dem größten Teil der Felder Weizen, daneben aber auch Gerste, Raps, Hafer, Zuckerrüben und Kartoffeln. Die Bodenzahlen nach der Reichsbodenschätzung liegen zwischen 50 – 70.

Beeinträchtigt wird das Okertal durch die Landwirtschaft insofern, als sie das Landschaftsbild negativ verändert hat.

Eine weitere, nicht gebietsspezifische Beeinträchtigung erfolgt durch die von den Landwirten betriebene Düngung landwirtschaftlicher Flächen und die Anwendung von Bioziden, die sich zusätzlich negativ auf die Selbstreinigungskraft der stark belasteten Oker auswirken."

Fischereiliche Bestandsaufnahme

Die hierzu vom Planverfasser herangezogenen Bewertungskriterien entstammen einer Elektrobefischung der gesamten Oker vom Juli 1978 und Oktober 1979 (siehe [2]). Fänge aus dem Plangebiet zwischen Oker/Goslar und Vienenburg wurden dabei nicht gemacht, weil kein Fisch mehr in diesem Abschnitt der Oker festzustellen war.

Einige im Vienenburger See gefangenen Fische wurden auf Blei und Cadmium untersucht (Tab. 15).

Tab. 15: Schwermetalle in Fischen aus dem Vienenburger See

Fischart	Blei (Pb) mg/kg FS	Cadmium (Cd) mg/kg FS
Rotfeder (n = 5)	0,110 / 0,080 – 0,153	0,085 / 0,043 – 0,113
Schleien (n = 1)	0,411	0,101
Barsch (n = 2)	0,079 / 0,071 – 0,086	0,090 / 0,076 – 0,104
Ukelei (n = 17)	0,029 / 0,017 – 0,52	0,049 / 0,029 – 0,062

Quelle: Sonderuntersuchung Schwermetalle Bez. Braunschweig Mai 1980 [2]

Naturschutzgebiet

Vom Planverfasser wird aus [28] weiter zitiert:

„In Zusammenarbeit mit dem Niedersächsischen Landesverwaltungsamt Hannover, der Unteren Naturschutzbehörde und der Unteren Landespflegebehörde des Landkreises Goslar wurde 1976 der Vorschlag aufgegriffen, drei der ausgekiesten Teiche als Vogelschutzgebiet zu gestalten und sie anschließend unter Naturschutz zu stellen. Mit der Gestaltung der drei als Wasservogelbiotop ausgewiesenen Teiche sollte ein Ausgleich für zerstörte Lebensräume geschaffen werden.

In den letzten Jahren – erstmals 1968 – wurden mehrere tote Vögel gefunden (Höckerschwäne, Singschwäne, Stockenten, Bleßhühner etc.). Dabei wurden z. T. hohe Blei- und Cadmium-Gehalte in Leber und Niere und in den Muskelgeweben festgestellt.

Die oben genannten Angaben über die Todesfälle der verschiedenen Vogelarten stellen nicht nur eine Warnung vor der Verwertung dort vorkommender Vögel dar, sondern lassen außerdem Zweifel darin aufkommen, ob diese Schaffung eines Vogelschutzgebietes unter dieser Zielsetzung sinnvoll war."

Andere flächenbeanspruchende Nutzungen

„Vom Umspannwerk in Höhe der Probsteiburg ausgehend ziehen sich zahlreiche Hochspannungsleitungen quer durch das Gebiet. Erholung dürfte zur Zeit im Planungsgebiet auch in seiner extensivsten Form, dem Spazierengehen, keine Rolle spielen. Dafür bietet das Gebiet die denkbar schlechtesten Voraussetzungen. Die intensive Nutzung als Ackerbau- und Kiesgewinnungsgelände und die wenig abwechslungsvolle Landschaft bieten für Erholungssuchende keinen Anreiz.

Die starke Anziehung der Kiesseen entsteht im wesentlichen durch die vielfältigen Nutzungsmöglichkeiten eines Gewässers. An erster Stelle steht dabei sicherlich das Baden. Das Angebot an größeren Seen mit über 50 ha, die ein erweitertes Freizeitangebot (z. B. Segeln) zulassen, läßt zu wünschen übrig.

Im Planungsgebiet wird ein Großteil von Nutzungsmöglichkeiten von Gewässern aufgrund der Schwermetallbelastung ausgeschlossen werden müssen, gute Entwicklungsmöglichkeiten sind dagegen für Bootssportarten gegeben."

Begründung der Abbauleitplanung

Aus der vom Planverfasser aus seiner Sicht beschriebenen Nutzungssituation zieht er seine Schlüsse für die Begründung seiner Abbauleitplanung:

„Das Planungsgebiet ist durch die Belastung mit Schwermetallen bereits in einem Maße beeinträchtigt, daß viele Nutzungen, z. T. vorhandene, wie die Landwirtschaft oder von anderer Seite angestrebte, wie die Fischerei oder die intensive Erholung gar nicht oder nur mit großen Einschränkungen möglich oder zu verantworten sind.

Es mag reizvoll sein, durch Selektion belastbare Fischrassen zu züchten und zu mästen. Die Machbarkeit darf aber hier nicht Gradmesser für die Zulässigkeiten werden.

Die fossile und historische Belastung hat Ausgangslagen geschaffen, die im Zusammenwirken mit den bestenfalls geringfügig beeinflußbaren diffusen Quellen den Planungsraum für die Nahrungsmittelerzeugung ungeeignet erscheinen läßt."

Zum Zweck der Herstellung einer Erholungslandschaft werden vom Planverfasser dann nachstehende alternierende Vorschläge zur Entscheidung vorgelegt:

- *„Gemäß dem Planungsansatz sollte die Kieslagerstätte so genutzt werden, daß die entstehenden Wasserflächen weitestgehend als Nahrungs-, Brut- und Rastbiotop für Wasser- und Watvögel genutzt werden. Auf diese Weise sollte die wirkungsvolle Unterbrechung der Nahrungskette sichergestellt und die Schädigung einer entstehenden beachtlichen Population unterbunden werden.*
- *Hier sollten „Anti"-Biotopflächen entstehen, die durch waldartige Pflanzungen bei geringen Teichdurchmessern einen zusätzlichen Vergrämungseffekt bewirken, indem sie die Start- und Landungsmöglichkeiten der zumeist auf längere Einflugschneisen angewiesenen Wasservögel erschweren.*
- *Der erste Planungsansatz wurde modifiziert, weil der Vergrämungseffekt durch zu kurze Start- und Landebahnen nach eingehender Beschäftigung mit den Erfahrungen unterschiedlicher Fachspezialisten doch nur selektiv zu erwarten wäre."*

In der weiteren Überlegung blieben als Planungsmaxime erhalten:

- *„Als Voraussetzung für eine verstärkte Bindung der Schwermetalle des Okerwassers eine wesentlich herabgesetzte Fließgeschwindigkeit der Oker.*
- *Schaffung eines „Anti"-Biotops.*
- *Bei Schaffung größerer Seen besteht die Möglichkeit, die Oker durch diese Wasserflächen hindurchzuleiten und auf diesem Wege die Lauflänge zu erhöhen. Diesem Planungsansatz wurde der Vorzug gegeben, weil er nicht nur eine passive Reaktion auf die Schwermetallbelastung darstellt, sondern sich aktiv um eine Verbesserung der Situation zumindest für die Unterlieger bemüht. Daß diese Planungen eine starke Erhöhung der Schwermetallgehalte in den durchflossenen Teichen mit sich bringt, wird dabei bewußt in Kauf genommen, da die Nutzungsmöglichkeiten vorhandener und zukünftiger Teiche ohnehin sehr beschränkt sind.*

- *Ein im Verlauf der Planung häufig angesprochener Konflikt zwischen der heutigen landwirtschaftlichen Nutzung und dem Kiesabbau wird sicherlich von Seiten der zuständigen Behörde überbewertet, denn Flächenverlust, der der Landwirtschaft durch den Kiesabbau entsteht, kann für die dort ansässigen Landwirte keine unzumutbare Härte sein, da sie zu einem Verkauf der notwendigen Flächen durchaus bereit sind. Außerdem ist die Umwandlung der landwirtschaftlichen Flächen im Planungsgebiet uneingeschränkt positiv zu werten, da diese Böden aufgrund der Schwermetall-Belastung des Bodens für eine Lebensmittelversorgung der Bevölkerung nicht verwendet werden sollten. Das Argument, daß das Blei aus den Aueböden nicht pflanzenverfügbar ist, sondern lediglich Blei aus der Luft aufgenommen wird und somit bei Herabsetzung der Luftimmissionen ein Anbau auf diesen Flächen unbedenklich ist, konnte in den vorliegenden Untersuchungen nicht stichhaltig untermauert werden; diese Aussage trifft zudem nicht für Cadmium zu. Gerade Cadmium aber gilt heute als eines der gefährlichsten Schwermetalle.*
- *Da für die Landwirtschaft zur Zeit nur für Teilbereiche (Weideauftrieb) Nutzungsbeschränkungen ihrer kontaminierten Flächen bestehen, obwohl die Aufgabe der Produktion auf diesen Flächen aus gesundheitlichen Gründen wünschenswert wäre, scheint die Nutzung der Kieslagerstätte des Planungsgebietes eine für alle Seiten (für die Landwirte in finanzieller Hinsicht) zufriedenstellende Lösung zu sein."*

Hochwasserschutz

„Mit einer Durchleitung der Oker durch die Teiche entsteht die Möglichkeit, mit Hilfe von Stauwehren an den jeweiligen Ausflüssen Hochwasser-Retentionsraum zu schaffen. Die Teiche könnten bei einem Überlauf der Okertalsperre bei Bedarf als Rückhaltebecken genutzt werden."

Erholung

„Man muß unter den gegebenen Umständen eine Kontaminierung auch der nicht durchflossenen Teiche mit Schwermetallen unterstellen. So beschränkt sich die Nutzungsmöglichkeit der Teiche auf Aktivitäten, bei denen ein direkter Kontakt mit dem Teichwasser die Ausnahme darstellt, und das gilt lediglich für den Bootssport. Eine starke Nachfrage auf diesem Sektor besteht vor allem beim Segeln. Aufgrund der Tiefen der entstehenden Kiesseen (bis zu 10 m) können auch größere Kajütboote zugelassen werden. Der dafür vorgesehene Weg sollte eine den Geländegegebenheiten entsprechende größtmögliche Ausdehnung haben.

Das Segelgewässer (See 7) hat eine Größe von ca. 75 ha (Alternative ohne Aufhebung der L 518 ca. 45 ha).

Es ist eine Kapazität an Liegeplätzen von 1 – 2 Booten/ha anzunehmen. Bei einer Kapazität von 200 – 250 Liegeplätzen werden Stege in einer Länge von ca. 500 m benötigt. In der Nähe der Liegeplätze sollte ein Segelheim als Treffpunkt für die Segler mit angeschlossenem Restaurationsbetrieb vorgesehen werden.

Mit der Schaffung eines Segelgewässers entsteht zwangsläufig das Bedürfnis nach einem Campingplatz.

Der Campingplatz wurde im Anschluß an den Siedlungsbereich der Stadt Vienenburg vorgesehen. Die Gesamtgröße der ausgewiesenen Fläche beträgt 10,4 ha, so daß der Campingplatz für 450 Einheiten nutzbar ist. Der erwähnte Bodenaustausch ist unabdingbare Voraussetzung für die Anlage des Platzes.

Beim Camping ist ein häufiger Bodenkontakt z. B. durch Lagern nicht auszuschließen. Auch kann ein völlig intakter lückenloser Rasenwuchs wegen der starken Beanspruchung und möglicherweise durch Schwermetallbelastung bedingten Wachstumsdepressionen nicht garantiert werden. Mit einem Bodenaustausch auf 15 – 20 cm kann einer solchen Gefahr begegnet werden.

Ein großes Problem stellt der allgemeine Wunsch nach Bademöglichkeiten dar. Es ist jedoch nicht auszuschließen, daß langfristig durch die Planung (z. B. weitgehende Reinigung der Oker von Schwermetallen im südlichem Teil des Gebietes, Verlegung der Oker an den nordöstlichen Rand) Bedingungen geschaffen werden, die für das Baden ausreichende Wasserqualitäten garantieren. Für diesen Fall ist in direkter Nachbarschaft zum Campingplatz der Bau eines kleineren Badegewässers vorgesehen."

Wander- und Radwege

Das gesamte Planungsgebiet sollte durch Wander- und Radwege erschlossen werden.

„Das geplante Wanderwegenetz erschließt das gesamte Seengebiet nördlich der projektierten B6. Bei einer ausreichenden Breite der Wanderwege können diese auch von Radfahrern genutzt werden. Die im Planungsgebiet vorgesehenen Parkplätze haben eine Gesamtkapazität von 650 Fahrzeugen (bei 30 m^2 Bruttofläche), wobei auf den am Campingplatz gelegenen Parkplatz 400 Einheiten entfallen."

Aufforstung

„Für den südlichen Teil des Gebietes ist eine flächenhafte Aufforstung vorgesehen. Diese vorgesehene Aufforstung hat die Funktion eines Immissionsschutzwaldes und soll den als Erholungsgebiet genutzten nördlichen Teil gegen Industrieimmissionen aus Oker und Harlingerode abschirmen."

Naturschutz

„Das vorhandene Naturschutzgebiet ist in dieser Umgebung äußerst fragwürdig und ohne Kenntnis der tatsächlichen Belastung des Gebietes entstanden."

Immissionsschutzpflanzung

„Die Auswahl der im Planungsgebiet zu verwendenden Gehölze erfolgt unter 2 Gesichtspunkten:

1. *Die Gehölze sind standortheimisch, d.h. sie würden ohne den menschlichen Einfluß dort natürlich wachsen.*
2. *Die Gehölze sind industriefest bzw. rauchhart, d. h. sie sind relativ unempfindlich gegenüber Industrieimmissionen."*

Bepflanzung des Ufergeländes, der Teiche und Seen

„An den Ufern der Teiche, die zusätzlich als Retentionsraum für Hochwasser genützt werden, muß im Staubereich lediglich auf Birke und Eberesche verzichtet werden, die restlichen Gehölze ertragen kurzfristige Überstauungen.

Die Immissionsschutzpflanzung unterscheidet sich vom restlichen Grüngürtel nur dadurch, daß das Schwergewicht auf die höherwachsenden Gehölze gelegt wurde, um einen guten Schutz zu gewährleisten."

Soweit der Abbauleitplan vom Juni 1982 in seinen Grundzügen

Stellungnahme von Prof. Dr. R. Zundel

In dem Abbauleitplan deckt sich manche darin enthaltene Aussage für den Nordbereich des Planungsraumes mit unseren im „Landschaftsplan Wöltingerode" gemachten Vorschlägen. Im Hinblick auf das (sicherlich ernsthafte) Schwermetallproblem sind dabei aber u. E. die Zusammenhänge noch so wenig geklärt, daß man den weitreichenden Schlüssen des Planverfassers nicht folgen kann. Nicht umsonst wird im Plan selbst oft von „lückenhaft untersucht" oder „noch zu erforschen" gesprochen, und an vielen Stellen wird vorsichtig und relativierend gesagt „ist die Annahme berechtigt", „dürfte wahrscheinlich sein" oder „ist jedoch nicht auszuschließen". Wie weit das Schwermetall-„Trauma" des Planverfassers geht, erkennt man an dem zweimaligen Hinweis auf die begrenzte Verwendbarkeit des dort wachsenden Holzes. Tatsache ist, daß die genaue quantitative Herkunft des Schwermetalls nicht bekannt ist, daß aber u. E. die gegenwärtigen anthropogenen Einflüsse durch Luft- und Wassereintrag das größte Gewicht haben und diese bei konsequenter Befolgung des Verursacherprinzips weitgehend abgestellt werden können.

Es ist deshalb nicht zu vertreten, die spätere Nutzung des Abbaugebiets für die Ernährung und insbesondere für die fischereiliche Nutzung einfach abzuschreiben. Ich kann mir nicht vorstellen, daß sich die Eigentümer dieser Flächen eine im Plan vorprogrammierte Zusatzbelastung zugunsten von Unterliegern ohne Entschädigungsansprüche bieten lassen. Durch besondere Behandlung der Seen (Kalkung usw.) lassen sich wahrscheinlich künftig, nach ernsthaften Sanierungsmaßnahmen im Raum Oker-Goslar, die verbleibenden Schwermetallgehalte weitgehend unschädlich abpuffern.

Wir schlagen deshalb folgende Änderungen vor:

1. Die **Oker ist nicht durch die vorhandenen und künftigen Seen zu leiten**. Diese sind als „Absetzbecken der Nation" zu schade; ihre optimale fischereiliche Nutzungsmöglichkeit muß offen bleiben. Die Hochwasserrückhaltung ist überdies schon immer Aufgabe der Okertalsperre, die entsprechend bewirtschaftet werden muss. Ausserdem könnten die Kiesseen bei relativ hohen Kosten für Absperrbauwerke diese Rückhaltefunktion nur zu einem geringen Bruchteil (gegenüber der Staukapazität der Okertalsperre) erfüllen.
2. Die **Böschungswinkel der neuen Seen sollen vielgestaltig** sein und nicht durchweg 1 : 3. Von optischen Gründen abgesehen erzielt man dadurch eine bessere natürliche Regenerationskraft der Seen; vor allem auch für die Fischerei sind breitere Flachwasserpartien mit Röhricht unverzichtbar.
3. Der größere nördliche See soll später ggf. auch als **Badesee** genutzt werden. Anstelle des jetzt vorgesehenen kleinen Badesees sollte ausreichend grosses Gelände für Camping und Spielen reserviert werden. Die Vorstellung, daß man durch ein spätes Auskiesen dieses Badesees ggf. ein – wegen des Schwermetallgehaltes ungewolltes – Baden verhindern könne, ist u. E. sowieso nicht haltbar, da auch der grosse See leicht erreichbar ist.

Im übrigen scheint uns die Alternativplanung mit dem kleineren Seglersee unter Beibehaltung der Landesstrasse aus infrastrukturellen Gründen günstiger. Da das Grundwasser u. E. nicht parallel zur Oker fliesst, sondern höchstwahrscheinlich fischgrätartig schräg auf dem Vorfluter zu, wird bei der kleineren Seelösung wegen der kürzeren Diagonale die spätere Wasserspiegellage etwas höher sein; dies ist landschaftlich günstiger und verringert die Gefahr, daß die nordwestlich der Oker liegenden Seen unter dieser hindurch nach Osten in den grossen See „auslaufen".

Abschließend möchten wir unser Erstaunen darüber zum Ausdruck bringen, daß der Planverfasser eingangs alle möglichen Informationsquellen anführt, nicht aber die Untersuchungen von Prof. Welte (Teilergebnisse erhielt der Planverfasser bei der Dezemberbesprechung 1981 in Wöltingerode) und unseren, dem Landkreis übersandten, „Landschaftsplan Wöltingerode". Bei Beachtung der letztgenannten Unterlagen hätte sich mancher Fehler vermeiden bzw. manche Lücke ergänzen lassen, so zum Beispiel durch:

1. Verwertung unserer Bodenuntersuchungen (mit Karte)
2. Vollständige Angaben der heute vorhandenen Fischarten
3. Bessere Beschreibung der vorkommenden Säugetierarten (was heisst schon „Wechselwild"?)
4. Vermeidung der Falschaussage, wonach das Steinfeld „seit jeher nicht bewaldet war".

Im übrigen scheinen sich die Planer – wohl durch die starke Verlagerung ihrer Tätigkeit auf das Studium der Schwermetallliteratur – nur wenig im Gelände bewegt zu haben, ansonsten hätten nicht die falschen Aussagen in den Plan kommen können, daß die Erholung „auch in der extensivsten Form des Spazierengehens" gegenwärtig keine Rolle spiele (Seite 42 des Leitplanes). Denn zumindest im nördlichen Teil – dieser ist nicht nur wegen der besseren Luft, sondern auch wegen der nahegelegenen Wälder, der durchgeführten Bepflanzungen und der Klosteranlage Wöltingerode attraktiver – sieht man heute regelmäßig Spaziergänger und Radfahrer.

Vor allem aber hätte den Planern die umfangreiche Bepflanzung nicht entgehen dürfen, die teilweise schon vor 10 Jahren von der Klosterkammer durchgeführt wurde (so an den drei Seen rechts der Oker und an den Seen T 4 – T 6 links der Oker). Hinzu kam die mit unseren Studenten in den letzten 1 – 3 Jahren durchgeführte Bepflanzung auf etwa 1,5 km Länge als Immissionsschutz entlang der Bundesstrasse und an den Seen T 1 und T 8 (unterhalb des Naturschutzgebiets). Die Aussagen auf Seite 56/57 bei Ziffer 5.3 und 5.6 des Leitplanes sind einfach unrichtig.

Stellungnahme von Prof. Dr. E. Welte

Der Abbauleitplan sieht als Folgenutzung des vom Kiesabbau betroffenen Plangebietes die Schaffung einer als „Antibiotop" bezeichneten Planfläche vor. Durch die vorgeschlagene Durchleitung der Oker durch die bereits vorhandenen und zukünftig noch entstehenden Kiesseen (Kunstteiche) sollen diese als Abseitzbecken für die Schmutzfrachten der Oker und auch als Auffangbecken für evtl. Hochwasser genutzt werden. Ausgehend von einer nahezu totalen Schwermetallverseuchung der durch Grund – und Oberflächenwasser gespeisten Seen, soll als einzig mögliche Erholungsnutzung der Segelsport zugelassen werden.

Diese aus der üblichen Vorstellung einer ökologisch orientierten Landschaftsgestaltung herausfallende Planungskonzeption in einer rd. 702 ha umfassenden Veränderungszone zwingt der Stadt Vienenburg, der im „Regionalen Raumordnungsprogramm" ausdrücklich die Funktion „Erholung" zugewiesen ist, die Hypothek einer antibiologischen Nutzung auf, welche der Erholungsfunktion entgegen gerichtet ist.

Die Konzeption widerspricht vom Grunde her der Forderung nach Umweltverbesserung und läßt die für eine darauf basierende Raumgestaltung notwendige Restaurierung und Regenerierung des vorhandenen ökologischen Potenzials gänzlich unberücksichtigt.

Es ist daher zu fragen, ob und wieweit zur Begründung einer solchen, auf Denaturierung aufbauenden Planungskonzeption die herangezogenen Unterlagen eine derartige Schlußfolgerung rechtfertigen.

In der erbetenen Stellungnahme zu dieser Planung kann ich mich verständlicherweise nur zu jenen Teilen und Auffassungen des Planverfassers äußern, die sich mit Sachverhalten meines Fachgebietes befassen. Das sind vorwiegend die gewässerchemischen Aspekte, die allerdings in der Abbauleitplanung eine dominierende Rolle spielen, weil von diesen die wissenschaftliche Konzeption entscheidend geprägt wurde.

Das herangezogene Material über Schwermetallanalysen insbesondere von Wasser-, Sediment- und Fischproben entstammt nahezu ausschließlich der Oker außerhalb des Planungsgebietes; es wird vom Planverfasser selbst als unzureichend bezeichnet. Durch Vergleich mit Analysenergebnissen gebietsfremder Probenherkünfte und den Toleranzgrenzen für die an das Trinkwasser und an Nahrungsmittel zu stellenden Güteanforderungen glaubt er jedoch, die spärlichen Analysendaten über die Oker so interpretieren zu dürfen, daß sie die Annahme einer nahezu totalen Schwermetallverseuchung des Planungsgebietes rechtfertigen und seine Idee von der Schaffung eines „Antibiotops" d. h. einer erholungsfeindlichen Verödungslandschaft unmittelbar vor den Toren Vienenburgs hinreichend begründen.

Dieser Schluß aus dem sehr lückenhaften und weitgehend gebietsfremden bzw. sich ausschließlich auf die Oker beziehenden Analysenmaterials ist nicht nur unzulässig sondern auch falsch. Dies beweisen die von uns seit 1979 durchgeführten Gebietsanalysen, von denen der Planverfasser Kenntnis hatte. Es dürfte der Bewertung des vorgelegten Abbauleitplanes wenig dienlich sein, wenn planungsentscheidende Untersuchungsergebnisse aus dem Planungsgebiet verschwiegen und auch die umfangreichen Bepflanzungsmaßnahmen, die in den letzten Jahren von der Klosterkammer Hannover im Zusammenwirken mit dem Landschaftsökologen Prof. Dr. Zundel von der Universität Göttingen durchgeführt worden sind, geleugnet werden.

Zu den unzulässigen Schlußfolgerungen aus dem herangezogenen Datenmaterial treten noch zahlreiche Hinweise und Argumente, die entweder unzutreffend sind oder nicht stimmen. Dies möge zumindest an einigen Beispielen verdeutlicht werden.

So ist beispielsweise die Annahme, von einem regen Austausch zwischen Oker und Grundwasser auszugehen, wobei das Flußwasser im Planungsgebiet ins Grundwasser sickert, falsch. In dem durch den Kiesabbau seitens der Firmen Oppermann und Willikens gekennzeichneten Teilgebiet hat sich vielmehr gezeigt, daß die Grundwasserverhältnisse sehr kompliziert sind und die Oker nur mit einigen Kiesseen im Kontakt steht, mit anderen hingegen kaum grundwasserbedingte Kontakte aufweist. Das Eindringen des Okerwassers in das Grundwasser ist zudem durch den kanalartigen Ausbau des Fließbettes in diesem Teil des Planungsgebietes reduziert worden.

Die vom Planverfasser im Oktober 1981 durchgeführten Vergleichsmessungen zwischen den Wasserspiegelhöhen einiger Kiesteiche und der Oker sind völlig unzureichend, um ein auch nur annähernd wirklichkeitsgetreues Bild über die behaupteten Korrelationen zwischen dem Wasser der Oker und dem der Kiesseen geben zu können. Gänzlich unberücksichtigt blieb u. a. das aus der Oker für die Kieswäsche der Fa. Oppermann abgeleitete Wasser, das die Wasserspiegelhöhe einiger Kiesteiche je nach Menge der Entnahme unterschiedlich beeinflußt.

Bei der Bewertung der Wasserqualität (S. 13 des Abbauleitplanes) der verschiedenen Wasservorkommen im Planungsgebiet wurde lediglich die Oker herangezogen. Über die Schwermetallgehalte in den verschiedenen Kiesseen wurden keine Untersuchungen angestellt, sondern einfach unterstellt, daß sie wie die Oker mit Schwermetallen verseucht seien. Daß dies nicht der Fall ist, beweisen die von uns durchgeführten Untersuchungen (Tab. 16).

Tab. 16: Schwermetallgehalte verschiedener Wässer im Gebiet des Steinfeldes (Okeraue bei Vienenburg) Mittelwerte in mg/l

Herkunft	Datum	Zahl d. Proben	Cd	Cu	Pb	Ni	Fe	Zn
Oker bei Meßstation T 9	1980	9	0,08	0,05	0,47	Sp.	0,87	1,61
Oker bei Meßstation T 9	1981	5	0,06	Sp.	Sp.	Sp.	1,21	1,66
Grundwasserzufluß Kiesabbau Opp. Rechtsseitig der Oker	1980	5	Sp.	Sp.	Sp.	n.b.	1,02	n.b.
Grundwasserzufluß Kiesabbau Opp.	1980	5	Sp.	Sp.	Sp.	n.b.	0,43	n.b.
Grundwasserzufluß Kiesabbau Opp.	1981	5	Sp.	Sp.	Sp.	Sp.	0,78	0,54
Grundwasserabfluß Kiesabbau Opp.	1981	5	Sp.	Sp.	Sp.	Sp.	0,61	0,48
Quelle Wöltingerode	1981	5	Sp.	Sp.	Sp.	Sp.	0,25	0,06

Sp. = Spuren nachweisbar
n.b. nicht bestimmt

Entsprechendes gilt für die Sedimentuntersuchungen, von denen der Planverfasser lediglich die aus der Oker stammenden Sedimente zur Beurteilung des Planungsgebietes herangezogen hat (Tab. 17).

Tab. 17: Schwermetallgehalte von Sedimenten in der Oker und von Spülsedimenten des Kiesabbaues in der Okertalaue bei Vienenburg in mg/kg T.M.

Herkunft	Datum	Zahl d. Proben	Cd	Cu	Pb	Ni	Fe	Zn
Okerschwebstoffe bei Kiessee T 9 Oppermann	23.09. – 04.12.80	23	670	1.910	16.863	344	42.325	17.119
Okersediment im Rundbecken d. Meßstation	15.11. – 12.12.79	5	640	1.537	9.241	246	22.460	13.226
Haldenschlamm (Spülsediment) Kieswerk Oppermann	Dez. 79	3	19	186	879	51	18.122	2.248
Kieswäsche Opp. (Spülsediment) Absetzteich T 7	Dez. 79	2	6	55	152	50	22.640	946
Kieswäsche Opp. (Spülsediment) Absetzteich T 7	10.09.82	1	0,7	20	28	31	22.790	163
Kieswäsche Willikens (Spülsediment)	10.09.82	1	3,3	45	227	31	22.331	764

Die von uns durchgeführten Wasser- und Sedimentanalysen im Kiesabbaugebiet der Firmen Oppermann und Willikens zeigen vielmehr, daß eine „fossile und historische“ Grundbelastung des Planungsgebietes vernachlässigbar gering ist.

Die durch Auslaugung der Abraumhalden möglichen Belastungen lassen sich durch eine zweckentsprechende Begrünung bzw. Aufforstung dieser Halden auf ein unbedeutendes Ausmaß verringern.

Entgegen der vom Planverfasser vertretenen Auffassung (S. 50 seines Abbauleitplanes) würde eine durchgreifende Reduzierung der Schwermetallbelastung durch Emissionen und Abwassereinleitungen im Wege der Verbesserung der Abscheidungs- und Aufbereitungsanlagen beim Verursacher die Wasserqualität der Oker entscheidend verbessern und damit den eigentlichen Gefahrenherd im Planungsgebiet ausschalten.

Umweltschutz ist ein integraler Bestandteil jeder Landschaftsplanung. Es verwundert daher sehr, daß der Planverfasser keinerlei Forderungen zur Herabsetzung der industriell bedingten Schwermetallverseuchung der Oker erhebt und auch nicht für die Notwendigkeit leistungsfähiger Abwasseraufbereitungsanlagen eintritt, wie dies von der Öffentlichkeit hinsichtlich der Schwermetallemissionen geschehen ist. Stattdessen sollen die Grundeigentümer des Planungsgebietes zur Entgiftung der durch die industriellen Abwässer verseuchten Oker verpflichtet werden. Dies stellt den Grundgedanken des Abwasserabgabengesetzes geradezu auf den Kopf. Dem Ziel aller zum Schutz der Umwelt ergangenen Gesetze kann nur eine solche Landschaftsplanung Rechnung tragen, die den diesen Gesetzen zugrundeliegenden Schutzgedanken respektiert. Insoweit muß daher die Forderung nach Schwermetallentlastung der Oker durch Herabsetzung der eingeleiteten Mengen wesentlicher Bestandteil eines Abbauleitplanes zur Sicherung einer die Umwelt verbessernden Landschaftsgestaltung sein.

Erheblicher Korrekturen bedürfen auch die Ausführungen zur fischereilichen Nutzung der verschiedenen Kiesseen im Planungsgebiet. Wie unsere bisherigen Erfahrungen gezeigt haben, lassen sich im Gegensatz zu der im Plan geäußerten Vermutung (S. 34 des Abbauplanes) diese Kiesseen sehr erfolgreich bewirtschaften. Dies kann von dem Vienenburger Sportangelverein, der zwei der Kiesseen angepachtet hat, in jeder Weise bestätigt werden. Die Gewässerqualität der Seen, die nicht oder kaum von der Oker kontaktiert werden, ist – entgegen der Behauptung des Planverfassers – besonders für die fischereiliche Nutzung prädestiniert. Auch diejenigen Seen, die direkt als Folge der Kieswäsche mit Okerwasser in Berührung kommen, lassen sich in ihrer Wasserqualität rasch und nachhaltig verbessern, wenn das zur Kieswäsche abgeleitete Okerwasser direkt wieder in die Oker zurückgeleitet wird.

Die Vermutung, daß die zum Verzehr gelangenden Fisch aus den durch den Kiesabbau der Firmen Oppermann und Willikens entstandenen Kiesseen wegen ihres Schwermetallgehaltes die Gesundheit des Menschen gefährden könnten, ist ebenfalls unbegründet. In den vom Okerwasser nicht bzw. kaum beeinflußten Seen liegen die Schwermetallgehalte – insbesondere die des Cadmiums – unterhalb der Grenzwerte (Tab. 18).

Aber auch der erhebliche über dem Grenzwert liegende Cadmiumgehalt des aus dem von Okerwasser durchflossenen Kiessee T 8 stammenden Saiblings stellt noch kein Risiko für den menschlichen Verzehr dar.

Entsprechendes gilt für den vom Planverfasser zitierten Untersuchungsbefund der aus dem Vienenburger See stammenden Fische (siehe Tab. 15). Bei der Beurteilung des Gefahrenrisikos kommt es auf die Menge der verzehrten Fische an. In Verbindung mit den Konzentrations-Richtwerten errechnet sich hieraus die zulässige Höchstmenge. Sie beträgt z. B. hinsichtlich der alimentär bedingten Cadmiumaufnahme bis zu 500 µg pro Kopf und Woche. Um diese Cadmiummengen zu erreichen, müßte beispielsweise von dem Saibling aus Kiessee T 8 mit einem Cadmiumgehalt von 140 µg etwa 3,6 kg Fischfleisch pro Kopf in der Woche verzehrt werden. Diese Menge gilt als ausgeschlossen.

Tab. 18: Schwermetallgehalte in der Muskulatur von Fischen (Salmoniden) in mg/kg Frischgewicht

Fangort	Fischart	Datum	Cd	Cu	Pb	Ni	Fe	Zn
Kiesteich T 8 Oppermann (von Okerwasser durchströmt)	Saibling	16.05.1980	0,140	0,550	n.n.	n.b.	n.b.	15,100
Rundbecken Meßstation (Okerwasser)	Regenbogenforelle	21.11.1981	0,210	0,915	5,795*	n.n.	2,435	5,890
Kiesteich Nr. 2 Willikens	Regenbogenforelle	17.09.1982	Sp.	0,440	Sp.	Sp.	4,835	5,350
Kiesteich Nr. 2 Willikens	Regenbogenforelle	17.09.1982	Sp.	0,615	Sp.	Sp.	4,150	6,150
Nette (Harzfluß) b. Bilderlahe	Regenbogenforelle	13.05.1982	0,065	0,700	0,435	0,330	1,750	5,410
Nette (Harzfluß) b. Bilderlahe	Bachforelle	13.05.1982	0,080	0,745	0,410	0,410	3,640	5,070
Nette (Harzfluß) b. Bilderlahe	Regenbogenforelle	19.05.1982	0,065	1,135	0,495	0,300	3,780	4,440
Aquarium IfA Göttingen Leitungswasser	Regenbogenforelle	26.11.1981	Sp.	0,355	1,270	n.n.	1,665	4,350

n.n. = nicht nachweisbar
Sp. = in Spuren nachweisbar
n.b. = nicht bestimmt

** außergewöhnlicher Extremwert, daher Analysenfehler nicht auszuschließen, jedoch nicht nachprüfbar*

Die aus den drei Tabellen 16, 17, und 18 meiner Stellungnahme ersichtlichen Befunde als wichtiges Teilergebnis unserer bisherigen Untersuchungen zur Frage der Schwermetallbelastung der Wasservorkommen, Sedimente und Fische im Kiesgewinnungsgebiet der Firmen Oppermann und Willikens machen deutlich, daß entgegen den Vermutungen des Planverfassers die „fossile und historisch bedingte Grundbelastung“ des Planungsgebietes außerhalb des Gewässerbettes der Oker gering ist und keinerlei Einschränkung hinsichtlich der Folgenutzung „Erholung“ erforderlich macht.

Der eigentliche Gefahrenherd der Schwermetallverseuchung resultiert aus den eingeleiteten Abwässern der im Oberlauf der Oker ansässigen Industrien. Die im Planungsgebiet nach erfolgtem Kiesabbau verbleibenden Ressourcen sind hinsichtlich ihrer Nutzung für Erholungszwecke – entgegen der im Plan geäußerten Auffassung – gegenwärtig von Natur aus noch so weitgehend intakt, daß sie eine landschaftsökologisch sinnvolle Rekultivierung zwecks Gestaltung einer vielgegliederten Erholungslandschaft geradezu herausfordern.

Die in der Abbauleitplanung zur Schaffung eines „Antibiotops“ getroffenen grundsätzlichen Überlegungen entbehren hingegen jeglicher Begründung. Dies betrifft nicht nur die vorgeschlagene Durchleitung der Oker durch die Kiesseen, sondern auch den Gedanken, den hierdurch entstehenden Abwassersee gleichzeitig als Stauraum für Hochwasser auszuweisen. Abgesehen davon, daß die hierfür erforderlichen Schutzbauten einen ökonomisch nicht zu vertretenen Kostenaufwand erfordern würden, ist der Hochwasserschutz für dieses Gebiet durch den Bau der Okertalsperre und den Ausbau der Oker ausreichend gewährleistet. Bei richtiger Bewirtschaftung der Sperre kann es zu Hochwassergefahren unterhalb der Sperre überhaupt nicht kommen. Insoweit ist den Ausführungen auf S. 12 des Planes voll zuzustimmen.

Die in den Analysenbefunden der drei Tabellen zum Ausdruck kommenden Fakten erfordern, daß die Oker in ihrem jetzigen Bett verbleibt, um jede vermeidbare Kontaktierung mit den Kiesseen zu unterbinden.

Ein Durchleiten der Oker durch die Kiesseen zum Zweck der Entgiftung des schwermetallverseuchten Okerwassers führt unausweichlich zu einer Vergiftung des noch weitgehend intakten Grundwassers und stellt eine ernste Gefährdung der Trinkwasserversorgung aus den angrenzenden Grundwassergewinnungsanlagen (Vienenburg, Börßum) dar. Dabei sind es nicht nur die hohen Schwermetallfrachten der Oker, die in das Grundwasser gelangen, sondern auch die beträchtlichen Phosphat- und Nitratkonzentrationen im Okerwasser, die die Qualität des Grundwassers beeinträchtigen. Die hierdurch hervorgerufenen negativen Auswirkungen für die Stadt Vienenburg und für die ihr zugeschriebene Erholungsfunktion sind unübersehbar.

Stellungnahme des Präsidenten der KKH, Prof. Dr. A. Frhr. von Campenhausen (s. Seite 126–128).
Erwiderung des Landkreises Goslar vom 27.01.1983 (s. Seite 129–130).

Erneute Stellungnahme der Klosterkammer Hannover (KKH)

„Die Stellungnahme der Herren Prof. Dr. E. Welte, Institut für Agrikulturchemie der Universität Göttingen, und Dr. Wolff, Institut für Geologie und Paläontologie der Technischen Universität Braunschweig, zu Ihrem Schreiben vom 27.01.83 liegen mir nunmehr vor. Sie lassen sich wie folgt gliedern:

I. Wasseruntersuchungen Kiesteiche und Oker
II. Grundwasseruntersuchungen Steinfeld
III. Sedimentuntersuchungen
IV. Sonstige Auskünfte

Ergänzend dazu hat sich die Landwirtschaftliche Untersuchungs- und Forschungsanstalt Hameln über Schwermetallimmissionen aus der Luft geäußert (V.).

Zu I.: Wasseruntersuchungen Kiesteiche und Oker

Vorbemerkungen:

Die vom Institut für Agrikulturchemie der Universität Göttingen unter Leitung von Prof. Dr. Welte durchgeführten Untersuchungen hatten zum Ziel, den Wasserchemismus in den Teichen und den Einfluß der Oker auf die Wassergüteparameter dieser Teiche zu erforschen. Zu diesem Zweck wurden innerhalb des 3-jährigen Untersuchungszeitraumes 1980 – 1982 in 7 Teichen, der Oker und im „Entwässerungskanal“ rechts der Oker je 23 Proben entnommen und untersucht. Die analytischen Untersuchungen (je Probe 2 Parallele) erstreckten sich auf 22 Wassergüteeigenschaften. Insgesamt wurden also rd. 10.000 Meßdaten ermittelt. Für 11 in diesem Zusammenhang besonders interessante Wassergüteeigenschaften wurden die Mittelwerte der drei Untersuchungsjahre zugrunde gelegt (Tab. 19).

An den
Landkreis Goslar
Postfach 20 20

3380 Goslar 1

<u>D u r c h s c h r i f t</u>

Ihr Zeichen	Ihre Nachricht vom	(Bitte bei Antwort angeben) Mein Zeichen	Datum
60 61 24 50-1	-	212-Kbau II 51	21.10. 1982

Betreff Abbauleitplan für das Steinfeld

Im Auftrage des Landkreises Golsar hat Herr Lamprecht, Hannover, einen "Abbauleitplan für das Steinfeld" erstellt. Mir sind der Erläuterungsbericht, der Lageplan 1 : 5 000 (Blatt Nr. 6) und der Alternativplan ohne Aufhebung der L 518 (Blatt Nr. 6a) dieser Arbeit bekannt. Ich nehme dazu für den Bereich der Gemarkung Vienenburg wie folgt Stellung:
Einem Kiesabbau auch im oberen Teil des Steinfeldes stimme ich grundsätzlich zu. Einen Kiesabbau ohne sinnvolle wirtschaftliche Folgenutzung lehne ich für dieses Gebiet allerdings ab. Ich lehne es auch ab, diesen oder einen anderen Teil des Steinfeldes als Sedimentationsbecken für die Oker zur Verfügung zu stellen, wie der Plan Lamprecht es vorsieht. Eine Beseitigung der L 518 Vienenburg/Oker halte ich für unzweckmäßig.

Die völlige Aufgabe der Landschaft als Erholungs- und Freizeitraum und die Umwandlung in einen "Antibiotop" begründet Herr Lamprecht wie folgt:
a: Die <u>fossile und historische Belastung</u> des Planungsgebietes hat eine Ausgangslage geschaffen, die eine wirtschaftliche Nutzung nicht zuläßt. Das Gebiet ist so weit mit Schwermetallen belastet, daß Landwirtschaft, Fischerei oder Erholung nicht möglich oder nicht zu verantworten sind.

☎ (05 11) 34 38 38 | Dienstgebäude Eichstraße 4 3000 Hannover 1 | Überweisung an Hauptkirchenkasse Hannover | Norddeutsche Landesbank Hannover 35918 (BLZ 250 500 00) Postscheckamt Hannover 8 300 (BLZ 250 100 30) Landeszentralbank Hannover 25001911 (BLZ 250 000 00)

Herr Prof.Dr. Welte, Institut für Agrikulturchemie der Universität Göttingen, hat dagegen in umfangreichen Untersuchungen festgestellt, daß die fossile und historische Belastung vernachlässigbar gering ist.

b: Das Grundwasser des Planungsgebietes ist nach Angabe des Herrn Lamprecht durch Sickerwasser aus der Oker in hohem Maße mit Schwermetallen verseucht.
Nach den Feststellungen des Instituts für Agrikulturchemie der Universität Göttingen - Prof.Dr. Welte - und des Instituts für Geologie und Paläontologie der TU Braunschweig - Dr. Wolff - ist diese Annahme falsch. Untersuchungen des Grundwassers auf Gehalte an Kadmium, Blei und Kupfer ergaben nur geringe Werte, die alle unter den Grenzwerten der EG-Richtlinien für Rohwasser für die Trinkwassergewinnung liegen.

c: Die Sedimente sind nach Ansicht des Planverfassers im gesamten Planungsgebiet völlig verseucht.
Dagegen haben die Sedimentuntersuchungen Prof. Weltes sehr unterschiedliche Ergebnisse erbracht. Wirkliche Gefahren für das Gebiet gehen danach allerdings allein von den rezenten Sedimenten der Oker aus.

d: Den Immissionen aus der Luft weist Herr Lamprecht eine hohe Bedeutung zu. Die wichtigsten Gefahren für das freigelegte Grundwasser sind nach seiner Ansicht die schwermetallhaltigen Staubniderschläge.
Die Messungen der Landwirtschaftlichen Untersuchungs- und Forschungsanstalt Hameln im Jahre 1982 haben dagegen ergeben, daß sich im Bereich des Vienenburger Steinfeldes keine Schwermetalle im niedergehenden Staub befanden.

e: Die Fische im Planungsgebiet sind angeblich für den Verzehr ungeeignet.
Fischuntersuchungen Prof. Weltes haben unterschiedliche Belastungswerte bei verschiedenen Fischarten und unterschiedlichen Wasserqualitäten ergeben. Zum Verzehr sind jedoch alle hier aufgewachsenen Fische voll geeignet.

Zudem lassen sich die Lebensbedingungen für Fische in den Teichen, in denen sie z.Zt. nicht befriedigend sind, durch technische Maßnahmen verbessern.

Eine Bepflanzung ist nach Angabe des Planverfassers im Planungsraum bisher nicht vorgenommen worden. Dabei sind die nach Plänen von Prof. Dr. Zundel, Institut für Forstpolitik und Naturschutz der Universität Göttingen, durchgeführten Pflanzungen und auch ältere Pflanzungen der Firmen Oppermann und Willikens wohl kaum zu übersehen. Unverständlich ist, wieso Herr Lamprecht den durch Prof. Dr. Zundel aufgestellten Landschaftsplan völlig ignoriert.

Zusammenfassend läßt sich sagen, daß der Plan des Büros Lamprecht nicht fundiert ist und sich für den Bereich des Steinfeldes allein auf Vermutungen und Annahmen gründet. Diese Vermutungen und Annahmen sind nach den mir vorliegenden Untersuchungen und Erklärungen der verschiedenen Institute größtenteils falsch. Es kann daher auch das von Herrn Lamprecht auf Grund dieser Vermutungen erzielte Ergebnis nicht richtig sein.

Die Absicht der Klosterkammer ist es nach wie vor, hier ein Freizeit- und Erholungsgelände zu schaffen und die bereits bestehenden wie auch evtl. künftigen Kiesteiche als Angelgewässer zu nutzen. Zu Gesprächen darüber bin ich jederzeit gern bereit. Eine solide Grundlage für diese Gespräche ist nach meiner Auffassung der Ihnen vorliegende "Landschaftsplan für das Kiesabbaugebiet Wöltingerode" von Prof.Dr. Zundel.

Die auf meine Anregung von den verschiedenen Instituten im Steinfeld durchgeführten Untersuchungen sind noch nicht abgeschlossen. Ich gehe jedoch davon aus, daß ich im Frühjahr 1983 den interessierten Fachbehörden exakte Zahlen vorlegen kann, wie sie zu einer endgültigen Beurteilung der Verhältnisse im Planungsraum erforderlich sind.

gez. Frhr. von Campenhausen

LANDKREIS GOSLAR

DER OBERKREISDIREKTOR

Landkreis Goslar · Postfach 20 20 · 3380 Goslar

Klosterkammer Hannover
Postfach 33 25

3000 Hannover 1

Klosterkammer Hannover
Abt. [illegible] 02. FEB. 83
Az.: 212

Ihre Zeichen, Ihre Nachricht vom	(bei Antwort bitte angeben) Mein Zeichen, meine Nachricht vom	☎ (0 53 21)	Datum
2) 212-Kbau-H 51 v. 21.10.1982	3) 61/621-42	4) 76- 6103 oder 76-0	27.01.1983

Abbauleitplan für das "Steinfeld"

Sehr geehrte Herren!

In Ihrer Stellungnahme vom 21.10.1982 weisen Sie darauf hin, daß zwischenzeitlich von verschiedenen Instituten umfangreiche Untersuchungen durchgeführt worden sind, mit deren Ergebnis in diesem Frühjahr zu rechnen sei.

Da im Laufe d. J. die vom Büro Lamprecht erstellte Arbeit zum Abschluß gebracht werden soll, will ich gern zur endgültigen Beurteilung der Verhältnisse in der Okerniederung auf Ihr Angebot bezüglich der entsprechenden Fachaussagen eingehen.

In diesem Zusammenhang würden mich insbesondere folgende Unterlagen interessieren:

- Die Untersuchungen von Herrn Dr. Wolff über die Schwermetall-Belastung des Grundwassers im Steinfeld

- die Angaben über die Schwermetall-Gehalte der verschiedenen Kiesteichwässer einschließlich der Meßgenauigkeit der verwendeten Geräte und

- die Untersuchungsergebnisse von Herrn Professor Welte mit jeweiliger Angabe der Probeentnahmen zu den Sedimentuntersuchungen - hier sind nicht die Spülsedimente gemeint - aus den verschiedenen, vor allem den älteren Kiesteichen und die Fischanalysen aus den unterschiedlichsten Teichen einschließlich Gewichtsangabe und Verweildauer.

Die Ende 1981 zur Verfügung gestellten Unterlagen (s. Anlage 1) und die mit der Stellungnahme von Herrn Professor Welte zugesandte Tabelle (s. Anlage 2) unterscheiden sich in ihrer Aussage ganz erheblich voneinander. Die Werte der Anlage 1, die auf ausdrücklichen Wunsch von Herrn Professor Welte nicht in der Arbeit des Büros Lamprecht verwendet worden sind, unterstützen die These einer für die Fischzucht zu starken Schwermetall-Belastung.

Da die neuen Werte der Anlage 2 (2 Fische aus einem Kiesteich) lediglich als Stichproben zu werten sind und damit auch eine geringfügige Aussagekraft besitzen, sind weitere Ergebnisse - insbesondere aus anderen Kiesteichen - als Entscheidungsgrundlage erforderlich. Ferner wäre die Angabe der Fischgewichte und/oder der Einsatzdaten wichtig. Weil es sich zu einem großen Teil um nichtheimische, sondern eingesetzte Fischbruten wie Lachse und Lachsarten handelt, könnte die Verweildauer in dem kontaminierten Wasser jedoch für eine eventuelle Anreicherung mit Schwermetallen ein entscheidender Faktor sein.

In diesem Zusammenhang möchte ich darauf hinweisen, daß in der Anlage 1 die Werte für Blei ausgesprochen hoch sind, so daß möglicherweise ein Rechenfehler vorliegen könnte. Sollte dies der Fall sein, so wäre ich Ihnen dankbar, diese Tabelle in überarbeiteter Form zu bekommen.

Für die Überlassung der vollständig vorliegenden Untersuchungsergebnisse danke ich Ihnen im voraus.

Mit freundlichen Grüßen
Im Auftrage

Spamer

Tab. 19: Chemische Untersuchungen der Wassergüteparameter (Mittelwerte für die Periode 1980 – 1982) Kiessee T 1 – T 6. Anlage zum Schreiben der KKH vom 18.05.1983 (Teil 1)

Wassergüteparameter 1980/82 als Jahresmittelwerte

1980 n = 9
1981 n = 5
1982 n = 9
23

Probeentnahmeort Parameter		T 1	T 2	T 4	T 5	T 6
Temperatur °C	1980	11,7	11,4	11,8	13,4	11,8
	1981	12,1	12,1	11,7	12,3	12,4
	1982	14,0	13,9	13,7	14,4	14,5
PH	1980	7,99	7,91	7,81	7,86	7,75
	1981	9,10	8,83	8,78	8,75	8,86
	1982	8,21	8,21	9,06	8,33	8,91
CSB mg O_2/l	1980	11,7	9,0	16,3	11,0	12,5
	1981	5,9	7,0	8,8	7,5	12,5
	1982	8,5	9,2	24,2	9,8	15,3
o.PO_4 mg/l	1980	0,01	0,03	0,85	0,06	0,14
	1981	0,02	0,03	0,24	0,05	0,05
	1982	0,02	0,03	0,28	0,02	0,05
Ges. PO_4 mg/l	1980	0,11	0,18	1,26	0,27	0,46
	1981	0,19	0,17	0,48	0,23	0,24
	1982	—	—	—	—	—
NH_4 mg/l	1980	0,22	0,26	6,42	1,99	3,73
	1981	0,26	0,26	1,90	0,36	0,25
	1982	0,07	0,08	2,64	0,18	0,32
Ca mg/l	1980	78,7	77,5	49,4	61,8	56,7
	1981	56,7	52,3	48,2	47,4	57,1
	1982	66,0	67,2	39,8	53,4	54,6
Zn ppm	1980	0,21	0,57	1,28	0,80	0,55
	1981	0,49	0,62	0,79	0,43	0,36
	1982	0,14	0,24	1,07	0,41	0,27
Cd ppm	1980	Sp.	Sp.	0,036	0,015	0,015
	1981	Sp.	Sp.	0,010	Sp.	Sp.
	1982	Sp.	Sp.	0,046	0,011	0,016
Cu ppm	1980	0,019	0,023	0,029	0,021	0,019
	1981	Sp.	Sp.	0,012	0,012	Sp.
	1982	Sp.	Sp.	Sp.	Sp.	Sp.
Pb ppm	1980	0,049	0,058	0,048	0,050	0,035
	1981	0,020	0,027	0,018	0,034	0,068
	1982	Sp.	Sp.	Sp.	Sp.	0,003

Tab. 19: Chemische Untersuchungen der Wassergüteparameter (Mittelwerte für die Periode 1980 – 1982) Kiessee T 7 und T 9, Oker und Entwässerungskanal. Anlage zum Schreiben der KKH vom 18.05.1983 (Teil 2)

Probeent-nahmeort Parameter		T 7	T 9	Oker	Kanal (Ein)	Kanal (Aus)
Tempe-	1980	11,6	11,4	10,7	9,5	9,9
ratur	1981	12,0	9,7	9,8	10,3	10,4
°C	1982	14,4	11,2	9,8	12,2	12,2
	1980	8,00	7,51	7,59	7,45	7,24
pH	1981	8,61	8,19	8,05	7,53	7,57
	1982	8,38	8,02	7,65	7,35	7,42
CSB	1980	17,4	22,8	41,0	11,4	6,1
mg O_2/l	1981	8,6	9,8	14,5	2,7	3,0
	1982	14,9	14,4	9,8	7,0	7,9
o.PO_4	1980	0,35	0,99	1,49	0,05	0,05
mg/l	1981	0,09	0,75	0,99	0,03	0,03
	1982	0,16	1,07	1,39	0,02	0,02
Ges.	1980	0,75	2,06	1,98	0,13	0,13
PO_4	1981	0,41	1,12	1,44	0,20	0,13
mg/l	1982	—	—	—	—	—
NH_4	1980	4,73	8,14	10,38	1,30	1,46
mg/l	1981	0,70	5,71	6,08	1,39	0,77
	1982	0,75	8,09	8,70	0,42	0,35
Ca	1980	52,3	43,3	44,4	60,0	56,7
mg/l	1981	61,7	42,9	46,9	55,1	59,3
	1982	51,3	40,6	40,1	69,5	71,3
Zn	1980	0,76	2,18	1,67	0,42	0,33
ppm	1981	0,70	1,21	1,66	0,54	0,48
	1982	0,29	1,19	1,14	0,36	0,43
Cd	1980	0,024	0,065	0,078	Sp.	Sp.
ppm	1981	Sp.	0,014	0,037	Sp.	Sp.
	1982	0,012	0,055	0,069	0,002	0,002
Cu	1980	0,020	0,048	0,049	0,018	0,018
ppm	1981	0,024	0,037	0,046	Sp.	Sp.
	1982	Sp.	Sp.	Sp.	Sp.	Sp.
Pb	1980	0,042	0,240	0,409	0,038	0,037
ppm	1981	0,059	0,118	0,260	Sp.	Sp.
	1982	Sp.	Sp.	Sp.	Sp.	Sp.

Die örtliche Situation ist dem Lageplan zu entnehmen (siehe Abb. 28). Dabei ist es für die Auswertung der Analysenergebnisse wichtig, folgende Zusammenhänge zu kennen:

Die Teiche 9 und 4 werden von Okerwasser durchflossen (Zuleitung zur Kieswäsche bzw. Speisung des Mühlengrabens). In den Teich 7 wird das mit Feinsedimenten beladene Waschwasser aus dem Kieswerk geleitet. Ein Überlauf geht in den Teich 6 und zeitweise in den Teich 5.

Der „Kanal“ dient der Grundwasserabsenkung im Kiesgewinnungsgebiet „Steinfeld“. Hier vermischt sich das Grundwasser mit Druckwasser aus der Oker. Durch stärkeren Grundwasserabfall bei weiterem Kiesabbau und geringer werdendes Druckwasser (Verschlämmung und Dammverstärkung durch Anschüttungen) wird der Anteil an Okerwasser ständig kleiner.

Die Einleitung des Okerwassers in das Teichsystem erfolgt nicht kontinuierlich. Sie wird von den Bedürfnissen der Firma Oppermann bestimmt und wechselt stark.

Eine erhebliche Störung hat das Hochwasser des Jahres 1981 verursacht. Es hat sämtliche Teiche des Untersuchungsgebietes links der Oker durchflossen. Während der Zeit der starken Beeinflussung der Teiche durch das Okerwasser wurde die Probeentnahme ausgesetzt. Aus diesem Grunde sind 1981 nur 5 statt 9 Proben genommen worden.

Zu den einzelnen Untersuchungsergebnissen werden von Prof. Dr. Welte folgende Erläuterungen gegeben:

pH-Wert

Die pH-Werte in den Teichen 1 – 7 liegen in allen 3 Jahren höher als der in Teich 9. Dies beweist den deutlichen Einfluß, den das Okerwasser auf das Wasser in diesem Flachteich ausübt. Die höheren und untereinander wenig differenzierten Werte in den übrigen Teichen deuten auf den alkalisierenden Effekt der Eutrophierung. Da es sich um Teiche mit weitgehendem Stillwassercharakter handelt, kommt die Wechselwirkung zwischen dem Wachstum und der Entwicklung des autotrophen Planktons (Algen) und der Bikarbonat-Dynamik im Teichwasser besonders zum Tragen. Das vom Grundwasser gespeiste, nährstoffarme Kanalwasser zeigt diesen Eutrophierungseffekt nicht.

CSB (Chemischer Sauerstoffbedarf)

Deutlich erkennbar ist eine Besserung der Wasserqualität der Oker in den Jahren 1981 und 1982 gegenüber 1980. Auswirkungen zeigen sich deutlich in den vom Okerwasser stark beeinflußten Teichen 9, 4 und 7 gegenüber den geringer beeinflußten übrigen Teichen und dem Kanal. Die unterschiedlichen Werte auch in den vom Okerwasser geringer beeinflußten Teichen und dem Kanal resultieren aus zeitweisen Algenmassenentwicklungen als Folge der Eutrophierung. Dieser Faktor wirkt sich auf den CSB-Wert natürlich in jedem Fall aus.

Phosphat

Ein besonders empfindlicher Indikator ist der Phosphor. Extreme Werte ergeben sich bei der Oker auf der einen und dem Kanal und den von der Oker gering beeinflußten Teichen auf der anderen Seite. Der Einfluß der Oker auf die Teiche 4, 7 und 9 ist sowohl beim Ortho-Phosphat als auch beim Gesamtphosphat deutlich erkennbar.

NH_4

Neben dem Phosphat kommt auch dem NH_4-Stickstoff eine richtungsweisende Indikatoreigenschaft zu. Das durch die Kläranlagen Goslar und Oberharz stark belastete Okerwasser mit einem 3-jährigen Durchschnittswert von 8,39 mg/l im Vergleich zu 0,95 mg/l des Kanalwassers und 0,19 mg/l der Teiche 1 und 2 beherrscht den N-Chemismus der vom Okerwasser durchströmten Teiche in unverkennbarer Weise.

Ca

Das im Vergleich zu den Kanalwasserproben ungleich niedrigere Ca-Konzentrationsniveau im Okerwasser (im 3-jährigen Durchschnitt 43,8 mg Ca/l im Vergleich zu 62,0 mg Ca/l im Kanalwasser) prägt ebenfalls unverwechselbar die Wasserqualität der am stärksten mit Okerwasser im Kontakt stehenden Teiche 9 und 4, sowie in geringerem Ausmaß Teich 7.

Zn

Der für den 3-jährigen Untersuchungszeitraum errechnete durchschnittliche Zinkgehalt des Okerwassers liegt um rd. das $3\,^1/_2$-fache höher als im Kanalwasser (1,49 mg/l gegen 0,43 mg/l). Die Auswirkung auf die Qualität des Wassers in den Kiesteichen ist ähnlich wie beim Phosphat und NH_4-Stickstoff.

Cd

Chemisch gesehen ist das Cadmium in seinen Lösungseigenschaften als ein Begleiter des Zinks anzusehen. Insoweit wirkt sich der Einfluß der hohen Cd-Konzentration des Okerwassers auf die verschiedenen Teiche ähnlich aus wie beim Zink. Das Wasser im Kanal weist lediglich Spuren von Cadmium auf – ein sicherer Hinweis darauf, daß das Grundwasser an der Cd-Kontamination der Kiesteiche nicht beteiligt ist. Die Belastung wird ausschließlich durch das Okerwasser verursacht.

Cu

Bei der Beurteilung der Cu-Werte fällt zunächst auf, daß sich die Oker im Jahre 1982 offensichtlich in der Cu-Belastung wesentlich gebessert hat. Die Ursache für diese auffällige Reduzierung bis auf Spurenmengen bedarf noch der Aufklärung und Nachforschung. Die Beweglichkeit des Kupfers ist innerhalb des vorherrschenden pH-Bereichs und angesichts der sorbierenden Wirkung organischer und tonhaltiger Schwebstoffe sowie der fällenden Wirkung von Ca und Phosphat gering. Trotzdem zeigt sich – wenn auch in abgeschwächten Maße – der Einfluß der Cu-Belastung der Oker deutlich in den Teichen 9 und 4.

Pb

Blei ist hinsichtlich der Lösungs- und Transportdynamik noch stärkerer Fällungsreaktionen im pH-Bereich oberhalb Teich 7 ausgesetzt als Kupfer. Die hohe Konzentration in der Oker reicht jedoch aus, den starken Einfluß auf den weitgehend von Okerwasser gespeisten Teich 9 deutlich erkennbar zu machen. Wie beim Kupfer fällt bei diesem Schwermetall ebenfalls das Absinken der Belastung der Oker bis auf Spurenmengen im Jahr 1982 auf. Genau wie beim Kupfer sind die Bleiwerte im Kanalwasser so gering, daß ein Pb-Belastung der Kiesteiche durch Grundwasser ausgeschlossen werden kann.

Zusammenfassung und Schlußfolgerung

Sämtliche Parameter zeigen übereinstimmend im mehr oder weniger großen Ausmaß, daß die in den Kiesteichen nachweisbaren Belastungen vom Okerwasser herrühren. Bei den Laststoffen handelt es sich in erster Linie um Phosphat und Ammonium sowie um die Schwermetalle Zink, Cadmium, Kupfer und Blei. Die beste Qualität von den untersuchten Gewässern weisen die Teiche 1 und 2 sowie das Wasser aus, das über den Entwässerungskanal aus dem jetzigen Kiesgewinnungsgebiet rechts der Oker abgeleitet wird und größtenteils aus zutagetretendem Grundwasser besteht. Um die großen Unterschiede zwischen dem Okerwasser und diesem Kanalwasser deutlich zu machen, sind die über den gesamten Untersuchungszeitraum gemittelten Werte für die maßgeblichen Güteparameter gegenübergestellt (Tab. 20)

Tab. 20: Vergleich wichtiger Güteparameter zwischen Okerwasser und Kanalwasser (mg/l)

Parameter	Okerwasser	Kanalwasser
CSB	21,8	6,4
o.-Phosphat	1,29	0,03
NH_4	8,39	0,95
Ca	43,8	62,0
Zn	1,49	0,43
Cd	0,061	0,001
Cu	0,032	0,006
Pb	0,223	0,013

n = 23

Die Klosterkammer und die Firma Oppermann werden sich bemühen, durch Änderung in der Wasserzuleitung zur Kiesaufbereitungsanlage die Einspeisung von Okerwasser in das Abbaugebiet auf ein Mindestmaß zu beschränken. Das wird eine wesentliche Verbesserung der Wasserqualität in den vorhandenen Teichen zur Folge haben. Unabhängig davon ist jedoch eine Sanierung der Oker anzustreben, die nur durch Kontrollen und Beschränkungen bei den Schadstoffeinleitungen zu erreichen sein wird.

Zu II.: Grundwasseruntersuchungen Steinfeld

Zum Zwecke der Grundwasseruntersuchung sind im Steinfeld nach Angabe des Instituts für Geologie und Paläonglogie Braunschweig 8 Bohrbrunnen niedergebracht worden (siehe Abb. 2). Die Wasseruntersuchungen auf Schwermetalle durch das vorgenannte Institut erbrachten folgendes Ergebnis (Tab. 21).

Tab. 21: Schwermetallgehalte von Grundwasser aus 8 Bohrbrunnen in mg/l (Nach Wolff)

Probe	Cu	Pb	Zn	Cd
1	0,0027	0,0019	0,165	0,002970
2	0,0074	0,0065	0,061	0,000390
3	0,0040	0,0038	0,128	0,000435
4	0,0007	0,0005	0,047	0,000135
5	0,0009	0,0014	0,035	0,000100
6	0,0008	0,0007	0,011	0,000095
7	0,0006	0,0005	0,024	0,000220
8	0,0035	0,0023	0,058	0,000685

Den Grenz- und Richtwerten für Spurenmetalle im Wasser (Tab. 22) ist zu entnehmen, daß das Grundwasser im Steinfeld Trinkwasserqualität hat.

Tab. 22: Grenz- und Richtwerte für Spurenelemente im Wasser (µg/l)

Metalle	Rohwasser		Trinkwasser						
	UdSSR 1967	USA National Techn. Adv. Comm. 1985	World Health Organization (WHO)				USA		
	Grenzwert	Grenzwert	Grenzwert	Richtwert	Grenzwert	Grenzwert	Richtwert	Grenzwert	Ziel
Cu	100	1000	1500	1000	1500	50	1000		200
Pb	100								
Zn	1000	5000	1500	5000	15000	5000	5000		1000
Cd	10	10	10			10		10	10

Nach Haberer und Normann 1971/1972

Zu III.: Sedimentuntersuchungen

Herr Prof. Welte weist in seinen Untersuchungen nach, daß die Schwermetallbelastung der Kiesteiche nahezu ausschließlich auf die löslichen und unlöslichen Schwermetallfrachten der Oker und nicht auf den Schwermetallgehalt der anstehenden und in historischer Zeit gebildeten Sedimente zurückzuführen ist. Seine Ausführungen hierzu sind nachfolgend wiedergegeben.

„Ziel der Untersuchungen war die Beantwortung der Frage, welchen Einfluß die Schwermetallgehalte der durch die Kieswäsche der Fa. Oppermann und Willikens abgetrennten tonigen Sedimente aus der prähistorischen Ablagerung in der Okeraue im Gebiet des Steinfeldes sowie die von der Oker verfrachteten schwermetallhaltigen Schwebstoffe auf die Schwermetallbelastung der sich in den Kiesteichen bildenden Bodenschlämme haben.

Zu diesem Zweck wurden u. a. Analysen über die Gehalte an Blei (Pb), Cadmium (Cd), Eisen (Fe), Kupfer (Cu), Nickel (Ni) und Zink (Zn) sowohl an den Schwebstoffen der Oker als auch an den Spülsedimenten der beiden kiesgewinnenden Betriebe durchgeführt.

Voruntersuchungen ergaben Hinweise über starke Schwankungen der Schwermetallfrachten in der Oker, hingegen relativ geringe in den Spülsedimenten aus verschiedenen Herkünften innerhalb des Kiesgewinnungsgebietes.

Dies ist erklärlich, weil die Frachtbelastung der Oker von einer Reihe von Faktoren bestimmt wird. Insbesondere spielen Wasserführung der Oker, Menge, Schwermetallkonzentration und Zeitpunkt der Einleitung der Abwässer aus den in Oker ansässigen Industriebetrieben sowie die variierenden Abwassereinleitungen der kommunalen Kläranlagen Goslar und Oberharz eine wichtige Rolle.

Aus diesen Gründen mußten die Untersuchungen über die Schwebstoff-Frachten der Oker wesentlich umfangreicher sein als die durch die Kieswäsche abgetrennten tonigen Sedimente.

Insgesamt wurden in der Zeit vom 23.09.1980 bis 04.12.1980 23 Schwebstoffproben aus der Oker gewonnen. Zu diesem Zweck wurde ein Teil des Okerwassers im Bypass durch ein Sedimentationsbecken geführt und aus den sich absetzenden Feststoffen die Probe gezogen. Darüber hinaus wurden in einem für fischereiliche Kontrollen aufgestellten Rundbecken die mit dem Okerwasser eingespülten Schwebstoffe gesammelt und in einem Umfang von 5 Proben der Schwermetallanalyse zugeführt. Zum Vergleich wurden 7 Proben aus verschiedenen Spülsedimenten der Kiesaufbereitung herangezogen. Drei dieser Feinsedimente wurden einer Halde entnommen, die vor etwa einem Jahrzehnt aufgespült worden war.

Sämtliche Sedimentproben wurden für die Schwermetallanalyse mit Königswasser aufgeschlossen; die Gehalte wurden auf Trockensubstanz berechnet. Die erzielten Ergebnisse wurden bereits in meiner Stellungnahme zum Abbauleitplan vom 12. Oktober 1982 in Form der Mittelwerte beigefügt (siehe Tab. 17).

Ergänzend hierzu seien in diesem Bericht die Einzelwerte der Schwebstoffanalysen aus der Oker mitgeteilt und durch Wiedergabe der Schwermetallgehalte im Überstand der durch Filtration abgetrennten Feststoffe aus der als Naßschlamm gezogenen Probe vervollständigt.

Zwecks besserer Übersicht wurden zusätzlich die Mittelwerte und ihre Streubreiten (Standardabweichung) sowohl für die Feststoffe (mg/kg T.M.) als auch für den Überstand (mg/l) in Form von Säulen dargestellt. Dabei zeigt sich, daß die Lösungsgleichgewichte der Schwermetalle recht unterschiedlich sind. Während Zink und Cadmium relativ löslich sind, trifft für Blei und Eisen das Umgekehrte zu. Dieses Ergebnis lässt sich auf Schwebstoffe anderer Gewässer nicht ohne weiteres übertragen, da die übrigen im Wasser gelösten oder in den Feststoffen enthaltenen chemischen Substanzen das Gleichgewicht mehr oder weniger stark beeinflussen.

Vergleicht man die Mittelwerte der absetzbaren Stoffe im Okerwasser mit denen der Spülsedimente, so springt sogleich der außerordentlich große Unterschied im Gehalt an Schwermetallen mit Ausnahme des Eisens ins Auge. Gegenüber den hohen Konzentrationen in den Okersedimenten sind die in den Spülsedimenten vernachlässigbar gering. Daraus ergibt sich zwangsläufig die Feststellung, daß die Schwermetalle in den Spülsedimenten d.h. in den tonigen und schluffigen Bestandteilen der nacheiszeitlichen Ablagerungen der Okersedimente zur Schwermetallbelastung der sich in den Kiesteichen ablagernden Bodenschlämme kaum beitragen. Die Belastung hat im wesentlichen ihre Ursache in der Ablagerung der schwermetallreichen Schwebstoffe der die Teiche teilweise durchströmenden Oker sowie in der Bildung von organischem Detritus aus abgestorbenem Phyto- und Zooplankton. Dieses biogene sedimentationsfähige Material ist reich an Schwermetallen auf Grund der hohen Schwermetallkonzentration des Okerwassers.

Ohne einer späteren Auswertung unter Einbeziehung der noch laufenden Untersuchungen vorzugreifen, läßt sich schon jetzt auf Grund der umfangreichen Wasseranalysen und der hier behandelten Sedimentuntersuchung sagen, daß die Belastung der Kiesteiche nahezu ausschließlich durch die löslichen und unlöslichen Schwermetallfrachten der Oker und nicht durch den Schwermetallgehalt der anstehenden und in prähistorischer Zeit gebildeten Sedimente verursacht werden.

Übereinstimmend mit den Ergebnissen aus den Wasseruntersuchungen nehmen auch bei den Sedimenten die Schwermetalle Blei, Cadmium, Kupfer und Zink eine hervortretende Indikatorfunktion ein. Dies gilt nicht für das Eisen, das in allen untersuchten Materialien reichlich vertreten ist und nur unsichere Differenzierungen hinsichtlich der Herkunft ausweist.

Die dem Abbauleitplan für das Steinfeld zugrunde gelegte Konzeption, wonach die Schwermetallverseuchung im Gebiet des Steinfeldes bereits weitgehend durch eine „fossile und historische" Grundbelastung geprägt worden sein soll, entspricht nicht den Tatsachen und läßt sich daher nicht aufrecht erhalten.

Die Verseuchung ist im wesentlichen rezenter Natur. Sie läßt sich auf die Emissionen der in Oker ansässigen Industriebetriebe, auf Auslaugungen der Abraumhalden und auf die Einleitungen durch Industriebetriebe zwanglos zurückführen. Dabei dürften die Auslaugungen die geringste, die Einleitungen schwermetallhaltiger Abwässer die größte Rolle spielen.

Entgegen der im Abbauleitplan zugrunde gelegten Auffassung dürfte eine durchgreifende Reduzierung der in erster Linie durch Abwassereinleitungen verursachten Schwermetallbelastung im Wege der Verbesserung der Aufbereitungs- und Rückgewinnungsanlagen sowie einer wirksamen Kontrolle die Wasserqualität der Oker entscheidend verbessern und damit den eigentlichen Gefahrenherd im Plangebiet beseitigen.

Zum Schuß möchte ich noch darauf hinweisen, daß die in meiner Stellungnahme vom 12. Okt. 1982 zum Abbauleitplan vorgebrachten Argumente durch das Ergebnis der bisherigen Wasser- und Sedimentuntersuchungen vollauf bestätigt worden sind.

Göttingen, den 9. Mai 1983 *gez. Prof. em. Dr. E. Welte"*

Zu IV.: Sonstige Auskünfte
In Ihrem Schreiben vom 27.01.1983 stellen Sie einige weitere Fragen, zu deren Beantwortung ich die Stellungnahme Prof. Weltes in der vorerwähnten Anlage zitiere.

Zu V.: Schwermetall-Immissionen aus der Luft
Wegen der Bedeutung, die Herr Lamprecht in seinem Abbauleitplan den Immissionen aus der Luft zuweist, habe ich die landwirtschaftliche Untersuchungs- und Forschungsanstalt in Hameln gebeten, an bestimmten Stellen des Steinfeldes für mich Staubmessungen durchzuführen. Die LUFA hat im April 1982 eine Meßstation an der im anliegenden Meßtischblattausschnitt eingetragenen Stelle errichtet und während der gesamten Vegetationsperiode 1982 (April – September) betrieben. Dabei hat sich herausgestellt, daß sich im Bereich des Vienenburger Steinfeldes keine Schwermetalle im niedergehenden Staub befanden. Von der Einrichtung einer weiteren Meßstation wurde daraufhin abgesehen. Eine Kopie des Schreibens der LUFA Hameln vom 15.09.1982 füge ich bei (Anlage).

Im Auftrage: gez. Rohmann"

Mit Schreiben vom 30.04.1984 stellte der Landkreis Goslar eine Überarbeitung des Abbauleitplanes vom Juni 1982 vor. Die darin vorgenommenen Änderungen waren von unbedeutendem Rang und ließen keine Anpassung des Planes an die zu fordernden Belange einer den fischereilichen Interessen dienenden Renaturierung der Oker und einer ökologisch verträglichen Landschaftsgestaltung im Talgebiet zwischen Goslar und Vienenburg erkennen.

Nach wie vor war das Planungskonzept an eine für die industrielle und kommunale Abwasserentsorgung kostengünstige Abwasserentsorgung ausgerichtet, nicht aber an den von der Klosterkammer immer wieder herausgestellten Erfordernissen, die an die Erhaltung des Leistungsvermögens des Natur-, insbesondere Gewässerhaushalts sowie an die Gestaltung einer Erholungslandschaft gebunden sind. Dies veranlasste den Baudezernenten der Klosterkammer, nachfolgende abschließende Stellungnahme zu diesem überarbeiteten Abbauleitplan vom 23.07.1984 abzugeben.

Anlage zur Stellungnahme der Klosterkammer Hannover (KKH)
hier: Stellungnahme der Landwirtschaftlichen Untersuchungs- und Forschungsanstalt Hameln v. 15. Sept. 1982

LANDWIRTSCHAFTSKAMMER HANNOVER

Landwirtschaftliche Untersuchungs- und Forschungsanstalt

3250 Hameln

(Es wird gebeten Zuschriften ausschließlich an die obige Anschrift und nicht an einzelne Dienstangehörige zu richten)

Landwirtschaftliche Untersuchungs- und Forschungsanstalt
3250 Hameln 1 · Postfach 295

Klosterkammer Hannover
Postfach 3325
zu Hd. von Herrn Rohmann

3000 Hannover

Klosterkammer Hannover
Abt. 2 17. SEP. 82
212

Ihr Zeichen	Unser Zeichen (bitte stets angeben)	Fernruf 0 51 51 / 6 50 73	Hameln Finkenborner Weg 1 A
	Kö/wa		15. Sept. 1982

Betreff
Sanierungsversuch Wöltingerode
Bezug
Ihr Schreiben vom 10.09.1982 - Zeichen 212-Kbau H 51 Sb. 1

Sehr geehrter Herr Rohmann,

die ersten Ergebnisse der Immissionsmessungen auf dem Versuchsfeld haben keine Immissionsbelastung mit Schwermetallen ergeben. Die jetzt vorliegenden weiteren Messungen haben das bestätigt. Da nicht anzunehmen ist, daß auf dem von Ihnen vorgesehenen Standort andere Verhältnisse vorliegen, haben wir von der Erstellung einer Meßeinrichtung abgesehen, um Ihnen diese Kosten zu ersparen. Falls Sie dennoch eine Meßstelle wünschen, sind wir gern bereit, diese im nächsten Jahr zu erstellen.
Wir halten es nicht für sinnvoll, im laufenden Jahr am Ende der Vegetationszeit mit einem Meßprogramm zu beginnen.
Wir hoffen, daß wir eine Entscheidung in Ihrem Sinne getroffen haben.

Mit freundlichen Grüßen

Dr. Köster

Abschließende Stellungnahme zum geänderten Abbauleitplan vom März 1984

„Die aus der Sicht des Planverfassers möglichen Arten des Abbaus und der Rekultivierung sind in den Lageplänen 6A, 6B, 7A und 7B dargestellt. Dabei basieren die Pläne 7A und 7B wieder auf der ursprünglichen Idee des Entwurfsaufstellers, daß hier ein „Antibiotop" geschaffen werden müßte. Ich habe dazu in meinem Schreiben vom 21.10.1982 ausführlich Stellung genommen. Meine Auffassung wird offensichtlich von Fachbehörden geteilt. Die Neuplanung des Büro Lamprecht deutet darauf hin. Eine nochmalige Stellungnahme zu dieser Planung, die ich nach wie vor ablehne, erscheint daher entbehrlich.

Plan 6A und 6B unterscheiden sich durch die Beibehaltung bzw. Aufhebung der L 518 Vienenburg-Oker. Aus meiner Sicht ist es unbedingt erforderlich, die vorhandene Straße zu erhalten. Bei der Größe des künftigen Freizeitgeländes im Steinfeld kann auf eine Erschließungsstraße nicht verzichtet werden. Es wäre ein Fehler, eine gute vorhandene Zuwegung ohne Grund zu beseitigen.

Außerdem scheint z. Zt. noch nicht festzustehen, ob aus hydrologischen Gründen ein Kieskörper von noch festzulegender Breite in Grundwasserfließrichtung (gleich parallel zur Oker) zu erhalten ist. Der Streifen zwischen L 518 und Bahnstrecke bietet sich dazu an. Die L 518 wäre dann die natürliche Abgrenzung zum künftigen Freizeitgelände und würde gleichzeitig weiterhin der Erschließung der landwirtschaftlich genutzten Flächen zwischen L 518 und Bahnstrecke dienen.
Als Grundlage für eine Planungsdiskussion verbleibt somit Blatt 6B.

Dem Grundgedanken einer vollständigen Auskiesung des Gebietes zwischen der Oker und der L 518 stimme ich zu. Für die Fläche unterhalb der Fernwasserleitung (ab Segelteich mit der Größe 40,48 ha und 153,5 mWS) liegt eine genehmigte Abbau- und Rekultivierungsplanung vor, an der ich zunächst festhalten möchte.

Oberhalb der Fernwasserleitung scheinen mir einige Änderungen des Planes Lamprecht erforderlich zu sein.

Offensichtlich ist dem Planverfasser entgangen, daß mit Ausnahme eines geringen Teiles am Rande des Planungsgebietes alle Flächen in der Gemarkung Vienenburg – das ist der größte Teil des tatsächlich geplanten Gebietes – dem von mir vertretenen Allgemeinen Hannoverschen Klosterfonds gehören. Die südwestliche Eigentumsgrenze ist gleichzeitig Gemarkungsgrenze und trennt damit die unterschiedlichen Interessengebiete zweier Gemeinden. Es wird dadurch das Vertragsgebiet zweier Kiesabbaufirmen abgegrenzt, und es verläuft entlang dieser Grenzlinie ein auch später benötigter Interessentenweg.

In der Planung Lamprecht bleibt das alles völlig unberücksichtigt. Der 16,28 ha große Teich mit der Wasserspiegelhöhe 164,5 m soll danach zu rd. 1/5 in der Gemarkung Harlingerode und zu rd. 4/5 in der Gemarkung Vienenburg liegen. Tatsächlich muß die Gemarkungsgrenze als natürliche Trennungslinie erhalten bleiben und künftig in einem Damm verlaufen.

Als Schutzstreifen zur Oker und als Damm zwischen den Teichen sind unausgekieste Flächen mit einer Breite bis zu 200 m vorgesehen. Das bedeutet eine Rohstoffverschwendung und ist wohl kaum zu begründen. Die Schutzstreifenbreiten sind auf ein vernünftiges Maß zu reduzieren. Wenn dann – wie von einigen Fachdienststellen angeregt – in dem Bereich zwischen Gemarkungsgrenze und Fernwasserleitung zur besseren Abstufung der Teichflächen nicht zwei, sondern drei Teiche mit den entsprechenden Trenndämmen entstehen sollen, würde ich dem zustimmen.

Den vorgesehenen Damm entlang der Oker aus dem gesamten Abraum des Kiesgewinnungsgebietes kann ich nicht akzeptieren. Dem Hochwasserschutz dient er nicht, da Hochwasser diesen Teil des Gebietes ohnehin nicht erreicht. Es würde lediglich das Landschaftsbild ohne ersichtlichen Grund erheblich gestört. Gegen einen Aussichtshügel in der Nähe des Vogelschutzgebietes hätte ich jedoch nichts einzuwenden.

Böschungsneigungen auch im Unterwasserbereich von 1:3 oder flacher sind nicht erforderlich. Nach den bisherigen Erfahrungen genügt 1:2. Selbstverständlich sind im Oberwasserbereich auch Neigungen 1:3 und flacher vorzusehen, Einzelheiten sollten jedoch dem speziellen Abbauleitplan vorbehalten bleiben.

Eine Bepflanzung des gesamten Gebietes einschließlich der Böschungen mit Bäumen und Sträuchern im Pflanzabstand 1 x 1 m ist nicht erforderlich und auch nicht sinnvoll. Auch zu diesem Punkt werden spezielle Vorschläge in einem besonderen Rekultivierungsplan zusammen mit dem Abbauleitplan vorgelegt.

Die auf Flächen des Klosterfonds entstehenden Abbauteiche, für die noch keine Abbaugenehmigung vorliegt, weist der Planverfasser als „Biotop" aus. Wenn das bedeuten soll, daß hier eine Folgenutzung zu unterbleiben hat, so bin ich damit selbstverständlich nicht einverstanden. Eine Folgenutzung – in diesem Fall die Sportangelei – ist für mich die Voraussetzung für die Ausdehnung des Kiesabbaus. Für eine Untersagung der Angeleit in diesem Gebiet besteht auch kein Anlaß.

Abschließend gebe ich noch folgende Hinweise:

Seit dem Ausbau der Oker im Jahre 1964 (also in den letzten 20 Jahren) ist Oberflächenwasser aus der Oker lediglich einmal, nämlich 1981, durch die Kiesteiche links der Oker geflossen (nicht alle 4 Jahre einmal, wie der Entwurfsaufsteller angibt).

Die Feststellung des Planverfassers, von den bereits vorhandenen Teichen seien nur die im Naturschutzgebiet rekultiviert, während an den übrigen Teichen nichts geschehen sei, ist falsch. Tatsächlich sind außerhalb des Naturschutzgebietes in den letzten Jahren im Bereich der Kiesteiche allein durch die Klosterkammer rd. 20.000 Bäume und Sträucher gepflanzt worden.

Im Auftrage: (Rohmann)"

5. Informationstagung für Juristen des Landgerichts Göttingen vom 04.07.1983 in Wöltingerode

Themenkreis: Juristische Probleme der Ursachenfeststellung bei der Schadenerfassung abwassereinleitender Betriebe und bei hochwasserauslösender Betriebsweise der Okertalsperre

- Zur Problematik bei der Ursachenaufklärung von Fischsterben
- Auswirkungen der Schwermetall- und anderer Schadstoffbelastungen der Oker und ihre Erfassung
- Betriebsweise der Okertalsperre und ihr Einfluß auf die Hochwassergefährdung der Okertalaue
- Schlußbetrachtung

Diese Spezial-Exkursion für die Richter, Gerichtsassessoren und Referendare des Landgerichts Göttingen war auf Anregung von Landgerichtsdirektor Homann, Göttingen, zustande gekommen.

Die Kenntnisse über die sachlichen, teilweise recht komplexen Zusammenhänge zu vertiefen und vor Ort die Problematik der Beweismittelsicherung zu erörtern, war ihr wesentlicher Zweck. Die Exkursion fand am 4. Juli 1983 statt und gründete hinsichtlich der Thematik auf die beigefügte Materialzusammenstellung (Tabellen, Abbildungen und Anlagen).

Zur Problematik der Ursachenaufklärung von Fischsterben

Prof. Welte erläuterte im Verlauf der Exkursion den jeweils angesprochenen Problemkreis vor Ort. Er konnte so für die Teilnehmer interessante und juristisch verwertbare Eindrücke vermitteln. Zusammenfassend gab er ein übersichtliches Bild über die bisher in Wöltingerode erzielten Ergebnisse.

Der Inhalt des Referates ist nachstehend wiedergegeben.

Der Grund für die Unsicherheit der Beweisführung in zahlreichen Prozessen, die mit Gewässerschäden und Fischsterben zu tun haben, liegt oft darin, daß die Ursachen in fließendem Wasser als Folge von Verdünnung und Abfluß nicht mehr aufzudecken sind, wenn der Schaden bemerkt wird.

In der Regel handelt es sich um Giftstoffe oder kurzzeitig andauernde sonstige Schadstoffeinleitungen, die zu einem plötzlich auftretenden Fischsterben führen und keine rechtzeitige Probenahme von dem verursachenden Wasser ermöglichen.

Seit Beginn der Untersuchungen und Forschungen über die Verunreinigung der Fließgewässer im südniedersächsischen Raum, die seit 1967 vom Institut für Agrikulturchemie an der Universität Göttingen durchgeführt worden sind, hat sich die Beweisführung und Beweissicherung bei auftretenden Schadenprozessen erheblich zugunsten der Geschädigten verbessern lassen. Davon profitieren in erster Linie die Fischereiberechtigten an den Fließgewässern dieser Region; sie können nunmehr leichter ihre Schadenersatzansprüche durchsetzen.

Das Institut, das als wissenschaftlich operierendes Universitätsintitut die Abwassereinleitungen seitens der DDR in die Leine an der Zonengrenze bei Besenhausen ab 1966 kontinuierlich zu kontrollieren begann, sah in dieser Überwachung eine Voraussetzung für erfolgversprechende Forschungen über die gewässerökologischen und -ökochemischen Verhältnisse im Blick auf die fischereiliche Bewertung der Leine und ihrer Nebenflüsse in diesem Gebiet der Zonengrenze. Im Rahmen der wissenschaftlichen Fragestellung über den Einfluß der Schadstoffeinleitungen auf die Gewässerqualität und ihre Auswirkungen auf die aquatische Biozönose ergaben sich erheblich verbesserte Chancen, über die kontinuierliche Datenerfassung mit Aussicht auf Erfolg Schadenersatzklagen anzustrengen. Dies wurde möglich durch die örtlich installierten Dauermeßanlagen und die im By-Pass eingeschalteten Hälterungsbecken in Verbindung mit Serienanalysen chemischer Bestimmungen von Kenngrößen zur schnellen und gesicherten Aufklärung des Beziehungsgefüges zwischen Ursache und Wirkung unter fluviatilen Bedingungen.

Ich freue mich, daß Sie ein so großes Interesse an den Problemen des Gewässerschutzes zeigen, wie sie in diesem Raum in besonderer Weise hervortreten. Die auf dieser Exkursion aufgezeigten, teilweise recht komplizierten gewässerökologischen Zusammenhänge können einen Einblick vermitteln, der die Urteilsfindung bei Prozessen um das Wasser erleichtert und außerdem dazu beitragen dürfte, die biologische Bedeutung dieses Lebenselements im Streit der parteilichen Interessen, über die Sie zu entscheiden haben, in angemessener Weise zu bewerten.

Auswirkungen der Schwermetall- und anderer Schadstoffbelastungen der Oker und ihre Erfassung

Die Förderung der Erze im Harz basiert hauptsächlich auf dem Abbau des Rammelsberges. Dabei handelt es sich um Zinkblende, Bleiglanz und Kupferkies. Die bei der Verhüttung verbleibenden Schlacken und Schlämme gehen auf Halde, die mehr oder weniger anfallenden Abwässer über Abflußleitungen bzw. Gräben in die Zuflüsse der Oker wie die Abzucht, die Gelmke, den Röseckenbach oder unmittelbar in die Oker.

Der Erzbergbau am Rammelsberg hatte stets überregionale Bedeutung, vor allem im Mittelalter wegen der Silbergewinnung. Für das Problem der Schwermetallbelastung der Oker hat dieses Edelmetall jedoch keine Bedeutung – ganz im Gegensatz zu den Schwermetallen Blei, Cadmium, Kupfer und Zink. Als weiterhin belastend kommt der im Röstprozeß als SO_2 anfallende Schwefel hinzu, der Bestandteil der Erze ist und im Zuge der Freisetzung die Gewässer versauert und die Luft durch Schwefeldioxid erheblich belastet (Schadstoffemissionen).

In diesem Gebiet am Fuße des Nordharzes haben sich im Verlauf der industriellen Entwicklung neben dem Erzbergbau und der Erzaufbereitung (Blei-, Kupfer- und Zinkhütten) noch andere Betriebe der metallverarbeitenden und chemischen Industrie, der Papier- und Zellstoff-Fabrikation, sowie der Holz- und Baustoffindustrie angesiedelt.

Deren Abfälle und Abwässer belasten zusätzlich die biologische Reinigungskraft dieses Fließgewässers und können Teilstrecken sogar biologisch zerstören.

Schließlich müssen auch die kommunalen Abwässer der mit dieser Entwicklung gewachsenen Siedlungen im Raum Oker/Goslar angesprochen werden. Diese werden im Okertal oberhalb Probsteiburg über die beiden Kläranlagen Goslar-Ost und Oberharz nach erfolgter mechanischer Reinigung und biologischer Aufbereitung direkt in die Oker eingeleitet. Ihr Belastungspotenzial (u. a. hohe CSB-Werte) beruht in erster Linie auf organischen Reststoffen mit häufig überhöhten Konzentrationen von Ammoniak-Stickstoff, Nitrat-Stickstoff und Phosphat.

Die Tabelle 23 gibt einen Überblick über die wichtigsten Wassergüteparameter der in der Talregion untersuchten Gewässer. Diese Mittelwerte basieren auf Wasserproben, die über den Zeitraum von 1980 – 1982 aus 7 hintereinander kaskadenförmig abgestuften Kiesseen, aus der Oker und aus einem parallel zu ihr verlaufenden, abwasserunbelasteten Kanalgraben sowie dem Grundwasser entnommen worden waren. Das Wasser im Kanal war entspanntes Grundwasser aus dem Kiesabbaugebiet rechts der Oker und nur wenig von Oberflächenwasser beeinflußt. Insgesamt wurden in dem genannten Zeitraum je Probeentnahmestelle 23 Proben genommen und auf 26 Güteparameter untersucht (siehe Abb. 28). Davon wurden 11 Parameter für die hier anzusprechenden Probleme ausgesucht.

Tab. 23: Wichtige Wassergüteparameter, gemessen im Zeitraum 1980 – 1982 in Kiesbaggerseen (T1 – T9), Oker, Ableitungskanal und Grundwasser

Angaben von o. PO_4 bis Blei in mg/l

Parameter	T1	T2	T4	T5	T6	T7	T9	Oker	Kanal	Grundwasser
Temp. °C	12,7	12,5	12,5	13,6	13,0	12,8	22,0	10,2	10,8	-
pH-Wert	8,32	8,23	8,51	8,24	8,45	8,28	7,86	7,71	7,40	-
CSB *	9,2	8,6	17,8	9,8	13,6	14,5	16,7	23,0	7,0	-
o. PO_4	0,02	0,03	0,50	0,04	0,09	0,22	0,97	1,34	0,03	-
Ges. PO_4	0,14	0,18	0,98	0,26	0,38	0,63	1,72	1,79	0,15	-
NH_4	0,17	0,19	3,96	0,93	1,64	1,72	7,59	8,79	0,93	-
Ca	68,9	67,6	44,5	55,4	56,0	54,0	42,2	43,3	62,8	-
Zink	0,24	0,45	1,09	0,57	0,40	0,56	1,58	1,46	0,41	0,0660
Cadmium	Sp.	Sp.	0,034	0,010	0,012	0,014	0,050	0,066	< 0,001	0,0006
Kupfer	0,012	0,015	0,023	0,018	0,012	0,021	0,044	0,048	0,012	0,0026
Blei	0,039	0,047	0,037	0,044	0,047	0,048	0,196	0,356	0,024	0,0022

* Der chemische Sauerstoffverbrauch ist der Verbrauch eines Oxidationsmittels, in der Regel Kaliumdichomat ($K_2Cr_2O_7$), an Sauerstoff nach Zugabe zu einem mit oxidierbaren (organischen) Stoffen belasteten Abwasser, ausgedrückt in mg O_2/l.

Ohne im einzelnen auf die beiden in diesem Gebiet der Talaue tätigen Kieswerke Oppermann und Willikens und deren Auswirkungen auf den Grund- und Bodenwasserhaushalt einzugehen, möchte ich an dieser Stelle lediglich die großen Unterschiede aufzeigen, die zwischen dem hochbelasteten Wasser der Oker einerseits und dem durch den Kiesabbau entstandenen kaum belasteten Kanalwasser andererseits bestehen.

Als ein sehr wichtiger und charakteristischer Indikator für die Nährstoffanreicherung in Gewässern (Eutrophierung) gilt die hohe Konzentration an löslichen organischen Stoffen (CSB-Werte) sowie der Gehalt an Phosphat (Gesamt-PO_4), der mit einem Mittelwert von 1,79 mg/l die Oker, im Vergleich zu 0,15 mg/l im Kanal, erheblich belastet – desgleichen der von Ammonium, welcher in der Oker einen Wert von 8,79 mg/l aufweist, im Kanal dagegen nur einen Wert von 0,93 mg/l.

Sämtliche drei Güteparameter sind in ihrem Beziehungsgefüge eindeutige Kenngrößen für ungenügend gereinigtes kommunales Klärwasser, das in die Oker eingeleitet worden ist und zwar während der gesamten 3-jährigen Laufzeit des chemischen Untersuchungsprogramms von 1980 – 1982.

Der mittlere Gehalt der Schwermetalle Blei, Cadmium, Kupfer und Zink zeigt ein ähnliches Bild. In starkem Kontrast sticht die ungleich höhere Schwermetallkonzentration der Oker im Vergleich zu der im Wasser des Entwässerungskanals aus dem neu angeschnittenen Kiesabbaugebiet rechtsseitig der Oker ins Auge. Eine geringe Kontaktierung weist bereits daraufhin, daß belastetes Oberflächenwasser in den Grundwasserbereich eingedrungen ist.

In diesem Zusammenhang mögen sicherlich die Grenzbereiche für die Bewertung des natürlich vorkommenden Wassers interessieren, wie sie in der Trinkwassergesetzgebung verschiedener Länder angegeben sind. Eine solche Übersicht finden Sie zusammengestellt in den ausgehändigten Unterlagen, (Tab. 24 a und b).

Tab. 24 a: Grenzwerte für gesundheitsschädliche chemische Wasserinhaltsstoffe

Inhaltsstoffe, Angabe in mg/l

Substrat bzw. Medium	Blei Pb	Cadmium Cd	Kupfer Cu	Zink Zn	Nitrat als NO_3^-	Sulfat als SO_4^-
Trinkwasser						
1. TVO	0,04	0,006	-	2	90	240
2. European Standards	0,1	0,01	-	5,0	45	200
3. WHO	-	-	-	1,5	-	400
Oberflächenwasser						
4. DWGW-A	0,03	0,005	-	0,5	25	100
5. DVGW-B	0,05	0,005	-	1,0	50	150
6. EG-A1	0,05	0,005	-	3,0	50	250
7. EG-A2	0,05	0,005	-	5,0	100	250
8. EG-A3	0,05	0,005	-	5,0	100	250

1. Grenzwerte gem. Anlage 1 TVO (Trinkwasserverordnung v. 19.12.1974)
2. Grenzwerte für giftige Substanzen
3. Max. zul. Grenzwerte für häuslichen Gebrauch
4. DVGW-Arbeitsblatt W 151: Eingang von Oberflächenwasser als Trinkwasser allein durch natürliche Gewinnungs- und Aufbereitungsverfahren
5. DVGW-Arbeitsblatt W 151: Eingang als Trinkwasser nach Herstellung unter Zuhilfenahme chem.-physikalischer Verfahren
6. Richtlinien des Rates der Europäischen Gemeinschaft: für einfache physikalische Aufbereitung und Entkeimung
7. Richtlinien des Rates der Europäischen Gemeinschaft: für normale physikalische und chemische Aufbereitung und Entkeimung
8. Richtlinien des Rates der Europäischen Gemeinschaft: für physikalische und verfeinerte chemische Aufbereitung, Veredelung und Entkeimung.

Tab. 24 b: Grenzwerte für gesundheitsschädliche chemische Wasserinhaltsstoffe

Inhaltsstoffe, Angabe in mg/l

Substrat bzw. Medium	**Blei Pb**	**Cadmium Cd**	**Kupfer Cu**	**Zink Zn**
Trinkwasser				
1. WHO, International Standards 1963	0,050	0,010	1,5	1,5
2. WHO, European Standards 1970	0,100	0,010	0,05	5
3. USA, Public Health Service 1962	0,050	0,010	1,0*	5*
4. AWWA 1958	0,050	0,010	0,200	1
Rohwasser				
5. WHO, International Standards 1963	0,050	0,010	1,5	1,5
6. USA, Ntl. Techn. Adv. Comm. 1958	0,050	0,010	1,0	5
7. UdSSR, 1967	0,1	0,010	1,0	5
Rohwasser				
8. Aus: Water quality (sitenia (1968) bei kontinuierlichem Gebrauch f. die Böden	5,0	0,005	0,2	5,0
9. Aus: Water quality (sitenia (1968) bei kurzzeitigem Gebrauch nur für tonreiche Böden	20,0	0,05	5,0	10,0

* Richtwert

Ein derartiger Bemessungsrahmen ermöglicht Hinweise zur Bewertung von Schadeinwirkungen auf die Qualität und Eignung von natürlich vorkommenden Wässern zu Trink- und Brauchwasserzwecken.

Bei der Herausstellung einiger für das Problem der Eutrophierung und der Verunreinigung der Gewässer typischer Daten kommt es mir in diesem Kreise zunächst darauf an, die Bedrohung einer auf Grundwasserversorgung angewiesenen Trinkwasserbereitstellung deutlich zu machen, wie sie durch die Überlastung der Oker vor allem mit Giftstoffen (Schwermetalle und Chemikalien) permanent vorhanden ist. Diese Situation verlangt eine erhöhte Aufmerksamkeit, welche die Sicherung dieser elementaren Versorgung für Mensch und Tier ständig erfordert.

Diese Forderung bedarf der Unterstreichung im Blick auf die Gefahren, die den beiderseits der Oker sich erstreckenden Landflächen drohen, wenn die schwermetallhaltigen Frachten nicht nur in löslicher Form, sondern vor allem als Schwebstoffe und Schlämme durch Überschwemmungen auf dem Kulturboden abgelagert werden oder über Schadstoffimmissionen auf die Felder gelangen.

Tabelle 17 zeigt den enorm hohen Gehalt von Schwermetallen in solchen Sedimenten bzw. Schwebstoffen, wie sie im By-Pass auf der Höhe von See T 9 und an der zentralen Meßstation des Instituts im durchströmten Rundbecken als Transportfracht festgestellt wurden. Ebenso sind die aus der Kieswäsche anfallenden und abgelagerten Spülsedimente, insbesondere aber die Rückstandshalden aus der Erzaufbereitung als Belastungsfaktor anzusehen, wenn sie durch Niederschläge abgespült werden, d. h. nicht durch Bewuchs (Grassoden, Gebüsch u. a.) vor Ausspülung gesichert sind. Dann können sie ebenfalls auf landwirtschaftliche Nutzflächen gelangen und damit über die Nahrungs- und Futterproduktion in den biologischen Kreislauf.

Ich hoffe, Ihnen bei der Geländebegehung einen einigermaßen zutreffenden Eindruck und Überblick von der Rolle der „Verursacher" der Schadstoffprobleme in diesem von der Oker bestimmten Planungsraum gegeben zu haben. In diesem Zusammenhang möchte ich noch auf die Bedeutung der beiden Nebenflüsse der Oker im Raum Oker/Goslar (Abzucht und Röseckenbach) aufmerksam machen. Diese sind für die Oker die Haupteinleiter von Schwermetallen.

In welcher Konzentration z. B. die Ableitung schwermetallhaltiger Abwässer aus den erzaufbereitenden und schwermetallverarbeitenden industriellen Betrieben erfolgt, läßt der Auslauf bei der „Preussag" bereits optisch erkennen (Abb. 52 a und b).

Man mag sich einmal vorstellen, welche „Reinwassermengen" benötigt werden, um die Verdünnung einer solchen „Schwermetallbrühe" zu erreichen, die erforderlich ist, um unter der fischereilichen Schadschwelle zu bleiben.

Der in den Beilagen zusammengedrängte Datenausschnitt aus einer Fülle sich teilweise über mehrere Jahre erstreckender Messungen wichtiger Kenngrößen zur Beurteilung der Gewässergüte in der Oker, in den neu entstandenen Kiesseen und Teichen sowie im Grundwasser zeigt die großen und besonderen Aufgaben auf, die der Klosterkammer Hannover als Eigentümer des Klostergutes Wöltingerode gestellt sind und die wahrgenommen werden müssen, wenn sie das zu verwaltende Erbe für die Zukunft sichern will.

Daß sie hierbei die Unterstützung der Öffentlichkeit benötigt und verdient, erscheint mehr als eine Selbstverständlichkeit und bedarf ständiger Beachtung.

Im Zusammenhang damit wirft die Gestaltung der Rekultivierung, welche zwangsläufig mit dem Kiesabbau verbunden ist, eine Fülle von Fragen auf, die ein schlüssiges Konzept für die Landschaftsplanung zum Ziel haben muß – ein Konzept, bei dem die vom Industrieraum Oker/Goslar ausgehende permanente Belastung der Okertalaue, insbesondere zwischen Oker und Vienenburg, d. h. im Wirtschaftsgebiet des Klostergutes Wöltingerode und seiner Randzonen, in zu tolerierenden Grenzen zwar zu respektieren ist – bei dem andererseits jedoch von der Verursacherseite leistungsfähige technische Maßnahmen erwartet werden dürfen, sogar müssen, welche die erforderliche Verbesserung und Fortentwicklung von Gewässerentlastungsmaßnahmen deutlich erkennen lassen.

Hierzu fehlen heute noch die notwendigen Einsichten der Schadenverursacher, sowie zielgerichtete Anstrengungen der Aufsichtsbehörden und nicht zuletzt auch der politische Wille der örtlichen Kommunalverwaltung, den gesetzlichen Zielvorstellungen des Umwelt- und speziell Gewässerschutzes zum Durchbruch zu verhelfen.

Die Tätigkeit der Justiz könnte m. E. wesentlich effektiver sein, wenn die Aufklärung der Zusammenhänge zwischen Ursache und Wirkung durch Einsatz moderner technischer, chemischer und biologischer Hilfsmittel und Einrichtungen stärker gefördert würde als bisher.

Die im Institut für Agrikulturchemie in Göttingen entwickelte Methode der polyfaktoriellen chemischen und physikochemischen Analyse, Registrierung und Speicherung der Meßwerte in Verbindung mit dem Datentransport zur Rechen- und Auswertungszentrale wäre beim heutigen Stand der Technik durchaus in der Lage, sämtliche „gewichtigen" Abwassereinleitungen z. B. im Leine/Aller-Abflußsystem von der Zonengrenze bis zur Einmündung in die Weser zu erfassen und ihren „Schadwert" fortlaufend zu ermitteln. Der großen Bedeutung wegen und aus wissenschaftshistorischen Gründen soll dieses Kontrollsystem in Kopie beigefügt werden. (Anlage).

Das System ist nicht nur leistungsfähig, sondern auch in abschreckender Hinsicht sehr wirkungsvoll. Vermutlich mag dies ein Hauptgrund für die zuständigen Behörden bzw. Instanzen sein, sich nicht sonderlich für eine rasche Realisierung eines solchen Erfassungssystems einzusetzen, weil es bei den vielen Interessenkonflikten in unserer heutigen Gesellschaft zur Zeit jedenfalls kaum konsensfähig wäre.

Abb. 52 a: Zufluß zur Oker auf der Höhe der „Preussag“ Halde

Abb. 52 b: Abwasserkanal auf dem „Preussag“ Gelände

Obwohl durch behördliche Genehmigung die Einleitung von Abwässern seitens der Verursacher geregelt sein sollte und gewisse Überwachungssysteme in der Betriebsanlage einschließlich Registriergeräte (automatische Schreiber) installiert sind, treten immer wieder plötzlich Fischsterben auf, welche Ergebnis irregulärer, meist verbotener Abwassereinleitungen in das Fließgewässer sind. Entweder sind es Folgen von Betriebsunfällen oder mangelnde Kontrollen der zugelassenen Grenzwerte einzelner Schadkomponenten oder nicht durch Regeleinrichtungen erfaßte Schadstoffe, die als Ursache in Frage kommen.

Sie sind eindeutig als verursachendes Abwasser dann auszumachen, wenn von einer externen, die Gewässergüte des Vorfluters kontrollierenden Überwachungsstelle (Meßstation) eine lückenlose Beweis-kette zwischen dieser Registriereinrichtung und der in Verdacht geratenen Abwasserherkunft hergestellt werden kann. Das ist relativ einfach, wenn der das Fischsterben auslösende Parameter ein spezifisches Gütekriterium des in Verdacht geratenen Abwassers ist, so daß trotz der zwischen Ursachenherd und Meßstation eintretenden Verdünnung durch Einleitung weiterer Abwassermengen bzw. Einmündungen natürlicher Nebengewässer bzw. diffuser Zuströmungen das „Prägesiegel“ des in Verdacht ge-ratenen Abwassers einwandfrei feststellbar ist.

Ein solcher Fall trat z. B. am 22.06.1981 in der Oker ein. Das Geschehen wurde eindeutig von der zentralen Meßstation Wöltingerode in der Zeit von 10.00 – 14.00 Uhr registriert (Abb. 53). Der regulär um pH 7,5 schwankende Wert des Okerwassers stieg plötzlich gegen 10.00 Uhr auf über pH 9,5 an, erreichte gegen 12.45 Uhr kurzzeitig den Wert von pH 10,25, um dann allmählich wieder abzusinken. Der normale Wert wurde etwa kurz nach 14.00 Uhr wieder erreicht.

32 Meßtechnik U – das technische umweltmagazin – Dezember 1976

Gewässerüberwachung – automatisch und preisgünstig

Technisches System zur Datenerfassung und Fernübertragung

Die Überwachung der Gewässer in der Bundesrepublik läßt sehr zu wünschen übrig. Die zunehmenden negativen Auswirkungen der Gewässerbelastung durch Verschmutzung verschiedenster Art ist ein allzu deutlicher Beweis für zu wenig Kontrolle. Um den Nachholbedarf auf diesem Sektor zu stillen, hat Prof. Dr. Erwin Welte zusammen mit dem Diplomchemiker Werner Flachsbarth vom Institut für Agrikulturchemie an der Universität Göttingen ein leistungsfähiges und ökonomisch arbeitendes technisches System zur Datenerfassung und Fernübertragung von Gewässergüteparametern entwickelt, das die telemetrische Gewässerüberwachung in großem Umfang ermöglicht. Das »Umweltmagazin« stellt diese interessante und sehr notwendige Entwicklung als erstes Fachmagazin in der Bundesrepublik vor.

Trotz erheblicher Anstrengungen der Bundesregierung, der Länderregierungen und der in der Gewässerüberwachung tätigen Behörden hat sich der Zustand der meisten Gewässer in der Bundesrepublik in den letzten 10 Jahren erheblich verschlechtert. Die hierfür maßgeblichen Ursachen sind im wesentlichen in den folgenden Tatbeständen zu suchen:

- die den Einleitern gemachten Auflagen blieben unwirksam, weil sie nicht im ausreichenden Maße kontrolliert werden;
- die Auflagen waren nicht ausreichend und selten auf die Reinigungskraft des Vorfluters abgestimmt;
- bei Einhaltung der Auflagen wurden die Abwassermengen erhöht;
- die wilde Ablagerung von Müll aller Art an den Gewässerufern und im Gewässer nahm erheblich zu;
- zu großzügige Erteilung von Bewilligungen zur Entnahme von Wasser oder zur Einleitung von Abwasser;
- der im Kommunalbereich forcierte Ausbau des Kanalisationsnetzes bei zurückbleibender Entwicklung von Anlagen zur Abwasseraufbereitung und schließlich
- die Verschlechterung der Leistung bestehender Aufbereitungsanlagen aufgrund mangelnder Wartung.

Nachholbedarf bei Gewässerüberwachung

Ohne an dieser Stelle eine Gewichtung der einzelnen Belastungsfaktoren vornehmen zu wollen, machen ihre negativen Auswirkungen auf die Gewässergüte deutlich, daß die Überwachung der Gewässer gänzlich im argen liegt. Das bezeugen auch die Entwicklungen von technischen Überwachungssystemen, die in der Bundesrepublik vorrangig auf dem Gebiet der Luftüberwachung Eingang gefunden haben, auf dem Gebiet der Gewässerkontrolle jedoch einen erheblichen Nachholbedarf aufweisen.

Da aus ökonomischen Gründen an eine Aufstockung des Personalbestandes bei den Behörden unter Beibehaltung veralteter konventioneller Überwachungs- und Untersuchungsmethoden nicht gedacht werden kann, kommt dem Einsatz automatisch arbeitender Meßstationen und automatischer Wasserprobeentnahmegeräte bei diskontinuierlicher Untersuchung im Labor in Verbindung mit der Datenerfassung, Datenfernübertragung und Datenauswertung eine eminente Bedeutung zu.

Die bisherige Entwicklung auf diesem technischen Sektor, insbesondere auf dem der Elektronik, machte zwar rapide Fortschritte und hat auch teilweise Marktreife erreicht, bei der Erprobung und dem Einsatz von im Handel befindlichen Überwachungssystemen haben sich jedoch in zahlreichen Fällen Mängel und technische Lücken gezeigt, die angesichts der hohen Anschaffungskosten zu einer merklichen Zurückhaltung beim Kauf weiterer Anlagen durch die zuständigen Behörden geführt haben. Oft fehlt es auch an den notwendigen Voraussetzungen, die installierten Anlagen in dem erforderlichen Umfang zu warten.

Das Institut für Agrikulturchemie an der Universität Göttingen führt seit 1970 auf diesem Sektor laufend Untersuchungen an einer eigens erstellten Meßstation in der Oberen Leine unmittelbar an der Grenze zur DDR durch. Die Ergebnisse und ihre Auswertung haben zur Weiterentwicklung eines praxisnahen telemetrischen Überwachungssystems geführt, das hier näher beschrieben wird.

Der Konzeption lagen u.a. nachfolgende Forderungen zugrunde:

- robuste Meßstelleneinrichtungen (Meßstationen) im und am Gewässer mit Aufbaueinheiten nach dem Baukastensystem, wobei in der Regel auftretende Störungen durch Austausch der defekten Teile rasch beseitigt werden können;
- Erfassung und Speicherung der Daten vor Ort mit Hilfe einer elektronischen Datenverarbeitungsanlage minimaler „Intelligenz" (Klein-Computer);
- Datenübertragung zeitkomprimiert und meßfolgegetreu über das öffentliche Fernsprechnetz auf Abruf oder automatisch durch eine Zentralstelle mit Anschlußmöglichkeit einer großen Zahl von Meßstelleneinrichtungen beliebigen Standortes;
- Anschlußmöglichkeiten der Zentralstelle über das öffentliche Fernsprechnetz an Großrechenanlagen zur weiteren Verarbeitung und Auswertung der Daten sowie

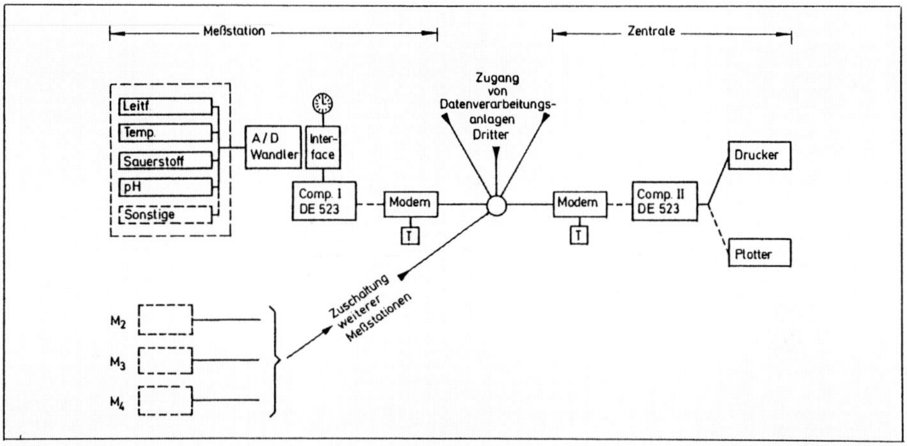

zur endgültigen Dokumentation (Dauerspeicherung);

- ☐ Erweiterungsmöglichkeiten des Grundsystems „Meßstationen – Postleitung – Zentral" für Alarmgebungszwecke;
- ☐ Verwendung von marktgängigen und vielseitig verwendbaren Bürocomputern mit ausreichender „Intelligenz" und geringer Anfälligkeit gegen Betriebsstörungen bei niedrigem Anschaffungspreis und geringen Unterhaltungs- und Betriebskosten.

Geringer technischer Aufwand

Bei der Planung eines Meßstellennetzes, das diesen Forderungen weitgehend Rechnung trägt, ging das Institut von der Zielsetzung aus, zur Verringerung der Störanfälligkeit des gesamten Systems keine auf Perfektion gerichtete Ansprüche zu stellen, den technischen Aufwand vielmehr gering zu halten und auftretende Störungen an den Meßstationen und in der Zentrale durch eine Reparaturstelle vornehmen zu lassen, wobei komplette Einheiten ausgetauscht werden und die funktionsgestörten Teile in der Zentralwerkstatt geprüft und repariert werden. Dieser Gesichtspunkt ist arbeits- und betriebswirtschaftlich sehr wichtig, da ohne große Ausfallzeiten bei geringem Arbeits- und Sachaufwand Betriebsstörungen beseitigt werden können. Außerdem wird hierdurch das Datenfernübertragungssystem verbilligt, weil einfache und somit preisgünstige Geräte zugunsten einer Ausweitung des Meßstellennetzes eingesetzt werden können. Dies wiederum erhöht die Leistungskapazität der Anlage und damit die Effizienz der Überwachung.
Die nachfolgende Skizze zeigt schematisch die eingesetzten technischen Einheiten und ihren Verbund.

Die Meßstelleneinrichtung

Die drei wesentlichen technischen Bausteine jeder Meßstation sind: Tauch- oder Durchflußmeßzellenanordnung — Meßwertverarbeitungs- und Fernübertragungsanlage.
Die Tauchmeßzellenanordnung enthält alle Meßfühler, mit denen kontinuierliche Messungen verschiedener Parameter (z.B. pH-Wert, Leitfähigkeit, Sauerstoff-Temperatur u.a.) möglich sind. Ein Schutzmantel, durch den das Wasser frei strömen kann, schützt vor mechanischen Beschädigungen. Es werden nur die Meßsonden eingebaut, die für den jeweiligen Zweck der Überwachung oder der Forschung benötigt werden. Derartige Tauchsysteme befinden sich bereits im Handel. Das Institut hat eine eigene Konstruktion gefertigt.
Beim Auftreten von Störungen ist der Austausch der defekten Meßfühler oder auch der gesamten Tauchsondenanordnung durch den technischen Dienst an Ort und Stelle vorgesehen. Die Funktionsbereitschaft der Meßstelle läßt sich so in kürzester Zeit wieder herstellen.
Als automatische Probenehmer lassen sich eine Reihe im Handel befindlicher Geräte verwenden. Ein vom Göttinger Institut entwickeltes Gerät kann auf zeit- und mengenproportionale Entnahme eingestellt werden und ist maximal für ein Wochenprogramm ausgelegt (acht Probeflaschen zu je 1 l).
Die Untersuchung der Proben geschieht im Zentrallabor in einem weitgehend automatisierten Analysenbetrieb. Untersucht werden alle Stoffe, die während der Probensammlung keine wesentlichen Veränderungen erleiden.
Die zur Meßstation gehörige Meßwertverarbeitungsanlage besteht aus zwei diskreten Komponenten: einem Meßdateninterface und der Datenverarbeitungsanlage. Das Interface enthält einen Analog-Digital-Wandler, einen elektronischen Meßstellenumschalter, eine Real-Time-Clock und die Anpassungslogik für die Datenverarbeitungsanlage. Die Datenverarbeitungsanlage umfaßt außer der Computerhardware eine Programmiertastatur, ein Datensichtgerät und zwei Magnetbandkassettenspeicher, Kassettenspeicher 1 enthält das Computerprogramm, Kassettenspeicher 2 dient zur Aufnahme der Meßdaten.
Die von den einzelnen Meßsonden gelieferten Daten werden an den Linearschreiberausgängen in Form von Spannungswerten abgegriffen und dem Interface zugeführt. In kurzperiodischen Abständen (z.B. alle 10 Minuten) wird von der eingebauten Quarzuhr ein Abfragezyklus gestartet. Dabei ruft der Meßstellenumschalter nacheinander alle kontinuierlich gemessenen Parameter ab und gibt die digitalisierten Werte zusammen mit der anstehenden Uhrzeit an den Computer weiter. Dort werden die als Spannungen eingehenden Daten anhand einprogrammierter Umrechnungsfaktoren in Meßwerte umgewandelt und auf einer Magnetbandkassette gespeichert.
Zur Vereinfachung der Auswertung können die Meßwerte auch primär im Halbleiterspeicher der Datenverarbeitungsanlage über einen gewissen Zeitraum gesammelt, statistisch verrechnet und dann in der Kassette gespeichert werden.
Die Datenverarbeitungsanlage ist über Datentelefon und Modem an das öffentliche Fernsprechnetz angeschlossen (Fernübertragungsanlage). Die mit der Meßstelle direkt gekoppelte Datenverarbeitung und kurzzeitige Speicherung ermöglichen eine zeitkomprimierte Fernübertragung. Das führt zu erheblichen Kosteneinsparungen, wenn die Anmietung einer zur Eigenbenutzung benötigten Postleitung nicht in Frage kommt.

Die Datenempfangszentrale

Die Zentrale ist ebenfalls mit einem Klein-Computer ausgerüstet, der von gleicher Bauart ist wie der in den Meßstationen verwendete. Das erleichtert die Austauschbarkeit und den Wartungsdienst und senkt erheblich Anlage- und Betriebskosten.
Von der Zentrale werden ein- oder mehrmals täglich nacheinander die Rufnummern der einzelnen Meßstationen angewählt; die dort zusammengestellten und bereits in die gewünschten Dimensionen umgerechneten Daten des jeweils eingestellten Zeitprogramms werden zeitkomprimiert über Modem und Telefonleitung übertragen und auf Magnetbandkassette gespeichert. Diese Datenkassette kann dann zur weiteren Aufarbeitung und auch zur Archivierung der Meßdaten abgelegt werden. Die gewählte handelsübliche Datenverarbeitungsanlage erlaubt die statistische Verrechnung und Auswertung dieser Daten. Sie können dann mit Hilfe eines Schnelldruckers in Form von Tagesprotokollen ausgedruckt oder über einen Plotter als Diagramm ausgeschrieben werden.
Durch den Anschluß an das öffentliche Fernsprechnetz bietet sich als weitere Möglichkeit der Verbund mit einem Großrechenzentrum

an, wo Verrechnung und die endgültige Datenarchivierung vorgenommen werden können. Dieses Großrechenzentrum kann seinerseits über sein Datenverbundnetz eine Weitergabe gewünschter Meßdaten an Dritte vornehmen.

Technische Ausrüstung der Fernübertragungsanlage

Als Klein-Computer in der Zentrale und bei den Meßstationen fanden handelsübliche standardmäßig ausgerüstete Datenverarbeitungsgeräte der Firma Olivetti, Typ DE 525, Verwendung. In neuerer Zeit umfaßt das Marktangebot eine Vielzahl von durch den Anwender programmierbaren Tischcomputern, die in Verbindung mit optionalem Input/Output-Interface datenfernübertragungstauglich sind. Da diese Systeme im allgemeinen mit Datenträgern, wie Magnetplatte oder Bandkassette, ausgerüstet sind, ist ihr alternativer Einsatz gegeben.

Lediglich das Interface wurde mittels serienmäßig lieferbarer Zusatzgeräte erweitert. Die zur Benutzung der Postleitung benötigten „Modems" werden postseitig vermietet.

Die Anpassung der Meßdatenerfassungsanlage gemäß den jeweiligen Forderungen erfolgt über die Programmierung des Datenterminals. Als Programmiersprache wurde ein Kode gewählt, der es dem Anwender gestattet, ohne vorherige Kenntnis einer Programmiersprache Änderungen am Programm vorzunehmen. Die für den automatisierten Betrieb erforderlichen Programmbefehle sind auf einer der beiden Magnetbandeinheiten des Klein-Computers gespeichert und werden bei Inbetriebnahme der Meßstationen über einen „Loader" in den computerinternen Speicher der Kapazität 4 K eingegeben.

Ausbau und Folgeentwicklung der Anlage

Die nach dem Baukastenprinzip konzipierte Meßdatenerfassungs- und Fernübertragungsanlage gestattet ohne Schwierigkeiten den Ausbau eines Meßstellennetzes zum Anschluß weiterer Meßstationen und spezieller Einrichtungen, die sich insbesondere auf den Alarmfall beziehen. Zu diesem Zweck wurde von uns eine sofortige Grenzwerterfassung signifikanter Gewässergüteparameter entwickelt. Hierbei wird der Meßstationscomputer für jeden Alarmparameter mit einer Meßwerttabelle und Alarmschwelle programmiert, mit der jeder anstehende Meßwert verglichen wird. Stellt die Datenerfassungsanlage Über- oder Unterschreitung der Alarmschwellen fest, wird wie folgt verfahren:

Ansteuerung einer automatischen Wähleinheit (AWD-Einheit), die automatisch eine Telefonverbindung zur Zentrale herstellt und dort Alarm auslöst; etwaige laufende Rechenprogramme werden sofort unterbrochen. Der Abfragezyklus wird auf 1minütigem Rhythmus umgeschaltet. Gleichzeitig wird in der alarmauslösenden Meßstation ein Wasserprobenehmer mit vorgewähltem Entnahmeprogramm in Betrieb genommen. Wird der Alarmzustand nicht durch Programmieren eines Bestätigungskodes in der Zentrale beendet, schaltet der Computer nach Ablauf von 30 Minuten automatisch auf die normale Meßroutine zurück.

Zusammenfassung

Das hier vorgestellte System zur Gewässerüberwachung gestattet, von einer Zentrale aus eine Vielzahl von Meßstationen in verschiedenen Gewässern zu überwachen und zu steuern. Die Anlage zeichnet sich durch datengetreue Übertragung, hohe Betriebssicherheit, einfache Bedienung und Überwachung sowie durch einen kostengünstigen Wartungs- und Reparaturdienst aus. Sie ist nach dem Baukastenprinzip konzipiert und ermöglicht es, Störungen einzelner Baukasteneinheiten sofort durch Austausch von Ersatzeinheiten zu beseitigen. Damit entfällt die zeit- und kostenaufwendige Reparatur an Ort und Stelle. Da Computer-Software außerordentlich teuer ist, wurde nur so viel „Intelligenz" durch im Handel befindliche Klein-Rechner eingesetzt, als im Hinblick auf den Ausbau und die Weiterentwicklung der Anlage erforderlich ist. Daher wurden die Datenverarbeitung und Endauswertung einschließlich endgültiger Archivierung auf Großrechenanlagen verlagert, weil ein Verbund ohne Schwierigkeiten von der Zentrale des Überwachungsnetzes hergestellt werden kann.

Anlage, Betriebs- und Unterhaltungskosten des Meßstellennetzes sind denkbar gering. Durch die Benutzung des Postleitungsnetzes unter Anwendung einer zeitkomprimierten Datenfernübertragung ist der Betrieb eines solchen Systems kostengünstig und universell. *Erwin Welte, Werner Flachsbarth*

Dok.-Nr. 02.3.6 0007/34

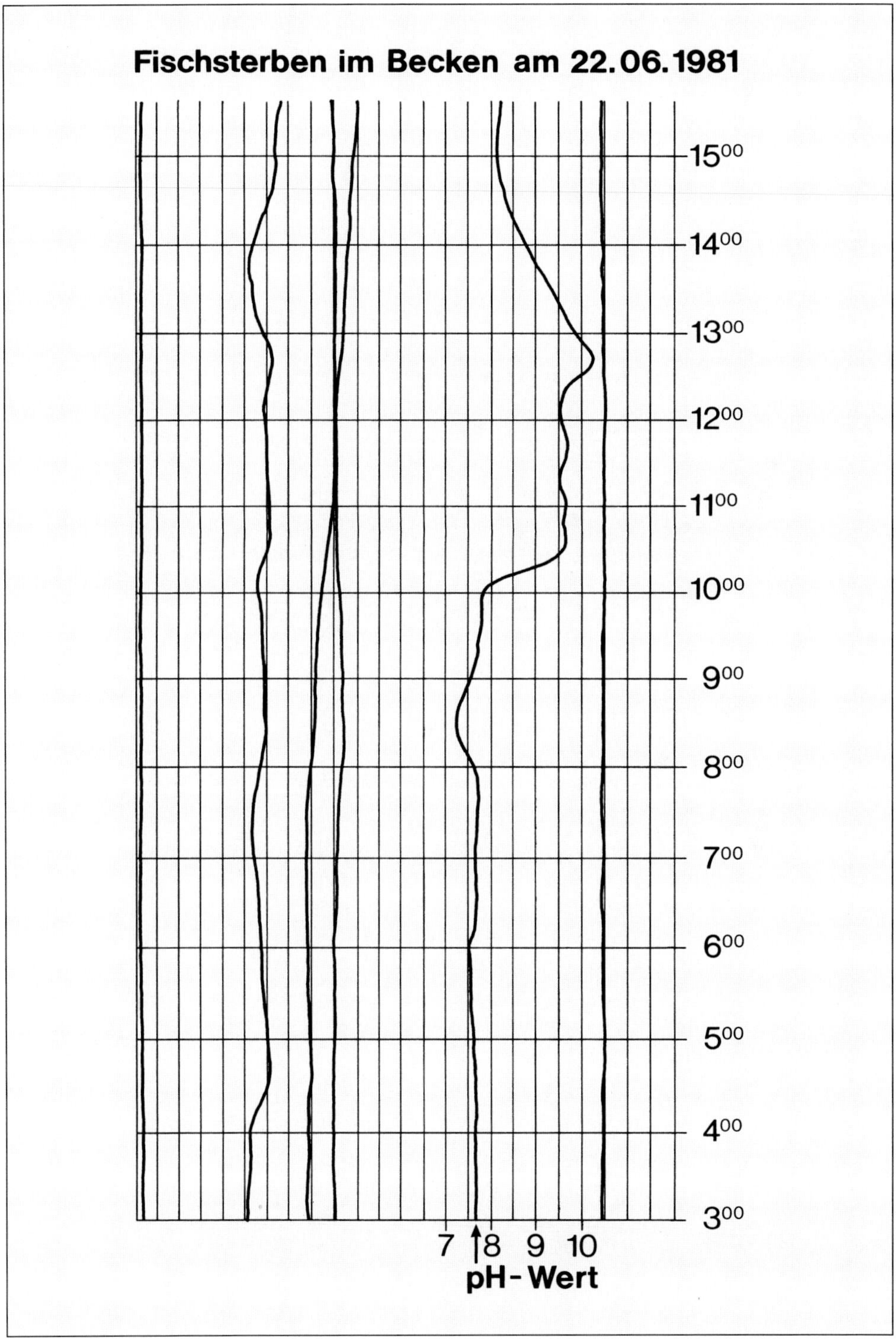

Abb. 53: Durch einen Laugenstoß ausgelöstes Fischsterben in der Oker am 22.06.1981 (Zentrale Meßstation Wöltingerode)

Die Ursache war ein kräftiger Laugenstoß, der seine Giftwirkung noch in einer Entfernung von rd. 4,5 km von der Einleitung, trotz stark eingetretener Verdünnung, zu entfalten vermochte. Allein diese Tatsache ließ den Schluß einer außergewöhnlich starken Laugeneinleitung zu. Es genügte somit, diesen Schadfaktor allein als Ursachenherd verantwortlich zu machen, da er in der Lage war, den angerichteten Schaden auch allein zu bewirken. Aufgrund der Sicherung aller benötigten Daten konnte von der Meßstation die als Abwasser eingeleitete Laugenkonzentration annähernd berechnet und der verursachenden Firma zugeordnet werden.

Die veranlaßte nachfolgende behördliche Untersuchung erbrachte bereits am nächsten Tag die Bestätigung.

Schwieriger ist die Herstellung einer einwandfreien Beweislage, wenn die ein Fischsterben auslösende Ursache nicht auf einen einzigen Parameter mit dominierender Wirkung zurückzuführen ist und auch andere Einleiter die gleichen Schadenparameter in ihrem Abwasser führen bzw. solche Stoffe, die sich auf dem Fließweg bis zur Meßstation in Giftstoffe verwandeln können.

Zur ersten Kategorie gehören z. B. die Schwermetalle, deren Verhältnis zueinander in den Abwässern verschiedener Industriebetriebe im Raum Oker/Goslar relativ stark wechselt. In Verbindung mit Niederschlägen kam es hierbei oft zu recht schwierigen Situationen an der Meßstation, die eine exakte Herausarbeitung der tatsächlichen Schadkomponenten erschwerte.

Ein diesbezüglich besonderes Problem in dem dichtbesiedelten Industriegebiet stellt die Stickstoff-Komponente im Abwasser dar. In der Regel liegt dieses Element in seinem anorganischen Auftreten entweder in reduzierter Form als gelöstes Ammoniak oder als Ammoniumsalz vor, wobei das Ammonium-Ion (NH_4^+) hier vorwiegend durch das Sulfat-Ion (SO_4^{2-})gebunden wird. Das Sulfat-Ion entstammt größtenteils der Aufbereitung der sulfidischen Erze bei der Gewinnung der Schwermetalle.

Die andere stabile Erscheinungsform des mineralischen Stickstoffs ist das Nitrat-Ion (NO_3^-) – die höchst oxidierte N-Form im Wasser.

Je nach dem vorherrschenden Redoxpotential können reduktive oder oxidative Reaktionsverhältnisse im Fließgewässer vorherrschen. Diese hängen nicht nur vom pH-Wert, sondern auch von der Art und Konzentration organischer Substanzen ab, die im Wasser gelöst sind. Während deren Abbau, der über die biologische Aktivität eines gesunden Wassers erfolgt (Selbstreinigungsvermögen der Gewässer), wird sehr viel Sauerstoff benötigt und daher die Reduktion oxidierter Verbindungen gefördert. Nitrat wird dabei auf die Nitritstufe reduziert, in welcher es ein außerordentlich gefährliches Fischgift darstellt.

Bereits Werte von 0,4 mg NO_2/l (siehe auch [13]) genügen, um Forellenbestände in belasteten Gewässern auszurotten, insbesondere, wenn das Gewässer zu wenig Wasser führt, um die gebildeten NO_2-Verbindungen verkraften zu können.

Betriebsweise der Okertalsperre und ihr Einfluß auf die Hochwassergefährdung der Okertalaue

Ein in juristischer Hinsicht interessanter und besonders problematischer Aspekt betrifft die Schwermetallbelastung der Oker in Verbindung mit der Hochwassergefahr. Ein Zusammentreffen beider Schadkomponenten stellt eine ernste Gefahr für die Auelandschaft und Landeskultur dar. Diese wird durch die häufigen extremen Trockenperioden im Sommer noch gesteigert.

Wie aus den Exkursionsunterlagen ersichtlich [26], ist die primäre Aufgabe der 1956 erbauten Okertalsperre der Hochwasserschutz und die Förderung der Landeskultur mit dem Ziel, in Hochwasserzeiten Wasserüberschüsse rechtzeitig ohne Schäden für die dem Harz vorgelagerte

Niederung bremsend (durch Zwischenstau) abzuführen und in Trockenzeiten der Vegetation dieser Niederung verfügbar zu machen. Dabei sind auch die Abwässer der Siedlungen und Industriegebiete schadlos abzuführen.

Diese Funktion hat nach den Statuten eindeutige Priorität. Mit fortschreitender Bewirtschaftung wurde die Zielsetzung jedoch immer mehr von der nachgeordneten Funktion – nämlich der Versorgung der Bevölkerung mit Trink- und Brauchwasser – zurückgedrängt. Dabei waren keine Gebietsgrenzen hinsichtlich der Versorgung festgelegt worden, so daß die Ausdehnung des Trinkwasserversorgungsnetzes fortschritt und die Fernversorgung mehr und mehr als Wirtschaftsziel Bedeutung gewann.

Die Gründe für diese Verlagerung der Talsperrenbewirtschaftung sind leicht einzusehen. Die damaligen Betreiber der Talsperren – die Harzwasserwerke (HWW) – sind ein wirtschaftlich orientiertes Unternehmen, das zwar keine Gewinne erwirtschaften darf, jedoch Überschüsse, die sie für den weiteren Ausbau der Speicherkapazität verwenden kann.

Mangels einer von behördlicher Seite klar gefaßten Regelung zwischen den landeskulturellen Aufgaben der Talsperren und ihres Beitrages zur Trinkwasserversorgung wird zugunsten der Trinkwasserfernlieferung eine dadurch bedingte Steigerung des Hochwasserrisikos in Kauf genommen. Für die Wasserwerke bedeutet ein vorzeitiges Ablassen der Talsperre bei Hochwassergefahr oder die Abgabe an die dem Harz vorgelagerte Niederung während Trockenzeiten (Niedrigwasseraufhöhung) eine bedeutende finanzielle Einbuße, da der für die Trinkwasserspeicherung gewünschte Stauraum verloren geht und die Wahrnehmung der landeskulturellen Aufgaben der Vermeidung von Trockenschäden in der Landschaft kein Geld in die Kasse der HWW bringt.

Eine möglichst maximale Inanspruchnahme des Speichervolumens für Trinkwasserzwecke und die Aufrechterhaltung eines ständig hohen Füllungsgrades zur Zeit der Hauptniederschlagsperiode hat zur Folge, daß eine wirksame Regulierung der Hochwasserabflüsse bei unerhofften Starkregen und unerwartet hohen Schneeschmelzen nicht mehr erfolgen kann und die Okertalaue von Hochwässern überschwemmt wird.

Das Überlaufen der Sperre ist vermeidbar. Die Folgen sommerlicher Trockenheit im Vorland und Hochwasserkatastrophen sind die Quittung für selbst verschuldete ungenügende Regulierungsmaßnahmen.

Die in diesem Interessenkonflikt zwischen Hochwasserschutz/Niedrigwasseraufhöhung einerseits und Trinkwassergewinnung andererseits liegenden Katastrophengefahren haben im Fall der Oker ein besonderes Gewicht. Dieser Fluß entwässert einen Teil des Nordharzes, in dem wichtige, noch abbauwürdige Erzvorkommen liegen.

Moderne technische und chemische Verfahren haben den industriellen Ausbau dieses Gebietes außerordentlich stark begünstigt und den Erzabbau zeitweise zu einem wichtigen Wirtschaftsfaktor werden lassen. Diese Entwicklung bedeutete gleichzeitig die Zunahme metallhaltiger Abfälle, die über Deponien entsorgt und deren Abwässer durch Einleitung in die Oker abgeführt werden.

Bei Überschwemmungen werden mehr oder weniger große Auengebiete der Oker mit diesen schwermetallhaltigen Abwässern überflutet, wobei die feinsten Partikel (Hochflutlehme) die Landflächen des überschwemmten Gebietes überdecken und dadurch die oberen Bodenschichten vergiften. In den angebauten Nahrungs- und Futterpflanzen werden die Schadstoffe angereichert und dadurch Menschen und Tiere gesundheitlich gefährdet. Im Vergleich mit den übrigen Harztalsperren kommt somit der Okertalsperre in Verbindung mit der primären Funktion „Hochwasserschutz" noch die Aufgabe zu, die überschwemmungsbedingte Vergiftung der Talaue mit Schwermetallrückständen und -schlämmen zu verhindern.

In diesem Zusammenhang verdient noch ein anderer juristisch relevanter Gesichtspunkt bei der Bewirtschaftung der Okertalsperre zusätzlich Beachtung. Jede Überflutung der Talaue erhöht das mit der schwermetallbedingten Vergiftung zusammenhängende Kontaktrisiko zwischen dem anstehenden Grundwasser und den belasteten Oberflächenwässern aus den Überflutungen und Niederschlägen, weil hochbelastetes Sickerwasser in das Grundwasser gelangen kann.

Die vorhandenen, für die örtliche Trinkwasserversorgung wichtigen Grundwasservorkommen in der Talaue der Oker – über Vienenburg hinaus – bedürfen daher des besonderen Schutzes. Seit dem Bestehen der Talsperre wäre dieser möglich, wenn der Füllungsgrad der Sperre und die Steuerung der Abflußmengen dem Niederschlagsgeschehen auf der Vergleichsbasis eines Jahrhunderthochwassers angepaßt würden.

Für die an dieser Exkursion teilnehmenden Richter, Gerichtsassessoren und Referendare dürfte es sicherlich interessant und aufschlußreich sein, sich – quasi vor Ort – ein Bild von der Diskrepanz zwischen der durch die tatsächliche Bewirtschaftung der Okertalsperre erhöhten Hochwassergefahr und Talauenüberschwemmung einerseits und dem eigentlichen Auftrag, die Sperre vorrangig für den Hochwasserschutz und die Niedrigwasseraufhöhung einzusetzen, andererseits zu machen.

Diese Diskrepanz wird exemplarisch durch die im März 1981 in der Okertalaue eingetretene Hochwasserkatastrophe illustriert. Sie wurde durch Überlaufen der Sperre verursacht, weil diese bereits vor Einsetzen der winterlichen Hauptniederschlagsperiode (Februar – März) zu rd. 80 % ihres Fassungsvermögens für Trinkwasserzwecke gefüllt war.

Von dem gesamten Stauvolumen von 47 Mio. m^3 waren vorab bereits 37,6 Mio. m^3 für die Trinkwasserlieferung aufgespeichert worden, sodaß nur noch 9,4 Mio. m^3 Füllvolumen zur Aufnahme der Winterniederschläge zur Verfügung standen. Diese waren etwa doppelt so groß wie die noch verfügbare Speicherkapazität, konnten somit garnicht gespeichert werden. Dies führte zu einer Überschwemmung katastrophalen Ausmaßes in der Talaue.

Der daraufhin sich erhebenden öffentlichen Kritik begegneten die HWW mit nachstehenden Argumenten und Begründungen:

„In der Zeit vom 7. – 14. März d. J. traten im gesamten Harz langanhaltende und starke Niederschläge auf, die zusammen mit der vorhandenen Schneedecke und einem etwa eine Woche dauernden Wärmelufteinbruch zu außergewöhnlich starken Abflüssen führten“ und weiter

„Bei Abflußmengen der im Harz jetzt aufgetretenen Größenordnung ist ein Überlaufen der Talsperre unvermeidbar und von vornherein eingeplant. Eine zusätzliche Belastung der Oker ist durch die Okertalsperre nicht eingetreten. Die Okertalsperre hat vielmehr auch als überlaufende Talsperre eine nicht unerhebliche Hochwasserdämpfung bewirkt. Nach dem Betriebsplan ist es nicht möglich, vorzeitig Wasser allein deswegen aus einer Talsperre abzugeben, weil größere Schneemengen im Harz vorliegen.“ [27].

Ein Vergleich des Inhalts dieser Erklärungen bzw. Erläuterung mit den Statuten und den Ausführungen des früheren Direktors der HWW, Dr. M. Schmidt, (siehe Anlage) zeigt das juristische Dilemma.

Aus der Broschüre: „Talsperren im Harz" von Dr. M. Schmidt, [26]

Die Talsperren im Harz sind notwendig, um den Speicherraum zu schaffen, den die Natur nicht bereitgestellt hat. In diesen Speichern wird in Zeiten starken Abflusses (Schneeschmelze, Gewitterregen, tagelange Landregen) das überschüssige Wasser gesammelt, um es in Trockenzeiten an den von der Natur nur spärlich gespeisten Fluß unterhalb der Talsperre abzugeben oder es der Trinkwasserversorgung zuzuführen. Drei Aufgaben haben die Harztalsperren: Hochwasserschutz, Niedrigwasseraufhöhung und Trinkwasserversorgung.

Hochwasserschutz durch Talsperren

Erste Aufgabe der Talsperren ist der Hochwasserschutz, d. h. die Zurückhaltung der übergroßen Wasserführungen in Zeiten der Schneeschmelze, nach heftigen Gewitterregen oder nach längeren Landregen. An Hochwassertagen können das 1000- oder sogar das 2000fache des Abflusses der Trockentage zu Tal gehen. Hier einen Ausgleich zu schaffen, ist Aufgabe der Staubecken. In diesen sammeln sich die Überschußmengen, um dann in Zeiten geringeren Abflusses nutzbringend dem Unterlauf zugeführt oder für die Trinkwasserversorgung abgeleitet zu werden.

Ist die Fläche des Harzes auch relativ klein, so ist seine Hochwassergefährdung für das Harzvorland doch außerordentlich groß. Wegen der Heftigkeit des Abflusses in Zeiten der Schneeschmelze und nach Gewitterregen treffen für kurze Zeit sehr große Abflüsse aus dem Harz auf das Harzvorland. Die Hochwasserabflüsse pro Flächeneinheit aus dem Harz, die sog. „Abflußspenden", sind etwa 12 bis 14mal so groß wie die entsprechenden Werte im Harzvorland. Hochwassermäßig hat also der Harz eine Wirkung auf das Harzvorland wie eine 12- bis 14fach größere Fläche, als sie der Harz selbst darstellt. Nur durch die Anlage von Speicherbecken durch Talsperren läßt sich diese Hochwassergefährdung ausschalten.

Zur Erfüllung der Hochwasserschutz-Aufgabe ist in jeder Talsperre ein sog. Hochwasserschutzraum vorgesehen, der vorsorglich für die zu jeder Jahreszeit auftretenden Hochwässer freigehalten wird. Da die großen Hochwässer im allgemeinen am Ende des Winters auftreten, ist zu dieser Zeit der Hochwasserschutzraum am größten. Durch die verstärkte Wasserabgabe während des Sommers ist im Herbst nur ein kleiner Schutzraum erforderlich.

Niedrigwasseraufhöhung aus Talsperren

Eine notwendige Aufgabe der Talsperren ist die Aufhöhung von Niedrigwasserführungen, insbesondere im Sommer. Wegen der immer stärker werdenden Abwasserbelastung der Flüsse tritt die Niedrigwasseraufhöhung beinahe gleichrangig neben die Aufgabe des Hochwasserschutzes. Für alle durch Talsperren im Abfluß beeinflußten Gebiete kann man sagen, daß die Aufhöhung des Niedrigwassers in Trockenzeiten etwa das 8- bis 12-fache beträgt.

Schlußbetrachtung

Mit Blick auf die in der Okertalaue vorherrschenden besonderen Umweltprobleme, die in der Hauptsache Gewässerprobleme sind, läßt sich nach unseren bisherigen Erfahrungen dem Ziel „Erholungslandschaft" durch eine fischereibiologische Regenerierung der Oker erheblich näher kommen, weil ein von genießbaren Fischen und ihren zugehörigen Nahrungsketten belebtes Gewässer Indikator einer gesunden Auelandschaft ist.

Den Anglern und Gewässerwanderern (zu Fuß oder mit Boot ohne Motor) verschafft eine solche Landschaft Naturgenuß, und auch die „Vogelschützer" kommen auf ihre Kosten.

Es bedarf somit keiner weiteren Erläuterung, die Richtung vorzuzeichnen, die eine Landschaftsplanung einschlagen sollte, welche sich an den Gegebenheiten orientiert, die Gewässerrenaturierung und -sanierung als primäre Planungsaufgabe erkennt und den erholungssuchenden Menschen durch ein ökologisch-ökonomisch ausgeglichenes und attraktives Konzept in die Landschaft einbindet.

In maßvoller Abschätzung der Tragweite einer solchen Planung hat der Präsident der Klosterkammer Hannover die Weichen in diese Richtung gestellt und zunächst die Frage aufgeworfen, in welchem Ausmaß und unter welchen wirtschaftlichen Bedingungen sich die Entwicklung fischereilicher Aktivitäten in den verschiedenartigen Gewässern innerhalb des Gutsbezirks und hinsichtlich der gewässerökologischen Chancen in der Oker beurteilen und bewerten läßt.

Die laufenden Untersuchungen über den Chemismus der Gewässer und die Qualität ihres Lebensraums in ihrem Einfluß auf Fischart, Fischpflege, Besatz und Bewirtschaftung zielen in diese Richtung.

Das sich aus diesem Konzept ergebende Funktionsbild des Klostergutes ist von vielseitiger Struktur und dürfte die Landschaft wesentlich bereichern (siehe Abb. 29).

Das hier vorgestellte Nutzungskonzept, das traditionell auf Land- und Forstwirtschaft gründet und im Zuge des Fortschritts das auf dem Gelände befindliche reiche Vorkommen an wertvollen natürlichen Baustoffen (Kies) der Wirtschaft verfügbar gemacht hat und noch macht, befaßt sich aus dem Verantwortungsbewußtsein für die zukünftige Gestaltung und Sicherung des Klosterfonds bereits mit konkreten Folgeplanungen, die mit der fischereilichen Nutzung der neu entstandenen Stillgewässer aufs Engste verbunden sind.

Einige juristisch relevante Begleitumstände im Verlauf der Realisierung dieser Planung habe ich hier in ihrer Problematik skizziert in der Hoffnung, der Justiz einen interessanten Einblick in Zusammenhänge geboten zu haben, die immer häufiger mit zunehmenden Gewässerverunreinigungen und sonstigen Belastungen des aquatischen Milieus in bezug auf eine fischereiliche Nutzung zum Tragen kommen.

Zum Abschluß der Tagung ergriff Herr Landgerichtsdirektor Homann das nachstehend wiedergegebene Schlußwort.

„Die fach- und sachkundig von Herrn Prof. Dr. E. Welte am 04.07.1983 geleitete Exkursion mit Richtern, Gerichtsassessoren und Referendaren des Landgerichts Göttingen war veranlaßt, weil sich zuvor in einigen inhaltlich unterschiedlichen wasser- und fischereirechtlichen Schadensersatzprozessen hinsichtlich der Beweissicherung und gutachtlich unterstützten Beweiswürdigung Schwierigkeiten ergeben hatten. Wasser- und Fischereirechte sind gem. §§ 65 und 69 EG/BGB landesgesetzlichen Vorschriften vorbehalten und unterschiedlich geregelt, ohne daß effektiv Wasserschutz pp. allgemein gewährleistet ist. Es handelte sich z. B. um Verunreinigungen im Unterlauf der Weser in der Brachsen- bzw. Brassenregion nach dem Zusammenfluß von Fulda und Werra in Hann.-Münden sowie um erhebliche Schäden, die durch die Anfang der 70er Jahre von der Sösetalsperre ausgelösten Überschwemmungen nicht nur in Northeim durch die Rhumemündung in die Leine verursacht worden waren. Das gleiche gilt für die Hochwasserkatastrophe im März 1981 durch die Okertalsperre.

Prozesse solcher Art lassen sich forensisch nicht ohne Sachverständigengutachten auf Grund möglichst erschöpfender und gewissenhafter Anwendung der vorhandenen Erkenntnisquellen sachgerecht entscheiden. Um durch Gutachter Ursachenzusammenhänge zu klären, ist nach der Rechtsprechung ein so hoher Grad von Wahrscheinlichkeit erforderlich, daß er nach der Lebens- oder wissenschaftlich fundierten Erfahrung praktisch der Gewißheit gleichkommt.

Ansonsten war die Exkursion entlang den gesonderten, von der Oker zweckdienlich für Untersuchungen abgeleiteten Kiesseen im Bereich des Klostergutes Wöltingerode in vielfacher Hinsicht sehr lehrreich und interessant, weil Prof. Dr. Welte – wie zuvor eingehend beschrieben und in der Materialsammlung aufgelistet – die unterschiedlichen Ursachen der Verunreinigungen der Fließgewässer durch industrielle und andere Schadstoffe auf Grund der wissenschaftlich erforschten Erkenntnisse allgemein verständlich und überzeugend zu vermitteln verstanden hat. Ergänzend ist hinzuzufügen, daß im Landgericht bis zum 04.07.1983 die im Institut für Agrikulturchemie analytisch detaillierten Untersuchungen leider nicht bekannt waren, was in einigen Fällen die Beweisführung prozessual auf der Aktiv- oder Passivseite gewiß erleichtert hätte."

6. Programm 1983 – 1985

Besatz und Bewirtschaftung

Mit Beginn des Jahres 1981 setzten wir – wie bereits in Kapitel 3.4 dargelegt – alles daran, die Voraussetzungen für den Aufbau und den Betrieb einer klostereigenen Fischzuchtanlage auf wissenschaftlicher Basis zu schaffen. Nur eine umfassende und vollständige Kontrolle vom Ei bis zum Satzfisch (Fingerling) mit variierbaren Hälterungsbedingungen schien uns geeignet, Ergebnisse zu liefern, die die anglerische Nutzung der in der Okertalaue befindlichen Gewässer verbessern konnte.

Mit der in diesem Kapitel bereits beschriebenen Ausstattung des Wasserversorgungssystems konnten wir die Lebens- und Versuchsbedingungen in der Hälterung der Fische so gestalten, daß sie eine Selektion der verschiedenen Fischherkünfte (vorwiegend Forellen und Saiblinge) in Anpassung an die in der Oker wie den zugehörigen Kiesseen vorgegebene Wassergüte ermöglichte.

Darüber hinaus standen uns für die Verhaltensforschung sowohl an der eigenen Aufzucht als auch an zugekauften Fische nach dem Einsetzen in die verschiedenen Gewässer ausreichende Beobachtungsmöglichkeiten zur Verfügung. Es steht außer Zweifel, daß durch Anpassung und Auswahl der geeigneten Fischarten und Herkünfte der fischereiliche Wert dieser Gewässer erheblich gesteigert werden konnte. Mit diesem Projekt wurde – außerhalb der wissenschaftlichen Ebene – auch noch aufgezeigt, welche vielseitigen Nutzungsmöglichkeiten mit einer intakten Gewässerpopulation verbunden sind und welche Erholungsfunktion sich durch eine dem Gewässer angepaßte Landschaftsgestaltung für Freizeitfischer und Naturliebhaber bietet.

Durch die Herstellung eines auf einer intakten Nahrungskette aufbauenden „Bio-Potenzials" in der Oker und in den durch den Kiesabbau entstandenen Teichen und Seen wurde das durch kommunale und industrielle Abwasser völlig zerstörte natürliche Leistungsvermögen des Naturhaushaltes der Talauenlandschaft nicht nur weitgehend wiederhergestellt, sondern durch geeignete fischereiliche Maßnahmen in vorbildlicher Weise entwickelt.

Daß dabei das natürliche Adaptionsvermögen der verschiedenen Fischarten, insbesondere der Forellen, die Grundlage für die Besatzmaßnahmen war, ohne die eine fischereilich orientierte Renaturierung der Oker nicht hätte durchgeführt werden können, war eine nicht zu bestreitende Tatsache. Wir griffen dabei auf Erfahrungen zurück, die in einem im Institut für Agrikulturchemie der Universität Göttingen angelegten künstlichen Kanalsystem zum Studium des Adaptionsbereichs von Forellen unter kontrollierbaren, durch landwirtschaftliche Abwässer (Jauche, Gülle, Mist- und Silosickersäfte) verursachte Streßbedingungen gewonnen werden konnten. Dabei zeigte sich, daß die Mortalität deutlich vom Alter der Testfische abhängig war. (Abb. 54)

Die in der Versuchsanlage erstrebte Selektion in Beziehung zu dem Adaptionsvermögen von Forellen an die in der Oker und den mehr oder weniger mit diesem Fließgewässer in Kontakt stehenden Kiesseen und dem Klosterbach setzte bereits mit der Hälterung von Zuchtfischen ein, die an die Grundbelastung des Okerwassers gewöhnt worden waren. Bei Ergänzung des für Besatzmaßnahmen bestimmten Fischbestandes durch Zukäufe schalteten wir das Quarantänebecken ein, um vor der Aussetzung in die vorgesehenen Gewässer die Widerstandskraft der Fische zu prüfen.

Durch diese Selektionsmaßnahmen waren die Verluste nach Einsetzen der Fische in die ausgesuchten Reviere sehr gering.

Da vom organisierten Naturschutz Besatzmaßnahmen im allgemeinen abgelehnt werden und die fischereiliche Wiederbelebung allein der Natur überlassen werden sollte, bedarf es zu diesem Problem einiger klärender Ausführungen.

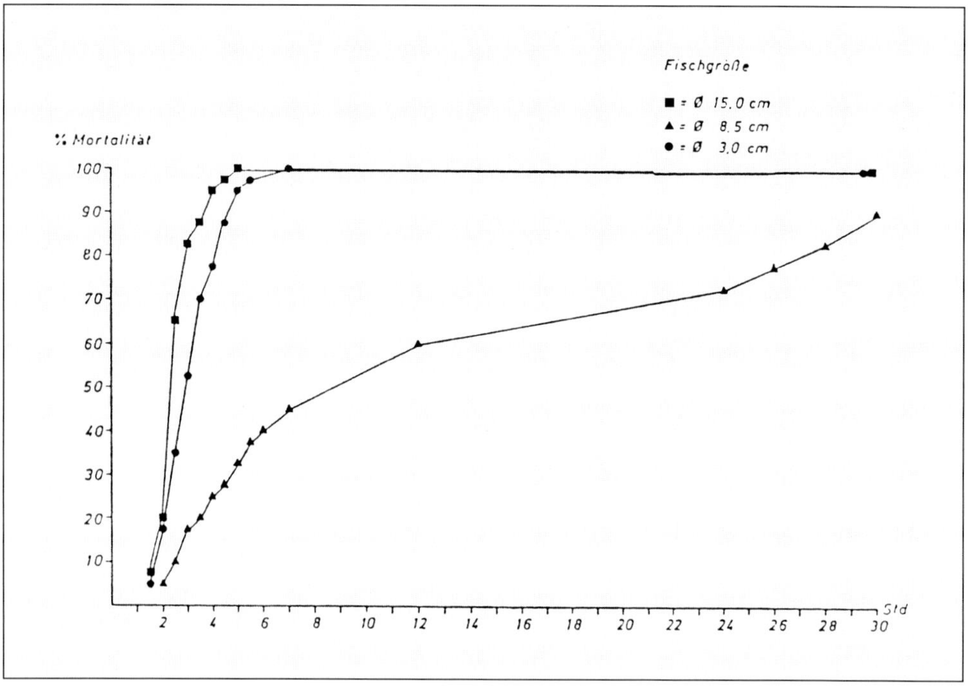

Abb. 54: Einfluß der Einwirkungszeit einer Rindergülle (NH_3- Gehalt des Fließwassers 0,83 mg/l) auf drei verschiedene Forellengrößen [16]

Zunächst ist eine solche Auffassung wirklichkeitsfremd und ein Zeugnis mangelnder Kenntnis über die wahren Verhältnisse in abwassergeschädigten oder sonstwie denaturierten Gewässern. Eine natürliche Regenerierung der ursprünglichen Fischfauna nach Art und Umfang setzt die Gewässergüteeigenschaften voraus, wie sie vorher bestanden haben.

Durch Begradigung und Ausräumung vernichtete Laichplätze und Unterstände werden von Natur aus nicht wieder hergestellt. Die chemische Belastung kann zwar und sollte auch auf ein für genießbare Fische noch zu tolerierendes Ausmaß reduziert werden. Jedoch wird es abwasserfreie Fließgewässer in einer stark kommunalisierten und industrialisierten Kulturlandschaft nicht mehr geben. Allein der Zeitraum, den stark geschädigte Gewässer zur vollen Renaturierung benötigen, verhindert auf viele Jahre ein ausreichendes Aufkommen aus eigener Brut. Die Eier benötigen einen speziellen Untergrund, der die hohen Ansprüche an die Sauerstoffversorgung gewährleistet. Die Jungbrut kann nur gedeihen, wenn geeignete, ihrem Schutz dienende Unterstände vorhanden sind.

Alle diese Voraussetzungen sind nicht gegeben und in einem absehbaren Zeitraum durch natürliche Kräfte auch nicht zu schaffen, wenn die Renaturierung allein der Natur überlassen bleibt.

Im übrigen widerspricht auch die Forderung des organisierten Naturschutzes, Sanierungsprozesse ausschließlich der Natur zu überlassen, dem im Naturschutzgesetz verankerten ausdrücklichen Gebot, die Leistungsfähigkeit des Naturhaushalts zu entwickeln.

Die Forderung nach „Naturbelassenheit“ als Ziel der Gewässerrenaturierung steht zu diesem Gebot in einem unverkennbaren und unüberbrückbaren Gegensatz, weil sie ausdrücklich die Entwicklung des sanierungsbedürftigen Gewässers durch den Menschen ausschließt.

Besatzmaßnahmen sind eine „conditio sine qua non", ohne die eine Renaturierung der Gewässer nicht möglich ist. Hand in Hand damit müssen vom Menschen neue Laichplätze und ausreichende, schutzbietende Unterstände in Verbindung mit sonstigen „Aufbau"-Maßnahmen geschaffen werden, um die kostspieligen Besatzmaßnahmen (die fast ausnahmslos von den Fischereiverbänden vorgenommen werden) zu mindern und schließlich ganz einzustellen, wenn die Voraussetzung für das Aufkommen eigener Brut aus gewässerautochthonen Laichplätzen gewährleistet ist. Die von uns in den nach wissenschaftlichen Gesichtspunkten eingerichteten Zuchtanlagen des Klostergutes Wöltingerode durchgeführte Selektion erwies sich als eine für die fischereiliche „Rekultivierung" der Gewässer außerordentlich effektive Maßnahme, die auch dem späteren Fischereipächter, dem Angelsportverein Braunschweig (ASV), voll zugute gekommen ist und weiterhin betrieben wird.

Die Besatzmaßnahmen bedürfen noch aus einem anderen Grund einer ständigen und regelmäßigen Wiederholung. Durch das erwünschte Herausfischen möglichst der größten und ältesten Fische (Abb. 55 a und b) erfolgt immer wieder eine durch Besatz unterstützte Verjüngung des Bestandes.

Dies fördert nicht nur die der Nahrungsversorgung dienende fischereiliche Produktion sondern begegnet auch in wirksamer Weise der unvermeidlichen Eutrophierung. Darüber hinaus wird in Verbindung mit geeigneten Besatzmaßnahmen ein harmonischer Altersaufbau der Bestände erleichtert.

Mit den Besatzmaßnahmen waren auch Markierungen einzelner Fische – bevorzugt Forellen – verbunden, um über den Verbleib im Revier (Standortstreue) bzw. ihr Wanderverhalten Erfahrungen zu sammeln und zu verwerten (Anlage).

Abb. 55 a: Fang eines Spiegelkarpfens aus einem Kiessee rechts der Oker, neben der Brücke beim Kieswerk Oppermann

Abb. 55 b: Kapitaler Hecht aus Kiessee T 9 – gefangen am 30.10.1999, Länge 110 cm, Gewicht 12 kg. (Foto H.-J. Sauer)

Berichterstattung der Goslarschen Zeitung vom 23.07.1984
»betr. Markierung von Forellen«

Industrie und Kommunen sollen handeln

„Totes Okertal wieder mit Leben erfüllen“

40 markierte Forellen in Fluß gesetzt

GOSLAR/VIENENBURG. „Das ganze tote Okertal neu mit Leben zu erfüllen“ haben sich Klosterkammer Hannover und das Institut für Agrikulturchemie der Universität Göttingen zum Ziel gesetzt. Fische sollen den Fluß zwischen Oker und Vienenburg wieder bevölkern. Um das zu erreichen, sei jedoch der weitere empfindliche und stetige Abbau der Schadstoffbelastungen der Oker dringend erforderlich. Und dazu forderte Prof. Erwin Welte am Wochenende nachdrücklich Industrie, gewerbliche Wirtschaft und Kommunen auf. Er setzte zu einem Versuch 40 markierte Forellen bei Wöltingerode in die Oker.

Haben Sie eine Chance zu überleben? Fischereipächter Erhard Burkert meint: „Ja!“ Er hat in diesem Jahr erstmals Forellen im schadstoffbelasteten Teil des Flusses entdeckt. Das gebe Hoffnung. Trotz aller eingetretenen Verbesserungen bleibe aber immer noch viel zu tun, unterstrich Prof. Welte, dessen Institut die Wasserqualität der Oker in einer Meßstation bei Wöltingerode seit Jahren täglich überprüft.

Die Schwermetallbelastung sei nach wie vor das Kernproblem. Verursacht werde sie vor allem durch Industrieabwässer. Das müsse abgestellt werden, forderte der Wissenschaftler aus Göttingen. Er zeigte kein Verständnis dafür, daß außerdem heute noch durch Abschwemmungen Schadstoffe von den Halden im Raum Oker in den Fluß gelangten. Sie hätten längst mit Erde verfüllt und begrünt werden können. Dann würde es diese „Giftquelle“ für die Oker nicht mehr geben.

Ein weiteres Problem sei die Überdünnung des Flußes durch stickstoff- und phosphatreiche Abwässer aus den Kläranlagen. Deshalb appellierte der Chemiker an die Kommunen, ihre Klärwerke neben mechanischer und biologischer auch mit einer chemischen Reinigungsstufe auszustatten. Diese Investition – so Prof. Welte – würde bundesweit nach der Phosphatstudie des Verbandes Deutscher Chemiker Kosten von 7 bis 8 DM pro Bundesbürger und Jahr verursachen. Die dafür eingekaufte Gegenleistung: saubere Flüsse, bessere Lebensbedingungen. Denn 95 Prozent der Phosphate würden dem Abwasser entzogen und als Dünger für die Landwirtschaft gewonnen.

Der Wissenschaftler stellte fest: Eine Gemeinde, die Geld für eine Flutlichtanlage habe, habe auch die Mittel für eine chemische Klärung ihrer Abwässer. Denn die sei dringend erforderlich für den Schutz der Umwelt.

Initiativen von Industrie und Kommunen zur Säuberung der Oker erwarten Wissenschaftler aus Göttingen und Klosterkammer Hannover, die im ehemaligen Garten des Gutes Wöltingerode eine Fischaufzuchtstation geschaffen haben. Mehrere 1000 Forellen und andere für den Lebensraum Okertal typische Fische sollen hier jährlich aufgezogen werden, berichtete Karl-Heinz Rohmann, Referent für Gewässer und Kiesabbau bei der Klosterkammer. Ausgesetzt werden die Tiere in den Kiesteichen zwischen Oker und B 241, die die Klosterkammer in den kommenden zwei Jahren auch durch vielfältige Bepflanzungen in eine Naturoase verwandeln und eine „Vienenburger Schweiz“ schaffen möchte.

Aber auch für die geplante neue Belebung der Oker soll die Anlage arbeiten. So wurden dort auch die von Erhard Burkert in Abzucht und Oberoker gefangenen 40 Forellen für den am Samstag gestarteten Versuch im Belastungsgebiet während der vergangenen Wochen an das Okerwasser gewöhnt. Markiert worden sind sie mit einem Faden an den Kiemen. Angler, die einen so gekennzeichneten Fisch aus der Oker ziehen, werden um Rückmeldungen an die Klosterkammer gebeten. *mid*

Die Berichterstattung der Goslarschen Zeitung vom 23.07.1984 gibt einen zutreffenden Überblick über die Bedeutung unserer fischereibiologischen und gewässerchemischen Untersuchungen in der damaligen Zeit und sieht in der Markierung von Fischen einen wesentlichen Beitrag zur Verbesserung der fischereilichen Verhältnisse in diesem Abschnitt der Oker.

Daher erübrigen sich weitere Erörterungen über den Umfang und den Zweck der wissenschaftlichen Untersuchungen. Eine eingehende Behandlung würde den Rahmen des Buches sprengen, ohne die Aussage der mitgeteilten Befunde zu verbessern. Stattdessen sei auf zwei Dissertationen zu diesem Thema hingewiesen (Cherif [30], Koop [31]).

Die der Selektion dienenden Adaptionsversuche vornehmlich an Forellen in der Aufzuchtanlage des Klostergutes Wöltingerode wurde ergänzt durch systematische Beobachtungen über das Verhalten und die Fortentwicklung von weiteren Fischarten (Hecht, Zander, Karpfen und Weißfischen [letztere als Futterfische]), die in einem ausgewogenen Verhältnis von Raub- und Friedfischen in die verschiedenen Kiesseen eingebracht worden waren.

Im Hinblick auf die Schwermetallbelastung der Oker als eine der wesentlichen Ursachen für die Verhinderung einer fischereilichen Sanierung wurde in den Aufzucht- und Hälterungsversuchen auch der Frage nachgegangen, wie sich unterschiedliche Konzentrationen der Schwermetalle Cadmium, Kupfer, Blei und Zink auf die Mortalität der verschiedenen Fischarten auswirken. Eingeschlossen waren Untersuchungen über die Verteilung der Schwermetalle in den verschiedenen Organen und über das gesundheitliche Risiko, welches schwermetallverseuchte Fische für den menschlichen Verzehr darstellen.

Ergänzend hierzu fanden Zufütterungsversuche mit schwermetallhaltigem Futter bestimmter Zusammensetzung statt und auch Experimente, die das Studium der Abgabe bzw. Ausscheidung von Schwermetallen zum Ziel hatten, wenn die Testfische von stark belastetem Wasser in unbelastetes Wasser umgesetzt und darin längere Zeit gehältert wurden.

Angesichts des beträchtlichen Zeitaufwandes sowie der hohen Arbeitskosten solcher Experimente konnten wir diesen Bereich der quantitativen Forschung im Hinblick auf das zum Ende des Jahres 1985 auslaufende fischereiliche Forschungsprogramm nur in einem begrenzten Umfang betreiben. Der Schwerpunkt lag bei der qualitativen Selektion, um mit widerstandsfähigen Besatzfischen dem Umfang der erforderlichen Besatzmaßnahmen in der Oker und den verschiedenen Kiesseen in ausreichendem Maße nachzukommen.

7. Fischereiliche Bewirtschaftung durch Verpachtung ab 1986 – weiterer Ausbau des Erholungsgebietes von 1986 – 1999

Allgemeines

Mit dem Ablauf des Jahres 1985 sahen wir die beabsichtigten gewässerchemischen und fischereiwissenschaftlichen Untersuchungen in Wöltingerode als beendet an. Sie schufen die Voraussetzungen, nunmehr die Verpachtung der Gewässer an einen oder mehrere versierte und leistungsstarke Fischereivereine zwecks dauerhafter Nutzung im wirtschaftlichen Sinne anzustreben. Dabei standen die Erfahrungen zur Verfügung, die das Forschungsprojekt für die praktische Verwertung eines Teils der Ergebnisse und zur Weiternutzung der Anlagen bieten konnte.

Während der Laufzeit des Forschungsprojektes hatten wir bereits interessierten Sportfischern des Vienenburger Anglervereins die Angelberechtigung erteilt, um deren Erfahrungen und Beobachtungen bei der Auswertung der Ergebnisse der Besatzmaßnahmen berücksichtigen zu können. Dabei ließen wir sowohl Natur- wie Kunstköder zu und gaben der Flugangelei deutlich Präferenz.

Die Flugangelei betraf in erster Linie die Oker, die sich besonders gut für diese Fangart nicht nur in sportlicher, sondern auch in wissenschaftlicher Hinsicht anbot. Denn ihre Ausübung ergab wichtige Hinweise auf die Insektenpopulation im Uferbereich und deren Bedeutung für die verschiedenen Salmonidenarten, die in den durch den Okerausbau entstandenen Strecken zwischen den Stauwehren eingesetzt wurden.

Auch verbanden wir mit dieser Angelerlaubnis an organisierte Angler Bildungsziele, die nicht nur die Aneignung von Fischen in möglichst reichlicher Menge oder maximaler Größe zum Ziel hatten, sondern in erster Linie Gedanken der Hege und deren Bedeutung für die Reinhaltung der Gewässer. Somit bot sich innerhalb des Forschungsprojektes eine einzigartige Chance für engagierte Angler, an wissenschaftlichen Untersuchungen teilzunehmen. Diese Chance wurde von den örtlichen Anglern erkannt und auch genutzt.

Durch Übernahme freiwilliger Kontrollen an den aufgestellten Meßeinrichtungen haben sie erheblichen Anteil an der Sicherung dieser störungsempfindlichen Anlagen vor Fremdeinwirkungen. Besonders hervorzuheben ist ihre Unterstützung bei der Beobachtung des Wanderverhaltens markierter Fische (Saiblinge, Forellen und Karpfen).

Durch Einschaltung solcher interessierten Angler – nahezu ausnahmslos aktive Mitglieder von Vereinen – konnten wir das ökologische Bewußtsein wecken und vertiefen und ihnen die Bedeutung einer gewässerkundlichen Schulung für die Mitglieder, insbesondere die Jugend, im Blick auf die fischereiliche Hege und Gewässerpflege vermitteln.

Der Kontakt mit dem ASV Braunschweig, der die großen Aufgaben der Anglervereine auf dem Gebiet der Gewässerreinhaltung und -pflege erkannt hatte, führte dann letztlich zur Übernahme der im Forschungsprojekt betreuten Kiesseen bzw. -teiche durch Abschluß eines langjährigen Pachtvertrages. Auch der Vienenburger Verein wurde bedacht. Er konnte die weitgehend unbelasteten Teiche auf dem Gelände des Kieswerkes Willikens anpachten und sich die Erfahrungen des Forschungsprojektes zunutze machen.

Dem Umfang der 1985 beendeten fischereibiologischen und gewässerökologischen Untersuchungen entsprechend war der Klosterkammer Hannover sehr daran gelegen, einen Fischereipächter zu gewinnen, der eine Fortsetzung der erprobten fischereilichen Nutzung ihrer Gewässer gewährleisten konnte. Von der Zielsetzung her verdienten die Anglervereine den Vorzug gegenüber beruflichen Fischereibetrieben, da es darauf ankam, auch den Erholungsgedanken in die Auswahl einzubeziehen und neben dem Fischfang notwendige Pflegearbeiten insbesondere am Fließgewässer selbst durchzuführen. Dazu waren auch die Arbeiten zu rechnen, die die Güteüberwachung der Oker betrafen.

Bestandsaufnahme zum 01.01.1986 (Verpachtung)

Mit dem 1. Januar 1986 ging daher die bisherige, von wissenschaftlichen Erkenntnissen und Erfahrungen begleitete Bewirtschaftung des fischereilichen Sektors des Klostergutbetriebes in die Hände des Angelsportvereins Braunschweig (ASV) über und damit auch der Fischbestand, wie er im Rahmen des wissenschaftlichen Programms in den verschiedenen Kiesseen aufgebaut worden war (Abb. 56).

Dieser Besatz vermittelt ein aufschlußreiches Bild über die Vielseitigkeit der vorhandenen Fischarten und einen Eindruck über den erreichten fischereilichen Wert der Gewässer.

Dem ASV wurde damit für die wirtschaftliche Nutzung der Gewässer eine ausreichende Grundlage geboten, die zu erhalten und zu verbessern als wichtigstes Ziel angesehen wurde.

7.1. Angelei und Naturschutz – Programm des ASV Braunschweig

Aktivitäten des Angelsportvereins (ASV) zur fischereilichen Verbesserung der Pachtgewässer

Die im Rahmen des abgeschlossenen gewässerökochemischen und fischereilichen Teils des Forschungsprojektes errichteten Aufzuchtanlagen im Klostergarten ermöglichten dem ASV außer der Aufgabe, durch eigene Aufzuchten der angelfischereilichen Nachfrage im Rahmen eines auf Nachhaltigkeit gegründeten Bewirtschaftungsplanes zu entsprechen, auch seine auf die fischereiliche Hege ausgerichteten Aktivitäten zu verstärken. Das Interesse der Mitglieder an fischereiökologischen Fragestellungen und Aufgaben konnte dadurch vielseitig gefördert werden.

Diese Tätigkeiten, die neben dem eigentlichen Fischfang die ständige Verbesserung der fischereilichen Verhältnisse zum Ziele hatten und den Mitgliedern abgefordert wurden, seien nachstehend aufgeführt:

- Zunächst Fortsetzung der regelmäßigen Kontrolluntersuchungen über gewässerchemisch wichtige Güteparameter an den im vorhergehendem Forschungsprogramm festgelegten Probeentnahmestellen. Diese Untersuchungen dienten dem Zweck, die Gewässergüte laufend zu überwachen und fischereibiologisch schädliche Maßnahmen durch die Abwassereinleitungen seitens der im Industriegebiet Oker/Goslar angesiedelten Betriebe und der beiden kommunalen Kläranlagen Goslar Ost und Okertal abzuwehren.
- Ausweitung der Nutzungskapazität der Aufzuchtanlagen in Anpassung an den steigenden Bedarf, der durch eine auf das Ertragspotenzial der angepachteten Gewässer abgestellten wirtschaftlichen Nutzung durch die Angelei gegeben war (Fangquoten).
- Periodische Reinigung der Gewässer insbesondere der Oker von allem erdenklichen Wohlstandsmüll (Dosen, Flaschen, Kunststoffe, Kartonagen u. a. m.).
- Ständige Verbesserung der Gewässerstruktur der Oker durch Schaffung von Schutzräumen (Unterständen) für Fische, Einbau einer Fischtreppe zur Erleichterung des Aufstiegs von Wanderfischen, Kultivierungsarbeiten zur Verbesserung der floristischen Vielfalt der Ufersäume und des Angebotes von Flugnahrung für Salmoniden. Hierbei wirkte sich die Beteiligung des Vereins am niedersächsischen Fließgewässerschutzprogramm außerordentlich günstig aus, zumal der vorgesehene und später gebaute Fischpaß im unteren Okerabschnitt der angepachteten Strecke kurz vor der Straßenbrücke Vienenburg vom niedersächsischen Landesamt für Ökologie als besonders tauglich eingestuft wurde.
- Unterstützung der im Forschungsprogramm vorgesehenen Bepflanzung der durch die Kiesgewinnung entstandenen Abbaugebiete und der landschaftspflegenden Maßnahmen seitens des Institutes für Forstpolitik, Forstgeschichte und Naturschutz der Forstlichen Fakultät Göttingen unter Leitung von Prof. Zundel.

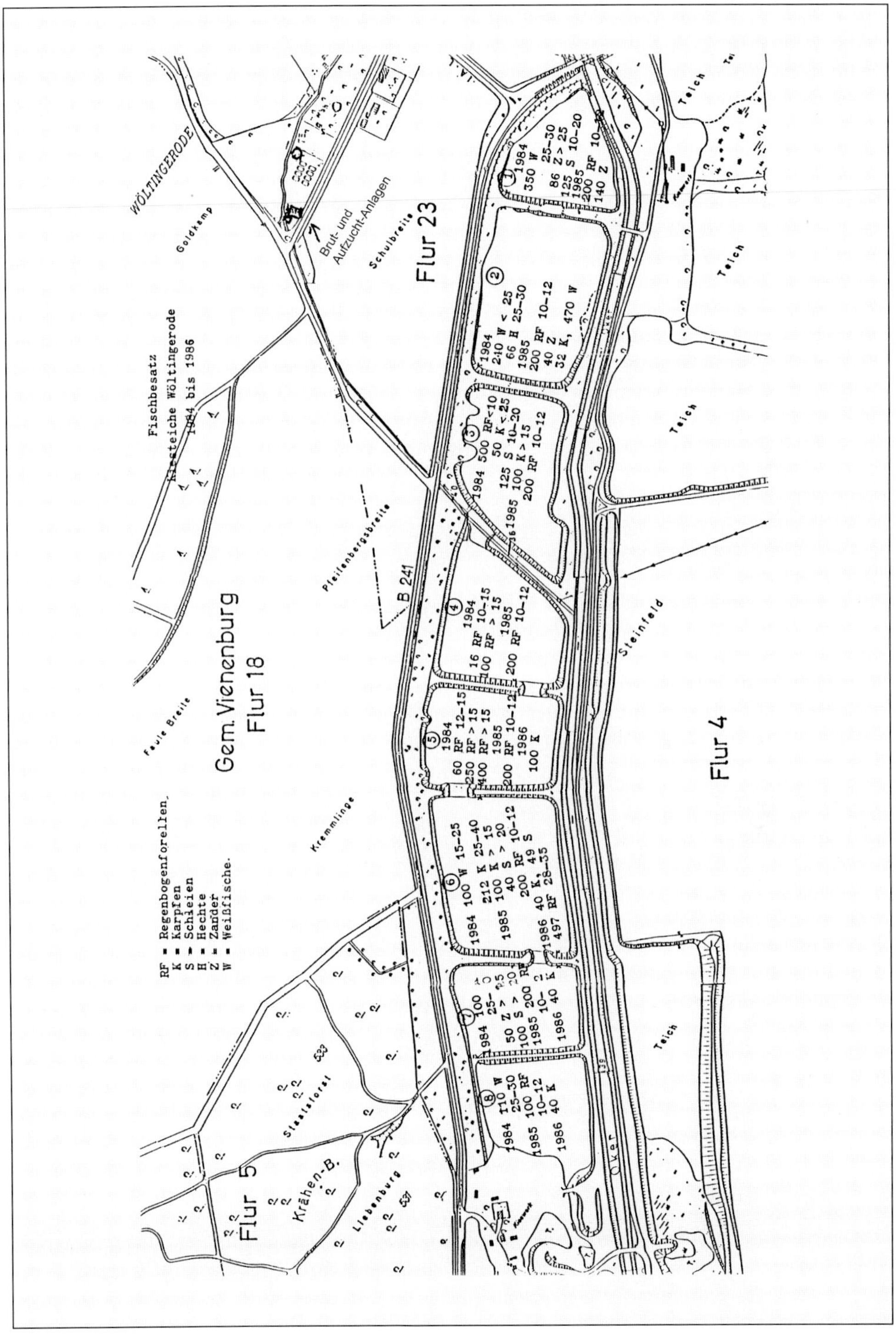

Abb. 56: Besatz der Kiesseen in der Endphase des fischereilich ausgerichteten Forschungs- und Untersuchungsprogramms

Einige dieser Maßnahmen mögen durch nachfolgende Abbildungen illustriert werden (Abb. 57, 58, 59, 60, 61 u. 62).

Diese arbeitsaufwendigen und auch kostenträchtigen Leistungen hat der ASV Braunschweig als Voraussetzung der Mitgliedschaft in seinem Vereinsprogramm, an dem zur Gewährleistung einer erfolgreichen Angelei jedes Mitglied freiwillig und ohne Entgelt mitzuwirken gehalten ist. Dies ist Grund genug, diese Leistungen, die übrigens in ähnlicher Weise – zumindest, was die Reinigung der Gewässer betrifft – als Regelmaßnahme in fast allen Anglervereinen in Deutschland zu finden sind, einmal mehr in das Licht der Öffentlichkeit zu rücken.

Diese von den Mitgliedern außer den Mitgliedsbeiträgen abverlangten Aktivitäten in der Gewässerpflege und -hege rechtfertigen nicht nur den Anspruch auf eine erfolgversprechende Angelei (siehe Abb. 55 a, 55 b); sie sind darüber hinaus auch eine bemerkenswerte soziale Leistung für das Gemeinwohl in unserem Staat.

Der Erfolg dieser sich über fast vierzehn Jahre erstreckenden fischereilichen Verbesserung der in der Talaue der Oker zwischen Oker/Goslar und Vienenburg befindlichen Gewässer ist nicht zu übersehen. Er ist umso höher zu bewerten, als der Verein durch behördliche Nachlässigkeit am 8. Okt. 1989 von einem totalen Fischsterben in der Oker als Folge einer Nitrit-Vergiftung heimgesucht wurde und als Geschädigter den Schaden von rund 140.000 DM auch noch selbst zu tragen hatte.

Die seit Anpachtung 1986 in der Oker vorgenommene fischereiliche Aufbauarbeit erhielt dadurch einen gewaltigen Rückschlag.

Das totale Fischsterben in der Oker vom 08. Oktober 1989 – seine juristischen Auswirkungen

Aufgrund der sofort eingeleiteten polizeilichen Ermittlungen wurde die chemische Industrieanlage der Firma F.C. Starck in Oker als Verursacher einer ungewöhnlich hohen Nitritkonzentration im ablaufenden Abwasser festgestellt. Die daraufhin vom ASV als geschädigtem Pächter gegen den Verursacher eingeleitete Schadenersatzklage war allerdings erfolglos.

Die aus juristischen Gründen abgelehnte Forderung des ASV auf Schadenersatz rechtfertigt zum Verständnis eine besondere Stellungnahme, weil die Begründung öffentliches Interesse verdient und in deutlicher Weise darlegt, wie behördliche Auflagen über Abwassereinleitungen den Zielen des Wasserhaushaltgesetzes zur Reinhaltung der Gewässer entgegenstehen und sogar eine Verunreinigung der Gewässer fördern, weil diese Auflagen unzureichend sind.

Das juristisch begründete Urteil ist wohl kaum zu bemängeln, läßt jedoch die Frage offen, warum dem Abwasserproduzenten behördlicherseits eine als Freibrief für Gewässervergiftungen zu geltende Bewilligung eingeräumt worden war.

Und hier setzt das Erstaunen und Kopfschütteln ein.

Die dem Industriebetrieb im Bewilligungsschreiben gemachten Auflagen waren nämlich folgende:

1. Grenzwert für die Einleitung mineralisierten Stickstoffs, ausgedrückt als Gesamt-Stickstoff von 500 mg/l und berechnet aus der Summe der Teilkomponenten $NO_2 + NO_3 + NH_3 + NH_4$,
2. Grenzwert für „Gesamtsalze“ = 12.200 Milligramm je Liter ohne detaillierte Angabe über die Zusammensetzung.

Diese beiden Summen-Grenzwerte, die nichts über die Teilkomponenten, deren Giftigkeit große Unterschiede aufweist, aussagen, werden hinsichtlich ihrer Gültigkeit durch eine Zusatzbestimmung im Ergänzungsbescheid vom 27. September 1982 noch weiter aufgeweitet und zwar durch den Zusatz:

„Ein in Ziffer III, 2 bestimmter Wert ist einzuhalten. Er gilt auch als eingehalten, wenn das arithmetische Mittel der Ergebnisse aus den letzten 5 im Rahmen der staatlichen Gewässer-

Abb. 57: Reinigung der Oker vom Wohlstandsmüll. (Foto H.-J. Sauer)

Abb. 58: In die Oker eingebaute Fischtreppe (Eigenbau des ASV Braunschweig). (Foto H.-J. Sauer)

Abb. 59: Einbau einer Querrausche zur besseren Sauerstoffversorgung der Oker. (Foto H.-J. Sauer)

Abb. 60: Ausgestaltung der Gewässersohle zur Verbesserung der Sauerstoffversorgung des Flußwassers

Abb. 61: Bepflanzung des Ufersaumes zur Verbesserung des fischökologisch wichtigen Tosbeckens unterhalb eines Wehres

Abb. 62: Fischereilich bedeutsame Biotoppflege im Sanierungsgebiet zwischen Goslar und Vienenburg (Laichgebiet). (Foto H.-J. Sauer)

aufsicht durchgeführten Untersuchungen diesen Wert nicht überschreitet. Untersuchungen, die länger als 3 Jahre zurückliegen, bleiben dabei unberücksichtigt."

Die Tragweite dieser Bewilligung ergibt sich aus nachfolgender Betrachtung:

Unter den Begriff des Grenzwertes „Gesamtstickstoff" fallen 4 Teilkomponenten, die trotz ihrer chemisch völlig verschiedenen Eigenschaft und Giftigkeit für das Wasser (Grundwasser wie Oberflächenwasser) als wirkungsgleich und daher austauschbar angesehen werden – ganz abgesehen davon, daß sie rein gewichtsmäßig sich ebenfalls voneinander erheblich unterscheiden, wie nachstehend ersichtlich:

1 Milligramm N entspricht:	3,29 Milligramm	NO_2^-
	4,43 Milligramm	NO_3^-
	1,21 Milligramm	NH_3
	1,29 Gramm	NH_4^+

Legt man die von der Bez. Reg. Braunschweig in 1996 am Pegel Wöltingerode gemessenen mittleren Abflußmengen (MQ-Werte) von 2,83 m^3/s zugrunde [2], würde jedes Liter Abwasser der Fa. Starck die Oker bis zu einem Höchstwert von 0,20 mg Nges/1 im Rahmen der Bewilligung belasten dürfen. Da 0,06 mg NO_2-N bereits eine tödliche Dosis für Forellen darstellen, würden 30 % der bewilligten Mengen an Nges ausreichen, um die Oker auf der Teilstrecke von der Einleitung bis Vienenburg zu vergiften.

Nach einem anderen Berechnungsansatz, der sich auf die bei den Gerichtsakten befindlichen Daten stützt, genügen bereits 24 % vom Gesamtstickstoff als Nitrit-N, um die Toxizitätsgrenze zu erreichen.

Mit welcher Großzügigkeit die Fa. Starck in bezug auf die Abwassereinleitungsbewilligung bedacht wurde, zeigt ein Vergleich mit den Grenzwerten für Nges, die als Mindestanforderungen von Kläranlagenabläufen nach den allgemeinen Regeln der Technik und dem Stand vom 21.03.1997 [43] verlangt werden, nämlich 18 mg/1 Nges. gegenüber 500 mg/l im Fall der Fa. Starck.

Man erkennt hieraus das Giftpotenzial der im Gesamtstickstoff ausgedrückten Auflage. Mit der Bewilligung erhielt der Produzent des nitrithaltigen Abwassers einen Freibrief, jedes Leben in einem Gewässer auszurotten, ohne dafür gerichtlich belangt werden zu können.

Ähnliches Unheil stiftet auch der Grenzwert für „Gesamtsalze". Da die an der Salzbildung beteiligten Hauptkomponenten wie NH_4, Na, K, Mg, Ca, Mn, Fe, Cu, Pb, Cd (Kationen) und Cl, NO_2, NO_3, SO_4, CO_3, PO_4 (Anionen) chemisch völlig unterschiedlich sind und in ihrer Giftwirkung daher auch voneinander abweichende Eigenschaften besitzen, ist es unverständlich, die aus diesen Komponenten gebildeten Salze einheitlich in ihrer Wirkung zu betrachten und in dem Begriff „Gesamtsalze" zusammenzufassen. Dieser Summenwert hat in seinem Einfluß auf die Gewässer nur die Bedeutung, ein weiterer wasserbehördlicher Freibrief für ihre Vergiftung zu sein.

Auch die zusätzliche Auflage hinsichtlich der Zusammenfassung jährlicher Ergebnisse hat keinerlei Bedeutung für eine Schutzwirkung hinsichtlich des Gewässers. Durch diesen Zusatz erfährt der chemische „Nonsens" eine weitere Ausdehnung ohne jede fischereibiologisch gesicherte Schranke.

Konsequenz: Mit solchen und ähnlichen behördlichen Auflagen ist die Verunreinigung und Verödung der Gewässer vorprogrammiert und jedes Bemühen seitens des Gewässerschutzes für eine Verbesserung der fischereilichen Verhältnisse von Erfolglosigkeit begleitet, solange nicht in der Öffentlichkeit das Bewußtsein für die Bedeutung gesunder Fließgewässer im Haushalt der Natur geweckt und stetig gefördert wird.

Hier haben die Verbände der organisierten Sport- und Freizeitfischerei im Verein mit den Berufsfischern, soweit es diese in den Seengebieten Deutschlands noch gibt, die vorrangige Aufgabe, darauf hinzuwirken, daß im aquatischen Bereich der Gewässerschutz eine Führungsrolle im allgemeinen Naturschutz übernimmt und dieser vorrangig von den Fischerei- insbesondere Anglerverbänden wahrgenommen werden sollte.

Das vorgenannte Beispiel behördlich organisierter Gewässerverschmutzung zeigt deutlich die Problematik auf, die in der mangelnden Zusammenarbeit zwischen den Wasserbehörden, den fischereilich orientierten Verbänden und der an sauberen Gewässern interessierten Öffentlichkeit zu suchen ist.

Das Wasserhaushaltsgesetz muß endlich so angewendet werden, daß das Ziel auf einen Reinheitsgrad des Gewässers ausgerichtet ist, welches ein optimales Leben genießbarer Fische ermöglicht. Es ist Aufgabe der Behörden, diese Forderung über geeignete Genehmigungszertifikate zu erfüllen und zu sichern.

Hierbei können die Anglerverbände wertvolle Zubringerdienste leisten, die von den Behörden in fachlicher Hinsicht berücksichtigt werden sollten. Oft gilt dabei die alte Erfahrung, wonach bei versierten Mitgliedern von Fischereiverbänden mehr Sachkenntnis und Sachverstand anzutreffen ist, als dieser durch Überwachungsstationen und behördliche Gewässerkontrollen erreicht werden kann.

Die Überlegenheit des praktischen Wissens bei diesen, der Fischwaid im Rahmen organisierter Vereine nachgehenden Anglern liegt einfach darin, daß diese sich des Fisches als einen zuverlässigen Indikator für die Beurteilung des Gesundheitszustandes des Gewässers bedienen.

Dies sollte den zuständigen Behörden nicht nur Mahnung sein, sondern auch die Augen darüber öffnen, was der Indikator „Fisch“ volkswirtschaftlich bedeutet, wenn ihm durch entsprechende Auflagen der Abwassereinleiter die Möglichkeit gegeben wird, sich in den abwasserbelasteten Gewässern in ernährungsphysiologisch erträglicher Weise zu entwickeln.

Im industriellen Zeitalter ist eine erhöhte Abwasserbelastung aus Industrie, Gewerbebetrieben, Kommunen und aus landwirtschaftlichen Betrieben nicht zu vermeiden und damit auch nicht der Prozeß einer zunehmenden Eutrophierung der Gewässer.

Dies kann und darf aber nicht bedeuten, daß die Einleitungsbedingungen behördlicherseits unzureichend gehandhabt werden, so daß die Leistungsfähigkeit des biologischen Selbstreinigungsvermögens der Gewässer überstrapaziert wird und als Folge fischereibiologisch geschädigte Gewässer entstehen.

Diese vermindern nicht nur die Nutzung des Ertragspotenzials, das gerade durch die Eutrophierung erheblich gesteigert wird und daher verstärkt zur Versorgung mit wertvollem tierischen Eiweiß beitragen könnte, sie gefährden auch das vom Oberflächenwasser gespeiste Grundwasser im Blick auf die Trinkwasserversorgung der Bevölkerung.

Die sich aus dem totalen Fischsterben in der Oker vom 8. Oktober 1989 aus einer „Freibrief“-Bewilligung ergebenden Abwasserprobleme wurden durch die gerichtliche Auseinandersetzung in ihrer vollen Tragweite ausgeleuchtet. Sie lassen keinen Zweifel darüber aufkommen, daß trotz der bestehenden Abwasserrisiken die gewässerökologischen und fischereibiologischen Maßnahmen in der Oker und den damit im Verbund stehenden Kiesseen durch den ASV Braunschweig nicht nur zu einer wesentlichen Verbesserung des Gewässerschutzes beigetragen haben. Durch die vereinseigenen Gewässerkontrollen wurden erst verträgliche, dem Gewässerchemismus angepaßte fischereiliche Verhältnisse geschaffen. Um so bedauerlicher ist es, daß es behördliche Maßnahmen waren, die diese kostenaufwendigen Verbesserungen im

Gewässerschutz mit einem Schlage zunichte gemacht haben, ohne daß der erlittene Schaden eine Abgeltung erfuhr. Es ist zu hoffen, daß solche katastrophalen Störeinflüsse durch Abwassereinleitungen zukünftig vermieden werden.

Zur besseren Überwachung der Gewässergüte hat der ASV nach dem katastrophalen Fischsterben vom 8. Oktober 1989 seine Kontrollen nicht unerheblich verstärkt und auf die Einleitungsstellen nitrithaltiger Abwässer konzentriert. Seitdem hat sich die Stickstoffbelastung deutlich vermindert.

Gemäß Mitteilung der Bez. Reg. Braunschweig (Schreiben an den ASV vom 9. Oktober 1997) sollte für die Abwässer der völlig veralteten Anlagen der Fa. H. C. Starck der bisher bewilligte Grenzwert für Gesamtstickstoff von 500 mg/l auf maximal 350 mg/l gesenkt und hinsichtlich des Nitritstickstoffs ein Grenzwert von 5 mg/l festgelegt werden.

Es bleibt abzuwarten, ob und wann diese Planungsvorstellungen verwirklicht werden und wie groß die Totstrecke unterhalb der Einleitungsstelle in die Oker dann sein wird, innerhalb welcher akute Gefahr für Fische (Erstickungstod) besteht. Der toxisch wirkende Grenzwert für Nitrit im Gewässer wird vom WWA Göttingen mit 0,2 mg/l NO_2 bei Dauereinwirkung angegeben [43, Anhang].

Hinsichtlich der beiden kommunalen Kläranlagen Goslar-Ost und Oberharz (Okertal) wird von der Behörde gleichzeitig in Aussicht gestellt, daß beide zusammengelegt und endlich mit der dritten Reinigungsstufe ausgestattet werden sollen, wobei die der Oker zugeführte Stickstofffracht von gegenwärtig 500 Kilogramm/Tag auf 130 Kilogramm/Tag reduziert werden soll.

Diese Verlautbarung der Bezirksregierung Braunschweig in Verbindung mit dem totalen Fischsterben in der Oker vom 8. Oktober 1989, in welchem das bestehende Vollzugsdefizit in der Gewährleistung der nach dem gültigen Wasserrecht festgesetzten Gewässergüte bescheinigt wird, wäre ohne die Gewässerkontrollen durch den ASV sicherlich nicht in der Öffentlichkeit diskutiert worden, wenn sich der Verein nicht zur Wehr gesetzt hätte. Dies bestärkt einmal mehr die Zweckmäßigkeit der von den Anglerverbänden erhobenen Forderung, bei der Erteilung von Wassernutzungsrechten die Erfahrung der örtlichen Anglervereine zu berücksichtigen, weil diese erwiesenermaßen hinsichtlich der fischereilichen Belange sachdienlich Auskunft zu geben vermögen (z. B. Fangstatistiken). Unter den verschiedenen im Naturschutz vereinigten Interessenverbänden sind sie die einzigen, die über Gewässerschutzfragen verläßliche Aussagen machen können. Diese entsprechen nicht utopischen Vorstellungen, die die Ausbootung des Menschen aus dem Naturgeschehen in einer Kulturlandschaft zum Ziele haben, sondern handeln in der Erkenntnis, an der Reinhaltung der Gewässer und ihrer Uferausgestaltung mitwirken zu können, um für den Fisch und die ihm zugehörige Nahrungskette biologisch vertretbare Lebensbedingungen zu schaffen. Innerhalb dieser Aufgabe ist die Kontrolle der Abwassereinleitungen die wichtigste. Die von den Anglerverbänden ausgebildeten Gewässerwarte und Gewässeraufseher, die im besonderem Maße des staatl. Schutzes zur Abwehr gesetzwidriger Handlungen am Gewässer bedürfen, sind die eigentlichen Garanten für einen der Kulturlandschaft eigenen und angemessenen Gewässerschutz.

Das Naturschutz-Pilotprojekt „Klosterbach"

Besondere Erwähnung bedürfen die Aktivitäten, die der ASV als Nachfolger der Betreiber des Ende 1985 abgeschlossenen gewässerchemischen und fischereiökologischen Forschungsprogramms für den **allgemeinen Naturschutz** entfaltet hat.

Dabei machte sich der Verein die Erfahrungen zunutze, die sich auf die Kiesteiche Nr. 10 bis 12 beziehen, welche im Jahr 1979 seitens der Klosterkammer Hannover kostenlos dem Landkreis Goslar für Naturschutzzwecke zur Verfügung gestellt und von der Bezirksregierung Braunschweig am 10. Oktober 1979 zum Naturschutzgebiet erklärt worden waren. Dieses Gebiet war dem Bund für Vogelschutz (Gruppe Goslar) zur Betreuung übergeben worden. Dieser war allerdings nicht in der Lage, durch Zuflußregulierung das Stauvolumen der Teiche T 10 – T 12 zu steuern, um die davon abhängigen Feuchtbiotope zu sichern. Als Folge dieses Mißmanagements trocknete einer der Teiche aus, was die Zerstörung dieses Feuchtbiotops zur Folge hatte.

Verglichen mit der diesem Naturschutzgebiet zuteil gewordenen Behandlung waren die Naturschutzaktivitäten des ASV am Klosterbach von einer umfassenderen und wesentlich besseren Qualität.

Allein die Tatsache, daß in diesem Großverein der Gewässerwart gleichzeitig der Naturschutzwart ist, ließ derartige bedauerliche Fehlentwicklungen in diesem Abschnitt der Okertalaue nicht erwarten. Vielmehr beeindruckte der Verein durch seine Bemühungen, unter Beachtung der vom Landkreis vorgegebenen Zielsetzung, aus dieser Talauenlandschaft ein Erholungsgebiet zu machen und dem Naturschutz die Rolle zuzuweisen, die diesem in Anpassung an die landschaftlichen und gewässerökologischen Gegebenheiten entspricht.

Um deutlich zu demonstrieren, was hiermit gemeint ist und bewirkt werden soll, hat sich der Verein mit der Anpachtung der Gewässer seit 1986 ein höchst bemerkenswertes Programm auferlegt, das der Renaturierung des Klosterbaches (Mühlengrabens) gilt und von dem Naturschutzwart des ASV als verpflichtende Aufgabe verstanden wird (Abb. 63).

Die bisherigen Erfahrungen, die mit diesem Programm erzielt worden sind, sollen wegen ihrer grundsätzlichen Bedeutung für Renaturierungsmaßnahmen kleinster Fließgewässer in der Auelandschaft ausführlicher behandelt werden.

Bei Übernahme sämtlicher im Forschungsprojekt untersuchter und betreuter Gewässer durch den ASV Braunschweig ab 01.01.1986 setzte sich dessen Naturschutzwart das Ziel, die von uns am Klosterbach (Mühlengraben) eingeleiteten Sanierungsmaßnahmen aufzugreifen und in ökologischer Hinsicht weiter zu verbessern, um daraus ein fischereiökologisches Mustergewässer zu machen.

Dieses war zu erreichen, da die Wasserführung dieses Grabens durch seinen Auslauf aus Kiessee T 4 nur relativ geringen Schwankungen unterlag und daher nicht dem Risiko eines Trockenfallens ausgesetzt war.

Als fließendes Kleinstgewässer wurde dieser in früheren Zeiten dem Betrieb der Wassermühle des Klostergutes dienende Graben bereits 1980 von uns in die fischereiliche Bewirtschaftung einbezogen (siehe Kapitel 3.2).

Zu diesem Zweck waren zuvor von uns auf der Fließstrecke zwischen Auslauf aus Kiessee T 4 und dem Gärtnerhaus im Klostergarten vier Sohlstürze von 20 bis 50 cm Höhe eingebaut worden, um eine ausreichende Sauerstoffzufuhr zu gewährleisten (siehe Abb. 38 a, b und c).

Durch eine vorausgehende Elektrobefischung konnten wir feststellen, daß der Bach – abgesehen von einigen Elritzen – fischfrei war. Dies war unter anderem durch das den Auslaß aus T 4 regulierende Sperrwerk (Mönch) begründet, das von Fischen nicht überwunden werden konnte.

Die Wiederbelebung des Klosterbaches wurde erstmals im Juli 1980 mit 100 Bachforellen der Größenklasse 6 bis 10 cm vorgenommen. Der Besatz betraf eine Gesamtstrecke von etwa einem Kilometer und war gleichmäßig auf vier Streckenabschnitte verteilt worden.

Die Besatzdichte wurde absichtlich überhöht, um einen Konkurrenzdruck zu erzeugen, der gleichzeitig eine Selektion und Abwanderung der weichenden Fische in Fließrichtung Vienenburger See auslösen sollte. Bereits nach relativ kurzer Zeit (etwa 2 Wochen) stellte sich eine dynamische „Gleichgewichtslage“ in der verbleibenden Population hinsichtlich des von jedem Fisch beanspruchten spezifischen Lebensraums ein. Von dem ursprünglichen Besatz konnten

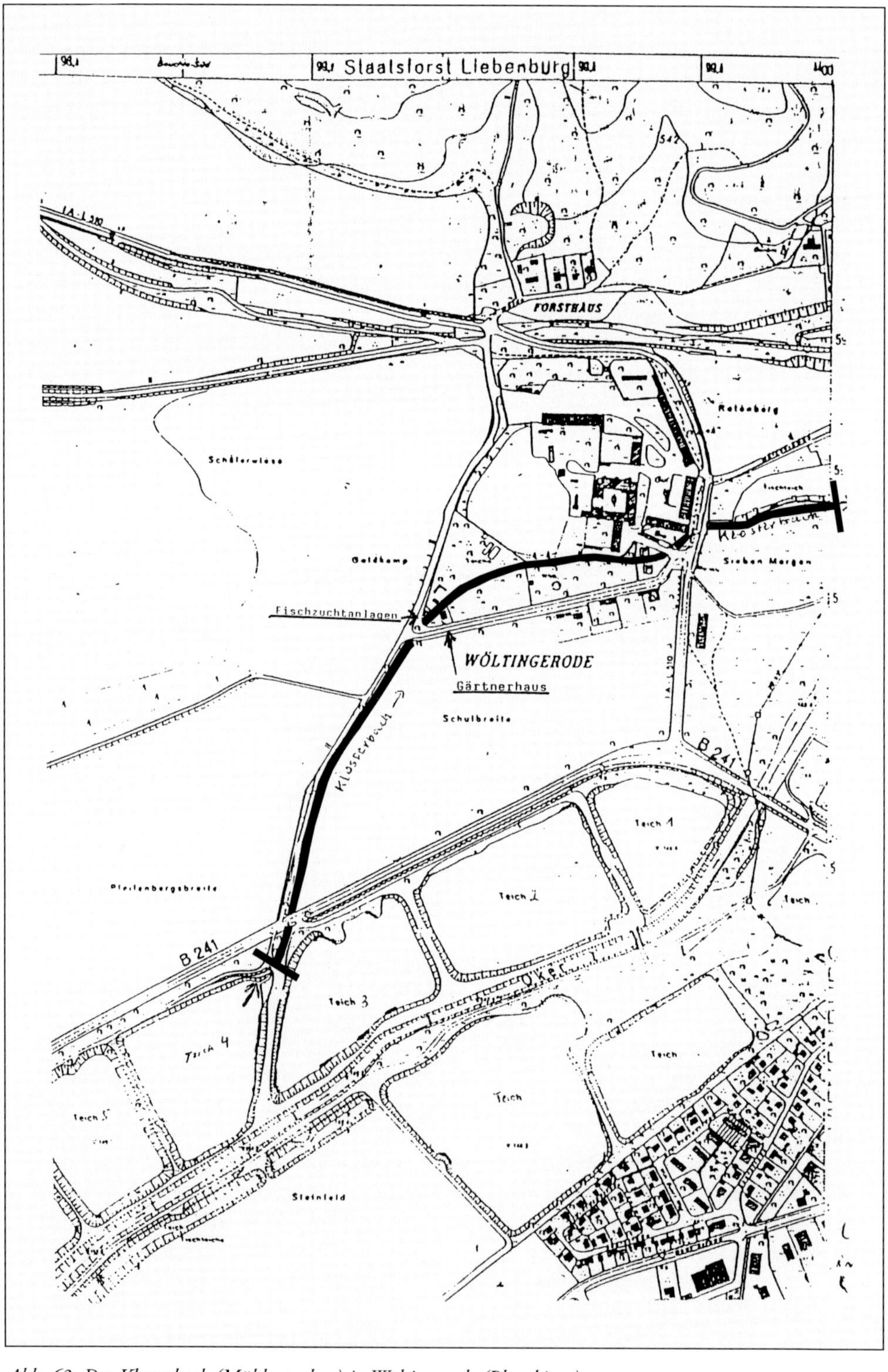

Abb. 63: Der Klosterbach (Mühlengraben) in Wöltingerode (Planskizze)

wir durch elektrische Bestandskontrolle nur noch etwa 1/5 des anfänglichen Besatzes nachweisen. Der größere Rest war abgewandert. Anzeichen darauf, daß einige Bachforellen der vorhandenen Schadstoffbelastung des Bachwassers zum Opfer gefallen wären, ergaben sich nicht. Anderenfalls hätten die verbleibenden Bachforellen eine nicht normale Aktivität zeigen müssen. Das aber war nicht der Fall.

Auf Grund der nach dem ersten Besatz gemachten Beobachtungen erfolgte im Herbst 1983 ein weiterer Besatz mit Bachforellen, wobei die Streckenabschnitte zwei und vier mit je 18 Bachforellen der Größenklasse 14 bis 18 cm und der Streckenabschnitt eins mit 40 Bachforellen der Größenklasse 6 bis 10 cm besetzt wurden. Der Besatz rekrutierte sich ausschließlich aus Forellen eigener Zucht, da diese an das Bachwasser in den Aufzucht- und Hälterungsanlagen adaptiert waren.

Mit der Wiederbelebung des Klosterbaches waren umfassende gewässerchemische Untersuchungen im Jahr 1982 verbunden. Ihnen lagen Wasserproben zugrunde, die an jeweils gleichen Entnahmestellen zeitlich gestaffelt 9 mal gezogen worden waren (Tabelle 25 a und b).

Tab. 25 a: Wasseranalysen vom Klosterbach (Mühlengraben) in 1982

Güteparameter	**09.03.**	**25.03.**	**13.04.**	**28.04.**	**14.05.**	**19.07.**	**04.08.**	**18.08.**	**01.09.**	**n = 9** $\bar{x}$
Temperatur °C	3,5	6	6	10	17	19	19	18	16	-
Leitfähigkeit *	322	316	340	351	333	322	313	323	326	332
pH-Wert	7,88	8,63	8,76	8,63	9,90	6,87	7,00	6,30	6,12	7,74
CSB in mg/l O_2	9	14	17	20	31	25	27	20	19	20
NH_4^+ mg/l	2,6	4,1	3,1	2,6	2,6	0,5	1,5	0,2	1,5	2,1
NO_2^- mg/l	0,13	0,15	0,26	0,49	0,67	1,40	1,96	0,39	0,15	0,62
NO_3^- mg/l	24	20	25	25	24	28	29	35	39	28
Ges. PO_4^{3-} mg/l	0,56	0,64	0,88	0,84	0,94	0,75	1,03	-	-	0,81
Ca^{2+} mg/l	50	47	39	57	56	39	42	45	41	47

* in µS. cm^{-1} bei 20 °C

Tab. 25 b: Schwermetallgehalte im Klosterbach und Grenzwerte für Schwermetalle bei Fischen nach verschiedenen Klassifizierungsskalen in mg/l

	Cd	**Cu**	**Pb**	**Zn**
Eigene Untersuchungen im Klosterbach n = 9	0,040 0,030 – 0,060	0,020 Sp. – 0,060	0,070 Sp. – 0,240	1,000 0,720 – 1,230
Zitiert nach W. Bauer [1)]	0,005	0,010	0,010	0,010
Nach LAWA 1991 [2)]	0,001	0,005	0,010	0,050
Nach Gewässergütebericht 1998 [3)] Nutzungsklasse A Nutzungsklasse B	 < 0,005 < 0,025	 < 0,030 < 0,250	 <0,030 < 0,100	 < 1.000 < 5.000

1) Werner H. Baur, Gewässergüte bestimmen und beurteilen, 3. Aufl., Parey 1998 S. 114

2) Aus: Handbuch angewandte Limnologie, 11/96 und LAWA, NRW vom 03.07.1991

3) Nach Gewässergütebericht 1998, Reg. Bez. Braunschweig, Aussenstelle Göttingen, Bewirtschaftungsplan Oker, S. 57

Bei der Auswertung der Tabellen fällt zunächst der beträchtliche Schwankungsbereich der pH-Werte (6,12 – 9,90) auf, der kaum als fischverträglich angesehen werden kann, obwohl die vorherrschende alkalische Reaktion – abhängig von dem Elektrolytspektrum des Fließgewässers – von Fischen für eine begrenzte Zeit vertragen wird.

Eine eindeutige Erklärung für diese Schwankungen ist kaum möglich, weil sie verschiedene Ursachen haben. Sie werden von einer Reihe nicht kontrollierbarer chemischer Reaktionen bestimmt. Von besonderem Einfluß ist die assimilatorisch bedingte pflanzliche Biomasseproduktion in eutrophierten Gewässern – insbesondere, wenn sie wenig oder gar unbeschattet sind und dann eine besonders hohe Assimilationsleistung tagsüber erbringen können. Daraus resultiert eine hohe Sauerstoffproduktion, der während der Nacht (Dissimilationsphase) eine beträchtliche Sauerstoffzehrung gegenübersteht. Diese erreicht gewöhnlich in den frühen Morgenstunden ihr Maximum und kann dann als Folge zu einem Fischsterben führen, wie dies häufig in stark eutrophierten Gewässern der Fall ist.

Durch diese das Redoxpotential steuernde Dynamik wird auch der pH-Wert beeinflußt.

Weitere Änderungen und Verschiebungen des pH-Wertes sind auf Reaktionsmechanismen zurückzuführen, die insbesondere das System NH_4/NO_3 betreffen.

Die aus diesem gewässerbedingten chemischen Geschehen für die fischereiliche Nutzung des Klosterbaches zu ziehende Konsequenz erfordert die Herstellung eines dichten Pflanzenbestandes als Ufersaum sowie den Einbau von Sohlschwellen zur reichlichen Sauerstoffversorgung des Wassers auch in der Nacht.

Ebenfalls bedenklich sind die hohen Ammoniumwerte, die im Jahr 1982 zeitweise ein Vielfaches des für die Gewässergüteklasse II zu tolerierenden Grenzwertes von 0,3 mg/l NH_4^-N überschreiten. Sie erreichen einige Male sogar Werte, die über dem für die schlechteste Güteklasse zugrunde gelegten Mindestwert von 3,1 mg/l NH_4 (entspricht 2,4 mg/l NH_4- N) liegen.

Für die Ammonium-Werte ist in erster Linie das Klärwerk Goslar-Ost verantwortlich. Solange in dieser vollständig veralteten kommunalen Anlage die Reinigungsleistung nicht erheblich verbessert und die chemische Reinigungsstufe nicht zugeschaltet wird, geht von dieser Abwasseraufbereitungsanlage ein hohes Gefährdungspotenzial für die Oker aus, das sich – wie die vorliegenden Werte des Klosterbachs ausweisen – noch in einigen Kilometern von der Einleitungsstelle entfernt fischereischädigend auswirkt.

Hinzu kommt, daß durch im Gewässer stattfindende Oxidationsprozesse (insbesondere in Verbindung mit der Assimilations-Dissmilations-Dynamik eutrophierter Gewässer) Ammonium die Bildung von Nitrit als Zwischenstufe zum Nitrat begünstigt. Dies hängt von dem pH-gesteuerten Redoxpotential im Gewässer auf Grundlage der nachstehenden chemischen Reaktion ab:

$$NH_4^+ + 2O_2 \rightarrow NO_2^- + 2H_2O$$

Derartige biochemisch und biologisch gesteuerte, die Vergiftung der Gewässer fördernde Prozesse finden vor allem in den Sommermonaten statt, wie dies deutlich aus der Tabelle 25 a zu ersehen ist. Das entsprechend der Reaktion sich bildende Nitrit führt dann zu einer Anreicherung, falls nicht genügend Sauerstoff vorhanden ist, um die weitere Oxidation zum gefahrlosen Nitrat zu ermöglichen. Die Giftwirkung hängt außerdem vom pH-Wert ab, wobei ein Anstieg in den neutralen bis leicht alkalischen Bereich (> 7,0 pH) das fischgiftige NO_2-Ion in das ungiftige Stickstoffdioxid überführt wird. Liegen solche der Giftigkeit des Nitrits entgegenwirkenden chemischen Verhältnisse nicht vor, erreichen die Nitritwerte eine weit über der Toleranzgrenze liegende Konzentration, denen selbst die widerstandsfähigsten Fische zum Opfer fallen.

Daher war unter den vorgegebenen Bedingungen ein dauerhafter Erfolg der im Klosterbach zu dieser Zeit versuchsweise vorgenommenen Besatzmaßnahmen nicht zu erwarten.

Bei der Einschätzung des Risikos eines durch Nitrit ausgelösten Fischsterbens darf nicht außer acht gelassen werden, daß es im vorliegenden Fall die Chemischen Werke der Fa. Starck in Oker waren, die in erster Linie die Basiswerte der Nitritkonzentration in der Oker durch ihre nitritreichen Betriebsabwässer bestimmten.

Hinsichtlich der Schwermetallkonzentrationen ergibt der Vergleich mit den Grenzwerten verschiedener Bewertungsskalen, daß die Werte für die ausgewiesenen Schwermetalle im Klosterbach diese Grenzwerte verschiedentlich um ein Mehrfaches übersteigen – verursacht durch die außerordentlich hohe Belastung und Gefährdung der Oker durch die Betriebsabwassereinleitungen der im etwa 7 km entfernten Raum Oker/Goslar angesiedelten Industrie- und Gewerbegebiete.

Die ebenfalls außergewöhnlichen Schwankungen zeigen zuverlässig an, daß die behördlichen Kontrollen nicht ausreichend waren und die einleitenden Betriebe sich ihres Abwasseranfalles ohne Rücksicht auf etwaige behördliche Auflagen entledigen konnten, zumal eine wassermengenproportionale Einleitung in keiner behördlichen Auflage bei diesen Betrieben vorgeschrieben war.

Bei den Schwermetallkonzentrationen springt der besonders hohe Gehalt an Zink ins Auge.

Nach Untersuchungen von Liebmann (1958) liegt bei Zink die Schädlichkeitsgrenze für Fische im Bereich von 0,1 bis 2 mg Zn je Liter. Der relativ hohe Zn-Gehalt stellt somit keine reale Gefährdung für den Fischbestand eines Gewässers dar. Dieser Befund steht im Einklang mit unseren in der Aufzuchtanlage im Bereich des Klostergutes Wöltingerode gemachten Erfahrung, wonach die Testfische (vorwiegend Forellen unterschiedlicher Art und Herkunft) eine bemerkenswert hohe Resistenz gegen Zink aufwiesen.

Umso ernsthafter ist jedoch in Hinblick auf das für Fische bestehende Gefährdungspotenzial die Belastung durch Cadmium und Blei anzusehen, zumal durch den Verzehr belasteter Fische auch für den Menschen gesundheitliche Schäden eintreten können. Der gemessene Cadmium-Wert beträgt das 8-fache und der von Blei das 7-fache des in der Tab. 25 b nach Baur zitierten Grenzwertes und dies noch rd. 7 km von den Einleitungen entfernt!

Zu den in keiner Weise dem Gewässerschutz entsprechenden Einleitungen genehmigter Betriebsabwässer traten zusätzlich und in ihrer Auswirkung nicht kalkulierbare Belastungen aus diffusen Quellen im Industriegebiet Oker/Goslar hinzu. Die in diesem Gebiet tätigen Blei- und Zinkhütten stoßen unterschiedliche, jedoch stets erhebliche Staubmengen aus, welche sich auf den Dächern und auf sämtlichen anderen Oberflächen von Gebäuden bzw. in den Straßen absetzen. Mit den Niederschlägen werden sie abgeschwemmt und über die Trenn- oder Mischkanalisation sowie durch Gräben oder verrohrte Abläufe dem Vorfluter unkontrolliert zugeführt. Dabei finden sich neben Blei- und Zinkstäuben noch andere Metallstäube aus der Verhüttung sowie eine Reihe weiterer Abfall- und Kehrichtstoffe von ebenfalls belastender bzw. giftiger Wirkung, so daß diese Regenwasserabläufe geradezu eine Giftbrühe darstellen, die wegen der hohen Konzentration der „ersten Welle“ häufig Fischsterben auslöst.

Diese Schadwirkung der einsetzenden „Tageswasserabläufe“ nach Niederschlägen oder Schneeschmelzen auf die Vorfluter ist stets eine große Belastung der Gewässer. In Fällen, in denen zusätzlich mit dem unkontrollierten Eintrag von Schwermetallen oder giftigen Chemikalien zu rechnen ist, wirken sie sich gewöhnlich verheerend aus.

Beim Blei ist noch zu bemerken, daß dieses Schwermetall in Verbindung mit Sulfat einen schwerlöslichen, jedoch feinkörnigen Niederschlag bildet, der auf weite Strecken durch das Fließwasser verfrachtet werden kann und daher in großer Entfernung vom Ursachenherd noch Giftwirkung entfacht.

Der Sulfatgehalt in der Oker ist ebenfalls relativ hoch. Er stammt überwiegend aus der Verhüttung sulfidischer Erze – wie sie im Raum Oker aufbereitet werden. Dabei wird im sogenannten Röstprozess der sulfidisch gebundene Schwefel zu Sulfatschwefel oxidiert und in dieser Form dem Vorfluter zugeleitet.

Ähnliche Belastungen durch Schwermetalle sind nicht nur auf die Oker beschränkt. Sie zeigen sich auch in anderen, den Nord- wie Nordwestharz entwässernden Bächen und Flüssen, vor allem in der Innerste. Hier finden sich im Gewässerbett Steinlagen und Ruhezonen, an und in denen sich Schwermetallniederschläge gebildet haben. Davon betroffen ist in erster Linie der in die Innerste einmündende Mühlengraben bei Asten (Abb. 64 a und b).

Auch in diesem Fall waren es die aus dem Harzer Bergbau und Hüttenwesen stammenden metallreichen Betriebsabwässer und -schlämme, die zusammen mit schwermetallhaltigen Verfrachtungen aus diffusen Quellen in die Vorfluter eingeleitet wurden und ihre Giftwirkung entfaltet haben.

Der Schlüssel zu einer grundlegenden Verbesserung der Wasserqualität liegt in der kontinuierlichen Gewässerüberwachung. Sie darf sich nicht nur auf die Abwässer der verschiedenen Einleiter erstrecken, sie muß auch die kanalisierten Tageswasserabflüsse, insbesondere nach starkem Regen und im Fall der Oker zusätzlich die ungeregelten Haldenabflüsse im Blick haben.

Solange die hierfür verantwortlichen Behörden die erforderlichen Anstrengungen zur Durchführung wirksamer Maßnahmen von sich aus nicht machen, verbleibt zur Verbesserung der fischereibiologischen Bedingungen im Klosterbach die Selbsthilfe durch nachstehende Maßnahmen:

- Kalkung durch Einbringung von weichen Stückkalken oder durch vermahlenen kohlensauren Kalk in Säcken zur Sicherung eines neutralen bis erdalkalischen Bereichs, aber auch zur Vermeidung stark alkalischer pH-Werte,
- Verbesserung der Sauerstoffversorgung durch eine ausreichende Zahl von Sohlschwellen,
- Verringerung der Schwankungen im Wasserstand des Baches, soweit dies über Verbesserungen der Ausflußbedingungen aus Kiessee T 4 erreicht werden kann und schließlich
- Besatz mit Fischen, die sich bereits während der Aufzucht an die im Kiessee T 4 vorherrschenden Wasserqualitäten gewöhnt haben.

Im Rahmen und während der Dauer des Forschungsprojektes war es nicht möglich, aus den angegebenen Gründen den arbeitsmäßigen und fischereilichen Aufwand zur Sicherung einer dauerhaften, fischereilichen Nutzung aufrecht zu erhalten. Die Beobachtungen und Erkenntnisse, die wir bei diesen gewässerökologischen Studien an einem Kleinstgewässer gemacht haben, waren jedoch geeignet, mit Beginn einer systematisch zu betreibenden fischereilichen Bewirtschaftung wertvolle Erfahrungen zu vermitteln und zu berücksichtigen.

Die von 1980 bis 1985 im Klosterbach von uns durchgeführten Untersuchungen haben deutlich gemacht, daß die Renaturierung dieses Kleinstgewässers gelingen kann, wenn sich die Verhältnisse in der Oker entsprechend bessern.

Es war daher eine kluge und ökologisch richtige Entscheidung des ASV Braunschweig, nach Anpachtung aller im Forschungsprojekt erfassten Fließ- und Stillgewässer den Klosterbach als pionierhaftes Beispiel für die Wiederbelebung und fischereiliche Nutzung kleinster Fließgewässer ab 1986 aufzugreifen und durch intensive Beobachtung und Betreuung zu einem „Vorzeigeobjekt" zu machen. Gleichzeitig konnte ein solches Projekt zeigen, welche Bedeutung dem Nutzungsschutz als einer unabdingbaren Komponente eines der Kulturlandschaft gemäßen Gewässerschutzes zukommt.

Abb. 64 a: Schwermetallvergiftung des Mühlengrabens bei Asten (Zufluß der Innerste am Nordharz). (Foto W. Reichel)

Abb. 64 b: Schwermetallhaltige chemische Niederschläge auf Stein und totem Frosch in demselben Gewässerabschnitt. (Foto W. Reichel)

Wegen der grundsätzlichen Bedeutung des Nutzungsschutzes für die fischereiliche Wiederbelebung von abwassergeschädigten Gewässern – vorbildlich demonstriert am Beispiel des Klosterbaches – mögen daher die Aktivitäten in stark gekürzter Form aufgeführt werden, die der ASV seit 1986 speziell für die Renaturierung des Klosterbaches erbracht hat.

Diese Aktivitäten, die auf freiwilligen Einsätzen der Vereinsmitglieder beruhen, sind minutiös in einem Tagebuch verzeichnet, das inzwischen einen Umfang von über 150 Seiten erreicht hat und das detailliert Auskunft über einen Zeitraum von rund 12 Jahren gibt, was sich im Klosterbach an ökologischen und gewässerbiologischen Veränderungen zum Vorteil der gesamten Biözonose getan hat. Diese Dokumentation ist ein Beispiel für einen problemorientierten Naturschutz. Die Aktivitäten beziehen sich in erster Linie auf folgende Maßnahmen:

- Laufende Kontrollen des Bachwassers über die Konzentration der bekannten Schadstoffe, die ein Überleben der eingesetzten Fische gefährden;
- Verbesserung der Sauerstoffversorgung durch den Einbau von insgesamt 20 Sohlschwellen auf der Gesamtstrecke des Klosterbaches vom Auslauf aus Kiessee T 4 bis zum Einlauf in die Oker am Harly-Berg (ca. 2 km);
- Ausweitung des Fischbestandes bei bevorzugter Berücksichtigung einheimischer Arten und unter Vorrang der Bachforelle;
- Verbesserung der Uferstruktur durch Anpflanzung (naturnahe Gestaltung).

Im Zusammenhang mit diesen bestandsfördernden fischereilichen Maßnahmen wurde auch die Fauna im Wasser und in den Uferzonen beobachtet und nach Möglichkeit gefördert. Unter solche Maßnahmen fielen:

- Studium der Überlebenschancen von Dreikantmuscheln (Dreissena polymorpha Pallas);
- Entschlammung von ablagerungsgünstigen Gewässerregionen und Einfüllen von Kiesmaterial zur Verbesserung der Durchlüftung der Bachsohle;
- Aussetzen von Signalkrebsen;
- regelmäßige Arbeiten, wie Stauschwellen reinigen, Schlamm entfernen, Baumschnitt sowie Fallaub beseitigen und schließlich auch Kalksteine einbringen zur Korrektur des pH-Wertes;
- Einbau eines leistungsstarken Mönchs zur Steuerung des Abflusses aus Kiessee T 4.

Mit dieser Auflistung wird nur ein Teil der Aktivitäten wiedergegeben, die für eine naturnahe Renaturierung eines fließenden Kleinstgewässers von den Vereinsmitgliedern freiwillig erbracht wurden, um natürliche Laichgründe wieder aufzubauen, die dazu beitragen, Besatzmaßnahmen entbehrlich zu machen.

Wie bereits für die Okersanierung durch den ASV Braunschweig geschehen (siehe die Abb. 57 – 62), so mögen auch hier durch einige Abbildungen die gewässerökologisch aufbauenden Maßnahmen illustriert werden. Sie geben ein überzeugendes Beispiel von den in Menschenhand liegenden Chancen, einen vorbildlichen Gewässerschutz (verstanden als Nutzungsschutz) zu betreiben. Hierdurch wird eine Artenvielfalt von Pflanzen und Tieren ermöglicht, wie sie unter natürlichen Bedingungen d. h. ohne Mitwirkung des Menschen in einer uralten Kulturlandschaft nicht erreicht werden kann. Die Maßnahmen legen weiterhin Zeugnis darüber ab, welche Möglichkeiten im Rahmen des für unsere Kulturlandschaft geschaffenen Naturschutzgesetzes sich bieten, das Leistungsvermögen des Naturhaushaltes in einem erstaunlichen und beispielhaften Ausmaß zu entwickeln (Abb. 65 – 67 b).

Stand im Projekt „Klosterbach“ eine ökologische Integration sinnvoller Wechselwirkungen zwischen Natur und Mensch im Mittelpunkt und dadurch die Förderung des Naturschutzes im Netzgefüge einer Kulturlandschaft, so lag – im krassen Gegensatz hierzu – der Gestaltung des die Kiesteiche T 10 – T 12 umfassenden Naturschutzgebietes die Idee zugrunde, diesen durch den Kontakt mit der Oker entstandenen Feuchtbiotop sich selbst d. h. ohne weiteres menschliches Zutun der Renaturierung zu überlassen in der Erwartung, durch Unterbindung jeglicher Steuerungs- und Pflegemaßnahmen ein Stück „heiler Natur“ zurückzuholen und auf diese Weise ein ideales Vogelparadies zu schaffen.

Als tatsächliches Ergebnis schälte sich dann ein „Ökotorso“ heraus, der als Folge der Austrocknung des Naturschutzgebietes eine an Tierarten verarmte „Naturlandschaft“ hinterließ.

Der ASV Braunschweig hat den Klosterbach als pionierhaftes Beispiel für die Wiederbelebung und fischereiliche Nutzung (insbesondere Förderung der natürlichen Aufzuchtbedingungen) kleinster Fließgewässer gewählt, um zu demonstrieren, daß der Mensch nicht nur als Ausbeuter und Naturzerstörer gesehen werden kann, sondern auch als ein Förderer der Leistungsfähigkeit natürlicher Ressourcen, wenn er dem Nachhaltigkeitsgebot der Nutzung Folge leistet.

Besondere Beachtung verdient die ausführliche Dokumentation über die Maßnahmen an diesem Naturschutzpilotprojekt in Form eines sorgfältig geführten Tagebuchs des zuständigen Naturschutz- und Gewässerwartes. Ihm sind wertvolle Hinweise zu entnehmen, wie Kleinstgewässer fließenden oder stehenden Charakters unter den Händen des Menschen zu Kleinodien in der Landschaft entwickelt werden können.

Abb. 65: Sohlabsturz im Klosterbach auf einer Gewässerstrecke in der offenen Landschaft. (Foto H.-J. Sauer)

Abb. 66: Gewässersohlenausbau im Durchflußgelände des Klostergartens. (Foto H.-J. Sauer)

Abb. 67a: Gewässerbiologisch vorbildlich rekultivierter Klosterbach im Winter 1993. (Foto H.-J. Sauer)

Abb. 67b: Dieselbe Fließgewässerstrecke im Sommer 1994. (Foto H.-J. Sauer)

Von der Artenvielfalt an Pflanzen und Tieren in dieser einst als Mühlengraben aus dem Erdreich ausgehobenen Wasserrinne zur Nutzung der Wasserkraft für den klösterlichen Mühlenbetrieb möge zum Schluß dieses Abschnitts das Ergebnis zweier Stichproben-Analysen Zeugnis ablegen, nämlich der taxonomische Befund vom 30. September 1995 hinsichtlich der Fischpopulation im Klosterbach und eine der allgemeinen Flora und Fauna dienende Aufnahme vom 14. September 1996. Beide Dokumente sind nachstehend ungekürzt wiedergegeben.

Aus dem Tagebuch des Naturschutz- und Gewässerwarts vom ASV Braunschweig

30. September 1995
E-Abfischung des Mühlenbaches
Folgende Fische wurden mit dem E-Gerät gefangen und teilweise entnommen.
Stichlinge, Elritzen und kleine Bachforellen wurden nicht entnommen.

Bachforellen	*(Salmo trutta fario)*	*101 St.*
Regenbogenforellen	*(Salmo gairdneri)*	*59 St.*
Bachsaiblinge	*(Salvelinus fontinalis)*	*3 St.*
Elritze	*(Phoxinus Phoxinus)*	*15 St.*
Aale	*(Anguilla anguilla)*	*41 St.*
Hecht	*(Esox lucius)*	*1 St.*
Barsche	*(Perca fluviatilis)*	*61 St.*
Karpfen	*(Cyprinus carpio)*	*4 St.*
Giebel	*(Carassius auratus gibelio)*	*5 St.*
Rotaugen	*(Rutilus rutilus)*	*61 St.*
Stichlinge	*(Gasterosteus aculeatus)*	*20 St.*

Abgefischt wurde der gesamte Mühlenbach, vom Einlauf von Kiessee 4 bis zur Mündung in die Oker am Harly, Länge ca. 2000 m.

14. September 1996
Folgende Flora und Fauna hat sich bis heute am Mühlenbach angesiedelt.

1. *Gehölze: Erlen, Weiden, Eschen, Buchen, Bergahorn, Pappeln, Birken, Holunder, Gemeine Vogelkirsche, Weißdorn, Ebereschen, Gemeiner Schneeball.*
2. *Pflanzen am Gewässer: Wasser-Schwertlilie, Astiger Igelkolben, Dreiteiliger Zweizahn, Blutweiderich, Bittersüßer Nachtschatten, Rauhaariges Weidenröschen, Engelwurz, Fluß-Ampfer, Echtes Mädesüß, Brennender Hahnenfuß, Wolfstrapp, Rote Lichtnelke, Glockenblumen, Spitzwegerich, Acker-Hornkraut, Gemeiner Beifuß, Stechender Hohlzahn.*
3. *Pflanzen im Gewässer: Haarblättriger Hahnenfuß, Kammförmiges Laichkraut.*
4. *Vögel: Bachstelze, Bergstelze, Zaunkönig, Meisen, Kleiber, Stare, Grünfink, Buchfink, Gartenrotschwanz, Rotkehlchen, Feldspatz, Wildente.*
   Zeitweise: Graureiher, Eisvogel, Wasseramsel, Bussard.
5. *Amphibien: Frösche, Kröten, Unken.*
6. *Larven von: Eintagsfliegen, Köcherfliegen, Libellen.*
7. *Folgende Libellen fliegen am Mühlenbach: Gemeine Heidelibelle, Mosaikjungfer, Federlibelle, Frühe Adonislibelle, Große Pechlibelle und die Gebänderte Prachtlibelle.*
8. *Schnecken: Schlammschnecke, Tellerschnecke.*
9. *Säugetiere: Bisam, Wasserspitzmaus,.*
10. *Fische: Stichlinge, Bachschmerle, Elritze, Bachforelle, Regenbogenforelle, Bachsaibling, Aal, Barsch, Karpfen, Giebel, Rotauge und Hecht.*

Dieser Naturschutzausweis des zuständigen Anglervereins bezeugt ein beachtliches Verständnis für das unter anglerischen Aspekten betrachtete Naturgeschehen und für die in den Satzungen der organisierten Fischereiverbände zum Ausdruck kommende Verantwortung für die Gestaltung und Pflege der Gewässer, so daß es keiner weiteren erklärenden Worte bedarf.

Folgerungen aus dem „Naturschutz-Pilotprojekt Klosterbach"

Die im *organisierten Naturschutz* engagierten Naturliebhaber bewegen sich auf recht unsicherem Boden, wenn sie sich die Vorstellung zu eigen machen, der Kontakt des Menschen mit der Natur bedeute eine Verminderung in der Vielfalt von Flora und Fauna, weil dieser die Natur einseitig nutze und als Rohstoffquelle ausbeute. Dies ist so nicht richtig. So hat die Besiedlung der gemäßigten Zonen, soweit ihre natürliche Vegetation überwiegend Wald war, in der Artenvielfalt durch den Ackerbau eine bedeutende Zunahme erfahren. Hierdurch war den Pflanzen und Tieren z. B. aus der Steppe die Möglichkeit der Einwanderung gegeben. Zusätzlich boten die Siedlungen selbst geeignete Schutzräume (Nischen) für nicht einheimische Pflanzen und Tiere, sorgten also für die Mehrung der Artenvielfalt. Demgegenüber sind die wegen ihres günstigen Klimas artenreichen feuchtwarmen Zonen (z. B. der tropische Regenwald) vom Menschen stark bedroht, wenn er die in gemäßigtem Klima tolerierbaren Nutzungen von Rohstoffquellen in nutzungsempfindlichen und daher besonders schutzbedürftigen Lebensräumen großer natürlicher Artenvielfalt durchführt. Dieser Hinweis macht deutlich, daß die Intensität der Nutzung und ihre Konsequenzen in den klimatisch unterschiedlichen Naturräumen nicht undifferenziert behandelt werden dürfen. Das aber ist der Kardinalfehler, dem der *organisierte Naturschutz* in Deutschland oftmals unterliegt, ebenso wie der verbreiteten Ansicht, die Natur könne sich selbst restaurieren und sich aus eigener Kraft in den ursprünglichen Zustand zurückentwickeln. Die natürlichen, die landschaftliche Restaurierung bewirkenden Kräfte können das in den zerstörten Biotopen vorhandene restliche Reaktivierungspotenzial in Anspruch nehmen – viel mehr nicht.

Ursprüngliche Zustände wiederholen sich nicht, weil sich ihre Bildungskomponenten ständig ändern. Das ist das Wesen aller biologischen Vergänglichkeit, die auch der Naturschutz zu respektieren hat.

Das Zementieren von biologischen Systemen, wie sie vor dem Eingreifen des Menschen existent waren, ist in einer auf Nutzung programmierten Kulturlandschaft ein falscher ideologischer Ansatz und darf auch nicht durch bürokratische Regulierungen von der Europäischen Kontrollbehörde in Brüssel geschützt werden (siehe den dubiosen und zwielichtigen Regulierungseifer hinsichtlich der Wirklichkeitsferne der FFH-Richtlinie). Schutzbedürftig ist Art und Ausmaß der **Nutzung**, die sich der jeweiligen Leistungsfähigkeit des Naturhaushaltes *in einer Kulturlandschaft* anzupassen hat.

Naturschutz in Kulturlandschaften kann daher im Prinzip immer nur Nutzungsschutz bedeuten und zwar in dem Sinne, daß die menschliche Nutzung in dem Ausmaß erfolgen darf, wie dies das natürliche Regenerationsvermögen des jeweiligen Nutzungssystems zuläßt.

Diese im Nachhaltigkeitsgebot zum Ausdruck gebrachte Grenze der Nutzung gilt für alle regenerierbaren natürlichen Ressourcen. Dies schließt nicht aus, daß es zwecks Erhalt ursprünglicher Natur durchaus vertretbar und aus wissenschaftlichen Gründen auch erforderlich ist, in ökologisch begründbaren Fällen den Menschen von der Nutzung natürlicher Ressourcen fernzuhalten (vor allem von Urwäldern zwecks Erhalt und Sicherung noch vorhandener primärer Naturlandschaften), die einen absoluten Schutz rechtfertigen und daher jegliche Nutzung verbieten.

Dabei ist der Klimaschutz einzubeziehen, der von noch erhaltenen Naturlandschaften ausgeübt wird und die negativen anthropogenen Einflüsse auf die Atmosphäre unseres Lebensraumes (CO_2-Belastung u. a.) als großräumiges Ökosystem zu kompensieren in der Lage ist.

Dies gilt nicht nur für die gegen menschliche Eingriffe äußerst labilen Zonen der tropischen Regenwälder, das gilt auch für die borealen und subarktischen Zonen, deren ohnehin spärliche Baumbestände rigoros abgeholzt und die darüber hinaus durch Ausbeutung ihrer Ölreserven mittels undichter Pipelines in unvorstellbarer Weise von Menschen verhunzt und zerstört werden

Soweit sich der Naturschutz auf die nicht regenerierbaren Ressourcen erstreckt (Minerale, Erze, Kohle, Öl, Erdgas u. a.) kann dieser nur auf einer möglichst sparsamen Ausbeutung bedacht sein. Jedoch ist dies nicht das Thema der Abhandlung.

Die hier anstehenden Probleme betreffen die regenerierbaren Ressourcen und ihr Schutzbedürfnis hinsichtlich der Sicherung ihrer nachhaltigen Nutzung in einer dicht besiedelten Landschaft. Unter solchen Bedingungen kann und muß Naturschutz vorrangig als Nutzungsschutz verstanden werden.

Im Rückblick aus heutiger Sicht ist dies dem ASV im Bereich der von uns untersuchten Gewässer in beispielhafter Form gelungen, was unterstreicht, daß in diesem Großverein ein beachtenswertes gesundes Naturverständnis verbreitet ist.

Vergleicht man damit die Entwicklung des seit 1979 aus den drei Kiesteichen T 10 bis T 12 gebildeten Naturschutzgebietes, so ist die auseinanderstrebende Zielsetzung zwischen beiden Projekten unverkennbar. Während sich die Planung „Klosterbach" als eine ökologische Integration sinnvoller Wechselbeziehungen zwischen Natur und Mensch versteht und daher den Naturschutz in dieses Beziehungsgefüge harmonisch einbindet – wodurch sich eine Kulturlandschaft auszeichnen sollte – liegt vielen Naturschutzgebieten die irrige Idee zugrunde, ein angebliches Stück „heiler" Natur isoliert in einer teilzerstörten Landschaft errichten zu können.

Weitere Aktivitäten des ASV Braunschweig zur Renaturierung und fischereilichen Aufwertung der Oker einschließlich Spezialprogramm „Oker-Lachs 2000"

Trotz des erheblichen Rückschlages der gewässerökologischen Aufbauarbeit der Oker durch die in der Hauptsache auf schwermetallhaltige Belastungen und nitrithaltige Abwässer zurückzuführende Vergiftung bzw. zeitweise totale fischereiliche Ausräumung im Pachtabschnitt hat sich dieser Verein nicht entmutigen lassen, seiner Zielsetzung treu zu bleiben und ein Beispiel zu setzen, wie der gegenwärtige Gewässerschutz zu sehen und zu betreiben ist und welche Rolle hierbei den Fischerei-, insbesondere den Anglerverbänden zukommt.

Es würde zu weit führen, die umfangreichen und vielseitigen Aktivitäten und Maßnahmen im einzelnen zu bewerten, die dieser Verein in seinem Verständnis von fischereilicher Nutzung und Naturschutz seit 1986 kontinuierlich erbracht hat. Die nachstehende Auflistung lege Zeugnis von dem Ausmaß freiwilliger Arbeitseinsätze und dem begleitenden finanziellen Aufwand ab.

Maßnahmenkatalog des ASV Braunschweig für die Oker und die zugehörigen Kiesseen im Gebiet der „Wöltingeroder Seenplatte":

- Naturnähere Umgestaltung der Bachsohle auf der ausgebauten Okerstrecke,
- Schaffung von Laichplätzen nicht nur für Salmoniden, sondern auch für fischereilich unbedeutende Arten wie Elritze, Koppe u. a.,
- Verbesserung der Standplätze für Eisvogel und Wasseramsel,

- Verbesserung der Standorte für Wasserpflanzen (z. B. flutender Hahnenfuß, Wasserstern, Quellmoos auf der Bachsohle u. a.),
- wasserseitiges Ausschneiden von Weiden und Erlen zur Verhinderung schädlicher Schlammbildung und Ansammlung von Treibgut,
- Bepflanzung der Uferzonen (hauptsächlich mit Erlen und Weiden) zum Zweck der Beschattung, zur biologischen Uferbefestigung und zur Senkung der Unterhaltskosten,
- periodische Säuberung der Okerpachtstrecke von Oker bis Vienenburg von Sperrmüll und Unrat (Flaschen, Dosen, Styropor und andere Schaumstoffe, Schrott, Holzkisten u. a. m.).

Ein erneutes Hochwasser im April 1994 löste zwischen der Unteren Wasserbehörde und dem Unterhaltungsverband Oker auf der behördlichen Seite und dem Angelsportverein ASV Braunschweig – erstmals unterstützt vom BUND Goslar – als betroffener Fischereipächter auf der privatrechtlichen Seite heftige Diskussionen über eine zweckentsprechende Ufersicherung aus. Insbesondere ging es darum, die alten wasserbautechnischen Praktiken endlich durch wesentlich leistungsfähigere biologische Verfahren zur Sicherung der Uferböschungen zu ersetzen.

Leider wurden von den Behörden wiederum nach althergebrachtem Muster Abfallmaterialien, wie die von Straßenaufbrüchen herrührenden Bitumenplatten, zur Ufersicherung verwendet und dadurch dauerhaft wirkende Giftquellen installiert. Das Bachbett wurde kanalähnlich gestaltet und neben Vlies- und Maschendraht auch noch mit Steinen ausgefüllt (Abb. 68 und 69).

Trotz wiederholter Bemühungen ist es bislang dem ASV nicht gelungen, den Unterhaltungsverband von dem Wert einer gewässerökologisch und fischereibiologisch orientierten Denk- und Handlungsweise hinsichtlich der erforderlichen Unterhaltungsmaßnahmen zu überzeugen. Auch zeigte sich der Verband gegenüber der Tatsache, daß eine biologische Ufersicherung erhebliche Kosten im Vergleich zu der früher üblichen mechanischen Ausbauweise einsparen hilft, völlig unbeeindruckt.

Im übrigen beweist die geführte Korrespondenz zwischen dem ASV und dem Unterhaltungsverband Oker sowie der für Hochwasserschutz zuständigen Stelle bei der Bezirksregierung, daß keinerlei Absicht erkennbar war, die Ursachen für die Hochwassergefährdung zu beseitigen, stattdessen am Kurieren von Symptomen festgehalten wurde.

In diesem Zusammenhang mögen die bei einigen Wasserbehörden und Unterhaltungsverbänden immer noch bevorzugten mechanisch-technisch ausgelegten Ausbau- und Unterhaltungsmaßnahmen der Gewässerbegradigung und Uferstabilisierung durch Versteinung und teilweise auch Betonierung kurz kritisch beleuchtet werden.

Statt durch biologischen Ausbau den natürlichen Verlauf der Gewässer zu erhalten, wird im Wege der Kanalisierung die Fließgeschwindigkeit erhöht und durch den Einbau von Stauwehren bzw. Sohlstürzen reguliert.

Die Oker im Untersuchungsgebiet ist dafür ein markantes Beispiel (siehe Abb. 3 a).

Im Hinblick auf die Belange der Fischerei sind solche zum Ausgleich des starken Sohlengefälles eingebauten Sohlstürze zwiespältig zu bewerten. Einerseits sorgen die Abstürze für eine wesentliche Aufbesserung der Sauerstoffversorgung des Fließwassers, was erheblich zum biologischen und biochemischen Abbau organischer Laststoffe beiträgt; die Tosbecken ersetzen die Gumpen und Kolke und bieten den Fischen gute Stand- und den Anglern erfolgversprechende Fangplätze.

Abb. 68: Uferbefestigung durch giftige Asphaltplatten und Schutt aus dem Straßenbau statt Uferbepflanzung; Technik gegen Ökologie. (Foto H.-J. Sauer)

Abb. 69: Kanalartiger Ausbau der umgelegten Oker mit vollständiger Aussteinung der Sohle und Uferbefestigung mit Maschendraht und Vliesgeflechten. (Foto H.-J. Sauer)

Andererseits stellen sie eine Behinderung der Durchgängigkeit für Wanderfische dar. Diese wird sogar unterbunden, wenn der Sohlsturz die für verschiedene Fischarten unterschiedliche Maximalhöhe überschreitet. Solche nicht mehr ohne Fischtreppen zu überwindenden Hindernisse liegen z. B. in der Brachsenregion bei maximal 40 cm, in der Barbenregion bei 60 cm und in der Forellenregion bei 75 cm. In der Berücksichtigung der für die Durchgängigkeit der Fließgewässer erforderlichen Voraussetzungen ist es oftmals günstiger, mehrere Wehre bzw. Sohlstürze geringerer Höhe zur Minderung der Fließgeschwindigkeit einzubauen. Für die Erhaltung der Wandermöglichkeit von Kleinlebewesen gelten in der Regel noch wesentlich geringere Absturzhöhen. Der Einbau von Gleitsohlen ist in dieser Hinsicht besonders günstig.

Es ist daher ein beachtenswerter Beitrag organisierter Angler zur fischereilichen Renaturierung der Oker, durch den fortschreitenden Einbau von Fischtreppen zumindest den Wanderfischen auch in diesem Fließgewässer den Aufstieg wieder zu ermöglichen (siehe Abb. 58).

Seit 1994 wartet der ASV in dieser Hinsicht mit einem besonders anspruchsvollen Programm auf, dessen erste Erfolge sich im Jahr 2000 einstellen sollen. Es handelt sich um ein, den Wanderfischen speziell gewidmetes Projekt, mit dem versucht werden soll, den Lachs im Harzgebiet wieder anzusiedeln und intensiv daran zu arbeiten, dem einstmals auch in der Oker heimischen Edelfisch den Aufstieg bis zu den Laichplätzen im Vorharz freizumachen.

Die sich dann auch auf den Lachs wieder erstreckende Fischwaid – als eine dem Menschen naturrechtlich zustehende Nutzung – bedeutet eine wertvolle Bereicherung in der Gestaltung einer gewässerreichen Erholungslandschaft.

Auch auf dem Gebiet der **Öffentlichkeitsarbeit** ist dieser Verein nicht untätig geblieben. Die Zeichen der Zeit erkennend, ist und bleibt er bemüht, sein Engagement im Naturschutz in einer Kulturlandschaft öffentlichkeitswirksam in verschiedener Weise deutlich zu machen.

Mittlerweile hat der Verein in Verbindung mit seinem Lachsprogramm eine Reihe von Schautafeln erarbeitet, auf welchen die wichtigsten fischereilichen Probleme der Oker und die hierzu bisher getroffenen Maßnahmen illustriert werden, um zu gegebener Zeit im Rahmen einer Wanderausstellung die Öffentlichkeit auf die Bedeutung des Fisches als besonders geeigneten und zuverlässigen Bioindikator für gesunde Gewässer hinzuweisen.

Mit einer solchen Ausstellung ist der ASV Braunschweig zusammen mit dem Landesverband Niedersachsen des Vereins Deutscher Sportfischer (VDSF) unter dem Motto „Der Lachs braucht keine Hindernisse, gebt ihm wieder freie Flüsse“ am 4. Mai 1996 mit beachtlichem Erfolg erstmals an die Öffentlichkeit getreten.

Auch 1997 fand das in Schautafeln illustrierte Aktionsprogramm des ASV in der Ausstellung „Harz und Heide“ großes Interesse.

Das Programm „ Oker-Lachs-2000“ fest im Visier, sieht es der ASV neben der Fortsetzung seiner bisherigen beachtlichen finanziellen Anstrengungen und Arbeitsaufwendungen seitens der etwa 1.500 Mitglieder als vorrangige Aufgabe an, sich für den alsbaldigen Umbau der noch bestehenden 5 Wehre in Oker und Aller einzusetzen, um damit das letzte Hindernis in der Oker für den Fischaufstieg zu beseitigen.

Aus wissenschaftlicher Sicht muß die Sachgerechtigkeit und Angemessenheit der Maßnahmen hervorgehoben werden. Der trotz aller Schwierigkeiten und Hindernisse, die der Verein in seinen Anstrengungen um die Besserung der fischereilichen Lebensbedingungen in der Oker zu überwinden hatte, nicht ausgebliebene Erfolg ist ein gerechter Lohn für diese Anstrengungen. Diese sind Grundlage einer Vorbildfunktion, auf der ein effektiver Gewässerschutz aufbauen kann mit dem erstrebenswerten Ziel, die in Deutschland immer noch durch unzureichend geklärte Abwässer notleidenden Fließ- und Stillgewässer in einen zu fordernden Zustand zu versetzen, der allein durch einen gesunden Bestand von genießbaren Fischen indiziert werden kann.

Für das Jahr 1998 bleibt als Erfolg noch zu ergänzen, daß der ASV für vorbildlichen Gewässerschutz den zweiten Preis in dem vom Verband der deutschen Sportfischer (VDSF) ausgerichteten Wettbewerb um den deutschen Naturschutzpreis erzielen konnte.

7.2. Fortsetzung der den Kiesabbau begleitenden Landschaftsgestaltung im Gebiet rechts der Oker

Die in 1980 begonnene Entwicklung der Erholungslandschaft „Vienenburger Seenplatte" hatte bei Beendigung des gewässerchemischen und fischereibiologischen Teils des Forschungsprogramms, der planmässig zum Dezember 1985 auslief und anschliessend unmittelbar in die Phase der fischereiwirtschaftlichen Nutzung durch den ASV Braunschweig als Pächter überging, bereits zu einer deutlich erkennbaren landschaftlichen Aufwertung als Ergebnis der ergriffenen Rekultivierungsmassnahmen geführt.

Ab 1986 lag der Schwerpunkt der landschaftsgestaltenden Begleitmassnahmen im Kiesabbaugebiet bei der Renaturierung des alten Werksgeländes rechts der Oker und bei der beginnenden Rekultivierung der durch laufende Auskiesung zwischenzeitlich entstandenen Baggerseen im Steinfeld.

Renaturierung des alten Werksgeländes

Oberhalb der Stadt Vienenburg liegen drei Kiesseen, die schon lange vor 1980 ausgekiest und rekultiviert wurden. Sie sind an den Angelsportverein Vienenburg verpachtet, der Anfang der 80er Jahre nach unseren Empfehlungen noch einige ergänzende Begrünungsmassnahmen durchgeführt hat. Zwischen der Oker und den beiden oberen Seen lag das ausgedehnte Werksgelände der Firma Willikens (heute Rohstoffbetriebe Oker), dessen Boden durch jahrelanges Befahren zementartig verhärtet war. Nachdem die Auskiesung im dritten Kiessee links der Oker

Abb. 70: Neues Kiesabbaugebiet der Fa. Willikens im Steinfeld rechts der Oker

abgeschlossen war, wurde das rechts des Flusses gelegene Werk aufgegeben und etwa 2 km südlich in das Steinfeld verlagert, um dort einen neuen Kiesabbau zu beginnen. (Abb. 70)

Danach konnten wir mit der Renaturierung der versiegelten Flächen im alten Werksgelände beginnen. Zunächst wurden dort alle technischen Anlagen entfernt mit Ausnahme der alten Trafostation, die für Zwecke des Fledermaus- und Vogelschutzes stehenblieb. (Abb. 71)

Im Herbst 1987 wurde zunächst der Boden mit Planierraupen, die mit starken Reisszähnen bewaffnet waren, tief gelockert. Nach einer Übererdung mit 40 – 50 cm Abraum und angefahrenem Lehmboden wurden die Flächen im darauffolgenden Winter der „Feinarbeit" der Frosteinwirkung ausgesetzt und im kommenden Frühjahr bepflanzt.

Freilich konnte bei den veränderten Standortverhältnissen nicht der ursprünglich vorhandene Auewald hergestellt werden, aber wenigstens der Ersatztyp eines „Trockenen Eichen – Hainbuchenwaldes", der – neben den namengebenden Arten – vor allem aus Spitzahorn, Vogelkirsche, Birke und verschiedenen Straucharten besteht. Die mit rund 3.000 Pflanzen begründete Kultur ist zwar gut angewachsen, sie wurde aber später durch „Ringeln" der Rinde durch die damals sehr zahlreichen Kaninchen schwer geschädigt. Der Rückgang der Kaninchenpopulation wegen Myxomatose-Befalls und der Schutz von unten nachgetriebener Seitentriebe mit Alufolie rettete schliesslich die Kultur. Da diese kleinen Wäldchen keine Holzproduktionsfunktion haben, ist die niederwaldartige Verbuschung nicht störend.

Abb. 71: Aufgeforstetes Gelände mit Umspannwerk im alten Kiesabbaugebiet der Fa. Willikens – jetzt Schutzzone und Brutraum für Eulen

Die laufende Auskiesung und beginnende Rekultivierung im oberen Steinfeld rechts der Oker

Wie bei der Infotagung 1980 erwähnt, setzte im Jahre 1976 im oberen Steinfeld die Auskiesung durch die Firma Oppermann ein. Der dort gewonnene Kies wird seither per Lkw und über ein zusätzlich errichtetes Förderband zur Aufbereitung in das alte Werksgelände an der B 241 gebracht. Hinzu kam der Neubau des Werks der Firma Willikens im südlichen Bereich des Steinfeldes zum Abbau der Kiesvorräte jenseits der Harzwasserleitung.

Wie bereits im Kapitel 4 eingehend mit dem Landkreis Goslar erörtert, konnte der vom beauftragten Planungsbüro vorgelegte, wiederholt überarbeitete Landschaftsrahmenplan seitens der Klosterkammer Hannover keine Zustimmung finden. Der darin gemachte Vorschlag, zum Schutz der Wasserwerke Vienenburg und Börßum das schwermetallbelastete Okerwasser in die vorhandenen Kiesseen zu leiten und diese als Absetzbecken zu benutzen, hätte nicht nur die Zerstörung der Talauenlandschaft bedeutet, sondern auch die weitere Nutzung des davon betroffenen Bodeneigentums der KKH. Durch Ablehnung dieser geradezu absurden Planungsvorstellung wurde vom Landkreis auf die ursprüngliche Rahmenplanung zurückgegriffen und dementsprechend der Kiesabbau ohne weitere behördliche Behinderungen fortgesetzt.

Die beigefügte Planskizze (Abb. 72) zeigt den **Stand der Auskiesung** im Jahre 1999 und die Planungen der nächsten Jahre. Auch sind die bereits begonnenen Rekultivierungen in die Karte eingetragen. Die Zahl der Seen wird aus den beim Info-Tag 1980 genannten Gründen grösser sein als ursprünglich konzipiert: Ausser den drei älteren Seen bei Vienenburg sollen zwischen Oker und der Landesstrasse 518 allein südlich der Harzwasserleitung noch drei mittelgrosse Seen entstehen. Nach Norden anschliessend sollen nach der jetzigen Planung drei weitere Seen hinzukommen. Ausserdem dürften auf lange Sicht auch östlich der Landesstrasse 518 nochmals mehrere Seen gebildet werden.

Die **Formgebung** dieser Seen wird durch teilweises Einbringen von Abraum und die Sedimentation von Schluffteilchen aus dem Waschwasser abwechslungsreich gestaltet. (siehe Abb. 31). Mit der Rekultivierung von einzelnen Teilabschnitten wird möglichst frühzeitig begonnen, damit die Gehölze bald ihre Schutzwirkungen entfalten können.

Die ersten **Pflanzmaßnahmen** erfolgten im Frühjahr 1992 mit einer dreireihigen Immissionsschutzpflanzung auf einem 500 m langen und etwa 1,0 m hohen Damm, der südlich des neuen Kieswerks entlang der Landesstrasse 518 angeschüttet wurde.

Ergänzend dazu wurden – unter Freilassung eines Fahrweges – Teile der anschliessenden Uferböschung bepflanzt und mit Weiden besteckt. Nur etwa 15 % der Strecke blieben offen, um vom Weg aus Durchblicke auf den See und Angelplätze frei zu halten. Die senkrecht dazu (parallel zur Harzwasserleitung) verlaufende Nordostflanke des Sees blieb dagegen auf weiten Strecken unbepflanzt, um dem Wind genügend Einwirkung auf das Wasser zu bieten (Sauerstoffeintrag) und den Eindruck einer „Verriegelung" des Tales zu vermeiden. Das bedeutet, daß am Ufer gruppenweise Weidenstecklinge, Sträucher oder Erlen angepflanzt wurden und an den höher gelegenen Stellen einige wenige Birken-, Ahorn- oder Lindensolitäre mit Gruppen von Dornbüschen. Etwa 80 % des Areals blieben hier frei und somit der natürlichen Entwicklung überlassen. Sollte sich im Laufe der Jahrzehnte immer mehr Holzwuchs einstellen, so muß zur Erhaltung des parkartigen Charakters alle paar Jahre mit Schlegelgeräten eine Pflege erfolgen (sofern bis dahin kein Wertewandel eintritt, was man bekanntlich nicht vorhersagen kann).

Im **Frühjahr 1996** wurde an diesem ersten, im Steinfeld fertiggestellten See eine 450 m lange Flanke entlang der Oker bepflanzt (Abb. 73). Nur wenige Stellen blieben offen, um Blicke und Zugänge zum Wasser zu erhalten. Um vom See her ein geometrisches Aussehen zu vermeiden, wechselte die Breite zwischen 4 und 6 Reihen ab. Der Kern bestand aus Bäumen, die von Sträuchern eingesäumt wurden. Der Uferbereich wurde auf etwa 80 % der Strecke wie üblich

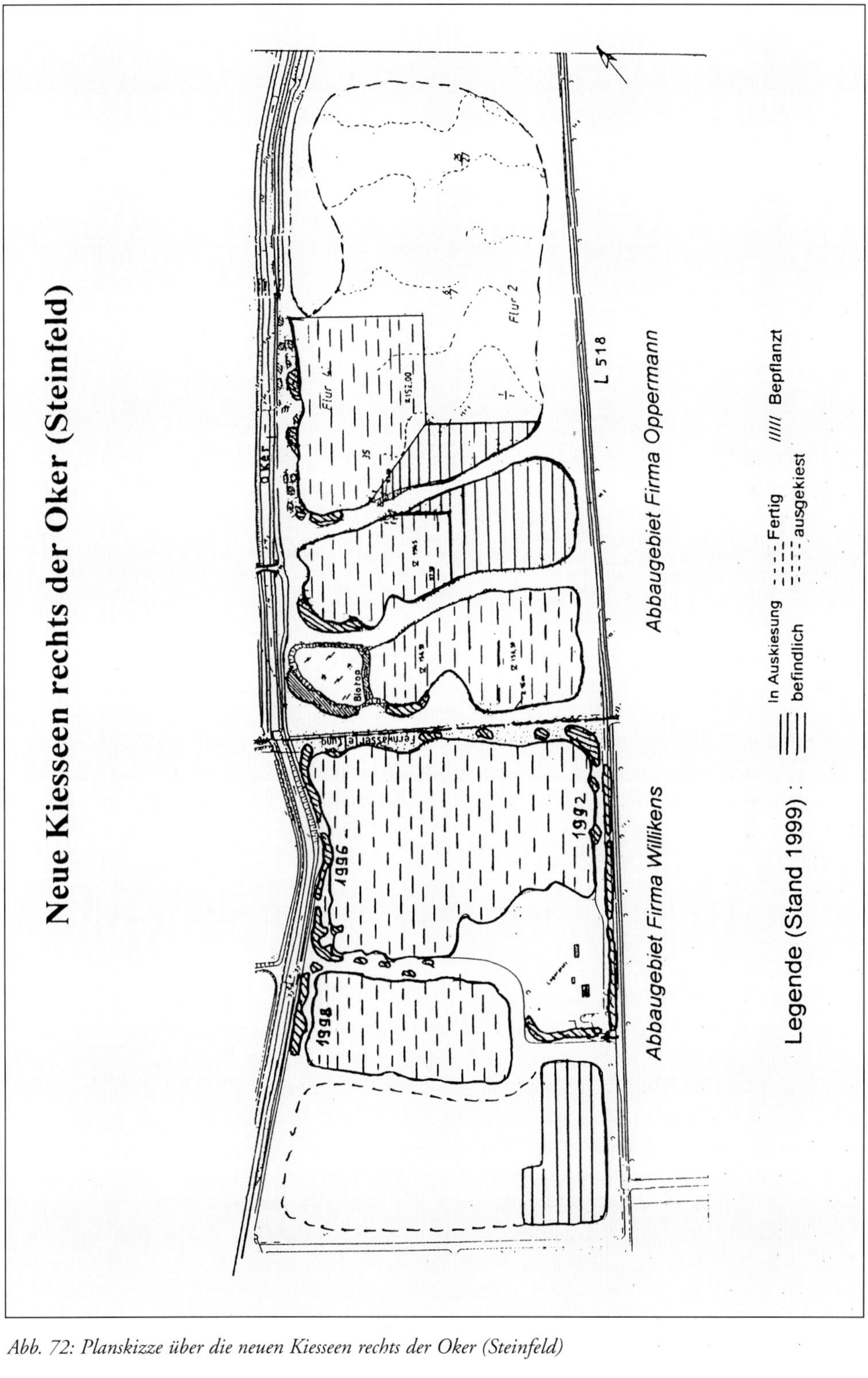

Abb. 72: Planskizze über die neuen Kiesseen rechts der Oker (Steinfeld)

Abb. 73: Pflanzarbeiten rechts der Oker, Frühjahr 1996

bepflanzt bzw. mit Weiden besteckt. An zwei breiteren Stellen wurden in den Zwischenräumen zwischen Ufer und Oker Eichenmischwäldchen angelegt. Die 1992 begonnene lockere Bepflanzung der Nordostflanke wurde okerwärts ergänzt.

Da der Boden sehr steinreich und vom Planieren zudem verdichtet war, ist kurz vor der Pflanzung an den hierfür vorgesehenen Stellen in 30 – 40 cm Mächtigkeit feinerdereicher Boden aufgetragen worden. Die Pflanzen wurden unmittelbar nach dem Einsetzen mit Wasser aus den Kiesseen begossen. Wegen der anhaltenden Hitze und Trockenheit hat die Kiesfirma Willikens wenig später nochmals bewässert. Diese Massnahmen sicherten ein ausgezeichnetes Gedeihen der Kulturen. An einigen Stellen erfolgte eine Aussaat von Wildblumen und Klee; (Abb. 74 u. 75)

Ansonsten stellte sich danach, vor allem auf den frisch übererdeten Flächen, sehr rasch von Natur eine Bodenvegetation ein, so daß die Kulturen in den beiden ersten Jahren stellenweise freigeschnitten werden mussten.

Im **Frühjahr 1998** konnte die Gestaltung des ersten im oberen Steinfeld gelegenen Sees und seine Rekultivierung mit der lockeren Bepflanzung des südwestlichen Zwischendammes abgeschlossen werden. Der See ist inzwischen bereits an einen Angelsportverein aus Wolfenbüttel verpachtet. Ausserdem wurde der nach Südwesten angrenzende See entlang der Oker auf einer bislang fertigen Böschungslänge von 200 m nach den 1996 beschriebenen Prinzipien übererdet und bepflanzt (siehe Planskizze Abb. 72).

Insgesamt gilt im Steinfeld im Hinblick auf die Gehölzartenwahl und den strukturellen Aufbau der Pflanzenbestände grundsätzlich dasselbe wie links der Oker. Die Verwendung von Nadelholzarten, Roteiche und Sanddorn wurde von der Naturschutzbehörde untersagt, weil diese nicht heimisch seien. Allerdings waren die Kiefern als tragendes Element einer Immissionsschutzpflanzung hier auch nicht so wichtig wie entlang der viel befahrenen Bundesstrasse 241. Trotzdem wäre wegen des Winteraspektes und der Kontrastbildung wenigstens ihre gruppenweise Einmischung von Vorteil gewesen. Und die Roteiche wäre auf den trockenen Böden

Abb.: 74: Formgebung und Einsaat der Uferzone östlich der Oker (Seeflanke). Wildblumen-Klee-Mischung zwei Monate nach Einsaat 1996

Abb.: 75 Wildblumen-Einsaat am Kiessee T 2 rechts der Oker mit Blick auf den Brocken (1142 m).

im Steinfeld besser gewachsen als die heimischen Eichen, auf die im übrigen sowieso nicht verzichtet werden sollte. Wie schon auf der Infotagung 1980 diskutiert wurde, ist die vom Naturschutz immer wieder geforderte Beschränkung auf die Arten der potenziell natürlichen Vegetation angesichts der total veränderten Standorte wissenschaftlich nicht zu vertreten. Um aber einen „Glaubenskrieg“ (mit der angedrohten Entfernung der „Fremdländer“ durch die Behörde) zu vermeiden, haben wir auf die volle Ausschöpfung des standortgemäss möglichen Gehölzpotenzials verzichtet.

Insgesamt wurden in dem neuen Rekultivierungsgebiet im Steinfeld von 1992 – 1998 über 20 verschiedene Baum- und Straucharten ausgepflanzt; es waren etwa 8.000 Gehölze, davon zwei Drittel Bäume und ein Drittel Sträucher, ergänzt durch über 1.000 Weidenstecklinge.

Künftige Maßnahmen bis zur Fertigstellung des Erholungsgebietes

Wie bereits dargelegt, sollen im Steinfeld zwischen der Oker und der im Osten verlaufenden Landesstrasse 518 noch je drei weitere Seen südlich und nördlich der das Tal querenden Trinkwasserleitung entstehen. Ob der in einem Landschaftsplan des Planungsbüros Schäfer vom 21.08.1997 dargestellte sehr große nördlichste See allerdings im vorgesehenen Umfang kommen wird, ist zu bezweifeln. Denn, von den schon früher beschriebenen Problemen bei Seen mit starker Längsausdehnung einmal abgesehen, wurde nämlich von den Behörden wieder der Gedanke einer Revitalisierung der Oker aufgegriffen, der in dem in Frage kommenden Bereich eine Verlagerung des Bachbettes bzw. die Schaffung von Nebenarmen zur Folge hätte.

Wenig sinnvoll erscheint überdies die im Landschaftsplan vorgesehene sehr lange Halbinsel, die im nördlichen Teil dieses Sees parallel zu dem dortigen Abzugsgraben, der gegenwärtig zur Fischzucht verwendet wird, ausgeformt werden soll. Dadurch müßte nämlich – unter Einbeziehung der erforderlichen Unterwasserböschungen – auf die Nutzung einer beachtlichen Kiesmenge verzichtet werden, ohne dass ein entsprechender landschaftlicher Gewinn erzielt werden könnte. Denn ein zwischenzeitlicher Abbau dieses Bereichs und eine nachträgliche Anschüttung einer solchen Halbinsel mit Abraum ist bei strenger Beachtung des Bodenschutzgesetzes kaum möglich.

Besonders begrüsst wird dagegen die im südöstlichen Bereich des unteren Sees vom Landschaftsplaner vorgesehene Anschüttung eines grossen **Aussichtshügels**, weil der Wanderer von dort einen umfassenden Ausblick auf die Seenlandschaft geniessen kann. Einen solchen (kleineren) Aussichtshügel hatten wir vor einigen Jahren – dem alten Landschaftsplan von Hesse folgend – im ersten See südlich der Wasserleitung in der Nähe der Oker angelegt, damit man von dort aus – über den Bach hinweg – die Vogelwelt der Naturschutzseen beobachten kann, ohne dort selbst störend zu wirken. Leider musste dieser Hügel auf behördliche Weisung auf eine unwirksame Höhe von etwa 1 m „gekappt“ werden, weil er bei einer Ausuferung der Oker angeblich eine Gefahrenquelle darstelle (dabei nahm sein Sockel höchstens ein Prozent des Talquerschnitts ein!).

Die weitere **Rekultivierung** der noch abzubauenden Flächen sollte nach den bisher verfolgten Grundsätzen geschehen. Wie bisher ist sofort nach Fertigstellung eines Teilabschnitts dessen Begrünung durchzuführen. Entlang der Landesstrasse 518 sollte möglichst bald ein Damm angeschüttet und bepflanzt werden, damit die Gehölze bis zur Beendigung der Kiesausbeute wenigstens zum Teil schon die erwartete Immissionsschutzwirkung erbringen.

Der Bau von Erholungseinrichtungen kommt nur in bescheidenem Umfang in Frage. Technische Grossanlagen, wie sie – auf Wunsch des Eigentümers – noch vor knapp 20 Jahren im Landschaftsplan Hesse [10] vorgeschlagen wurden (z. B. Ferienhäuser, Bootsstege und dergleichen), werden heute weit draussen in der Landschaft – so auch inmitten des Steinfeldes – als problematisch angesehen. Eine solche „Möblierung" von Erholungsgebieten paßt nicht zum heute bevorzugten Prinzip des „Sanften Tourismus". Im Erholungsgebiet „Vienenburger Seenplatte" müssen deshalb Wandern, Radfahren, Naturbeobachtung und Angeln Vorrang haben. Dazu sind an technischen Einrichtungen neben einem gepflegten und gut markierten Wegenetz nur einige Sitzbänke und Schutzdächer notwendig (u. a. auf dem oben erwähnten Aussichtshügel, der als Wanderziel sicherlich gerne angesteuert wird).

Eine Badezone mit Campingplatz sollte zwischen der Stadt Vienenburg und dem nördlichsten See allerdings nach wie vor eingeplant werden, zumal dort die nötigen Infrastruktureinrichtungen leicht geschaffen werden können. Für eine solche Anlage besteht durchaus Bedarf, und sie kann den raumordnerischen Zweck erfüllen, einen Teil der aus den nördlichen Ballungsräumen kommenden Erholungsuchenden „abzufangen", um so den Harz und insbesondere den dortigen Nationalpark (vor allem an den Wochenenden) zu entlasten. Selbstverständlich müssen im Bereich der späteren Badezone, die am nordöstlichen Seeufer vorgesehen ist, schon während des Kiesabbaus ausreichend breite und flache Unterwasserböschungen (mit 10 % Neigung bis zu etwa 2,5 m Wassertiefe) verbleiben.

8. Kiesabbau und Naturschutz

Der Abbau von Sand und Kies wird von Seiten des organisierten Naturschutzes sowohl während des Betriebs als auch im Hinblick auf die nachfolgenden Nutzungen oft zu einseitig als landschaftsschädigender Eingriff beurteilt. Wenn man eine Auskiesung überhaupt zuläßt, möchte man am liebsten möglichst viele der ausgebeuteten Flächen unter absoluten Naturschutz stellen, weil man glaubt, nur so könnten die Ziele des Naturschutzes auf Dauer erfüllt werden. Am Beispiel des Kiesabbaugebietes Wöltingerode kann demonstriert werden, daß der Naturschutz durch die mit dem Abbaubetrieb verbundenen Veränderungen vorübergehend und nachhaltig auch zu vielen Vorteilen gelangen kann. Im Folgenden sollen daher grundsätzliche Ausführungen zu den sich daraus ergebenden Problemfeldern gemacht werden, zumal unsere Beobachtungen und Erfahrungen auf viele andere Rohstoffgewinnungsgebiete übertragen werden können.

Umfassende Zielsetzung des Naturschutzes

Viele Missverständnisse entstehen bereits durch die Unklarheit über die Zielsetzungen des Naturschutzes. Wenn nämlich von den Zielen des Naturschutzes die Rede ist, denken Vertreter des organisierten Naturschutzes oft nur an die Erhaltung der Tier – und Pflanzenwelt, also an den Arten – und Biotopschutz.. Aber der Zweck der Naturschutzgesetze ist weit umfassender: So werden im § 1 des Bundesnaturschutzgesetzes neben dem Artenschutz als *weitere* Ziele genannt: „die Erhaltung der Leistungsfähigkeit des Naturhaushalts, der Nutzungsfähigkeit der Naturgüter und der Vielfalt, Eigenart und Schönheit der Landschaft". Dadurch sollen die Lebensgrundlagen des Menschen und u. a. die Voraussetzungen für seine Erholung nachhaltig gesichert werden. Ein aus dem Kiesabbau hervorgegangener Badesee, der gleichzeitig die Nutzungsfähigkeit von Fischen und jagdbaren Tieren ermöglicht, erfüllt demnach genau so Naturschutzziele wie z. B. ein Kiessee, der vorrangig dem Schutz empfindlicher Tierarten gewidmet und für menschliche Aktivitäten gesperrt ist. Nutzungen durch den Menschen sind also nicht generell naturschutzwidrig, wie das leider oft unterstellt wird.

Das Beispiel zeigt auch, daß nicht immer alle gesetzlich genannten Teilziele des Naturschutzes gleichzeitig oder gleichrangig erfüllt werden können. In ähnlicher Weise kann auch das Teilziel Schönheit mit dem Artenschutz konkurrieren: Rohböden oder nackte Steilwände können z. B. das ästhetische Empfinden eines „gebildeten Durchschnittsbetrachters" verletzen, sie haben aber andererseits große Bedeutung für an Pionierstandorte gebundene seltene Arten. Da eine Harmonisierung aller Teilziele selten möglich ist, fordern die Naturschutzgesetze eine *Abwägung der Schutzziele untereinander*. Diese Abwägung muß in jedem einzelnen Fall den örtlichen Gegebenheiten Rechnung tragen, eine generelle Priviligierung des Artenschutzes gibt es also nicht. Würde man sich bei Diskussionen über Abbauanträge über diese Tatsache verständigen, dann würde manche hitzige Debatte ausbleiben.

Des weiteren sind die Naturschutzziele nicht nur untereinander, sondern auch *gegenüber den sonstigen Anforderungen der Allgemeinheit* an Natur und Landschaft abzuwägen. Dazu zählen z. B. neben der Sicherung der Rohstoffnutzung der Schutz des Grundwassers, die Erhaltung der nachhaltigen Nutzungsfähigkeit landwirtschaftlicher Böden sowie des Waldes, oder die Vorsorge für Siedlungsflächen.

Schließlich darf neben der Abwägung von Naturschutz – und anderen öffentlichen Interessen das Eigentümerinteresse nicht übersehen werden; denn ohne die Zustimmung des Grundeigentümers kann ein Abbau kaum durchgesetzt werden. Auch die Festlegung der Folgenutzung hängt letztlich von seinem Einverständnis ab. Soll er auf die Verpachtung eines aus dem Abbau hervorgegangenen Sees als Angelgewässer oder auf die Aufforstung einer aufgefüllten Sandgrube zugunsten eines vorrangig dem Artenschutz dienenden Feuchtbiotops oder einer vom Naturschutz gewollten natürlichen Sukzession verzichten, so wird er meist nur gegen eine Ausgleichszahlung dazu bereit sein. Die soziale Verpflichtung des Eigentümers hat dann nämlich ihre Grenzen, wenn andere Grundbesitzer bei einer vergleichbaren Situation abbauen und eine wirtschaftliche Folgenutzung betreiben dürfen. Wenn die Klosterkammer seinerzeit bei den drei Teichen T 10 – T 12 links der Oker einer Erklärung zum Naturschutzgebiet mit dem Verbot einer jagdlichen und fischereilichen Nutzung zugestimmt hat, so tat sie dies aus freien Stücken als Sonderopfer einer öffentlichen Einrichtung, die sich auch gegenüber dem Naturschutz verpflichtet fühlt.

Bewertung aus der Sicht des Arten- und Biotopschutzes

Die in den Ländern durchgeführten *Biotopkartierungen* (in Niedersachsen: „Erfassung der für den Naturschutz wertvollen Bereiche“) zeigen, dass viele schutzwürdige Objekte einem Abbau zu verdanken sind [36]. Freilich gibt es auch Biotope, die wegen ihres hohen Wertes von einem Abbau verschont werden müssen. Neben den Biotopkarten geben auch die sogenannten Roten Listen Entscheidungshilfen für die Behandlung von Abbauanträgen; bei genehmigten Abbauten läßt ihre Anwendung später oft die durch die Kiesgewinnung erzielte ökologische Wertsteigerung eines Gebietes erkennen.

Im Abbaugebiet von Wöltingerode waren vor der Kiesgewinnung kaum gefährdete Tier- und Pflanzenarten oder seltene Biotoptypen vorhanden: Durch ausbleibende Überflutungen und tiefliegendes Grundwasser ging der Auecharakter dort bereits vor dem Kiesabbau teilweise verloren; das Gebiet rechts der Oker im Steinfeld war intensiv landwirtschaftlich genutzt und praktisch frei von Gehölzen. Erst durch den Kiesabbau wurde das Gebiet heute zu einem „Eldorado“ für viele Tier- und Pflanzenarten.

Eine gute Darstellung des Naturschutzwertes von Abbaustellen gibt Plachter [37] aufgrund von Untersuchungen in Bayern und Literaturvergleichen. In Abbaustellen sind vor allem folgende Biotoptypen vertreten, in die seltene oder gefährdete Tier- und Pflanzenarten einwandern können:

1. Vegetationsarme Flächen durch Abschieben des Mutterbodens und teilweisen Verzicht auf Übererdung von neu gestalteten Sand- oder Kiesböschungen,
2. Verlandungs- und Sumpfzonen mit verschiedenen Wassertiefen,
3. Reich strukturiertes Relief mit verschiedenen Steilheitsgraden und Expositionen,
4. Ruderalfluren, Magerrasen und Röhrichte,
5. Wald- und Gehölzflächen mit Kräutersäumen und Sukzessionsarealen.

Ergänzend dazu ist zu bemerken, daß grössere Kiesseen wichtige Trittsteine darstellen für Zugvögel, die sich dort stärken für ihren Weiterflug. Viele davon nutzen auch tiefere Wasserzonen zur Nahrungssuche, weshalb die manchmal vertretene Ansicht, Wasserflächen mit mehr als 5 m Tiefe würden für den Naturschutz nichts bringen, nicht haltbar ist.

Plachter macht übrigens deutlich, daß die jeweiligen Abbauphasen – beginnend mit der Freilegung des abbauwürdigen Materials – für die einzelnen Tier- und Pflanzenarten ganz unterschiedliche Bedeutung haben. Deshalb sind für ein großes floristisches und faunistisches Spektrum letztlich alle Sukzessionsstadien zusammen wichtig. Durch den heute üblichen, oft mehrere Jahrzehnte andauernden großflächigen Abbau entsteht in der Regel ein solches strukturreiches Biotopmosaik: Während Rohbodenbesiedler (z. B. Flußregenpfeifer oder Kiebitz) oder

Steilwandnutzer (z. B. Uferschwalben oder Erdbienen) durch die Inangriffnahme eines neuen Abbauabschnittes immer wieder benachbarte neue Lebensstätten finden (Abb. 76 a und b), gibt es auf den älteren Abbauflächen zunehmend reifere Sukzessionsstadien für die darauf spezialisierten Arten (Abb. 77). Für die Tierwelt kann man allgemein sagen, daß in den Anfangsstadien mit noch spärlicher Vegetation neben den genannten Arten vor allem Amphibien, Libellen, Lauf- und Wasserkäfer vorkommen, während diese mit beginnendem Gehölzwuchs abnehmen zugunsten von Reptilien, Heuschrecken und Schmetterlingsarten, bis schließlich am Ende der Sukzession die Avifauna besonders artenreich wird. Aus diesen Feststellungen ergibt sich, daß die Bewertung der biologischen Vielfalt von nur einem Abbaustadium oder von nur einer Tierartengruppe zwangsläufig zu Fehlschlüssen führen muß.

Entsprechend den obigen Ausführungen leuchtet ein, daß der seit Jahrzehnten in Wöltingerode betriebene Kiesabbau zu einem reichen Mosaik aus unterschiedlichsten Biotopen geführt hat und noch weiter führt. Es ist wichtig zu betonen, daß der hohe Naturschutzwert des Areals hauptsächlich durch die Wirtschaftstätigkeit in einer Kulturlandschaft entstanden ist und nicht primär durch eine formale Erklärung zum Naturschutzgebiet. Im Übrigen haben die Beobachtungen der Ornithologen [45, 46, 47] keinen Beweis geliefert, daß die Vogelwelt im Bereich der drei Naturschutzseen wertvoller ist als im Gebiet unseres Pilotprojektes. So ist es auch bemerkenswert, daß die recht seltene Rohrweihe in dem noch von der Auskiesung betroffenen Gebiet (s. Abb. 32 c) seit Jahren genauso erfolgreich brütet wie im Naturschutzgebiet.

In diesem Zusammenhang darf nicht verschwiegen werden, daß durch die jetzige Biotopgunst einige besonders geschützte Tierarten sich stark vermehrt haben und dadurch die Naturschutzziele selbst gefährden. Dies gilt vor allem für Graureiher und Kormorane, die in Dutzenden von Exemplaren beobachtet werden (Abb. 78 und 79). Obwohl sich der Graureiher auch von Mäusen und anderem Getier ernährt, macht er neben dem direkten Verzehr von Fischen vor allem durch das Anstechen und Verletzen weiterer Exemplare erheblichen Schaden.

Abb. 76 a: Uferschwalben am Steilhang eines aufbereiteten Kieslagers auf dem Werksgelände Oppermann

Abb. 76 b: Dicht besetzter Brutbereich von Uferschwalben am Steilhang

Abb. 77: Kiebitzgelege auf Sukzessionsfläche in Kiesabbaugebiet

Abb. 78: Fisch(Grau)reiher am Kiessee T6. Zum Zeitpunkt der Aufnahme hielten sich zwei Dutzend Reiher im Gebiet auf

Extrem schädlich ist der Kormoran, der sich bekanntlich ausschliesslich von Fischen ernährt. Er hat in jüngster Zeit nicht nur die Seen weitgehend „leer geräubert", sondern bedroht auch das in der Oker gestartete teure Programm zur Wiederbesiedlung mit Lachsen. Zudem wird von ihm niemand erwarten, daß er in seinem Speiseplan auf andere besonders gefährdete Arten wie Elritze oder Mühlkoppe verzichtet. Es ist höchste Zeit, daß der organisierte Naturschutz seine einseitige Sichtweise aufgibt und die Notwendigkeit einer Bestandsregulierung des Kormorans wegen der Bedrohung der Naturschutzziele „Erhaltung der Nutzungsfähigkeit der Naturgüter" und „Sicherung der Artenvielfalt" einsieht.

Abb. 79: Fischaufzuchtbecken überspannt mit Drähten zum Schutz gegen Kormorane und Reiher

Bewertung aus der Sicht der Erholungsnutzung und der Landschaftsästhetik

Ob und in welchem Ausmaß beim Abbau von Rohstoffen eine Verunstaltung des Landschaftsbildes oder Beeinträchtigung des Naturgenusses entsteht, hängt wesentlich von der örtlichen Situation und der Art des Vorgehens ab. Wichtig ist auch die Frage, ob mögliche Störungen dauernd oder nur vorübergehend sind [48].

Wenn im Endzustand eine rekultivierte Fläche zur Bereicherung des Landschaftsbildes und Erhöhung der Strukturvielfalt beiträgt und attraktive – bisher fehlende – Erholungsnutzungen angeboten werden (z. B. als Spiel- und Grillplatz, Lehrpfad, Sammelmöglichkeit von Versteinerungen, Angel- und Badesee), so können u. U. zwischenzeitliche Störungen in Kauf genommen werden, zumal dabei die o. g. biologisch interessanten Pionierstadien entstehen. Jedenfalls ist es falsch und voreingenommen, bei Abbauten generell von „Landschaftswunden" oder von einer „Verkraterung der Landschaft" zu sprechen.

Zwischenzeitliche Störungen können freilich bis zur endgültigen Beendigung eines Abbaus oft Jahrzehnte andauern und vor allem durch Immissionen (Lärm, Staub usw.), seltener durch optische Verunstaltung, zu Belästigungen der angrenzenden Siedlungen oder von Erholungsuchenden führen. Vielfach kann aber durch entsprechende Detailplanung und rechtzeitige schutztechnische Maßnahmen (z. B. Anlage von Schutzwällen und Gehölzpflanzungen) eine wirksame Abhilfe geschaffen werden.

9. Zum Aussagewert der Gewässergüteklassifikation

Das Umweltbewußtsein in Deutschland ist im Zusammenhang mit der zentralisierenden Urbanisierung (Siedlungsverdichtung und Großstadtentwicklung) und einer rapiden Industrialisierung seit den 60er Jahren des vergangenen Jahrhunderts deutlich öffentlichkeitswirksam geweckt worden. Dieses Bewußtsein orientierte sich zunächst an den Gewässern, die durch den Ausbau des kommunalen Abwasserkanalisationssystems und des produktionsbedingten, rasch steigenden Abwasseranfalls in den gewerblichen und industriellen Betrieben von Verunreinigungen und Vergiftungen am stärksten heimgesucht wurden. Obgleich auch parallel hierzu eine weitgehend unkontrollierte Abfallentsorgung durch wilde Ablagerungen in der Natur (bevorzugt Wälder und siedlungsferne Orte) stattfand, traten die Schäden der Abfall- und Abwasserbelastungen in den Still- und Fließgewässern besonders eklatant ins Rampenlicht der Öffentlichkeit, weil die Bedeutung der Folgen einer Verunreinigung des Oberflächenwassers und auch des Grundwassers hinsichtlich der Trinkwassergewinnung sowie der Rolle der Fließgewässer als natürliches, schutzbedürftiges Gefäßsystem in der Landschaft auf eine gewisse Einsicht in der Bevölkerung rechnen konnte.

Die ersten massiven Beschwerden und Schutzforderungen (von den Klagen der Forstbehörden hinsichtlich der zunehmenden wilden Müllkippen in den Wäldern einmal abgesehen) kamen von den Fischern, weil diese unmittelbar von den den Lebensraum der Fische bedrohenden oder gar vernichtenden Schadstoffeinleitungen tiefgreifend und nachhaltig betroffen waren.

Die durch die rasche Entwicklung der urbanen, gewerblichen und industrieforcierenden Sektoren der Volkswirtschaft entstehenden, den Naturverbrauch beschleunigenden Mißstände erreichten bereits Ende der 60er Jahre ein bedrohliches Ausmaß. In einem Studium über die phosphat- und stickstoffabhängige Eutrophierung der Fließgewässer im südniedersächsischen Raum wurde dies eingehend beschrieben [6.11]. Daran anschließende wissenschaftliche Untersuchungen in derselben Region vermitteln ein Bild über den desolaten Zustand nicht nur der Gewässer, sondern auch der südniedersächsischen Landschaft zur damaligen Zeit [6.7; 6.8; 6.14].

Es war daher verständlich und folgerichtig, daß im Zusammenhang mit dem ersten Wasserhaushaltsgesetz von 1960 eine zuverlässige Bewertung des Gütezustandes der Gewässer entwickelt werden mußte, um eine Grundlage zu schaffen, mit der sich die notwendigen Sanierungsmaßnahmen in ihrer Auswirkung auf die Verbesserung der Gewässergüte erfassen und öffentlichkeitswirksam nachweisen ließen.

Die daraufhin erfolgten Maßnahmen seitens der Wasserbehörden zur Schaffung eines Gütekatasters – aufbauend auf wissenschaftlich erarbeiteten Gütekriterien – haben zur Beurteilung des Gütezustandes insbesondere von Fließgewässern in der alten Bundesrepublik wesentlich beigetragen.

Den Wasserbehörden dient seitdem das Gütekataster als offizieller Nachweis für verbesserte Aufbereitungsmethoden der unterschiedlichsten Abwässer und Abfälle und als eine wirksame Kontrolle ihrer Einleitung bzw. Einbringung in die Gewässer.

Den Kommunen und den gewerblichen wie auch industriellen Betrieben wurden über die Bewilligungen und Erlaubnisbescheinigungen die Grenzen aufgezeigt, innerhalb der sie die Gewässer über ihre Vorfluter und sonstige Einleitungen belasten durften.

Dieser gesetzlich verankerte Orientierungsrahmen war bezüglich der Entlastung der Gewässer durchaus hilfreich, aber nur bis zu einem gewissen Grade. Er genügt jedoch in keiner Weise der allgemeinen Forderung des Wasserhaushaltsgesetzes. Noch heute d. h. 40 Jahre danach sind die in diesem Gesetz verankerten Richtlinien zur Reinhaltung des Wassers noch keineswegs in dem geforderten Umfang erfüllt.

Ihre erneute Betonung im Niedersächsischen Naturschutzgesetz vom 11.04.1994 [51], wonach u. a. die Lebensraumansprüche aller Arten auch in den aquatischen Biotopen erfüllt und langfristig gesichert sein müssen, zeigt die erhebliche Diskrepanz auf, die noch immer zwischen Anspruch und Wirklichkeit besteht.

Es erhebt sich daher die Frage, ob das bisherige Gewässergütekataster überhaupt geeignet oder zumindest ausreichend ist, den Beschädigungszustand eines Gewässers zutreffend wiederzugeben, um als Gradmesser einer zu tolerierenden, Schaden verursachenden Belastbarkeit dienen zu können. Eine Antwort darauf kann nur in zufriedenstellender Weise gegeben werden, wenn das Verfahren zur Gütefeststellung genügend erörtert und durchleuchtet wird, was nachstehend in konzentrierter Darstellung geschehen soll.

Die Methodik der gegenwärtig üblichen Gewässergütebestimmung (eingehend und übersichtlich von Werner H. Baur [13] beschrieben) gründet in der Hauptsache auf drei Pfeilern:

- Gütebestimmung nach biologischen Methoden,
- Gütebestimmung nach chemischen Methoden und
- Gütebestimmung nach physikalischen Methoden

Alle drei Methoden zielen auf die Einordnung von fließenden Gewässern in ein Güteklassenschema, welches im Prinzip bereits vor 100 Jahren durch die Güteklassen I bis IV einschließlich Zwischenstufen in Anpassung an die damals qualitätsentscheidenden Merkmale gemäß nachstehender Tabelle gekennzeichnet und ausgewiesen ist (Tab. 26).

Tab. 26: Merkmale der Gewässergüteklassen für Fließgewässer [13])

Güteklasse	Grad der Verschmutzung	Sauerstoffminima in mg/l	Amoniumgehalt in mg/l	Kennfarbe
I	unbelastet bis sehr gering belastet	über 8	höchstens Spuren	Dunkelblau
I – II	gering belastet	über 8	um 0,1	Hellblau
II	mäßig belastet	über 6	unter 0,3	Dunkelgrün
II – III	kritisch belastet	über 4	unter 1	Hellgrün
III	stark verschmutzt	über 2	0,5 bis mehrere mg	Gelb
III – IV	sehr stark verschmutzt	unter 2	mehrere mg	Orange
IV	übermäßig verschmutzt	unter 2	mehrere mg	Rot
V*	toxische Belastung			Schwarz

** Manche Stellen arbeiten mit dieser zusätzlichen Güteklasse V, die eine toxische Belastung mit der Folge der Verödung des Gewässers signalisiert.*

Ungleich schwieriger gestaltet sich die Gütebestimmung in stehenden Gewässern (unzureichende Zirkulation – das Oberflächenwasser sinkt nicht nach unten, das Tiefenwasser kann nicht im notwendigen Ausmaß zur Oberfläche gelangen – Ausbildung unterschiedlicher Wasserdichten u. a. m.).

Für den inhomogenen Wasserkörper der Stillgewässer, insbesondere bei solchen großer Ausdehnung und Tiefe, von denen einer Durchmischung durch Wind und gar Sturm erheblicher Widerstand entgegengesetzt wird, sind die für die Gütebestimmung der Fließgewässer zugeschnittenen Bioindikatoren nicht zu gebrauchen.

Stehende Gewässer können daher nicht nach der Abundanz der für die im Wasserkörper ablaufenden Abbauprozesse maßgeblichen Destruenten bewertet werden, sondern nach der Produktivität von pflanzlicher Biomasse, soweit sie in den assimilatorisch wirksamen Oberflächenschichten stattfinden. Dazu sind neben Licht auch Pflanzennährstoffe (insbesondere Stickstoff und Phosphat) erforderlich, die in erster Linie, soweit es die Planktonproduktion betrifft, den Trophiezustand stehender Gewässer zu kennzeichnen vermögen und damit zugleich Maßstab für die Gütebestimmung sein können.

Das nachstehende Schema trägt diesen Bewertungskriterien von stehenden Gewässern Rechnung.

Tab. 27: Zusammenfassender Überblick über die Trophiestufen stehender Gewässer [13].

Trophiestufe	Sauerstoffgehalt des Tiefenwassers während der Stagnationsphase	Nutzung als Fischwasser
Oligotroph	über 70 % des Sättigungswertes	nährstoffarm: geringe Planktonproduktion bedingt geringe Besatzdichte bzw. langsames Wachstum der Fische, ganzjährig große Sichttiefe
Mesotroph	zwischen 30 und 70 % des Sättigungswertes	mäßiges Nährstoffangebot: mäßige Planktonproduktion, produktion, Sichttiefe trotz Plankton noch über 2 m
Eutroph	unter 30 bis 0 % des Sättigungsswertes	nährstoffreich: kräftige Planktonproduktion, Sichttiefen oft weit unter 2 m; Deckschicht durch Photosynthesetätigkeit des Phytoplanktons (Algen) oft mit Sauerstoff übersättigt; bei geringem Säurebindungsvermögen (SBV) starke pH-Wert-Schwankungen
Polytroph	um 0 % schon kurz nach der Vollzirkulation	übermäßiges Nährstoffangebot: Massenentwicklung des Phytoplanktons; bei geringem SBV sehr starke pH-Wert-Schwankungen (Fischsterben); nachts, besonders gegen Morgen, zunehmend Erstickungsgefahr für Fische; am Grund Faulschlammbildung (Schwefelwasserstoff), als Fischwasser kaum mehr geeignet

Bestimmung der Gewässergüte mit biologischen Methoden

Zunächst sei das biologische Bestimmungsverfahren seinem Wesen nach erläutert. Es fußt auf der Erfassung von Wasserorganismen (nach Vorkommen und Menge), die geeignet sind, eine Bioindikatorfunktion abzugeben. Das gilt sowohl für Mikroorganismen als auch für die höheren Lebensformen im aquatischen Milieu wie für Krebse, Insekten und deren Larven, sowie für das Endglied der aquatischen Nahrungskette, den Fisch.

Auch das Phytoplankton und die höheren Wasserpflanzen (z.B. Laichkräuter) können in ihrer Bioindikatorfunktion zur Gütestimmung herangezogen werden.

Der Zusammenhang zwischen solchen als Bioindikatoren geeigneten Vertretern der aquatischen Flora und Fauna und den von ihnen auf die Gewässergüte ausgeübten Einfluß veranschaulicht nachfolgende Tabelle.

Tab 28: Zuordnung von aquatischen Bioindikatoren zu den Gewässergüteklassen [13].

Saprobiewert	Gewässergüteklasse	Zur Verrechnung verwendeter Indikatorwert
1,0 bis < 1,5	I	1,0
1,5 bis < 1,8	I – II	1,5
1,8 bis < 2,3	II	2,0
2,3 bis < 2,7	II – III	2,5
2,7 bis < 3,2	III	3,0
3,2 bis < 3,5	III – IV	3,5
3,5 bis 4,0	IV	4,0

Wie aus der Tabelle erkenntlich, wird die Gütebewertung summarisch als „Saprobiewert" ausgewiesen. Wegen der Unmöglichkeit, die hierfür in Frage kommenden Organismen hinsichtlich Vorkommen, Häufigkeit und mengenmäßigem Auftreten mit wissenschaftlicher Genauigkeit zu erfassen, werden die Saprobiewerte auf eine Stelle nach dem Komma aufgerundet.

Als zusätzliche biologische Anzeige für die Einstufung eines Gewässers in die zugehörige Güteklasse wird nachstehende faunistische Gruppierung bei den aquatischen Organismen aufgrund konventioneller Regelungen vorgenommen [13].

Güteklasse I: Steinfliegenlarven, Eintagsfliegenlarven, Strudelwürmer, Quell-Schnecken, Flußperlmuscheln, Lidmückenlarven und -puppen, Hakenkäfer

Güteklasse I – II: Eintagsfliegenlarven, Dreieckskopf–Strudelwürmer, Köcherfliegenlarven

Güteklasse II: Schwarzer Strudelwurm, Eintagsfliegen, Köcherfliegenlarven, Flohkrebse, Napfschnecken, Schnecken, Flußmuscheln, Wandermuscheln, großer Schneckenegel, Kriebelmückenlarven, Taumelkäferlarven, Libellenlarven

Güteklasse II – III: Strudelwürmer, Schlammschnecken, Egel, Kugelmuscheln, Schlammfliegenlarven

Güteklasse III: Wasserasseln, Rollegel, Blasenschnecken

Güteklasse III – IV: Rote Zuckmückenlarven

Güteklasse IV: Schlammröhrenwürmer, Rattenschwanzlarven

In entsprechender Weise wird auch die Indikatorfunktion geeigneter Wasserpflanzen in die Gütebestimmung einbezogen.

Bevorzugte pflanzliche Indikatoren für die Güteklasse II und besser sind vor allem Laichkräuter, Hornkraut, Wasserpest und Wasserstern, sowie Quellmoose.

Auch die verschiedenen Algenarten, die die Eutrophierung begleiten, vermögen genauso wie die landwirtschaftlich kultivierten Nutzpflanzen, je nach Art, sich dem mineralischen Nährstoffangebot jeweils anzupassen und über den Trophiegrad etwas auszusagen.

Ebenfalls sind die verschiedenen, im aquatischen Milieu heimischen Moosarten (Bachmoos, Brunnenmoos und Quellmoos) durchaus geeignet, eine nährstoffbedingte Wasserqualität anzuzeigen.

Eine besondere Indikatoreigenschaft für Abwasserbelastungen, die durch Haushalte und nahrungsmittelverarbeitende Betriebe (u. a. Molkereien, Schlachthöfe, kartoffelverarbeitende Betriebe, Zuckerrübenfabriken, Gerbereien u.a.m.) verursacht werden, sind die Abwasserbakterien und -pilze, zu deren Vertretern das koloniebildende Bakterium sphaerotilus natans, der Abwasserpilz Leptomitus lacteus und auch Schwefelbakterien wie Beggiatoa alba und Thiotrix zu rechnen sind.

Eine nicht befriedigende Stellung bei der biologischen Güteklassenbestimmung nehmen die Fische ein. Ihnen wird bei diesem Verfahren keine den Gütezustand ausreichend genau erfassende Eignung zugeschrieben mit der Begründung, ihr beträchtliches Adaptionsvermögen an mehr oder weniger verschmutzte Gewässer mache eine Bewertung der durch konventionelle Gütebestimmung erfaßten Belastungen nicht hinreichend möglich.

Eine solche mangelnde Indikatorfunktion wird vor allem den durch Besatzmaßnahmen mit Zuchtfischen (bevorzugt Forellen) aufgestockten Bestand zugeschrieben. Als ausreichend zuverlässig für die Indikatorfunktion gelten hingegen die Fische, die zwar von Menschen eingesetzt werden, aber nicht als Eiweißquelle zu verwerten sind. Hierzu rechnen u. a. Groppen, Schmerlen und Elritzen, deren Ansprüche an die Wasserqualität im allgemeinen der Güteklasse II entsprechen.

Bestimmung der Gewässergüte mit chemischen Methoden

Die chemischen Bestimmungsmethoden zeichnen sich gegenüber den zeit- und arbeitsaufwendigen biologischen Methoden insbesondere dadurch aus, daß die zu bestimmenden Güteparameter mit großer Exaktheit gemessen werden können. Allerdings handelt es sich dabei um Momentaufnahmen, die den Gewässerzustand im Augenblick der Probeentnahme widerspiegeln. Durch zeitlich gestaffelte Wiederholung kann jedoch ein Gütezustand ermittelt werden, der sich durch die über den gesamten Zeitraum erstreckenden Messungen zuverlässig beschreiben läßt.

Zu den wichtigsten chemischen Bestimmungsgrößen gehören:
Wasserhärte (Karbonat- und Sulfathärte), Säurebindungsvermögen (SBV), Kohlendioxid und Kohlensäure, Sauerstoffgehalt, biochemischer Sauerstoffbedarf (BSB), chemischer Sauerstoffbedarf (CSB), pH-Wert und biogene Entkalkung, Ammonium- Stickstoff, Nitrat- und Nitritstickstoff, Schwefelwasserstoff, Leicht- und Schwermetalle, Phosphate, Chloride und Zyanide sowie organisch gebundener Kohlenstoff (TOC/DOC) und der Summenparameter für organische Halogenverbindungen AOX.

Hinzu kommen zahlreiche im Abwasser aus industriellen, gewerblichen und kommunalen Herkünften enthaltenen chemischen Stoffe sowohl natürlichen als auch synthetischen Ursprungs. Sie können die Wassereigenschaften in beträchtlichem Ausmaß verändern und beeinträchtigen. Hierzu gehören organische Verbindungen aus den Bereichen Pflanzenschutzmittel, Reinigungsmittel (Detergentien, Tenside), Kosmetika, Pharmazeutika u. a., sowie Mineralöle und Kohlenwasserstoffe und weitere in Industrieprozessen eingesetzte Chemikalien. Zunehmend spielen in die Abwässer gelangende endokrine Stoffe (u. a. Sexualhormone) eine für die Fortpflanzung von Fischen und anderen aquatischen Organismen höchst bedenkliche Rolle.

Eine Sonderstellung im ländlichen Raum nehmen die organischen Stoffe ein, die im Zusammenhang mit der Tierhaltung anfallen. Hierzu gehören Hofabwässer, Jauche, Gülle, Mist- und Silagesickersäfte – Stoffe, die außer dem Gehalt von belastenden bis giftigen organischen Säuren (Buttersäure, Propionsäure) eine außergewöhnliche hohe Sauerstoffzehrung aufweisen.

Für verschiedene der hier aufgeführten organischen Schad- bzw. Giftstoffe gelten spezielle Gütebewertungskriterien, deren Beschreibung und Erläuterung den Rahmen dieses Buches sprengen würden. Daher sei auf die Fachliteratur, z. B. auf das Buch „Gewässergüte bestimmen und beurteilen" von Werner H. Baur [13], sowie auf diesbezügliche Veröffentlichungen und auf die für die Messung geeigneten Geräteausstattungen des Vereins Deutscher Sportfischer (VDSF) verwiesen.

Die Auflistung der zahlreichen, für die Gütebestimmung in Frage kommenden chemischen Parameter erfordert wegen ihrer Spezifität bei der Messung eine gewisse Auswahl der jeweils geeigneten Bestimmungsgrößen. Dabei werden gängige Güteeigenschaften, die zur Beurteilung eine unentbehrliche Grundlage bilden, stets zu berücksichtigen sein, die Bestimmung spezifischer Schadstoffe hingegen nur dann, wenn ausreichende Verdachtsmomente über ihre Schadwirkung vorliegen.

Bestimmung der Gewässergüte mit physikalischen Methoden

Während die zur Gewässergütebestimmung herangezogenen biologischen Methoden den Lebensraum der aquatischen Flora und Fauna insgesamt zu erfassen versuchen und die chemischen Methoden auf die Ermittlung der stofflichen Eigenschaften des Wasserkörpers zielen, sollen mit den physikalischen Methoden die Parameter der Gewässer erfaßt werden, die insbesondere die Wirkung von Schadstoffen beeinflussen. Gebräuchlich sind die Messungen der Wassertemperatur, der absetzbaren Stoffe, der Sichttiefe (Trübung) und der elektrischen Leitfähigkeit. Die Wassertemperatur ist dabei eine hervorragende Kenngröße, da alle im Wasser ablaufenden biologischen und chemischen Prozesse entscheidend von der Temperatur beeinflußt werden und damit die Intensität ihrer Auswirkung auf die Güte der Gewässer bestimmen. Erwähnt sei der Einfluß auf die Photosynthese der grünen Wasserpflanzen, der Sauerstoffbedarf beim Abbau organischer Substanzen (Mineralisierung), die Löslichkeit von Gasen (insbesondere von Sauerstoff und Kohlensäure) und Feststoffen, sowie auf die Wärmeschichtung in den Seen.

Auf Einzelheiten kann im Rahmen dieses Buches nicht eingegangen werden. Es sei lediglich hervorgehoben, daß bei jeder Bewertung der Gewässergüte die Wassertemperatur und die elektrische Leitfähigkeit als grundlegende Parameter für die Beurteilung der Wirkung der einzelnen Kenngrößen benötigt werden. Weitere den Zustand der Gewässer und deren Auswirkung auf die jeweilige Biozönose beeinflussende physikalische Parameter werden im üblichen Gütebewertungsverfahren nicht erfaßt.

Kritische Anmerkung zur gebräuchlichen Methodik der Gewässergütebestimmung

Kritik an der **biologischen** Methodik zur Bestimmung und Beurteilung der Gewässergüte gründet zunächst darauf, daß allein die Probeentnahme ein sehr zeit- und arbeitsaufwendiges Unterfangen ist und die Bestimmung der einzelnen Mikro- und Makroorganismen eine eingehende Fachkenntnis zur Gewährleistung einer zuverlässigen taxonomischen Einordnung erfordert. Auch ist ein für den Bereich der Probengewinnung als repräsentativ anzusehendes Spektrum der untersuchten Flora und Fauna häufig nicht gegeben.

Im übrigen ist anzumerken, daß auch die für eine bestimmte Wassergüte maßgeblichen Leitorganismen adaptionsfähig sind und sich insbesondere auf chemische Veränderungen der Gewässer einzustellen vermögen, sodaß der Indikatorwert der Population im Vergleich zu den ursprünglichen Wassereigenschaften, wie sie vor Beginn der kommunalen und industriellen Abwassereinleitungen und Verschmutzungen durch wilde Ablagerungen jeder Art von Müll bestanden haben, nicht mehr gegeben ist.

Bei unseren wissenschaftlichen Untersuchungen in der durch Abwassereinleitungen besonders schwer geschädigten Oker in der Talaue zwischen Goslar und Vienenburg mußten wir immer wieder feststellen, daß ein solcher Zusammenhang zwischen der die wassergütekennzeichnenden Biozönose und den Verhältnissen vor Beginn der massiven Abwassereinleitungen kommunaler und industrieller Herkunft nicht mehr besteht (starke Euryokie).

Die erheblich veränderten Chemismen lassen auch dann solche zur Gütebestimmung herangezogenen Leitorganismen zu, wenn keine vergiftenden Stoffe in das Gewässer eingeleitet werden und nur die die Eutrophierung bedingenden Nährstoffe, insbesondere Phosphat und Nitrat, den Wasserchemismus beeinflussen.

Durch die genetisch bedingte mehr oder weniger große Varianz im Adaptionsvermögen aller Organismen, das bei starken Veränderungen im Chemismus der Gewässer noch gefördert wird, verliert die Vorstellung von den vor Jahrzehnten an der damaligen Gütebeschaffenheit der Fließgewässer orientierten „Leitorganismen" weitgehend an Wert und Bedeutung.

Und auch der Saprobienindex ist in seinem Aussagewert stärker zur relativieren und dort nicht zu gebrauchen, wo z. B. Schadstoffe sporadisch eingeleitet werden.

Besondere Beachtung muß der Tatsache geschenkt werden, daß die konventionelle biologische Bestimmungsmethode die Indikatoreigenschaften von Fischen, also des Endgliedes in der aquatischen Nahrungskette, völlig unterschätzt und dem genießbaren Fisch eine zuverlässige Anzeige von chemisch bedingten Gewässerschäden aberkennt.

Dabei gilt genau das Gegenteil. Gerade der „Speisefisch" ist der beste Bioindikator für die Beschaffenheit eines Gewässers. Er signalisiert nicht nur die Güte des Wassers im Hinblick auf die Trinkwassereignung, sondern ist geradezu prädestiniert, als Nahrungsquelle zur Versorgung des Menschen mit wertvollem Eiweiß die Qualität des Wassers auszuweisen.

Ein Handicap der biologischen Methoden liegt auch darin, daß die als Leitorganismen selektierten Vertreter der aquatischen Flora und Fauna genauso wie der Fisch mit unzähligen Chemikalien der Großstadtgesellschaft konfrontiert werden und diese zwangsläufig stoffwechselphysiologisch zu bewältigen haben, aber keinen Indikatorwert weder als einzelne Art noch im biozönotischen Verbund für die Gewässergüte besitzen, der über die Nutzung des natürlichen Leistungsvermögens der Gewässer Ausreichendes aussagt.

Das Ziel jeder Gütebestimmung von Gewässern in einer Kulturlandschaft muß auf den Schutz der die Existenz des Menschen sichernden nachhaltigen Nutzung der Gewässer gerichtet sein, wie es ausdrücklich im Wasserhaushaltsgesetz und im Bundesnaturschutzgesetz verlangt wird. Dieser Anforderung vermag die sich auf aquatische Leitorganismen außer dem genießbaren Fisch stützende Gütebestimmung nicht zu genügen. Nur der Speisefisch hat den erforderlichen Indikatorwert, da er die Gesundheit eines Gewässers summarisch anzeigt. Wie die anderen Wasserorganismen akkumuliert er die mit seiner Nahrungsaufnahme eingeschleusten oder über die Haut bzw. Kiemen resorbierten Chemikalien, deren analytische Bestimmung im Rahmen des Lebensmittelgesetzes darüber entscheidet, ob der Fisch genießbar ist oder nicht.

Als zusätzliche fischbezogene Güteparameter der biologischen Methodik sollten die Eigenschaften herangezogen werden, die die Fortpflanzung, das Laichgeschäft und das Aufwachsen der Brut betreffen. Das erfordert kontinuierliche Beobachtungen. Diese können am besten von den Anglerverbänden erbracht werden, weil sie im allgemeinen über die umfassenderen Erfahrungen und Kenntnisse der fischereilichen Bedingungen verfügen (insbesondere durch die von den Vereinen gestellten Gewässeraufseher).

Kritik – jedoch in stark eingeschränkter Form – erfordert auch die **chemische** Bestimmung und zwar in der Hinsicht, daß sie überfordert ist, wenn sie schädliche oder gar giftige Einwirkungen der verschiedenen im Wasser enthaltenen Chemikalien in Bezug auf die Beurteilung der Gewässergüte feststellen soll.

Diese Unmöglichkeit ist leicht verständlich zu machen, wenn man darauf verweist, daß in jedem Superladen die darin feil gebotenen Wasch- und Reinigungsmittel, Pflanzen- und Tierschutzmittel, Pharmazeutika, Kosmetika und andere Chemikalien letztendlich zum größten Teil im Abwasser landen und unkontrolliert oder ungenügend aufbereitet den Gewässern zugeführt werden. Nach amtlichen Angaben [43] gibt es heute mehr als 10.000 chemische Stoffe, von denen ein großer Teil in den Gewässern landet.

Dieser gänzlich unübersichtliche Chemikalieneinsatz entzieht sich hinsichtlich seiner spezifischen Schadwirkung auf Gewässer einer kostenmäßig noch vertretbaren Analyse.

Deshalb bedeutet die Feststellung der Genießbarkeit von Speisefischen nach dem Lebensmittelgesetz eine verläßliche Indikation für die Gewässergüte. Sie bedarf nur in speziellen Fällen einer weiteren Kontrolle.

Ist der Fisch dagegen nicht genießbar, sollte den Einleitern von chemischen Schadstoffen zur Pflicht gemacht werden, die erforderlichen Maßnahmen zur Sanierung des Gewässers selbst durchzuführen. Dies läßt sich relativ leicht und ohne großen Aufwand realisieren, wenn im Endbereich der Abwassereinleitung ein einfaches, leicht zu überschauendes und ausreichend wirksames automatisch arbeitendes Kontrollsystem vorgeschaltet wird. Ein solches wurde bei unseren Untersuchungen zur Gütekontrolle in der Oker erfolgreich installiert. (siehe hierzu Abb. 23).

In Ergänzung zu dieser Methodik werden auch die üblichen chemischen Kenngrößen mit gemessen, weil sie für die Aufklärung der Schadenursache hilfreich sind.

Permanente Schadeinwirkungen auf Speisefische konnten wir durch Untersuchungen nach dem Lebensmittelgesetz sicher feststellen und orten.

Eine solche Kontrollvorrichtung weist den Einleitern als Verursachern die Pflicht zum Ergreifen der wirksamsten Sanierungsmaßnahmen zu, da sie am besten wissen, welche Schad- und Giftstoffe sie einleiten.

Das geschilderte „Hälterungsverfahren" bietet auch noch den großen Vorteil, die Dauerwirkung von Schadstoffen im Hinblick auf die Aufzucht und das Wachstum von Testfischen zu erfassen. Dies betrifft sowohl den Einfluß auf die Fortpflanzungsfähigkeit als auch die Entwicklung der Brut und der Jungfische, wenn entsprechende Aquarien in die Kontrollanlagen eingebaut werden.

Das für die Feststellung der fischereilichen Güte der Fließgewässer besonders geeignete System sollte allen jenen Abwassereinleitern per Gesetz zur Pflicht gemacht werden, deren Schadstoffpotenzial eine für das betroffene Gewässer gewichtige „Schadgröße" darstellt (Gilt insbesondere für Industrieunternehmungen und größere Kommunen).

Die Kosten und Aufwendungen für derartige Anlagen sind gemessen an den sonstigen Betriebsausgaben der infrage kommenden Verursacher unbedeutend. Im übrigen muß das Verursacherprinzip zur Geltung gebracht werden. Wer Schaden verursacht, hat ihn auch zu bezahlen.

Die wegen eines geringeren Ausmaßes von Schadstoffeinleitungen nicht zum Betreiben einer Kontrollanlage verpflichteten Abwassereinleiter sowie die zahlreichen diffusen Quellen lassen sich ebenfalls wirkungsvoller kontrollieren, wenn seitens der zuständigen Behörden den Beschwerden der Fischereiberechtigten ernsthaft nachgegangen und im Zuge der jährlich durchzuführenden Gewässerschau durch die Unterhaltungsverbände die Gewässerbettdynamik und der Fischbestand unter Mitwirkung der Vertreter örtlicher Fischereivereine begutachtet würde.

Hier fehlt es vielerorts noch an der Beseitigung des bestehenden Vollzugsdefizits.

Unsere hier vertretene Auffassung, die Verursacher unmittelbar für die Beseitigung der Schädlichkeit ihrer Abwassereinleitungen verantwortlich zu machen, würden eine Reihe chemischer und biologischer Untersuchungen seitens der Behörden entbehrlich machen und auf die Messungen beschränken, die zur Erfassung allgemein wichtiger hydrologischer Daten (z. B. Niederschlagsmeßnetz, Wasserführung, Wasserstände, Gewässerstrukturgüte und die elementaren chemischen Parameter wie Sauerstoff, pH-Wert, Temperatur und Leitfähigkeit) benötigt werden.

Alle fischbezogenen Daten würden hingegen automatisch von den gegebenenfalls zu versiegelnden Kontrollstellen der Verursacher (ähnlich dem bewährten Verfahren der staatlichen Alkoholverwaltung) oder durch von den Einleitern zu bezahlende „amtliche" Klärwärter den zuständigen Behörden übermittelt. In Fällen einer angezeigten oder routinemäßigen lebensmittelchemischen Untersuchung der Testfische erhalten sie diese Daten von den Gesundheitsämtern.

Die bisher die Einleitung chemischer Stoffe einschließende Erteilung einer Erlaubnis oder Bewilligung für die Benutzung der Gewässer hat sich für ihre Reinhaltung als wenig hilfreich erwiesen. Zum einen sind die Fristen insbesondere im Fall einer Bewilligung hinsichtlich notwendiger Änderungen der Auflagebedingungen viel zu lang, zum anderen werden plötzlich auftretende Fischsterben durch die bei den Behörden üblichen Nachweismethoden selten erfaßt und oft umgangen. Die Angelvereine haben auf diesem Sektor reichlich Erfahrungen, insbesondere über den „Wochenendeffekt", der sich in unzulässigen Reinigungs- und Bedienungsmaßnahmen der Anlagen der Einleiter äußert und die Gewässer oftmals schwer belastet.

Schließlich gilt die Kritik an der von den Behörden angewandten Methoden der chemischen Gütebestimmung auch der mangelnden Erfassung schwerer Gewässerschäden, die von unkontrollierten Einleitungen der bei Trennkanalisation im kommunalen Bereich anfallenden sog. Tageswässer (Regenwasserabläufe) und den kanalisierten Oberflächenabflüssen des Straßenverkehrsnetzes in der offenen Landschaft ausgehen.

Obwohl inzwischen allgemein bekannt ist, daß die erste Schmutzwelle derartiger Oberflächenabflüsse oft zu Fischsterben führt, weil sie konzentriert die auf den Straßen abgesetzten Schadstoffe wie Benzin, Benzol, bleihaltige Autoabgase, Reifenabtrieb, Stoffverluste beim Transport gewässergefährdender Frachten u. a. m. enthalten, wird von den verantwortlichen Stellen hinsichtlich der Vorsorge kaum etwas unternommen.

Hier sollte der Gesetzgeber endlich tätig werden und den Kommunen wie den für das Abflußgeschehen in der offenen Landschaft zuständigen Straßenverkehrsbehörden zur Auflage machen, vor jeder Einleitung (Rohr oder Graben) ein für die Sedimentation der Schmutzstoffe bestimmtes und ausreichendes Doppelbecken vorzusehen, damit außer einer zusätzlichen Sicherung wechselseitig dessen Reinigung ohne Unterbrechung vorgenommen werden kann.

Ein solches Absetzbecken bedarf nicht unbedingt einer Ausbetonierung; gewöhnlich reicht ein bodenverdichtetes Becken im offenen Erdreich.

Auf diesem Gebiet besteht ein besonderer Handlungsbedarf auch für die zeitlich richtige Anwendung der chemischen Methodik.

Die **physikalischen** Bestimmungsmethoden der Gewässergüte sind für die Beurteilung der Schadenswirkung in dem vorgesehenen Umfang erforderlich. Für eine negative Beurteilung ihrer Eignung und ihres Anwendungsbereichs besteht kein Anlaß.

Diese Methoden, soweit sie auf die Bestimmung der selektierten Parameter zurückgreifen, sind sinnvoll und gut geeignet, um als Begleitmaßnahme zur Gütebestimmung in Verbindung mit den gängigen Parametern der chemischen Untersuchung angewendet zu werden.

Schlußfolgerungen

Fließ- und Stillgewässer in einer Kulturlandschaft haben dem Nutzungsgebot zu entsprechen, d. h. sie sind einer nachhaltigen Nutzung des natürlichen Angebotes ihrer Leistungsfähigkeit zu unterwerfen und in den ökologisch vorgegebenen Grenzen in dieser Leistungsfähigkeit weiter zu entwickeln, also ertragreicher zu gestalten. Da das Nutzungsangebot der Gewässer mehreren Zwecken dienen kann (neben dem Nahrungs- und Trinkwasserangebot auch der Energiegewinnung, Brauchwasserverwendung und als Transportmittel) verdient die Nutzungsart Priorität, die im Blick auf die Existenzsicherung des Menschen die wichtigste ist; das ist in der Regel die Nutzung zur Deckung des Nahrungsbedarfs und auf den geeigneten Strecken auch die für die Schifffahrt. Das Wasser schlechthin und der Speisefisch im Besonderen als Endglied der aquatischen Nahrungskette sind nicht gegensätzlich gerichtet und stimmen miteinander überein. Trinkwasser und Speisefische sind Lebensmittel. Die Beurteilung ihrer Qualität ist daher an den Anforderungen des Lebensmittelgesetzes zu prüfen.

Die sich hieraus zwangsläufig ergebende Konsequenz ist die Ausrichtung der Gewässergütebestimmungsmethodik an diesen Grundforderungen. Die daraus abzuleitenden Kriterien zur Beurteilung und Bewertung der Gewässer hinsichtlich ihrer Belastung durch Schadstoffe sowie durch schädlichen Verbau und Umbau der Gewässersohle und der Uferregion sind daher in Richtung Trinkwasserqualität und Speisefischerträge der Funktion der Kulturlandschaft entsprechend anzupassen.

Ob biologische, chemische oder physikalische Methoden – sie sind nach wie vor auf die Erreichung einer Gewässergüte ausgerichtet, die diesen Anforderungen nicht gerecht wird.

Bis zum Ende des 19. Jahrhunderts waren die Gewässer in den zurückliegenden 900 Jahren des 2. Milleniums hinsichtlich ihrer fischereilichen Nutzung eine wichtige Nahrungsquelle. Verunreinigungen durch landwirtschaftlich bedingte Einleitungen (Jauche, Stallmistsickersäfte und Hofabwässer) waren gering und konnten ohne Schwierigkeiten durch das Selbstreinigungsvermögen der Gewässer verkraftet werden. Der urbane Einfluß war ebenfalls von vernachlässigbarem Ausmaß, da es kaum eine zentrale und vergleichbare Erfassung und Ableitung von Abwässern kommunaler Herkunft gab.

Der Fischverbrauch war – gemessen an dem verfügbaren Nutzungspotenzial – relativ hoch d. h. wesentlich höher als heute. Er wurde besonders gefördert durch die Fastentage und die Fastenperiode entsprechend den christlichen Gebräuchen.

Noch im 19. Jahrhundert war es der Überlieferung gemäß Gewohnheit, dem Dienstpersonal in allen Ständen möglichst nicht mehr als einmal in der Woche Lachs zu servieren. Man mag zur Wahrheitsbeurteilung dieser überlieferten Gepflogenheiten stehen wie man will. An der Tatsache, daß der Lachs in unseren Fließgewässern ein wichtiger Bestandteil des Nahrungsverbrauchs aller Berufsstände war, ist nicht vorbeizukommen.

Demgegenüber hat sich im 20. Jahrhundert, insbesondere in seiner zweiten Hälfte, diese fischereilich orientierte Nahrungsversorgung aus den Binnengewässern so dramatisch verschlechtert, daß der einstmals wichtige Markt für Süßwasserfische praktisch eingegangen und die binnenwirtschaftlich orientierte Berufsfischerei zum Erliegen gekommen ist. Will man geeignete Gütekriterien entwickeln, muß man das Ziel im Auge haben, für welches diese Kriterien gelten sollen. Und das ist vorrangig der genießbare Fisch. Seiner Förderung sind alle anderen für eine Gütebewertung der Gewässer relevanten Faktoren unterzuordnen. Und es ist leicht einzusehen, daß erst dann die Gesundheit eines Gewässers wieder voll hergestellt ist, wenn Speisefische darin dauerhaft dem Trophiegrad der Gewässer entsprechend leben können.

Der Bezug auf Gewässergüten, die vor Beginn des Industriezeitalters die Wertmaßstäbe setzten, ist irreal, weil er die biologischen, chemischen und physikalischen Veränderungen des Wasserkörpers und seine Folgen übersieht, die selbst nach ausreichenden Sanierungsmaßnahmen im Sinne der Sicherung des Trinkwasserdargebotes und der Nahrungsqualität genießbarer Fische erhalten bleiben und dadurch ein anderes Gütespektrum schaffen, das trotz dieser Veränderung im Fall einer Sanierung noch als geeignet für die Trinkwasser- und fischereiliche Nutzung angesehen werden kann. Dieser Veränderung in der Struktur des Abflußgeschehens im Bereich der Fließgewässer wird auch von E. Bohl – einem versierten Kenner der Fließgewässerprobleme vom Institut für Wasserforschung in Wielenbach (Bayern) – uneingeschränkt geteilt [32]. Er sei daher nachfolgend zitiert:

„Entlang des Gewässers vom Oberlauf bis zum Tiefland überwiegen bei ungestörten Verhältnissen in typischer Abfolge nacheinander Erosion, Umlagerung und Sedimentation und bilden die charakteristischen Ausprägungen der Abschnitte des Fließgewässers: den eingeschnittenen Oberlauf, den verzweigten und veränderlichen Mittellauf und das auflandende Delta im Unterlauf. Dieses ursprüngliche Verhalten ist jedoch bei unseren Flüssen durch Eingriffe im Abflußgeschehen und Gewässerstruktur fast nicht mehr vorhanden."

Entsprechend und in einem besonderen Ausmaß betrifft dieses den Chemismus, wie er sich in einer Nivellierung der früher deutlich abgestuften Trophierung widerspiegelt.

Sämtliche Gewässer werden heute von dem Prozeß der fortschreitenden Eutrophierung erfaßt.

Allein der jährlich in der alten Bundesrepublik auf Boden und Wasser aus den atmosphärischen Immissionen gelangende assimilierbare Stickstoff wird auf etwa 45 kg/ha geschätzt [49]. Rechnet man die mit den kommunalen Abwässern in die Gewässer eingeleiteten Mengen an Stickstoff und Phosphat hinzu (von den unsachgemäß eingesetzten Düngern und der Gülle in den viehhaltenden Betrieben einmal abgesehen), so bedarf es keiner weiteren Erklärung, die zunehmende Nährstoffanreicherung in den Gewässern in Deutschland verständlich zu machen [6.10].

Durch die Industrialisierung und urbane Kommunalisierung werden im Hinblick auf die Güte und Gesundheit von Gewässern also gänzlich neue Varianten geschaffen, die zu dulden sind, wenn sie dem nachhaltigen Nutzungsangebot einer Kulturlandschaft gerecht werden sollen. Solche Varianten sind daher mit der Methodik der gängigen Güteklassenbestimmung und -beurteilung nicht zu erfassen. Allein aus diesen Gründen ist ihre Aussagekraft relativ gering.

Die Forderung nach gesunden Gewässern ist unabdingbar und selbstverständlich. Sie entspricht den Voraussetzungen des Überlebens in einem Raumschiff, ist also an die Kreislaufwirtschaft der Ressourcennutzung gebunden. Die in einem Raumschiff deponierten Wasservorräte müssen ständig nachgebessert und so renaturiert werden, daß sie wieder uneingeschränkt genutzt werden können. Auch wir Menschen leben auf einem Raumschiff – nämlich unserer Erde – und haben daher mit den vorhandenen, begrenzt regenerierbaren Ressourcen sorgfältig umzugehen.

Es ist wenig hilfreich, dem Gewässerschutz eine Güteklassifikation verbindlich zugrunde zu legen, in welcher der die Gesundheit eines Gewässers ausweisende Güteklasse I sechs resp. sieben weitere „Güteklassen" gegenübergestellt werden, denen ein unterschiedlicher Grad der „Belastung" zugemessen wird.

Die nach wie vor in der Gewässergütekartierung verwendete Bezeichnung „Belastung" ist nicht nur antiquiert sondern auch – wissenschaftlich betrachtet – unhaltbar. Sie dient nur der Täuschung über die Art und das Ausmaß der Wirkung der eingeleiteten Schadstoffe auf die Wasserqualität.

Das Gewässer wird durch Schadstoffe nicht belastet, sondern geschädigt oder gar krank, wenn das Selbstreinigungsvermögen nicht zur Wiederherstellung der Gesundheit ausreicht. Das Ausmaß der Schädigung bzw. der erreichten Schwere der Erkrankung muß daher durch den Begriff „Schadstufe/Krankheitskategorie" ausgewiesen werden und nicht durch den verharmlosenden Begriff einer unterschiedlichen, schweren „Belastung" (Leistungssportler sind bei Ausübung ihres Sports stets hoch belastet, jedoch dabei kerngesund!).

Ein effizienter Gewässerschutz kennt nur zwei Wertkategorien: Die Gewässer sind entweder gesund oder geschädigt bzw. krank. Die daraus zu folgende Quintessenz und Forderung ist, sie von den Schadstoffen freizuhalten und wieder gesund zu machen.

Es ist Aufgabe der Verursacher, für die ihnen obliegenden Sanierungsmaßnahmen die dem Gewässerschutz dienenden „medizinischen" Maßnahmen und Mittelanwendungen einzusetzen, die geeignet sind, den zu fordernden Gesundheitszustand des Gewässers wiederherzustellen.

Für eine Kontrolle der Wirksamkeit der seitens der Verursacher durchzuführenden Sanierungsmaßnahmen ist nur der genießbare Fisch geeignet. Dabei ist es völlig gleichgültig, ob seine Herkunft autochthon oder aber auf Besatzmaßnahmen zurückzuführen ist. Die einzige Voraussetzung ist, daß vom Fisch gemäß seiner genetischen Ausstattung die vom Gesundheitsstandpunkt aus noch tolerierbaren abwasserbedingten Schadbelastungen verkraftet werden können und seine Genießbarkeit nicht beeinträchtigt wird. Das setzt jedoch voraus, daß die ein Gewässer ernsthaft schädigenden Abwässer in ihrer chemischen Zusammensetzung bekannt sind.

Diese Angaben benötigen die Fischereiverbände, die den größten Teil der Gewässer heute bewirtschaften, nicht nur, um die geeigneten Fischarten bei Besatzmaßnahmen zu berücksichtigen, sondern auch die verschiedenen Provenienzen, die nach unserer Erfahrung eine hohe Variabilität hinsichtlich ihres Adaptionsvermögens an unterschiedliche „Belastungen" aufweisen, selektieren zu können. Nur so kann die wirksame Pflege und Hege der Fischgewässer betrieben werden.

In unserer Aufzuchtstation auf dem Gelände des Klostergutes Wöltingerode wurden wir relativ oft von dieser Eigenschaft bestimmter Stämme und Herkünfte, insbesondere bei den Forellenarten, überrascht, weil uns dieser Befund in den Stand setzte, chemisch unterschiedliche Qualitätsspektren der Gewässer bei diesen Besatzmaßnahmen zu berücksichtigen.

Wir haben bei unseren Untersuchungen im Sanierungsgebiet der Oker zwischen Goslar und Vienenburg – wie eingehend beschrieben – ein die Nutzung leistungsverbesserndes Kontrollsystem entwickelt und erfolgreich erprobt.

Dieses am Fisch orientierte Kontrollverfahren ist für eine Fernüberwachung durch zentrale behördliche Kontrollstellen bestens geeignet [siehe 6.15]. Es ermöglicht auch eine serienmäßig ausgelegte industrielle preisgünstige Fertigung.

Ein Echo seitens der Wasserbehörden blieb erwartungsgemäß aus, weil von derartigen Kontrollsystemen, ein Konflikt mit den Einleitern kommunaler und industrieller Abwässer zu erwarten war, dem sie aus dem Wege gehen wollten und dafür lieber in Kauf nahmen, dem Auftrag, den gesetzlichen Bestimmungen zur Durchführung zu verhelfen, nur zögernd nachzukommen.

Eine solche dem Gesundungsprozess der Fließgewässer entgegenstehende Einstellung so mancher Behörden in Verbindung mit den abwehrenden Aktivitäten der Kommunen, der gewerblichen und industriellen Betriebe zwecks Vermeidung eines sich innerbetrieblich auswirkenden Kostenanstiegs darf nicht die Forderung der Öffentlichkeit verdrängen, der mißbräuchlichen Nutzung einer Kulturlandschaft energisch entgegen zu wirken und entsprechend notwendige Sanierungsmaßnahmen zu verlangen.

In unserer Kulturlandschaft steht die Sicherung einer nachhaltigen Nutzung auf dem Spiel – einer Nutzung, die die einzige Möglichkeit und Chance ist, die menschliche Existenz auf Dauer zu gewährleisten.

Dieser Forderung haben wir uns zu stellen. Sie zielt auf die Wiederherstellung einer intakten Kulturlandschaft, wie wir sie von unseren Vorfahren als Erbe übernommen haben und entsprechend wahren müssen.

Insofern sind die bisherigen Kontrollinstrumente, wie sie in der Erstellung eines Gütekatasters für unsere Gewässer bisher zum Ausdruck kamen, unzureichend. Der Verlust des Binnenmarktes für Süßwasserfische aus deutschen Fließgewässern im Verlauf der zweiten Hälfte des zwanzigsten Jahrhunderts ist ein eindrucksvoller Beweis.

Die Einteilung des Gewässergütezustandes in sieben Güteklassen ohne ausreichende Qualifizierung von Art und Wirkung der maßgeblichen Schadstoffe registriert eine Beurteilung und Bewertung, die dem Ziel des Gewässerschutzes nicht voll entspricht und daher für die Gesundung der Gewässer nur bedingt hilfreich ist. Daß diese Forderung nach Ermittlung und Bekanntgabe der maßgeblichen Schadkomponenten nicht nur berechtigt, sondern auch überfällig ist, bezeugt indirekt die neue von der Europäischen Union vorbereitete Richtlinie über verschärfte Auflagen in der Wasserreinhaltung. Derzufolge soll die Einleitung von über 32 der gefährlichsten Schadstoffe in Flüsse, Seen und Küstengewässer in den kommenden Jahren auf „nahe null" heruntergefahren werden. Die Richtlinie soll noch im Jahr 2000 in Kraft treten [50].

Abgesehen davon, daß die Begriffe Gesundheit oder Beschädigung bzw. Krankheit eine eindeutige Beurteilung des Zustandes unserer Gewässer erfordern, fehlt nicht nur eine für jede Gesundheitsfürsorge klare und eindeutige Trennung dieser Zustände, sondern auch die erforderliche Diagnose.

In der gebräuchlichen Klassifikation wird der Eindruck erweckt, daß in einer Verbesserung innerhalb der Skala der Bewertungsstufen bereits ein Fortschritt erblickt wird, der ein gewisses Beharrungsvermögen in diesem Zustand rechtfertigen könnte. Eine weitergehende Aufgliederung der Art und Schwere der Beschädigung bzw. Erkrankung bei Nennung der Schadensursache ist wichtig und unerläßlich als unverzichtbare Grundlage für das Ergreifen zweckdienlicher Maßnahmen, um den gesunden Zustand des Gewässers wieder herzustellen.

10. Binnengewässer in Not – Phrase oder Wirklichkeit?

Die Infragestellung eines Notzustandes der Binnengewässer in Deutschland angesichts der von den Wasserbehörden kontrollierten Sanierungsmaßnahmen, die in dem letzten Jahrzehnt als Folge eines stark zugenommenen Umweltbewußtseins erhebliche Fortschritte erzielt haben, ist durchaus berechtigt. Zu einer Beantwortung zwingt der Titel des Buches. Dieser stützt sich in erster Linie auf umfangreiche von uns durchgeführte Untersuchungen über die Gewässergüte in den Fließgewässern des südniedersächsischen Raumes, insbesondere über den Schwermetallgehalt der abwassergeschädigten Oker (Nordharz) ab 1979. Die dem Titel innewohnende Verallgemeinerung stützt sich auf langjährige Untersuchungsbefunde in einem relativ kleinen Fließgewässerbereich, muß sich somit der Frage stellen, ob diese Befunde hinsichtlich ihrer Beurteilung und Bewertung der Gewässerqualität eine solche Verallgemeinerung zulassen.

Eine solche ist in diesem Umfang möglich und vertretbar, wenn sie auf Großräume zugeschnitten ist, die – wie zum Beispiel in Südniedersachsen – eine Verallgemeinerung im obigen Sinne und Umfang zulassen.

Dafür bildet die Gewässergütekarte 1997 eine urteilssichere Grundlage (Abb. 80).

Es steht wohl außer Frage, daß die in der kommentierten Güteklassifizierung erfaßte Schad- und Giftstoffeinwirkung auf die Wasserqualität der hier in Rede stehenden Fließgewässer ein wichtiges Kriterium für die Beurteilung eines Notstandes ist, der auf der Beschädigung bzw. Erkrankung eines Gewässers beruht.

Ein solcher schadens- bzw. krankheitsbedingter Notstand beginnt bereits mit der Güteklasse II, die eine mäßige Belastung widerspiegelt – also nicht mehr einen gesunden Gewässerzustand aufweist.

Aus dieser zum Vergleich herangezogenen Grundlage ist der Notzustand zu begründen. Die Karte weist im Überblick bereits deutlich aus, daß sich in Südniedersachsen die Mehrzahl der Fließgewässer dem Bereich der Güteklassen II und II – III zuordnen läßt, also in Not geraten, d. h. geschädigt bzw. erkrankt ist.

Bedenkt man, daß die Feststellung dieser Not auf Güteparametern beruht, die den genießbaren Fisch als Bioindikator weitgehend unberücksichtigt lassen, kann mittels eines solchen „Speisefisch-Testes“ ein den Notzustand verstärkender Befund mit Sicherheit erwartet werden.

Im übrigen bleibt bei diesem auf die Gewässergüte gründenden Nachweis der „Gewässernot“ der in den Begriff eines Notzustandes einzubeziehende Zustand der Gewässerstruktur unberücksichtigt.

Einfluß der Gewässerstruktur auf die fischereilichen Verhältnisse in Fließgewässern.

Eine die Gewässerstruktur einschließende Bewertung der Gewässerqualität kann aber nicht unbeachtet bleiben. Dies trifft insbesondere den Fisch hinsichtlich der Möglichkeit seiner Fortpflanzung, Lebensweise und Gefährdung (Vernichtung von Laichplätzen, Verhinderungen des Aufkommens der Brut, unzureichende Schutzunterstände, Gefahren in Wasserkraftwerksbereichen u. a. m.). Gemäß dem Bundesnaturschutzgesetz und dem Wasserhaushaltsgesetz werden ökomorphologische Untersuchungen zur Gewässerstrukturgüte zusätzlich zur Gewässergütekartierung gefordert, um die Schädigung eines Fließgewässers ganzheitlich erfassen zu können.

Im vorhergehenden Kapitel wurde auf die Gewässerstrukturgüte nicht eingegangen. Hier standen die Aufgaben zur Bewertung der Gewässergüte und ihre Klassifizierung im Mittelpunkt, also die biologische, chemische und physikalische Erfassung der Wassereigenschaften hinsichtlich ihrer Bedeutung und Auswirkung für und auf die fischereilichen Belange.

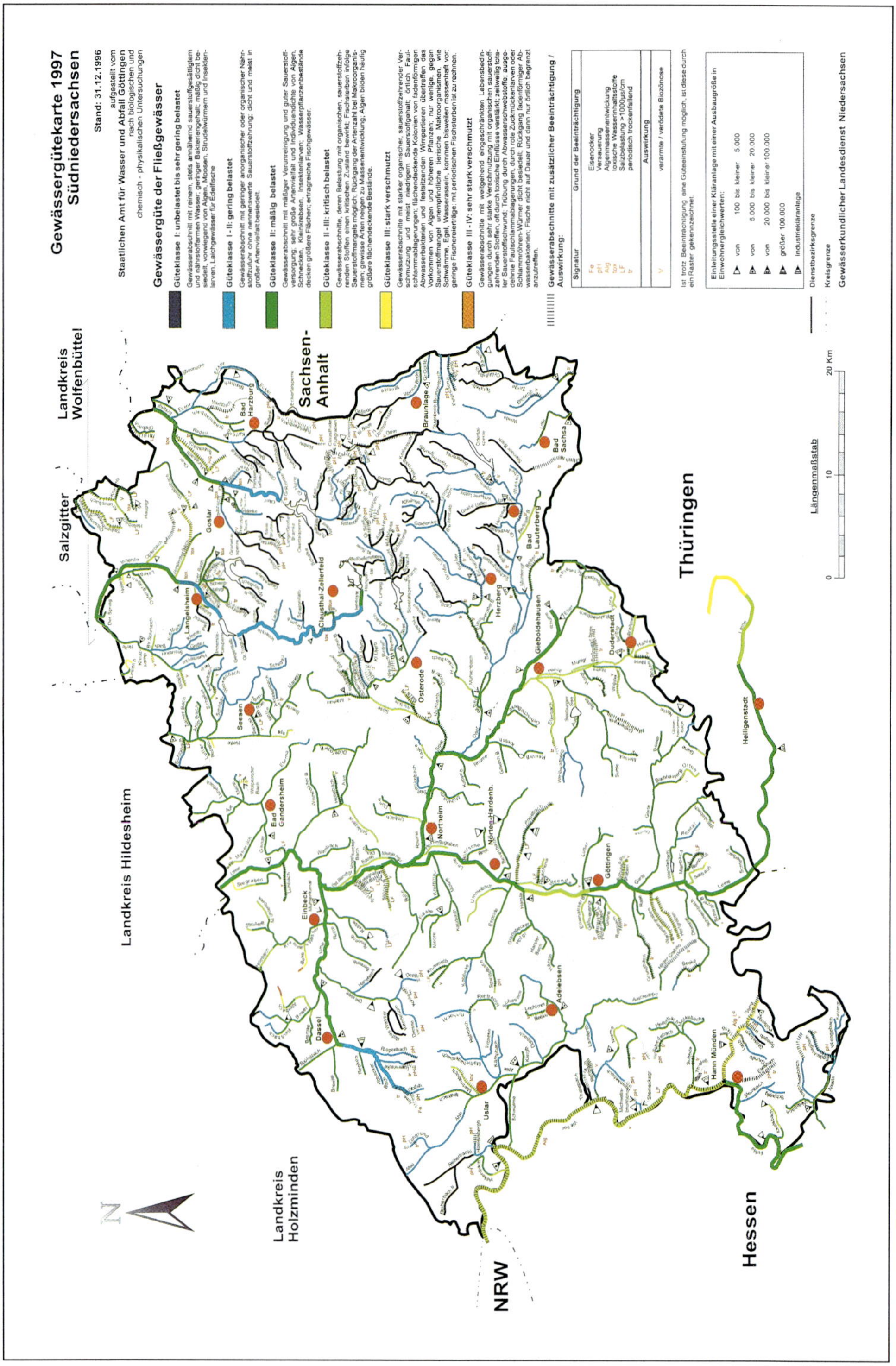

Abb. 80: Gewässergütekarte 1997 von Südniedersachsen [43]

In diesem Kapitel werden hingegen die Struktur des Gewässerbettes, seiner Ufergestaltung und der zugehörigen Auedynamik behandelt. Dabei werden Mängel aufgezeigt, die auf diesem Sektor des Gewässerschutzes bestehen und dringender Verbesserungen bzw. der Beseitigung bedürfen.

Derartige ökomorphologische Untersuchungen erfordern zur Bewertung und Beurteilung des Ausmaßes ihrer Schadenswirkung ebenfalls eine Güteklassifizierung aus fischereilicher Sicht.

Bei der praktischen Ausführung werden strukturelle Merkmale in den Gewässerabschnitten jeweils mit Skalenwerten zwischen 1 und 7 erfaßt und bewertet. Für die Beurteilung der Gewässerbettstruktur gelten als wichtige Parameter:

Linienführung, Uferverbau, Querbauwerke, Gehölzsaum und Abflußregelung sowie für die Beurteilung der Auestruktur:

Uferstreifen, Ausuferungsvermögen, Auenutzung und Hochwasser-Schutzbauwerke.

Leider existieren noch keine entsprechenden Gütestrukturkataster, so daß die Kennzeichnung eines strukturbedingten Notzustandes sehr erschwert ist und in dieser Hinsicht nur im Einzelfall eine gewässerspezifische Wertung abgegeben werden kann.

Zur Kennzeichnung einer strukturbedingten Notsituation sind die bahnbrechenden Untersuchungen sehr hilfreich, wie sie von den Fischereiverbänden in Süddeutschland zum Teil in Zusammenarbeit mit den Naturschutzverbänden und den für Fließgewässer zuständigen Behörden durchgeführt wurden und noch werden [20]. Bei diesen Untersuchungen spielt das Problem der Längsdurchlässigkeit (ökologischen Durchgängigkeit) für Wanderfische eine bedeutsame, den Fischbestand gefährdende Rolle. Aber auch betonierte oder anderweitig verfestigte Bachsohlen sowie die Verschlammung und fehlende Beschattung sind wichtige Kriterien für das fischereiliche Nutzungsgebot im aquatischen Naturhaushalt, dessen Einschränkung oder gar Verletzung einen Notzustand begründen.

Die ökologische Durchgängigkeit wird in hohem Maß durch Wasserkraftwerke unterbrochen, da gewöhnlich geeignete Fischaufstiegsanlagen fehlen oder in technischer Hinsicht nicht den naturnahen Bauformen entsprechen.

Im Zielkonflikt mit dem Gewässerschutz steht hierbei der als regenerative Energiequelle forcierte Ausbau von Klein- und Kleinstwasserkraftanlagen. Da diese nachweislich das Ökosystem Fließgewässer nicht nur gefährden, sondern in der Regel auch zerstören, ist ein weiterer Ausbau von Wasserkraftanlagen jeder Größenordnung aus ökologischen Gründen nicht mehr zu vertreten [21].

Lassen wir zu diesem Problem zwei Fachurteile zu Wort kommen:

„Die Wiederinbetriebnahme und Förderung von Wasserkraftanlagen aufgrund bestehenden Rechts und die Modernisierung (Erhöhung des Wirkungsgrades bei gleicher Stauhaltung) vorhandener Anlagen darf nur bei einer spürbaren Verbesserung der ökologischen Situation und Aufrechterhaltung der ökologischen Funktionsfähigkeit der Fließgewässer erfolgen“ [33].

„In keinem anderen Lebensraum hat der Mensch so stark eingegriffen wie in die Fließgewässer. Allein in Bayern wurden seit 1930 tausend Kilometer Fließgewässer für den Bau von Wasserkraftanlagen kanalisiert“ und weiter „Die große ökologische Bedeutung der Flüsse und ihrer Auen verpflichtet uns in hohem Maße, weitere Belastungen und Gefährdungen zu begrenzen und insbesondere auch bestehende Beeinträchtigungen wieder rückgängig zu machen“ [34]

Welches Ausmaß die durch Wasserkraftanlagen bedingte Querverbauung in ihrer Auswirkung auf die Beeinflussung der für die Fischwanderungen erforderliche Durchgängigkeit annehmen kann, zeigt eine Situationsanalyse in Oberfranken (Abb. 81).

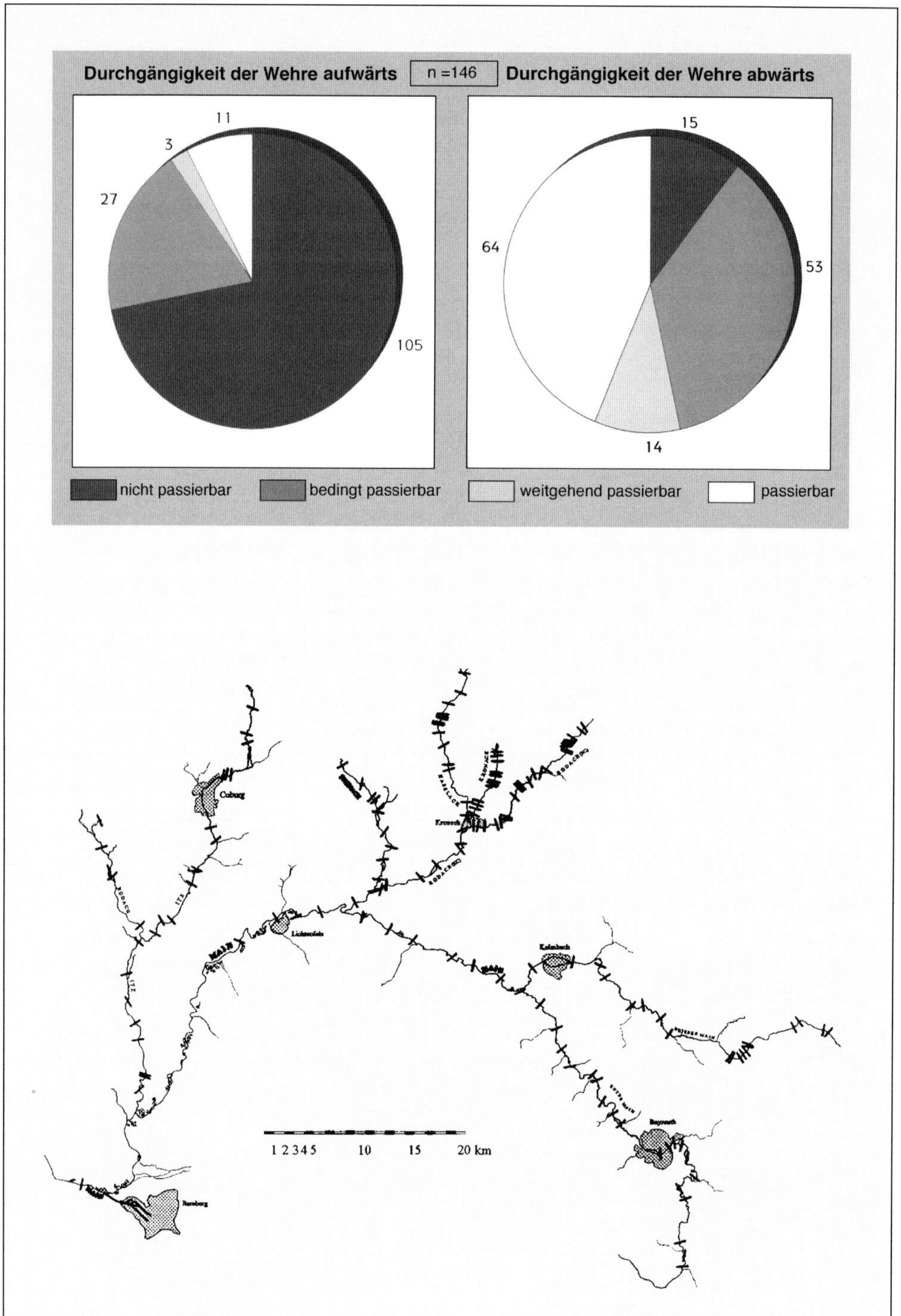

Abb. 81: Durchgängigkeit der Querverbauung (a) und ihre Kartierung im oberfränkischen Main und in seinen Nebengewässern (b). (Nach P. Strohmeyer [21])

Auch ist nicht zu übersehen, daß nicht nur fischereischädliche Veränderungen der Fließgewässerstrukturen sondern auch die Anlagen selbst die Fische auf ihrer Wanderung in lebensbedrohende Notlagen bringen. Dies gilt in besonderem Maße für die Wasserkraftanlagen. Diesbezüglich jüngste Untersuchungen des Landesfischereiverbandes Bayern e.V., die dieser beispielhaft in den Jahren 1996 – 1998 im Main am Kraftwerk Dettelbach ca. 40 Flußkilometer oberhalb von Würzburg durchgeführt hat, ergaben hierbei erschreckende Ergebnisse [40].

Als Hauptursache für die Verletzungen der Fische sind mechanische Einwirkungen durch die Turbinenanlage (Kaplanturbine) und durch Druckunterschiede anzusehen. Die Mortalität unterliegt bei den einzelnen Fischarten wegen ihres unterschiedlichen Wanderverhaltens großen Schwankungen. Sie liegt im Durchschnitt auf der Basis von 18 erfassten Fischarten zwischen 6 (Wels) und 48 Prozent (Brachsen). Es handelt sich hierbei also um beachtliche Größenordnungen.

Rechnet man die nicht unmittelbar tödlich verletzten Fische, die wegen Verpilzungsgefahr ohnehin nicht überleben können, hinzu, so erreicht der fischereiwirtschaftliche Schaden ein erhebliches Ausmaß.

Dabei können die finanziellen Aufwendungen des Landesverbandes zur Verminderung dieser durch Kraftwerksanlagen verursachten Verluste nicht hoch genug eingeschätzt werden. Mit beträchtlichen geldlichen Mitteln wurden die Durchlaufsysteme verbessert, insbesondere Vorrichtungen für eine fischschonende Turbinenbeaufschlagung erstellt und schützende Umleitungen durch geeignete Wehranlagen vorgenommen [40].

Einfluß von Schadtieren auf die Binnenfischerei

In Not geraten Binnengewässer aber nicht nur durch Beschädigung oder Zerstörung jeweils gewässertypischer Biozönosen im Wege der abwasserbedingten Verunreinigung und Vergiftung oder fischfeindlicher Veränderungen der Gewässerstruktur – es sind auch fischereischädigende Tierarten, die einen Notstand verursachen, wenn ihre Populationsdichte das zu tolerierende Maß überschreitet.

Unter diesen sind der Kormoran, der Fisch (Grau-)Reiher und der Gänsesäger ausgesprochene Schadvogelarten, die eine strenge jagdliche Kontrolle erfordern. Bestandsregulierende Maßnahmen finden dort ihre Begrenzung, wo die Frage der Arterhaltung berührt wird. Durch Anwendung der üblichen Jagdmethoden ist allerdings diese Grenze auf Grund der außerordentlich hohen Reproduktionsvitalität dieser Vogelarten kaum zu erreichen.

Beim Kormoran handelt es sich um eine nicht einheimische Vogelart, die sich im letzten Jahrzehnt über ganz Deutschland in einer die Fischbestände der Binnengewässer und der Aquakulturen bedrohenden Weise ausgebreitet hat. Das durchschnittliche Gewicht der Beutefische liegt unter einem Kilogramm. Jedoch attackiert der Kormoran auch größere Fische, die dann in schwer verletztem Zustand von Bakterien und Pilzen befallen werden und fast immer verenden. Kleine Fließgewässer oder Fischzuchtanlagen werden in ihren Beständen so stark dezimiert, daß jede fischereiliche Bewirtschaftung zum Erliegen kommt. In Mecklenburg-Vorpommern wird der durch den Kormoran verursachte jährliche wirtschaftliche Schaden nach Angabe des Berufsfischerverbandes auf etwa 7 – 8 Millionen kg Speisefisch geschätzt, was einen Anteil von rd. 30 % am gesamten Fischverzehr der Landesbevölkerung entspricht [39].

Zu den in Brandenburg in Fischereibetrieben festgestellten Schäden durch den Kormoran nimmt der Präsident des Fischereiverbandes Brandenburg e.V., E. Renner, wie folgt Stellung:

„Es ist daher völlig unverständlich, wenn seitens der Naturschutzverbände nunmehr davon gesprochen wird, die Schadenersatzforderungen der Fischereibetriebe seien maßlos übertrieben und unangebracht. Nachweislich folgen die im einzelnen belegten Schäden aus den konkreten und nachweisbaren Auswirkungen des Kormoranbestandes. Vor diesem Hindernis ist die Behauptung der Naturschutzverbände, daß es sich bei den bisher geleisteten Ausgleichszahlungen an die Betriebe der Binnenfischerei um ***verdeckte Subventionen*** *handelt, nur als unangebracht polemisch und bewußt wahrheitswidrig zurückzuweisen" [38].*

Auch in Schwaben ist der Kormoran immer häufiger anzutreffen [24].

„War dieser Vogel anfangs nur ein sporadischer, in geringer Zahl einfallender Überwinterungsgast (Donau), hat er sich mittlerweile in großer Menge über ganz Schwaben ausgebreitet und stellt (zumindest lokal) eine erhebliche Gefährdung für die Fischfauna dar."

Und weiter:

„Das schwabenweite Auftreten führte in den vergangenen Jahren zu einer drastischen Reduzierung der Fischpopulationen und brachte einige Fischarten wie die Äsche an den Rand des (lokalen) Aussterbens".

Daß die Fischerei im übrigen Bayern in gleicher Weise von diesem Schadvogel heimgesucht wird, berichten Ammerseefischer [25] Danach ist der Kormoran der mit Abstand gefährlichste Fischfeind in diesem See. Mindestens 20 – 25 % des jährlich lieferbaren Fischertrags fallen ihm zum Opfer. Außer der Renke gefährdet er besonders den Aal.

In den übrigen Bundesländern sieht es nicht besser aus. So ist das aufwendige Programm zur Wiedereinbürgerung des Lachses am Oberrhein durch Kormorane ebenfalls akut gefährdet.

Auch in einer unserer Versuchsstrecken an der Leine bei Göttingen ist durch den Kormoran die Äsche in den letzten 5 Jahren ausgerottet und der Forellenbestand um über 80 % reduziert worden.

Wie realitätsferne Naturschützer agieren und die Wirklichkeit leugnen können, zeigt auch eine Stellungnahme der hessischen staatlichen Vogelschutzwarte hinsichtlich der in Hessen und Rheinland-Pfalz ermittelten Kormoran-Bestände. Nach den Aussagen dieser Vogelschutzwarte ist die Forderung der hessischen Sportfischer nach Abschüssen zu widersprechen, da die Fischereiwirtschaft bisher keinen Beweis für die wirtschaftlichen Schäden erbracht habe. Vielmehr gelte „der Kormoran als das klassische Beispiel für die direkte Ausrottung einer Tierart" [22].

Bei einer solchen, die Tatsachen auf den Kopf stellenden Auslassung erübrigt sich jede weitere Stellungnahme. Diese Aussage schadet dem Ansehen des organisierten Naturschutzes in einem beträchtlichen Ausmaß.

Ähnlich argumentierte vor einigen Jahren der NABU-Vorsitzende in einem Schreiben an die damalige Umweltministerin Merkel, als sie sich für eine Lockerung des totalen Kormoranschutzes bei der EU einsetzte. In einem offenen Brief protestierte der Zweitautor beim NABU und wies darauf hin, daß die drastisch zugenommenen Kormoranbestände nicht nur das Naturschutzziel „Erhaltung der Nutzungsfähigkeit der Naturgüter" gefährden, sondern auch dasjenige nach Erhaltung der Artenvielfalt (insbesondere auch in aquatischen Ökosystemen).

Wegen der für die Existenz unserer europäischen Kulturlandschaft grundlegenden Bedeutung dieser Kontroverse zwischen dem NABU einerseits und dem staatlichen Repräsentanten des zuständigen Ministeriums andererseits hat die Öffentlichkeit Anspruch darauf, sich ein an den gültigen Gesetzen orientiertes Urteil zu bilden.

Zu diesem Zweck sollen die wesentlichen Ausschnitte einer diesbezüglichen Korrespondenz aus dem Zeitraum 1996/1997 wiedergegeben werden.

Als „Deutschland-Rundbrief 10/96n-DNR Bonn" veröffentlichte NABU nachstehenden Artikel:

„Merkel will Schutz für Kormoran aufgeben

Als Kniefall der obersten Artenschützerin vor der Fischerei-Lobby bezeichnete NABU-Präsident Jochen Flasbarth den Vorstoß von Bundesumweltministerin Angela Merkel (CDU) in Brüssel. Diese hat sich nach Informationen des Naturschutzbundes Deutschland (NABU) bei der EU-Kommission dafür eingesetzt, den Kormoran aus der höchsten Schutzkategorie der EG-Vogelschutzrichtlinie zu streichen.

NABU-Präsident Jochen Flasbarth bezeichnete Merkels Vorgehen als „unerhörten Vorgang". „Ausgerechnet die oberste Artenschützerin des Landes sei bereit, die Verantwortung dafür zu übernehmen, wenn erstmals eine Vogelart aus der Vogelschutzrichtlinie gestrichen wird."

Er warf Frau Merkel vor, dem Druck der Fischereilobby grundlos und dazu noch ohne eine Leistung der Gegenseite nachgegeben zu haben."

Und weiter:

„Als Fischfresser sind die Kormorane allerdings verstärkt ins Visier von Fischern geraten. Dabei sind ihnen Schäden lediglich in einigen Teichwirtschaften nachzuweisen. Die immer wieder von Teichwirten unterstellten „Ausrottungsfeldzüge" der Kormorane gegenüber den Fischbeständen in Seen und Flußläufen entbehren jeder Grundlage.

„Anstatt die Durchsetzung der EG-Vogelschutzrichtlinie zu betreiben und sich für ein besseres Image des Kormorans zu engagieren, betreibt Frau Merkel das zweifelhafte Geschäft von Lobbyisten, denen der Artenschutz schon lange ein Dorn im Auge ist. Es stünde der für Artenschutz zuständigen Ministerin besser an, sich für die Aufnahme weiterer schutzbedürftiger Arten in den Anhang I der EG-Richtlinie einzusetzen."

Auf diese in der Rhetorik für die Auseinandersetzung mit einem wissenschaftlichen Problem gänzlich ungeeignete Form der Darstellung – von den subjektiven Anschuldigungen einmal abgesehen – antwortete der Zweitautor dieses Buches mit einem Brief vom 18.02.1997:

„Betr.: Schutz des Kormorans

Sehr geehrter Herr Flasbarth,

Im Deutschlandrundbrief 10/96 des Deutschen Naturschutzringes werfen Sie der Bundesumweltministerin in für viele Vogelschützer typischer verächtlich-hochnäsiger Weise einen Kniefall vor der Fischerei-Lobby vor, weil sie sich bei der EU-Kommission dafür eingesetzt hat, den Kormoran aus der höchsten Schutzkategorie der EG-Vogelschutzrichtlinie zu streichen. Fischern und Teichwirten unterstellen Sie, der Artenschutz sei ihnen schon lange ein Dorn im Auge und die Ausrottungsfeldzüge gegen Kormorane entbehrten jeder Grundlage. Sind Sie wirklich so ahnungslos?

Sie müssen doch wissen, daß der Kormoran so zugenommen hat und in Bestandszahlen auftritt wie nie zuvor! Beiliegende Fangstatistik aus der Universitäts-Versuchsstrecke an der Leine zeigt deutlich den krassen Rückgang der Fänge, ganz besonders der heimischen Bachforelle, die man in den letzten Jahren besonders gefördert hat. Bei 50 und mehr Kormoranen, die sich während des Durchzugs hier aufhalten, ist das kein Wunder; und natürlich fressen die Kormorane auch die besonders geschützten Arten wie Elritze oder Groppe.

Um diese bedrohten Arten zu retten, aber auch um die von Ihnen verachtete nachhaltige Nutzungsfähigkeit der Naturgüter zu gewährleisten, handelte Frau Merkel getreu dem im Naturschutzgesetz verankerten Abwägungsgebot völlig korrekt und verantwortungsbewusst. Sie als Vertreter eines großen anerkannten Naturschutzverbandes sollten das auch tun und sollten die Fischer, die ebenfalls hohe Verdienste im Naturschutz haben, nicht so billig abqualifizieren!"

Eine Durchschrift dieses Briefes erhielt auch der Niedersächsische Minister für Ernährung, Landwirtschaft und Forsten Karl-Heinz Funke, der daraufhin in seinem Schreiben vom 17.03.1997 u.a. wie folgt antwortete.

„Kormoran-Problematik

Sehr geehrter Herr Professor Dr. Zundel,

Ihren Brief an den Präsidenten des NABU habe ich mit Interesse gelesen. Ich stimme Ihrer Einschätzung der Kormoran-Problematik zu, und mir ist bewußt, daß der Kormoran nicht nur in Teichwirtschaften, sondern auch in stehenden und fließenden Gewässern Schäden im Fischbestand anrichtet.
In jüngster Zeit hat sich eine gemeinsame Arbeitsgruppe des Umwelt- und des Landwirtschaftsministeriums mit der Situation des Kormoran in Niedersachsen befaßt. Als Ergebnis erging ein Erlaß des Niedersächsischen Umweltministeriums an die Bezirksregierungen, wonach unter bestimmten Voraussetzungen in betroffenen Teichwirtschaften Vergrämungsabschüsse von Kormoranen zugelassen werden sollen."

Die Wiedergabe des Antwortschreibens des NABU vom 10.04.1997 erübrigt sich, weil es im wesentlichen in wissenschaftlich untauglicher Weise die Ansichten dieses Naturschutzbundes in bekannter polemischer Weise erneut bekräftigt.

Es entspricht weder dem wissenschaftlichen noch sachbezogenen informatorischen Charakter des Buches, sich eines solchen Niveaus der Auseinandersetzung zu bedienen.

Vielmehr möge sich der Leser aufgrund der angeführten Zitate ein eigenes Urteil bilden.

Im Übrigen ist darauf hinzuweisen, daß die Naturschutzverbände mit ihrem extremen Verhalten die Fischereivereine mehr und mehr dazu zwingen, auf eine ausreichende Wartezeit zwischen Besatzmaßnahmen und Angelfreigabe zu verzichten, wenn sie überhaupt noch angeln wollen; dies aber entspricht weder den Richtlinien des Vereins Deutscher Sportfischer noch den Wünschen des Naturschutzes.

Auch der in die Gruppe der Schadvögel einzureihende Fisch-(Grau-)Reiher und der im wesentlichen im Voralpengebiet und im Bodenseeraum vorkommende Gänsesäger erfordern schärfste Bejagung. Dabei kann als Regel gelten, daß eine noch so intensiv betriebene Bejagung dieser Schadvögel aufgrund ihrer außergewöhnlich hohen Reproduktionsvitalität ihre Existenz kaum bedrohen kann.

Dem schwäbischen Fischatlas von 1999 mit Untersuchungsergebnissen aus den Jahren 1990 bis 1995 zur Folge genügt bei Fließgewässern von durchschnittlich etwa 5 Meter Breite und 1 Meter Tiefe eine kurzzeitige Anwesenheit (3 – 5 Tage) einer Gruppe von 10 – 15 Gänsesägern, um den Fischbestand drastisch (50 bis 90 %) zu reduzieren und den Aufbau der Alterspyramide grundlegend zu zerstören [24]

Anstrengungen einiger Gruppen in den beiden Naturschutzverbänden **BUND** und **NABU**, diese Schadvögel weiterhin unter besonderen Schutz zu stellen, schadet einem der Kulturlandschaft angemessenen Naturschutz.

Sämtliche Bemühungen um die Sanierung eines der Kulturlandschaft gemäßen Gewässerschutzes würden ihr eigentliches Ziel verfehlen, wenn die vorgenannten und anderen Schadvögel nicht auf eine dem anthropogen eingestellten Gleichgewicht angemessene Populationsdichte mittels Bejagung reduziert würden. Als wirksame Schutzmaßnahme verdient dabei die Kontrolle des Brutgeleges eine besondere Beachtung.

Zu den die Fischbestände der Fließgewässer bedrohenden Tierarten gehört auch der Fischotter. Gegen seine Wiedereinbürgerung ist als Beitrag zur Förderung der Artenvielfalt nichts einzuwenden. Nur erfordert die Einbürgerung, daß er in die Liste der zu bejagenden Tiere aufgenommen wird und somit bestandsregulierende Maßnahmen als fischereiliche Schutzkontrolle möglich sind.

Der Aktionsraum eines Fischotters beträgt bis zu 16 km Fließgewässerstrecke. Dies bedeutet, daß zur Sicherung des Fischbestandes nur sehr wenige Gewässer dem Anspruch des Otters genügen können. [35].

In welchem Ausmaß dem nachhaltigen Nutzungsgebot der Kulturlandschaft und der im Gesetz ausdrücklichen Aufforderung zur Verbesserung der Leistungsfähigkeit des Naturhaushaltes entgegenwirkende Programme eines falsch verstandenen „Naturschutzes“ selbst bei den zuständigen Behörden bereits ein positives Echo gefunden haben, bringt eine den Unsinn der Einrichtung fischereilicher Verbotszonen geißelnde Rede des Präsidenten des Landesverbandes von Mecklenburg-Vorpommern H. J. Hennig vor der achten Delegiertenversammlung im März 1999 deutlich zum Ausdruck [41]:

„Die Ausgrenzung der Angler aus Naturschutzgebieten bleibt ein Dauerbrenner. Insbesondere die Naturschutzbehörden auf Kreis- und Kommunalebene offenbaren ein erschreckendes Maß an Ignoranz und Kooperationsmangel. Schließlich sei der LAV ein nach § 29 Bundesnaturschutzgesetz anerkannter Naturschutzverband, der seine Aufgaben im Bereich der Gewässerpflege sehr ernst nehme.“

Der Präsident führt dann wörtlich weiter aus:

„Die Beschäftigung mit der Angelfischerei in Verbindung mit der Pflege und Bewirtschaftung von Angelgewässern schafft und erhält Arbeitsplätze, bietet sehr vielen Menschen Gelegenheit zu einem unmittelbaren Naturerlebnis und fördert auf diese Weise das Verständnis für die Natur und die Notwendigkeit zu deren Schutz. In dieser Intention haben Verbote und Ausgrenzungen keinen Platz“.

Wenn man dann noch hinzufügt, daß dieser Verband jährlich für die Pflege und Hege seiner Gewässer über 300.000 Arbeitsstunden unentgeltlich durch seine Mitglieder aufwendet und für die ehrenamtliche Fischereiaufsicht zusätzlich weitere 30.000 Stunden sowie zum Erwerb des Fischereischeines über 200 Vorbereitungslehrgänge durchführt, kann man den Umfang des von diesem Verband für Mecklenburg-Vorpommern erbrachten aktiven Naturschutzes zur Verbesserung der Kulturlandschaft ermessen.

Fischereiliche Verbotszonen sind wesentliche Bestandteile einer jeden auf nachhaltige Nutzung bedachten Gewässerbewirtschaftung. Sie können jedoch nicht von Naturschutzverbänden gefordert werden, die dabei vorrangig den Schutz fischereischädlicher Tierarten im Auge haben.

Ein derartiger Schutz kann nur in Ausnahmefällen z. B. für besonders gefährdete Vogelarten berechtigt sein. Die dafür benötigten Verbotszonen sind dann aber mit den Fischereiverbänden abzusprechen, damit das für die Erhaltung einer Kulturlandschaft wichtige Abwägungsgebot gewahrt bleibt. Der erkennbaren Tendenz des organisierten Naturschutzes, auch größere Bereiche mit Angel- und Jagdverboten zu belegen, muß daher energisch widersprochen werden.

11. Zusammenfassung und Ausblick

Das Wöltingeroder Forschungsprogramm, das auf Betreiben der Klosterkammer Hannover im Herbst 1979 ins Leben gerufen worden war, hatte zunächst zum Ziel, die maßgeblichen Ursachen für die fischereilichen Probleme der Oker und der mit ihr kommunizierenden Kiesseen festzustellen sowie Wege der Vermeidung bzw. Beseitigung ihrer Schadwirkung auf den Fischbestand aufzuzeigen.

Dabei standen die Abwassereinleitungen der Erzgewinnungs- und Aufbereitungsbetriebe des Industriegebietes im Raum Oker/Goslar im Mittelpunkt. Diese stellten sich als die Hauptverursacher der Okerverunreinigung und -vergiftung heraus. Als weitere gewässerschädigende Einleiter kamen ein Zellstoff herstellender Betrieb (Natronag) und die Chemischen Werke (Starck) hinzu. Auch die beiden kommunalen Klärwerke Goslar-Ost und Oberharz erwiesen sich als eine erhebliche Belastungsquelle für die Oker, da ihre Leistungen als Folge mangelhafter biologischer Reinigung und des Fehlens einer chemischen Reinigungsstufe völlig unzureichend waren und in keiner Weise dem Stand der Technik entsprachen.

Das die Oker ständig belastende Schadstoffpotenzial wurde noch zusätzlich durch die Wassermengen gesteigert, die nach heftigen Regen von den Halden abflossen, welche ihre Entstehung der Erzaufbereitung und Verhüttung verdanken.

Das vom Institut für Agrikulturchemie (gewässerchemischer und fischereiökologischer Forschungssektor) und dem Institut für Forstpolitik, Forstgeschichte und Naturschutz (landschaftsgestaltender Sektor) der Universität Göttingen gemeinsam durchgeführte wissenschaftliche Untersuchungsprogramm war fischereiseitig zunächst auf 6 Jahre ausgelegt. Neben der Uferbepflanzung und der landschaftsökologischen Ausgestaltung der Flußaue sollten in erster Linie die Voraussetzungen für eine fischereiliche Nutzung der Oker und der durch den Kiesabbau entstandenen und noch entstehenden Baggerseen erarbeitet werden.

Das Programm erregte bereits kurz nach seiner Inangriffnahme öffentliches Interesse und fand in der örtlichen Presse außergewöhnliche Beachtung sowie eine ständige Verfolgung der Programmfortschritte. Dadurch wurden ebenfalls die zuständigen Wasser- und Naturschutzbehörden veranlaßt, sich ernsthafter mit den anstehenden Problemen der Oker zu befassen.

Mehr und mehr setzte sich die Erkenntnis durch, in Erinnerung an das frühere Landschaftsbild wieder Maßnahmen zu bevorzugen, die nicht nur die Renaturierung des die Landschaft prägenden Fließgewässers, sondern auch die zugehörige Ausgestaltung des Ufergeländes und der gesamten Auelandschaft im Blick hatten.

Dabei waren die Impulse nicht zu übersehen, die von den wissenschaftlich orientierten Aktivitäten in fischbiologischer Hinsicht als auch bei der Gehölzpflege in dieser Flußauenlandschaft ausgegangen sind und an der insbesondere die organisierten Angler teilgenommen haben, um ihrerseits den in ihrem ökologischen Wert erkannten Maßnahmen nachzueifern und der Gestaltung der Ufergehölze besondere Aufmerksamkeit zu widmen. Auch fand der Einsatz von Pflegehieben eine entsprechende Beachtung.

Die von den Vogelschützern anfänglich verfolgte Zielsetzung, die Uferbepflanzung und ihre Pflege vorrangig am Vogelschutz zu orientieren (insbesondere an störungsfreien Nistgelegenheiten und Aufzuchtbedingungen) wurde wesentlich erweitert und unter Einbeziehung des Fischereischutzes vor dem Überhandnehmen von Schadvogelpopulationen (Kormoran, Fisch-(Grau)-reiher u. a.) verstärkt in den Gesamtkomplex der Gewässerpflege und Gewässergestaltung eingebunden.

Die auf die Wiederherstellung befriedigender fischereiwirtschaftlicher Verhältnisse vorrangig zielende Forschung trug wesentlich zur Erweiterung der allgemeinen Naturschutzbelange in

Auelandschaften bei und lieferte beispielhaft Argumente und Einsichten, die den Gesamtkomplex des Binnengewässerschutzes betrafen.

Darunter fiel auch das Problem des Besatzes, der eine unerläßliche Maßnahme für die Renaturierung der Gewässer bedeutet, weil er fischereifördernde Strukturmaßnahmen erfordert, ohne die das Ziel verfehlt würde, das die Bestandsbegründung und -erhaltung zahlreicher Edelfischarten zur Voraussetzung hat.

Hervorzuheben ist hier vor allem der Lachsbesatz, der mittlerweile von den Anglerverbänden einen hohen Stellenwert im dem Bemühen erreicht hat, sich auf die Wiedereinbürgerung dieser Fischart in unseren Fließgewässern zu konzentrieren. Im übrigen spielt die Frage der Herkunft der verschiedenen Salmonidenstämme im Zusammenhang mit dem Begriff der „heimischen" Arten eine nicht unwesentliche Rolle. Ihre Berücksichtigung bei Besatzmaßnahmen ist insbesondere bei den lachsartigen Fischen für die Stabilisierung der aufgebauten Bestände eine entscheidende Voraussetzung für eine effektive Renaturierung . Die passende Auswahl unter den Herkünften berührt hierbei die genetische Varianz der Vitalität in der Bewältigung einer Abwassermindestbelastung, wie sie in der heutigen Zivilisation hingenommen werden muß und selbst bei Anwendung aller wirtschaftlich vernünftigen Sanierungsmaßnahmen nicht gänzlich ausgeschaltet werden kann. Dem ursprünglichen Naturzustand völlig gleiche Qualitäten unserer Binnengewässer werden selbst in einer intakten Kulturlandschaft nicht zu erreichen sein, hingegen solche Verbesserungen in der Gewässerqualität, die ein befriedigendes Gedeihen und Aufkommen von Edelfischen ermöglichen, wenn sie in ihrer Widerstandskraft den Restbelastungen gewachsen sind.

Die bisherigen Erfahrungen haben gezeigt, daß Wiedereinbürgerungsversuche dann besonders erfolgreich verlaufen, wenn für den Besatz bzw. die Aufzucht Wild- oder Zuchtstämme ausgesucht werden, die sich als robust gegenüber den Belastungen der zu besetzenden Binnengewässer erwiesen haben. Zu den Belastungen gehören auch die Fließgewässerverbauungen, die den Aufstieg der Wanderfische erschweren und deshalb eine besondere Widerstandsfähigkeit von den Fischen verlangen, um lange Wanderungen in solchen Gewässern bewältigen zu können.

Eine allzu konservative Einstellung einiger Wasser- und Umweltbehörden bedarf hierbei einer Auflockerung, da die ausschließliche Forderung eines Besatzes mit streng endemischen Fischrassen und -provenienzen bei der durch eine industrielle bzw. gewerbliche Nutzung veränderten Wasserqualität nicht zu realisieren ist. Als beispielhaftes und erfolgreiches Vorgehen wird hier das Programm zur Wiedereinbürgerung des Atlantiklachses in der Elbe genannt, das unter Federführung der Sächsischen Landesanstalt für Landwirtschaft in Dresden in den letzten Jahren durchgeführt wurde und das inzwischen ebenfalls auf tschechischer Seite die nordböhmischen Anglerverbände zur Nachahmung veranlaßt hat [42].

Die von den Einbürgerungsmaßnahmen ausgehenden Bedingungen zur Schaffung einer geeigneten Wasserqualität durch zweckmäßige Entlastungsmaßnahmen und -vorrichtungen im Gewässer sind auch in diesem Fall unübersehbar.

Ebenso ist die Prüfung der Eignung der verschiedenen Stämme und Herkünfte des Atlantiklachses auf seine Resistenz und Adaptionsfähigkeit gegenüber abwasserbelasteten Fließgewässern eine wichtige Voraussetzung für den Erfolg.

Nicht nur die organische Verunreinigung der Elbe konnte inzwischen erheblich reduziert, sondern auch die Sauerstoffversorgung durchgreifend verbessert werden. Der durch das sächsische Fischereigesetz von 1993 ermöglichte Einbau von Fischwanderhilfen an Stauwehren trug ein Übriges dazu bei, die Aufstiegsmöglichkeiten für Wanderfische zu fördern. Die Erfahrungen mit diesen in der Elbe durchgeführten Aktivitäten zur Wiedereinbürgerung des Lachses sind eine Bestätigung der eigenen aus dem Okerprogramm gewonnenen Erkenntnisse und Erfahrungen, zur Kennzeichnung einer realen Verbesserung der Gewässergüte in erster Linie den Indikatorwert von Edelfischen heranzuziehen. Nur dieser spiegelt eine echte Verbesserung der Wasserqualität im Sinne der fischereilichen Nutzung wider. Im übrigen decken sich die im Elbeprogramm mit der Zusammenarbeit zwischen den Behörden und Anglerverbänden gemachten positiven Erfahrungen mit den unsrigen, wonach die den Naturschutzgedanken pflegenden Fischereiverbände nachweislich die besten fachlichen Voraussetzungen mitbringen, den Behörden mit Rat und Tat beizustehen und für einen umfassenden Gewässerschutz einzutreten.

Die aus unserem Okerforschungsprogramm resultierenden Einsichten rechtfertigen somit in vollem Umfang eine Verallgemeinerung und diesbezügliche Stellungnahme, wie sie am Schluß dieses Buches erörtert werden.

Dies betrifft in besonderem Maße die sich an der Herkunft und an dem Adaptionsvermögen der Fische orientierenden Besatzmaßnahmen, um das durch die unvermeidbare Eutrophierung erheblich gestiegene Nahrungsangebot in sinnvoller Weise zu nutzen. Dabei blieb die Berücksichtigung heimischer Fischarten und -stämme durchaus das Leitmotiv für die zu ergreifenden Besatzmaßnahmen, wenn sie den Anforderungen an die Widerstandskraft, die die Nutzung der Eutrophierung erfordert, gerecht wurden.

Wenn im Rahmen des Vogelschutzes für den nicht einheimischen Kormoran ein besonderes Schutzbedürfnis gefordert wird – was im übrigen angesichts seiner außerordentlich hohen Reproduktionsvitalität gänzlich unnötig ist – so darf auch die Berücksichtigung von nicht heimischen, jedoch geeigneten Fischarten oder -rassen bei notwendigen Besatzmaßnahmen kein Tabu sein; zumal sich „heimische" Gewässer hinsichtlich ihrer ursprünglichen fischrelevanten Wasserqualität kaum noch finden lassen.

Schließlich scheint uns in diesem Schlußwort auch noch ein Hinweis über Ziel und Zweck der gewässerchemischen Untersuchungen angebracht, die Voraussetzung für die Erfüllung unseres von der Klosterkammer Hannover erteilten Auftrags waren.

Diese chemischen Untersuchungen waren nicht nur darauf ausgerichtet, die stoffliche Belastung der Oker und ihrer Auswirkung auf die im Untersuchungsgebiet befindlichen Kiesseen zu analysieren und ihre Herkunft zwecks Forderung und Begründung notwendiger Kontrollmaßnahmen zu ermitteln – sie waren auch die Grundlage, auf der Fragen erörtert und durch angewandte Aufzuchtprogramme befriedigend beantwortet werden konnten; um durch Prüfung des Adaptionsvermögens der Testfische die Qualität der Besatzmaßnahmen zu steigern.

Dabei erwiesen sich die Mit- und Folgearbeiten der beteiligten Anglerverbände als eine bedeutsame Hilfe.

Darüber hinaus widmeten wir der Frage der Ufer- und Auegestaltung im Hinblick auf die Erhöhung der biologischen Vielfalt und insbesondere auf die Auswahl eines die Flugnahrung begünstigenden Pflanzenbestandes sowie der Gehölzpflege größte Aufmerksamkeit, um einem umfassenden Gewässerschutz Rechnung zu tragen, wie er dem Nutzungsangebot einer europäischen Kulturlandschaft entspricht (Abb. 82). Gleichzeitig werden dadurch beste Voraussetzungen für die Erholung des Menschen und die Entwicklung eines sanften Tourismus geschaffen.

Nach unserem Verständnis bedeutet Gewässerschutz Fischereischutz und Fischereischutz Gewässerschutz – in beiden Fällen handelt es sich um komplementäre Wertkategorien ein- und desselben Ökosystems.

Diese Wechselbeziehungen signalisieren zugleich Indikatoreigenschaften für die Gewässergüte und den Gewässerzustand. Gleichzeitig beinhalten sie den Gedanken der Nutzung, was dem Wesen der Kulturlandschaft entspricht.

Abb. 82: Flugangeln an der Oker

Angesichts der Tatsache, daß in der zweiten Hälfte des vergangenen Jahrhunderts durch Zerstörung des natürlichen Leistungsvermögens der Binnengewässer ein wichtiger Zweig der Nahrungsproduktion – nämlich die Binnenfischerei – nahezu völlig zum Erliegen gekommen ist und sich gleichzeitig bereits eine fischereiliche Ausplünderung der Ozeane in bedrohlicher Weise abzeichnet, kann man die Bedeutung ermessen, die einem ökologisch intakten Gewässer zur Ausübung einer nachhaltig betriebenen Fischerei zukommt.

Wer von naturschützerischer Seite glaubt, in unseren Binnengewässern die fischereilichen Verhältnisse des vorindustriellen Zeitalters durch Verbotszonen wiederherstellen zu können und zu diesem Zweck die Renaturierung allein der Natur zu überlassen, geht in die Irre und hat das Wesen der Kulturlandschaft kaum verstanden. Unsere Untersuchungen haben immer wieder gezeigt, daß die Natur auch nicht annähernd in der Lage ist, alle zivilisationsbedingten Schäden und Zerstörungen unserer Gewässer in einem absehbaren und angemessenen Zeitraum von sich aus zu beseitigen oder gar zu heilen.

Ein begradigter Fluß bleibt begradigt, eine Querverbauung bleibt ein Hindernis, ein abwasserbelastetes Gewässer kann nicht mehr von Natur aus in den oligotrophen Zustand zurückgeführt werden. Es bleibt in unserer dicht besiedelten Landschaft stets eine gewisse Eutrophierung trotz aller Aufbereitungsprozesse oder sogar wegen dieser „Reinigungsleistungen" und deshalb dieser Zustand weitgehend erhalten.

Unsere Binnengewässer befinden sich in Not. Sie bedürfen des positiv in den Naturhaushalt eingreifenden Menschen, der seine Fähigkeiten und Möglichkeiten einsetzt, nicht nur im Verein mit den Kräften der Natur sondern vor allem mit den Mitteln und Fähigkeiten seiner Erkenntnis und Erfahrung diese Gewässer wieder in den ursprünglichen Leistungszustand zu versetzen. Darüber hinaus ist dieses Leistungsvermögen weiter zu entwickeln, um höhere Fischerträge nachhaltig zu erwirtschaften und dadurch in produktiver Hinsicht dem zivilisatorisch bedingten und unvermeidlichen reichhaltigeren Nährstoffangebot Rechnung zu tragen.

Welche Möglichkeiten und Chancen der Mensch zur Verfügung hat, um das natürliche Leistungsvermögen im Rahmen des ökologisch Machbaren weiter zu entwickeln, zeigen in überzeugender Weise die aufeinander abgestimmten Anstrengungen der Wissenschaft und der Freizeitaktivitäten organisierter Angler, wie sie sich in unserem Buch in Verbindung mit einer reichhaltigen Illustration zu erkennen geben. Hier wurde Gewässerschutz in sinnvoller Weise betrieben bei gleichzeitiger Schaffung von Erholungsräumen, bei deren Gestaltung die für eine Auelandschaft maßgeblichen gewässerökologischen Gesichtspunkte zu beachten waren.

So bleibt zum Schluß das daraus zu ziehende Fazit, wonach der Gewässerschutz – was die Interessen aller naturschutzorientierten Verbände betrifft – vorrangig den Fischerei- insbesondere Anglerverbänden obliegen sollte. Ihnen zur Seite ist die Jagd zu stellen, die auch für die Binnengewässer das die Kulturlandschaft kennzeichnende und gestaltende anthropogene Gleichgewicht hinsichtlich ihrer fischereilichen Bewirtschaftung sichern muß und zu diesem Zweck durch Bestandskontrollen und Regulationsmaßnahmen die Existenz der zu schützenden als auch zu bejagenden wildlebenden Tiere in aquatischen wie auch aquatisch-terrestrischen Biotopen zu gewährleisten hat.

Nur so ist Gewässerschutz als ein der Kulturlandschaft angemessener Nutzungsschutz zu betreiben und der vordringlichen Forderung nachzukommen, den Notzustand unserer Binnengewässer zu beseitigen, um der Fehl- und Übernutzung dieser Landschaft wirksam entgegenzutreten.

12. Literatur

[1] STIER, G.: Geochemische Untersuchungen an Gesteinen, Böden und Gewässern des nördlichen Harzvorlandes sowie des Hils. Dissertation Naturw. Fak. der T.U. Braunschweig, (1971)

[2] Bez. Reg. Braunschweig: Sonderuntersuchung Schwermetalle – Abschlußbericht Mai 1980

[3] E.G. Richtlinien: Qualitätsanforderungen für die Trinkwasserversorgung

[4] ZEBS: Bericht 1/1979 über Blei, Cadmium und Quecksilber in und auf Lebensmitteln, Dietrich Reimer Verlag

[5] ZUNDEL, R.: Verzeichnis von 23 Veröffentlichungen zur Landschaftsgestaltung und Landschaftspflege in der Zeit von 1964 – 1979 (5.1 – 5.23)

5.1 Forstliche Beiträge zur Landesplanung. Allgem. Forstzeitschrift (AFZ), 32, 497 – 498, 1964

5.2 Anlage, Bewirtschaftung und Pflege von Teichen. Der Forstmann, H. B., 1965

5.3 Anlage und Gestaltung von künstlichen Seen in Waldgebieten unter besonderer Berücksichtigung von Erholung, Fischerei und Jagd. JUFRO – Kongreßbericht. München 1967

5.4 Schutzpflanzungen – Vorschläge für die praktische Verwendung von Baum u. Strauch außerhalb des Waldes. Bad.-Württ. Forstl. Vers.- u. Forschungsanstalt. Nr. 22 Mitt., 1967

5.5 Wald u. Wasser – eine landschaftsökologische Betrachtung. FHW 23, 373 – 377, 1968

5.6 Landschaftspflege an Bächen und Seen. Mitt. bad. Landesverein Naturkunde und Naturschutz H. 10, 1969

5.7 Leitsätze zur Durchführung von Rekultivierungs- und Erholungsmaßnahmen an Baggerseen. Forst und Holz, H. 23, 1969

5.8 Sicherung und Pflege der Fließgewässer. Natur und Landschaft H. 4, 1970

5.9 Was der Forstmann von Gewässerreinhaltung und Abwasserbeseitigung wissen muß. Allgem. Forstzeitschrift 25, 1010 – 1012, 1970

5.10 Naturschutz und Landschaftspflege. In: Forstbetriebsdienst, 5. Aufl., Bd. 1, BLV München, 1970

5.11 Die Stellung der Forstwirtschaft in der Landespflege. Allgem. Forstzeitschrift 30, 1971

5.12 Landschaftspflege, eine Voraussetzung für die Gestaltung einer lebenswerten Umwelt. Die Holzzucht 4, 33 – 37, 1971

5.13 Der Wald in Naturparken. Naturschutz- u. Naturparke 4, 37 – 48, 1972

5.14 Anlage, Gestaltung u. Nutzung künstlicher Seen. Allgem. Forstzeitschr. 8, 1973

5.15 Landschaftsgerechte Behandlung von Fließgewässern. Unser Wald, H. 4, 1973

5.16 Juristische u. administrative Mittel zur Förderung von Freizeit u. Erholung in der Bundesrepublik Deutschland. FHW 10, 1974

5.17 Aspekte der Landschaftspflege und des Naturschutzes aus forstrechtlicher Sicht. FHW 11, 202 – 205, 1976

5.18 Bäume, Sträucher und Wald zur Erhaltung und Verbesserung der Lebensqualität in der mitteleuropäischen Industriegesellschaft. AFZ 28, S. 16-18

5.19 Die Gestaltung des Kaiserstuhls als Mehrzwecklandschaft. Natur und Landschaft, H. 7, 1975

5.20 Vorüberlegungen zur Rekultivierung von Tagebauen auf Locker- und Festgesteinen. FoHo 32 (9) 1977

5.21 Methoden und Entscheidungshilfen bei der Durchsetzung landespflegerischer Ziele. Zielkonflikte und Entscheidungsprobleme in der Landespflege. Tagung in Winterberg 1976, Arbeitskreis Landespflege in der Schutzgemeinschaft Deutscher Wald.

5.22 Landespflegerische Probleme durch die vielseitige Raumbeanspruchung im Modellgebiet Rhein-Neckar. Forschungs- u. Sitzungsberichte der Akademie f. Raumforschung u. Landesplanung, Hannover, Bd. 111, H. Schroedel Verlag, 1976

5.23 Landschaftspflege tut not. Nds. Jäger, 24. Jg. H 4, 315–318, 1979

[6] WELTE, E.: Verzeichnis von 17 Veröffentlichungen zur Abwasserbeseitigung, Düngung und chemischen Gewässerbelastung in der Zeit von 1971–1979 (6.1–6.17)

6.1 Probleme des Umweltschutzes in der Sicht des Landwirts. Vortrag in der öffentlichen Vorlesungsreihe „Umweltschutz" W. S. 1971/72 Universität Göttingen.

6.2 Ursachen der Verschmutzung von Fließgewässern, beonders in Südniedersachsen. Vortrag in der öffentlichen Vorlesungsreihe „Umweltschutz" W. S. 1971/72 Universität Göttingen.

6.3. Zur Frage der Nitrat-Belastung des Grundwassers. Diskussionsbeitrag auf der Tagung der DLG im Jan. 1972 in Wiesbaden.

6.4. Pollution of Water by Chemical Fertilizers used in Agriculture. Vortrag vor dem Europarat, Den Haag 27. Juni 1972. Veröffentlicht als Dokument Nr. 3236 des Europarates Straßburg, 1972.

6.5. Diskussionsbeitrag anläßlich der FAO-Sitzung über Gewässereutrophierung vom 25.–28.01.1972 in Rom.

6.6. Probleme der Landschaftsgestaltung und ihre Aufgaben in der hochindustriellen Gesellschaft. Vortrag vor der Mitgliederversammlung der Schutzgemeinschaft Deutscher Wald, Holzminden, (1972).

6.7. Ländliche Gewässer-Gefahr unterschätzt. U – das technische Umweltmagazin, 2, 30–32, (1972).

6.8. Ländliche Gewässer-Gefahr unterschätzt. U – das technische Umweltmagazin, 2, 40–42, (1972).

6.9. Fertilizer Use and Water Pollution. Curso Internacional de Fertilidad de Suelos y Nutrición Vegetal, Madrid, 1–12 (1973).

6.10 Zur Frage der Gewässereutrophierung. Die Phosphorsäure, 30, 121–139 (1974)

6.11 Die Gefährdung des Wassers, in: „Umwelt in Gefahr?" Schriftenreihe der Gesellschaft zur Förderung öffentlicher Verantwortung e.V. Köln 1975, S. 19–30.

6.12 Landwirtschaft und Umwelt – der Einfluß der Agrarproduktion auf Wasserhaushalt und Gewässer. Umwelt in Gefahr? 2. Folge 35–56 (1977). Herausgeber: Gesellschaft zur Förderung öffentlicher Verantwortung e.V., Arbeitskreis Umweltschutz, Köln.

6.13 WELTE, E. u. FLACHSBARTH, W.: Gewässerüberwachung – automatisch und preisgünstig. U – das technische Umweltmagazin 6., 32–34 (1976).

6.14 Landwirtschaft – wirklich eine Gefahr für unsere Umwelt? Feld und Wald Nr. 14, 97, 34–36 (1978).

6.15 Investigations on the Nutrient Load of Ground and Surface Waters from Soil and Fertilization. Report for the Economic Commission for Europe (ECE), Geneva, Rest. Agr./Sem. 9/R 18 f. 27 Oct. 1978 (English only).

6.16 Düngen wir richtig im Blick auf die Reinhaltung des Wassers? Kurzbericht auf dem Kongress Augsburg 1978 des Verbandes Deutscher Landwirtschaftlicher Untersuchungs- und Forschungsanstalten, Verlagsgesellschaft für Ackerbau mbH, Kassel, 23–26 (1979).

6.17 WELTE, E. u. TIMMERMANN, F. : Degree and causes of the N-load of surface waters originating from farmland. ECE-FAO-Commission on agricultural problems. Tagungsberichte vom „Symposium on prospects for the use of fertilizers with a view to raising soil fertility and yields and to protecting the human environment" v. 15.–19. Jan. 1979 in Genf. AGRI/SEM. 9/CRP 1–6 (k) 15 S.

[7] FIHG: Gewässer-Schutz in Südniedersachsen. Vortragsveranstaltung der Forschungs- und Interessengemeinschaft zur Sanierung und Reinhaltung der Südharzgewässer am 17.04.1974 in Göttingen, Herausgeber: FIHG Göttingen, 1974, 77 Seiten

[8] ZUNDEL, R.: Die Renaturierung der Leineaue im Flecken Bovenden. Plessearchiv Heft 23/1987, 323–331

[9] SÜDOWE, A.: Zur Frage der Abwasserbelastung der oberen Oker (Harz). Ergebnisse der Okerbegehung vom 25.–27.09.1979 und ihre Bewertung. Diplomarbeit Landw. Fakultät der Universität Göttingen (1979).

[10] HESSE, H. J.: Landschaftsplan für das Kiesabbaugebiet Wöltingerode. Diplomarbeit am Institut für Forstpolitik, Forstgeschichte und Naturschutz der Universität, 1980

[11] WELTE, E. u. TIMMERMANN F.: Ausmaß und Ursachen der Oberflächengewässerbelastung mit Stickstoff aus landwirtschaftlich genutzten Flächen, DFG-Schriftenreihe Nitrat–Nitrit–Nitrosamin in Gewässern, Verlag Chemie, Weinheim (1982) 73–94

[12] WELTE, E. u. TIMMERMANN, F.: Über den Nährstoffeintrag in Grundwasser und Oberflächengewässer aus Boden und Düngung, Verband Deutscher Landwirtschaftlicher Untersuchungs- und Forschungsanstalten e.V. (VDLUFA), Heft 5. Auswertung eines 6-jährigen Forschungsprogramms 1972–1978, (1982), 236 Seiten

[13] BAUR, W. H.: Gewässergüte bestimmen und beurteilen. 3. neubearbeitete Auflage, Parey Buchverlag Berlin (1998), 209 Seiten

[14] INSTITUT FÜR AGRIKULTURCHEMIE, UNIVERSITÄT GÖTTINGEN: 34 Veröffentlichungen zur Frage der Gewässereutrophierung und Gewässerökochemie im Zeitraum 1971–1979.

Publikationen

14.1 WELTE, E.: siehe [6]

14.2 CERVENKA, L.: Belastung und biologische Selbstreinigung kleiner Fließgewässer. Vortrag in der öffentlichen Vorlesungsreihe „Umweltschutz" W. S. 1971/1972 Universität Göttingen. Unveröffentlicht.

14.3 CERVENKA, L. u. TIMMERMANN, F.: Fällungsprodukte als Düngemittel. Umwelt 7, 190–196 (1976).

14.4 CERVENKA, L. u. TIMMERMANN, F.: Phosphatfällungsprodukte aus biologisch geklärten Siedlungsabwässern und ihre Verwendungsmöglichkeit in der Landwirtschaft. Landwirtschaftliche Forschung 29, 299–308 (1976).

14.5 CERVENKA, L. u. TIMMERMANN, F.: Abwasserphosphate als Düngemittel. Deutsche Gewässerkundliche Mitteilungen 21, 6–7 (1977).

14.6 CERVENKA, L. u. TIMMERMANN, F.: Bedeutung der Phosphate aus kommunalen Abwässern für die Gewässereutrophierung, Möglichkeiten der Rückgewinnung und Verwendung in der Düngung. Verhandlungen der Gesellschaft für Ökologie, 353–360, Göttingen 1976.

14.7 CERVENKA, L.: Der Einfluß von Agrarchemikalien und landwirtschaftlich verwerteten Abfallstoffen und Abwässern auf die natürliche Umwelt unter besonderer Berücksichtigung der Düngemittel. Dokumentation des deutschsprachigen Schrifttums. (5 Bände 1970–1974, zusammen 947 Seiten).

14.8 PRZEMECK, E., WINKELMANN, K.H. u. TIMMERMANN, F.: Veränderungen des Nitratgehaltes im Profil eines Lößlehm-Standortes während des Winterhalbjahres 1974/75 nach unterschiedlicher mineralischer und organischer Düngung. Mitt. d. Dt. Bdkl. Gesellschaft. 22, 301–308 (1975).

14.9 RABE, R.: Spurenelementbestimmung im Pflanzenmaterial mittels Röntgenfluoreszenzspektrometrie. Landwirtschaftliche Forschung Sonderheft 31/I, 186–189 (1975).

14.10 RABE, R.: Röntgenfluoreszenzspektrometrische Bestimmung von Spurenelementen in verdünnten wässrigen Lösungen nach Anreicherung auf Cellulose-Ionenaustauschern. Zeitschrift für Pflanzenernährung und Bodenkunde 141, 143–150 (1978).

14.11 TIMMERMANN, F., FEGER, U. u. WELTE, E.: Sickerwasserberechnung und Nährstoffgehaltsmessungen in der abgesaugten Bodenlösung zur Bestimmung der Nährstoffauswaschung auf einem Lößlehmstandort. Mitt. d. Dt. Bdkdl. Gesellsch. 22, 251–270 (1975).

Dissertationen

14.12 FEGER, U.: Einfluß von Düngungsmaßnahmen auf die Auswaschung von N, P und K unter Berücksichtigung der Sickerwasserbewegung auf Brache und landwirtschaftlich genutzten Flächen, 1975.

14.13 KASTEN, E.: Chemismus und Güteeigenschaften der „Oberen Leine" unter besonderer Beachtung der Vorfrachtenbelastung durch die DDR, 1975.

14.14 RABE, R.: Zum Einsatz des Röntgenfluoreszenzverfahrens in der Agrikulturchemie unter besonderer Berücksichtigung der Wasser- und Pflanzenanalyse, 1975.

14.15 ABORADY, M.: Die Belastung der oberen Leine mit Schwermetallen durch kommunale und industrielle Abwässer – ermittelt anhand von Wasser-, Sediment-, Fisch- und Pflanzenuntersuchungen, 1977.

14.16 FLACHSBARTH, W.: Zur Beurteilung der organischen Belastung von Fließgewässern anhand biochemischer und chemischer Parameter, 1977.

14.17 PREUSS, O.: Über den Nährstoffab- und austrag aus landwirtschaftlich genutzten Flächen – dargestellt an einem definierten Wassereinzugsgebiet eines für die mitteldeutsche Gebirgslandschaft typischen Fließgewässers 3. Ordnung, 1977.

14.18 SIEFERT, A.: Über die Verschmutzung von Fließgewässern im südniedersächsischen Raum und ihr Einfluß auf Vorkommen und Verbreitung einiger Makrophyten, Diatomeen und Bakterien, 1976.

14.19 STEFFENS, F.: Zur Toxizität von Güllen und Silagesäften in Salmonidengewässern, 1976.

14.20 FYTIANOS, K.: Untersuchungen auf Schwermetalle in Fließgewässern und Flußsedimenten des Westharzes, 1978.

14.21 EISSA, G.: Zur quantitativen Bestimmung der potentiellen Bioproduktion von aquatischen Ökosystemen mittels eines Algentestverfahrens, 1979.

14.22 WESSOLEK, G.: Versuch einer Bilanzierung von Wasser- und Nährstoffhaushalt auf einem Lösslehmstandort bei unterschiedlicher N-Düngung, 1979.

Diplomarbeiten

14.23 FUNCH, CH.: Der anthropogene Einfluß auf die Wassergüte des Ummelbaches, zugleich ein Beitrag zur Frage der Gewässerverschmutzung im südniedersächsischen Raum, 1971.

14.24 KASTEN, E.: Untersuchungen über den Einfluß der die Wassergüte beeinflussenden Belastungsfaktoren im Einzugsgebiet der unteren Espolde, zugleich ein Beitrag zur Frage der Gewässerverschmutzung im südniedersächsischen Raum, 1972.

14.25 STEFFENS, F.: Ursachen und Ausmaß der Eutrophierung und Verschmutzung kleiner Fließgewässer im ländlichen Raum Südniedersachsens, aufgezeigt an der oberen Espolde, 1972.

14.26 WINKELMANN, H.-H.: Über Veränderungen des Nitratgehaltes im Profil eines Lößlehm-Standortes während des Winterhalbjahres 1974/75 bei unterschiedlicher organischer und mineralischer Düngung, 1975.

14.27 FREUDENSTEIN, H.: Möglichkeiten der P-Eliminierung aus kommunalen Abwässern und Verwertung der P-Fällungsprodukte in der Landwirtschaft, 1977.

14.28 RÜHMKORF, K.-P.: Biologische Gewässeruntersuchungsverfahren im Vergleich zueinander unter besonderer Berücksichtigung des Biomassetiterverfahrens, 1977.

14.29 SÄLE, M.: Beurteilung des Eutrophierungsgrades von Gewässern mittels Algentest, aufgezeigt am Beispiel der oberen Leine und ihrer Zuflüsse, 1977.

14.30 SCHNICK, D.: Möglichkeiten und Grenzen des Einsatzes von kommunalen Klärschlämmen in der Pflanzenproduktion unter besonderer Berücksichtigung von Schwermetallen, 1977.

14.31 KUENHEIM, von, V.: Phosphor und Bor in Quellwässern und ihre Bedeutung für die chemische Belastung von Fließgwässern, aufgezeigt an Beispielen aus dem südniedersächsischen Raum, 1978.

14.32 GARBE, J.: Die Bedeutung von P-haltigen Detergentien auf den P-Eintrag in Gewässer, 1979.

14.33 WECKEN, K.: Über die Bewertung chemischer Analysenergebnisse von Klärschlämmen für die landwirtschaftliche Pflanzenproduktion, 1979.

14.34 ZIPPER, J.: Probleme der Normierung von Müll- und Müllklärschlammkomposten, 1979.

[15] CULP, RUSSEL L.: Nähstoffbeseitigung aus Abwasser. In: GWA, Tagung 1972 in Essen, Aachen (1973), 230–231

[16] WELTE, E. u. TIMMERMANN, F.: Anteil der Abwässer landwirtschaftlicher Herkunft an der Eutrophierung und Belastung von Fließgewässern. Berichte über Landwirtschaft, Heft 4 (1977), S. 665–682

[17] WELTE, E. u. TIMMERMANN, F.: Düngung und Umwelt-Materialien zur Umweltforschung, herausgegeben vom Rat der Sachverständigen für Umweltfragen, Verlag W. Kohlhammer GmbH Stuttgart und Mainz, (1985), 95 Seiten

[18] BARAN, E.: Zusammensetzung und Düngewirkung von Phosphatfällungsprodukten aus der Dritten Abwasserreinigungsstufe. Dissertation Landw. Fak. der Universität Göttingen (1985), 151 Seiten.

[19] HORN, H. H.: Die Oker- und Steinfeldkrankheit. Dissertation Landw. Fakultät der Universität Göttingen (1974).

[20] LANDESFISCHEREIVERBAND BAYERN e.V., BUND NATURSCHUTZ IN BAYERN e.V., Landesbund Für Vogelschutz in Bayern: Fließgewässerschutz – Wasserkraftnutzung. Zielkonflikt in der Umweltpolitik? – Bericht vom Symposium am 23. und 24. April 1998 im Deutschen Museum in München (1998), 67 Seiten

[21] STROHMEYER, PH.: Die Vernetzungssituation der Fließgewässer in Oberfranken in: [20], 38–43

[22] N.N.: Kein fliegender Konkurrent, Frankfurter Rdsch. v. 18.02.1998, S. 30

[23] HENNIG, H. J.: Rückblick, Landesdelegiertenkonferenz 1999 in: angeln in Mecklenburg-Vorpommern, Heft 1 (1999), S. 11

[24] N.N.: Schwäbischer Fischatlas – Untersuchungsergebnisse der Jahre 1990–1995, hier: Einflüsse auf Fische und ihre Lebensräume, S. 12–14, Herausgeber: Bez. Schwaben, Fachberatung für Fischerei, Augsburg (1999), 136 Seiten

[25] SCHMID, J.: Zur Fischwirtschaft im Ammersee – Kormoran und Gänsesäger aus: Fachzeitschrift für die Binnenfischerei „Fischer u. Teichwirt" 4 (1998), S. 148

[26] SCHMIDT, M.: Talsperren im Harz. 3. Aufl. (1977) S. 6–9, E. Piepersche Buchdruckerei und Verlagsanstalt Clausthal-Zellerfeld

[27] TONN, R.: Das Märzhochwasser im Harz in Zahlen; Bericht der Harzwasserwerke (HWW) v. 27.04.1981 zum Hochwasser März 1981 hinsichtlich der Hochwasserschäden im Bereich der Oker, 6 Seiten

[28] LAMPRECHT, H.: Abbauleitplan für das Steinfeld, Landkreis Goslar v. Juni 1982

[29] DERSELBE: Abbauleitplan für das Steinfeld, Landkreis Goslar. Korrigierte Ausgabe v. März 1984

[30] CHERIF, A.: Auswirkungen schwermetallbelasteter Oberflächengewässer auf die Primärproduktion – aufgezeigt am Beispiel der Wöltingeroder Seenplatte (Nordharz). Dissertation Landw. Fakultät der Universität Göttingen (1984), 74 Seiten

[31] KOOP, U.: Untersuchungen über die Schwermetallanreicherung in Fischen aus schwermetallbelasteten Gewässern im Hinblick auf deren fischereiliche Nutzung. Dissertation Landw. Fakultät der Universität Göttingen (1989), 186 Seiten

[32] BOHL, E.: Prägende Elemente der Fließgewässer in [20]; 10 – 13

[33] WEIGER, H.: Klima- und Gewässerschutz – unvereinbare Ziele in der Umweltpolitik? In: [20], 60 – 61

[34] N.N.: Symposium Fließgewässerschutz – Wasserkraftnutzung: im Zielkonflikt in der Umweltpolitik? In: [20], 5 – 6

[35] LINDEINER, A. von: Bedeutung intakter Fließgewässer für die Tierzucht. In [20], 19 – 21

[36] BECKER-PLATEN, J.-D.: Bergbau und Bodenabbau unter den Anforderungen von Naturschutz und Landschaftspflege. In: Nutzung und Schutz im Konflikt. Jb. für Naturschutz und Landschaftspflege Bonn 36 (1984)

[37] PLACHTER, H.: Die Lebensgemeinschaften aufgelassener Abbaustellen. Schriftenreihe Bayerisches Landesamt für Umweltschutz 56 (1983)

[38] RENNER, E.: Offener Brief zur Problematik Kormoran v. 15.08.97, Fischereiverband Brandenburg e.V.

[39] Mecklenburg-Vorpommerscher Fischereiverband der Kutter- und Küstenfischerei: In: Naturschutz und fischereiliche Gewässernutzung miteinander – oder? v. WELTE, E.: In: angeln in Mecklenburg-Vorpommern, 1998

[40] N.N.: Vermeidung von Fischschäden im Kraftwerksbereich. Schriftenreihe des Landesfischereiverbandes Bayern Heft 1 (1999), 224 Seiten

[41] WEGNER, B.: Rückblick Landesdelegiertenkonferenz 1999 des Landesanglerverbandes Mecklenburg-Vorpommern e.V. vom 27.03.1999 in Schwerin. In: angeln in Mecklenburg-Vorpommern Heft 1, 1999 S. 11

[42] N.N.: Mitteilungen in Naturer. Rdsch. Nr. 621 (2000), S. 148

[43] BEZ. REG. BRAUNSCHWEIG – AUSSENSTELLE GÖTTINGEN: Gewässergütebericht 1998, Göttingen, 132 Seiten

[44] ADAM, B.: Fischabstieg – ein bislang vernachlässigtes Problem der Wasserwirtschaft, KA-Wasserwirtschaft, Abwasser, Abfall 2000 (47) Nr. 5, S. 740 – 743

[45] ZANG, H.: Die Vogelwelt der Kiesseen im Steinfeld NE Goslar. In: 125 Jahre Naturwissenschaftlicher Verein Goslar. Jubiläumszeitschrift, Hagenberg, 1977

[46] ZANG, H. u. KUNZE, P.: Bericht zur Vogelwelt der Vienenburger Kiesteiche NE Goslar und besonderer Berücksichtigung von Graureiher und Höckerschwan. Mitt. des Naturwissenschaftlichen Vereins Goslar, Bd. 1, S. 140 – 156, Verlag Hagenberg 1983

[47] ZANG, H. u. KUNZE, P.: Dritter Bericht zur Vogelwelt der Vienenburger Kiesteiche NE Goslar. Mitt. des Naturwissenschaftlichen Vereins Goslar, Bd. 3, S. 171 – 181, Verlag Hagenberg 1992

[48] ZUNDEL, R.: Zur Rekultivierung von Rückstandshalden der Kaliindustrie und anderen schwierigen Standorten. Artikelserie „Informationen“ Universität Göttingen, 1987

[49] WELTE, E. u. TIMMERMANN, F.: Effects and sources of nitrate pollution and possibilities for emission reduction. Proceedings of the 5th International Symposium of CIEC, Sept. 1987 Balatonfüred, Hungary pp 27 – 37

[50] N.N.: EU will Gifte verbannen. EU-Komission „Gewässer“, Auflagen für Landwirtschaft und Industrie, Göttinger Tageblatt vom 18.08.2000

[51] LAWA, NRW v. 03.07.1991 und LAWA-AK, 1995

Bildnachweis

Soweit nicht bei den Abbildungen am Ende des Abbildungstextes angegeben, stammen die Abbildungen von den Autoren und ihren Mitarbeitern. Sie sind wie folgt dokumentiert:

Titelblatt von A. Oppermann (Luftaufnahme)
Abbildungen von E. Welte bzw. IfA:
3–4; 7–19; 24–25; 36–39; 52; 60–61; 82

Abbildungen von R. Zundel:
Gruppenbild am Anfang des Buches;
26; 32 –35; 41; 45 – 51; 55; 70 – 79

Abbildungen von H. J. Hesse, Forstl. Fak. Göttingen:
31

Abbildungen von G. Tambour, Forstl. Fak. Göttingen:
21; 28; 29; 42; 43; 53

Abbildungen von der Klosterkammer Hannover:
2; 6; 22; 23; 30; 56; 63

ANHANG

Naturschutz – Spannungsfeld zwischen Ökologie und Ökonomie

Allgemeine Bemerkungen zum Faltblatt „Naturschutz – Spannungsfeld zwischen Ökologie und Ökonomie".

Den Autoren erschien es wichtig, dem Buch eine Übersicht beizufügen, die eine globale Landschaftsgliederung in Abhängigkeit vom anthropogenen Einfluß verständlich machen soll.

Da diese Gliederung und Differenzierung der globalen terrestrischen Sphäre demnächst ausführlich an anderer Stelle behandelt werden wird, begnügten wir uns mit einer zumeist in Stichworten wiedergegebenen Darstellung der wesentlichen Wechselbeziehungen zwischen Natur und Mensch.

Sie soll dem Leser ermöglichen, sich mit seinen eigenen Vorstellungen zwanglos in das abgebildete Schema einordnen zu können und dadurch beizutragen, die in verschiedenster Weise vom Menschen umgestalteten Naturlandschaften und die daraus resultierenden Gefahren in ihrer Tragweite in der Öffentlichkeit deutlich zu machen.

Die Autoren hoffen, daß das Faltblatt dem Verständnis des Buches dient und den erwähnten Zielen entspricht.

Naturlandschaft

① **Landschaftsprägend: Das allein bestimmende *ökologische Prinzip* d. h. keine oder nur unbedeutende direkte anthropogene Einflußnahme.**

② Großräumige Naturlandschaften sind unverzichtbar bezüglich der Stabilisierung des globalen Klimas sowie des totalen Schutzes zur Erhaltung der Artenvielfalt der darin beheimateten Pflanzen und Tiere. Von besonderer Bedeutung hinsichtlich des Klimaschutzes sind: die Vegetationszone der feuchtheißen Tropen (tropischer Regenwald) und die Verbreitungszone der Monsunwälder, sowie in der borealen/ subarktischen Vegetationszone die Taiga und Tundra wegen ihrer Ausgleichsfunktion im Wasserhaushalt zur Abpufferung gegenüber den polaren Einflüssen und als unersetzbare Refugien für interkontinentale Zugvögel sowie als Laich- und natürliches Aufzuchtgebiet für lachsartige Fische und Lebensraum der darauf aufbauenden Sukzession spezieller Tierarten (Bären u. a. Tierarten).
Kleinräumige (Rest-) Naturlandschaftsräume in der Kulturlandschaft sind Refugien für selten gewordene oder vom Aussterben bedrohte Pflanzen und Tiere. Sie dienen dem Bodenschutz in erosionsgefährdeten, für die Güterproduktion ungenutzten Gebieten.

③ Tropische Regenwälder und Monsunwälder sind höchst sensible Ökosysteme. Jeder bestandsbeeinflussende Eingriff durch Verlichtung und vor allem Rodung hat katastrophale Folgen (Bodenzerstörung durch Erosion, Desertifikation [Wüstenbildung], Verlagerung periodisch zirkularer Luftströmungen und ihre Auswirkungen auf globale Randzonen, allgemeine Klimaänderungen, Überschwemmungen, Wirbelstürme.)
Der Primärwald ist nicht regenerierbar. Ein nachfolgender sog. Sekundärwald ist stets von wesentlich geringerer ökologischer Qualität und kann daher die ursprüngliche Funktion nicht erfüllen. Daher erfordern tropische Regenwälder und auch Monsunwälder höchste Schutzpriorität.
Im borealen/subarktischen Vegetationsgürtel bedeutet jedwede Zerstörung des natürlichen Bestandes eine über Jahrhunderte sich erstreckende Renaturierung (niedrige Temperaturen und kurze Vegetationszeit, dadurch minimales Wachstum und geringer Zuwachs).
Auch die Restbestände von Naturlandschaften in der Kultur- und Zivilisationslandschaft bedürfen eines besonderen Schutzes. (Der ungenutzte Boden bietet Schutz für bedrohte Pflanzen und Tierarten).
Besonders gefährdet sind diese Restflächen durch unbeschränkten Tourismus, in den Gebirgsregionen vor allem durch Wintersport (Ski und Rodeln) und dadurch erhöhte Lawinengefahr.

Lösungen: Schutz der großräumigen, klimaregulierenden Naturlandschaften vor unzulässigen anthropogenen Eingriffen durch internationale Kontrollbehörden ggf. unter Ausgleichszahlungen für die im nationalen Bereich entstehenden finanziellen Ausfälle. Mitwirkung internationaler nichtstaatlicher Organisationen wie Greenpeace, WWF u. a.
Schutz der kleinräumigen „Restbestände" in der Kultur- und Zivilisationslandschaft durch regionale und nationale gesetzliche Regelungen bei Mitwirkung der für einen „absoluten" Naturschutz eintretenden Verbände wie NABU und BUND.
Schutz und Maßnahmen gegen den zunehmenden, durch den Tourismus bedingten Landschaftsmüll, sowohl in der Naturlandschaft als auch in den kleinräumigen „Restbeständen" der Kultur- und Zivilisationslandschaft.

---

* Ausgenommen die nicht regenerierbaren Ressourcen (Kohle, Erdöl, Erdgas, Erze u. a. m.), deren sparsame Bewirtschaftung grundsätzlich unter Naturschutzaspekten gefordert werden muß.